우룸치烏魯木齋

천 산 산 맥

85° 90° 95° 알타이 산맥 100°

쿠차庫車
언기焉耆
류대輪台 투르판吐魯番
콜라 하미哈密

타 림 강

크로라이나樓蘭
40° 타림 분지 로프누르
감숙

옥문관玉門關

찰 찬 강
안서安西 주천酒泉
돈황敦煌 가욕관嘉峪關

신강

기祁 장 액張掖

런連 무위武威

곤 륜 산 맥
산山 서녕西寧
무즈타그 차이담 분지 코코노르靑海

황 하 난

35° 청해

바 얀 할 산 맥

티베트

사천

니엔첸탕글라 산맥

30° 성 도成都

라싸
에베레스트 싸꺄
아미산峨眉

히 말 라 야 산 맥
강톡

자디아 금金

아솜 사沙 강江

25° 임펄
미치나 등충騰衝 만인총萬人塚
보산保山 콘밍昆明
콜카타 다카

운남

북

『삼국지 다음 이야기』 무대(변경부)

0   200   400   600   800   1,000km

90° 95° 100°

20°

삼국지 다음이야기

2

제2의 전국 시대, 중원을 지배한 오랑캐 황제들

魏晉南北朝

삼국지 다음이야기 ②

신동준 지음

을유문화사

삼국지
다음이야기 2

발행일
초판 1쇄 발행 2014년 3월 30일
초판 2쇄 발행 2014년 4월 10일

지은이 | 신동준
펴낸이 | 정무영
펴낸곳 | (주)을유문화사

창립일 | 1945년 12월 1일
주   소 | 서울시 종로구 우정국로 51-4
전   화 | 734-3515, 733-8153
팩   스 | 732-9154
홈페이지 | www.eulyoo.co.kr
ISBN 978-89-324-7230-0 04900
        978-89-324-7231-7 (세트)

차례

제1장

남조 송무제
유유의
창업

" 유유가 강동으로 굽히 귀환한 것은
주변에 있는 사회 등의 단견을 받아들인 결과였다.
사회 등은 유유가 속히 보위에 오르는 것만을 생각했다.
천하 통일에 대한 의지가 없었던 것이다.
공업으로 따지면 유유는 조조보다 위였으나
용인 면에서 커다란 차이가 있었다. "

궁정악대를 욕심 낸 황제

동진 안제 원흥 3년(404년) 환현이 패망했을 당시 가장 이익을 본 사람은 유유劉裕였다. 팽성彭城(강소성 서주) 출신인 유유는 자가 덕여德輿고, 아명은 남의 집에 얹혀 먹고 사는 노비라는 뜻의 기노寄奴이다. 유유는 신체가 건장했다. 키가 7척6촌이었고 풍골風骨이 남달랐다고 한다. 후대에 한고조 유방의 동생 유교劉交의 후손으로 알려졌으나 사서의 기록을 종합해 볼 때 그는 도시 빈민 출신으로 술과 도박을 좋아한 건달에 지나지 않았다. 훗날 보위에 오르자 모든 것이 미화돼 젊었을 때부터 큰 뜻을 품었다는 식으로 미화된 것이다.

손은의 난이 일어났을 때 그의 도박꾼 기질이 그대로 드러났다. 그게 적중해 마침내 보위에 오르게 된 셈이다. 그가 안제 사마덕종을 맞이해 오자 진나라 조정으로부터 재조지공再造之功(거의 멸망한 나라를 다시 일으킴)을 세웠다는 칭송을 받았다. 시중, 거기장군, 도독중외제군사에 이어 서주와 청주 2개 주의 자사에 임명된 배경이다. 그가 사양하자 조정은 오히려 녹상서사를 더해 주었다. 유유는 이 또한 사양하면서 속히 군진으로 돌려보내 줄 것을 청

송무제 유유. 한미한 출신의 유유는 손은을 여러 번 패퇴시키고 환현의 난을 평정하여 막강한 권력을 쥐게 되자 동진의 황제를 몰아내고 스스로 보위에 올라 송나라를 건국하였다.

했다. 유유가 거듭 사양하자 군신들이 마침내 안제를 모시고 그의 저택으로 갔다. 선양의 '쇼'를 벌이고자 한 것이다. 『송서宋書』 「무제기武帝紀」의 기록이다.

"고조高祖(유유)가 황송해 하며 간곡히 청을 하자 천자가 어쩌지 못했다. 고조는 곧 군영이 있는 단도로 돌아갔다."

그가 자신의 군영으로 돌아간 것은 실로 황송해서 그런 것으로 보는 게 옳다. 당시 그의 정치적 이력은 매우 일천했고, 더구나 그는 환현을 토벌하는 과정에서 황제를 칭하는 것이 얼마나 위험한 일인지를 실감했을 것이다. 그렇다고 그가 권신의 풍모가 없었던 것은 아니다. 비록 군영에 머물고 있었지만 멀리서 조정을 자신의 뜻대로 조정했다. 그 또한 시변을 지켜보며 때가 오기를 기다리고 있었던 것이다.

영남의 광주로 도주했던 손은의 매부 노순과 서도복徐道覆은 사자를 시켜 공물을 보냈다. 복종의 의사를 밝힌 것이다. 조정은 이제 가까스로 안정을 되찾은 까닭에 노순을 광주자사, 서도복을 시흥상에 임명했다. 노순은 속임수가 많은 사람이었다. 그는 곧 유유에게 커다란 대 채롱에 이른바 '익지종益智粽'으로 불리는 수수떡을 가득 채워 넣어 보냈다. 천하대세를 읽는 안목이 부족하니 수수떡을 먹고 좀 더 현명해지라는 취지였다. 유유도 그 취지를 단박에 알아채고 곧바로 노순에게 이른바 '속명탕續命湯'으로 불리는 한약을 보냈다. 노순의 가르침을 유념하고 있으니 때가 되면 반드시 부르겠다는 취지였다.

당시 유유는 내정뿐만 아니라 외교적으로도 커다란 승리를 얻었다. 그는 사자를 후진의 요흥姚興에게 보내 선린의 뜻을 전하면서 동시에 후진이 점유하고 있는 동진의 영토를 돌려줄 것을 요구했다. 유가 사상을 신봉한 요흥은 마침내 사람을 현지로 보내 자세히 검토케 한 뒤 그의 요구를 수락했다. 이에 후진의 군신들이 반대하고 나서자 요흥이 이같이 말했다.

"천하의 선악 기준은 모두 같다. 유유는 비록 출신이 한미하기는 하나 능히 환현을 토벌하고 진나라 황실을 다시 세웠다. 그는 안으로 서정을 바로하고 밖으로 영토를 정비코자 하는 것이다. 내가 어찌 이런 사람을 두고 몇 개 군의 땅을 애석히 여겨 천추에 오명을 남길 것인가?"

이에 후진은 한수漢水 이북의 12개 군을 돌려주었다. 서로 한 치의 양보도 없이 다투었던 상황에서 이는 매우 특이한 일이었다. 당시 북연北燕에서 커다란 정변이 일어나 황제 모용희慕容熙가 피살되고, 대하大夏의 혁련발발赫連勃勃과 후진의 요흥이 서로 치열한 공방전을 벌인 사실이 적잖이 영향을 미쳤을 것으로 보인다. 동진 안제 의희義熙 5년(409년) 3월, 남연南燕의 모용초慕容超가 문득 군사를 보내 회수 이북에 있는 동진의 숙예성을 급습한 뒤 수만 명에 달하는 동진의 백성을 약탈해 갔다. 이는 영토를 확장하기 위한 게 아니라 모용초의 병적인 음악 애호를 뒷받침하기 위한 것이었다. 남연은 약탈해 간 동진의 백성 중 2천5백 명의 동남동녀를 선발한 뒤 이들을 교방사敎坊司로 보내 강제로 악기와 가무 등을 익히게 했다. 그러고는 얼마 후 다시 수천 명의 기병을 보내 제남 일대를 약탈한 뒤 태수를 비롯해 1천여 명의 남녀를 끌고 갔다.

이 소식을 들은 유유는 겉으로 화를 내면서도 내심 크게 기뻐했다. 차제에 남연을 토벌해 자신의 위세를 더욱 확고히 다질 수 있게 되었기 때문이었다. 남연이 겨우 13년 만에 패망한 이유가 여기에 있다. 16국 가운데 염위冉魏 다음으로 단명한 국가에 해당한다.

원래 남연의 개국조는 모용덕慕容德이다. 그는 자가 현명玄明으로 전연의 황제 모용황의 막내아들이자 후연을 세운 모용수의 동생이다. 모용덕은 17세 때 이미 신장이 8척2촌에 달했고, 용모 또한 웅장하고 빼어났다. 군서群書를 두루 읽은 데다 다재다능하고 인품도 뛰어났다.

조카 모용위가 황제로 있을 때 그는 전진에서 부견의 장령 부쌍苻뻹이 반란을 일으키자 조카에게 속히 이 틈을 타 출격할 것을 권했다. 그러나 모용위는 이를 받아들이지 않았다. 결국 전연은 오히려 부견에게 멸망을 당했다. 전연이 패망한 이후에도 모용씨 일족은 크게 우대를 받았다. 모용덕은 장액 태수에 임명돼 목민관으로서 나름 일정한 성과를 거뒀다. 부견이 비수의 싸움에서 패한 뒤 모용덕은 모용수를 좇아 부흥 운동에 나선 덕분에 범양왕에 봉해져 국사에 참여케 됐다.

후연이 창건될 당시 하동 지역에서도 황족인 모용홍慕容泓이 전진이 혼란스런 틈을 타 연나라를 세웠다. 사가들은 통상 이를 서연西燕이라고 부른다. 그러나 이 나라는 너무 작은 까닭에 16국의 명단에 포함되지 않는다. 서연은 내란이 극심해 두 해 사이에 보위가 무려 일곱 번이나 바뀌는 소동이 일어났다. 보위를 최종적으로 차지한 인물은 모용영慕容永이었다. 모용수와 항렬이 같은 그는 전연의 시조인 모용외의 동생 모용운慕容運의 손자였다. 힘이 미약했던 서연은 처음에 후연의 번국을 자처하였다가 386년 모용영이 장자長子(산서성 장자)에서 황제로 즉위함으로써 황제국임을 선포하였다. 모용영은 곧바로 황위를 다툴 위험성이 높은 모용씨 일족을 대거 도륙했다. 그는 모용수가 토벌에 나설 공산이 크다는 좌우의 우려에도 불구하고 연호를 중흥中興으로 바꿨다.

모용수는 중흥 8년(393년) 말 친히 보기 7만여 명을 이끌고 곧바로 장자로 쳐들어가 단번에 서연을 공벌하고 모용영의 목을 베었다. 이로써 서연의 7개 군, 7만6천여 호가 후연의 판도 안으로 들어왔다. 모용수가 병사한 후 뒤를 이은 모용보慕容寶는 모용덕에게 기주와 연주, 청주, 서주, 형주, 예주 등 6개 주의 군사를 총괄케 하고 거기대장군에 임명해 업성을 지키게 했다.

당시 북위北魏는 바야흐로 막 일어서려던 참이었다. 훗날 북중국을 통일한 도무제道武帝 탁발규拓跋珪는 대군을 이끌고 가 후연을 쳤다. 몇 달간의 접전 끝에 모용보가 패해 중산으로 도주했다. 수만 명의 북위 군사들이 이내 업성을 압박하자 모용덕은 황급히 후진의 요흥에게 사람을 보내 구원을 청했다.

얼마 후 모용덕은 군사들을 이끌고 나가 북위의 명장 탁발장拓跋章을 대파했다. 모용보가 도주한 뒤 행방이 묘연하다는 소식이 들리자 좌우에서 모용덕에게 보위에 오를 것을 권했으나 그는 응답치 않았다. 이때 모용보가 숙부를 보내 그를 승상, 영기주목에 임명했다.

모용덕의 조카 모용린慕容麟은 의대義臺에서 업성으로 갔다. 업성은 성이 너무 커 지키기가 어려운 까닭에 북위 군사가 다시 몰려올 경우 함몰될 공산이 컸다. 이런 이유로 모용린은 모용덕에게 활대滑臺(하남성 활현)로 옮겨가 그곳을 지키고 있는 모용화慕容和와 합세할 것을 권했다. 모용화도 모용덕의 조카였다.

동진 안제 융안隆安 2년(398년) 봄, 모용덕이 4만여 호의 백성과 2만7천여 승乘의 수레를 이끌고 업성을 빠져나왔다. 이들이 여양진에 도착했을 때 갑자기 돌풍이 일어나 미리 준비해 놓았던 선박이 모두 전복되었다. 게다가 뒤에서는 북위의 대군이 몰려오고 있었다. 그러나 다행히도 이날 저녁 기온이 급강하하면서 황하가 급속히 얼어붙었다. 10여만 명의 군민과 3만여 대의 수레가 무사히 황하를 건넜다. 게다가 다음 날 북위의 병사가 도착했을 때는 다시 기온이 올라가 얼음이 녹은 뒤였다. 백성들 모두 천우신조로 생각했다. 이를 계기로 모용덕에 대한 백성들의 신망이 커졌다. 그러자 모용덕은 자신을 연왕이라 칭하면서 밑에 백관을 두었다. 자립의 뜻을 공식화한 셈이다.

얼마 후 모용보가 여양으로 오면서 사방으로 사자를 보내 어가를 맞이하게 했다. 이 소식을 들은 모용덕이 군신들을 모아 놓고 자신은 어가를 맞이하기 위해 사제로 물러나 정사에 간여하지 않겠다는 뜻을 밝혔다. 군신들의 반응을 살피고자 한 것이다. 황문시랑 장화張華가 말했다.

"하늘이 내린 대업을 버리면 목숨을 보전키도 어렵습니다. 어찌 물러나려 하는 것입니까?"

모용덕의 속셈을 읽은 대장 모여호慕興護가 말했다.

"군사를 이끌고 가 그 허실을 알아볼 필요가 있습니다."

단칼에 모용보의 목을 벨 속셈이었다. 모용덕이 짐짓 눈물을 흘리며 그를 보냈다. 모용보는 이 소식을 듣고는 두려운 나머지 북쪽으로 달아났다. 중국 속담에 "친족에게 몸을 맡기는 것보다 더 큰 화는 없다"는 말이 있다. "엉덩이 부러진 소, 사돈 아니면 못 팔아먹는다"는 우리말 속담과 취지를 같이한다. 유사시 친인척이 가장 먼저 피해를 입는다는 뜻이다.

후에 모용덕은 전진에서 부등의 동생 부광苻廣이 반란을 일으키자 이를 토벌하고, 안으로는 모반을 꾀한 이변李辯을 공벌했다. 군사들을 이끌고 가 광고廣固(산동성 익도현), 동진에 속했던 청주와 유주 일대의 땅을 점거했다. 동진 융안 4년(400년) 모용덕이 광고를 수도로 삼고 황제로 즉위했다. 사가들은 이를 남연南燕이라고 한다. 모용덕은 덕정을 베풀어 백성들에게 휴식을 취하게 했다. 이에 남연은 근 40만 명에 달하는 정병과 전마 5만여 필 등을 보유케 되었다. 모용덕은 장차 동진을 공벌할 생각을 품었으나 나이가 많고 병이 나 도중에 포기하고 말았다.

당초 모용덕이 형 모용수를 좇아 전진에서 탈출할 때 생모 공손씨와 형 모용납慕容納 모두 장액에 있었다. 모용덕은 부견을 수행해 동진을 치러가기에 앞서 조상 대대로 내려오던 금도金刀를 모친에게 보냈다. 그는 보위에 오른 지 5~6년이 지나도록 생모 공손씨와 모용납의 소식을 듣지 못했다. 모용씨 일족이 반기를 들기 전에 장액 태수 부창苻昌이 이미 모용덕의 처자와 모용납 일족을 도륙한 결과였다. 당시 공손씨는 70세가 넘었고, 모용납의 부인 단씨는 임신 중인 까닭에 죽음을 면하고 감옥에 갇혔다. 이때의 옥리 호연평呼延平은 원래 모용덕의 옛 부하로, 그는 죽음을 무릅쓰고 공손씨와 단씨를 구해 내 강족이 거주하는 지역으로 도주했다. 얼마 후 단씨는 모용납의 유복자 모용초를 낳았다. 공손씨는 임종에 즈음해 이미 열 살이 된 모용초에게 조상 전래의 금도를 전하면서 이같이 말했다.

"너는 동쪽으로 가서 이를 너의 숙부에게 전하도록 해라."

호연평은 모용초 모자와 함께 양주로 갔으나 후진의 요씨가 후량의 여씨를 멸하자 전쟁을 피해 다시 장안으로 갔다. 이때 모용초는 이미 신분이 드러나 있었다. 그는 모용씨가 배신을 하여 연나라를 부흥한 일로 인해 혹여 후진이 자신을 죽이지나 않을까 우려한 나머지 매일 저자에 나가 구걸하는 등 거짓으로 미친 척했다. 유독 후진의 종실 요소姚紹만이 그의 모습이 비범한 것을 보고는 요흥을 만나 그에게 관직을 주고 주의 깊게 감시할 것을 권했다.

요흥이 크게 호기심을 느끼고 모용초를 인견했다. 그를 보니 체모가 준수하기는 했으나 대답하는 게 엉뚱하고 눈이 풀려 있어 마치 반은 미친 사람 같았다. 요흥이 요소에게 말했다.

"속담에 '잘 생긴 피부도 어리석은 뼈를 감출 수 없다'고 했는데 가히 믿을 만하다. 이자는 생긴 것만 멀쩡하고 머리는 백치나 다름없다."

이에 모용초는 장안을 출입하면서 아무런 감시도 받지 않게 되었다. 그는 모용덕이 밀파한 사자를 만나고는 일면 크게 기뻐하면서도 혹여 일이 잘못될까 우려해 모친과 처자에게도 이를 감히 알리지 못했다. 곧 금도를 몸에 차고 밤을 새워 사자와 함께 남연의 도성인 광고로 달아났다.

모용덕은 모친과 형이 죽었다는 소식을 듣고는 피를 토하며 통곡하다 이내 병을 얻었다. 이때 사자가 8척 장신에 용모가 뛰어난 모용초를 데리고 오자 병상에서 벌떡 일어났다. 그는 곧 모용초를 북해왕에 봉하고 시중, 표기대장군에 임명했다. 모용덕은 아들이 없었던 까닭에 모용초를 태자로 삼았다. 태자 모용초는 고난 속에서 생장한 까닭에 세상 물정에 밝아 안팎으로 칭송이 자자했다.

동진 안제 의희義熙 원년(405년) 가을 모용덕이 재위 6년 만에 병사했다. 그의 나이 70세였다. 21세의 모용초가 곧바로 뒤를 이었다. 그는 즉위한 후 종실 모용종慕容鍾과 모용법慕容法, 모용진慕容鎭 등을 외직으로 내보내고 공손오루公孫五樓 등 소인배를 중용했다. 공손오루는 모용초의 조모 일족이었다.

모용법과 모용종 등은 참언으로 인해 목숨이 위태롭게 되자 적국으로 달아났다. 모용초는 광고성 내에서 대규모 살육을 자행하며 권위를 세우고자 했다. 그는 어렸을 때 어렵게 성장한 만큼 전한의 한선제漢宣帝처럼 민간의 고통을 아는 뛰어난 군주가 될 수 있었다. 그러나 그는 보위에 오른 후 소인배를 가까이하며 수렵을 즐기는 등 정사를 등한히 하고, 종실들을 대거 살육하는 혼군의 모습을 보였다. 그가 비록 황제의 자리에 올랐으나 생모 단씨와 호연평의 딸인 부인 호연씨 모두 연금 상태로 요흥의 손안에 있었다. 요흥은 모용초가 모용덕의 뒤를 이어 보위에 올랐다는 소식을 듣자 곧 사자를 보내 칭신稱臣과 궁정악대를 요구했다. 모용초는 군신들을 불러 이 문제를 상의했다. 좌복야 단휘段暉가 말했다.

"궁정악대는 오인吳人(동진 사람)을 약탈해 보내도록 하십시오."

상서 장화가 반대했다.

"동진을 치면 필시 이웃과 원한을 맺게 돼 병화가 그치지 않을 것입니다. 잠시 몸을 낮춰 칭신함으로써 속히 모친을 모셔 와야 합니다. 한범韓范과 요흥은 부견이 살아 있을 때 함께 태자사인으로 있었으니 그를 장안으로 보내 요흥을 설득토록 하십시오."

모용초가 이를 받아들여 곧 한범을 장안으로 보냈다. 요흥은 한범을 보고 크게 기뻐하며 이같이 말했다.

"연왕이 장안에 있을 때 짐이 친히 그를 본 적이 있소. 당시 모습은 그럴듯했으나 하는 말이 두서가 없어 통하지 않았소."

한범이 대답했다.

"큰 웅변은 마치 어눌한 듯하다고 했습니다. 당시 그가 용봉의 모습을 보였다면 과연 오늘 그 자리에 오를 수 있었겠습니까?"

요흥은 한범으로부터 남연이 칭신키로 했다는 얘기를 전해 듣고 크게 기뻐했다. 그는 황금 천 냥을 상으로 내리면서 단씨 일행의 귀국을 허락했다. 남연에서 후조로 망명한 모용응慕容凝이 이 얘기를 듣고는 곧 요흥을 만났다.

"연왕의 칭신은 본의에서 나온 게 아니고 단지 그의 모친을 데려가기 위해 가장한 것에 지나지 않습니다. 그의 모친이 귀국하면 다시 황제를 칭할 것입니다."

이에 요흥은 다시 단씨 일행을 연금하면서 남연에 사자를 보내 궁정악단은 보낼 필요가 없다고 통보했다. 그러나 남연은 군신이 논의한 뒤 곧 장화를 시켜 보물과 함께 궁정악단 120명을 이끌고 장안으로 가게 했다. 당시 요흥은 유학을 숭상한 까닭에 예악을 크게 중시했다. 그는 환영 연회 자리에서 술이 몇 순배 돈 가운데 중원의 정악正樂을 듣고는 크게 기뻐했다. 요흥의 황문시랑 윤아尹雅가 장화에게 말했다.

"옛날 은나라가 망하려고 하자 악사가 주나라로 왔고, 지금 진나라가 성하자 연나라의 악사가 우리 궁정으로 왔습니다. 흥폐의 조짐을 여기서 읽을 수 있습니다."

장화가 대답했다.

"자고로 제왕의 도는 하나같지 않았소. 상황에 따라 적절히 대처했을 뿐이오. 노자가 말하기를 '장차 취하려면 먼저 잠시 빌려 준다'고 했소. 화복의 증험은 두고 봐야 알 수 있소."

요흥이 이 말을 듣고는 기분이 상해 핀잔을 주었다.

"경은 소국의 신하로 어찌 감히 대국의 신하에게 이같이 항변하는 것인가!"

장화가 급히 몸을 낮춰 말했다.

"소신은 번국의 사절입니다. 충심으로 상국과 우호 관계를 맺어 즐거움을 함께 나누고자 합니다. 그러나 상국의 대신이 이처럼 소국의 군주와 사직을 모욕하니 제가 어찌 이를 그대로 듣고 있을 수 있겠습니까?"

요흥은 군신의 도리를 설명하는 장화의 말에 감복해 이내 단씨 일행을 돌려보내도록 조치했다. 모용초는 모친과 처자 일행이 돌아오자 크게 기뻐했다.

당시 남연은 재해가 그치지 않았다. 도성 광고에도 지진이 일어나 사람들은 하늘이 노한 것으로 생각해 크게 두려워했다. 이렇게 형세가 불안정한데도 불구하고 동진 안제 의희 5년(409년) 정월 설날, 모용초는 동양전에서 군신들로부터 신년 하례를 받던 중 궁정악대의 연주 수준이 이전보다 크게 떨어지자 다시 동진의 백성을 약탈해 궁정악대를 새롭게 육성할 생각을 했다. 대신들이 명을 거두기를 간했으나 듣지 않았다. 그는 곧 숙예를 습격해 동진의 백성들을 약탈한 뒤 2천5백 명의 동남동녀를 선발해 태악부로 보냈다. 얼마 후 다시 제남濟南을 침공해 남녀를 약탈했다. 당시 유유는 안팎의 여러 문제로 아직 권위를 제대로 세우지 못하고 있었다. 촉 땅의 초종譙縱은 시종 복종치 않고, 영남의 노순도 아직 토벌하지 못했다. 이 와중에 남연이 변경을 계속 침공한 것이다.

동진 안제 의희 5년 4월 유유가 남연 정벌의 상주문을 올렸다. 대부분 정벌하기 어려울 것으로 생각했으나 오직 좌복야 맹창孟昶과 거기사마 사유謝裕, 참군 장희臧喜는 승리를 자신했다.

유유는 대군을 이끌고 건강을 출발했다. 먼저 수로를 이용해 회하를 거쳐 사수泗水(강소성 회음)로 들어갔다. 이해 6월 하비下邳(강소성 수녕)에 도착했다. 유유는 함선과 치중을 이곳에 정박시킨 뒤 곧 경무장을 한 채 낭아琅琊(산동성 교남)를 향해 급속히 나아갔다. 그는 전진하면서 과거 환온의 전철을 밟지 않기 위해 주요 거점을 확보하면 정병을 주둔시켜 보급로가 끊어지지 않도록 하는 등 세심한 주의를 기울였다. 유유가 출병했다는 소식을 들은 모용초가 크게 놀라 군신들과 대책을 상의하자 공손오루가 건의했다.

"저들의 예기가 날카로우니 지금 대적키가 쉽지 않습니다. 대현산의 험한 관문을 먼저 점령해 저들의 진입을 막아야 합니다. 이같이 하여 시간이 지나면 저들의 예기가 크게 꺾일 것이고, 후방에서 군량을 조달키도 쉽지 않을 것입니다. 이때 정예 기병 2천 명을 선발해 남쪽 해변으로 달려가 저들의 양도를 끊은 뒤 연주에 주둔하는 군사에게 명해 산을 우회해 동쪽 깊숙이 들어가 적의 후방을 치도록 합니다. 이게 상책입니다. 각지의 장수에게 명해 잉여분의 식량 창고를 불태운 뒤 성을 굳게 지키는 견벽청야堅壁淸野를 행하도록 하는 게 중책입니다. 하책은 적을 대현관으로 들어오게 한 후 정병을 내보내 싸우는 것입니다."

공손오루가 말하는 상책이 매우 뛰어난 계책임에도 의견이 분분했고 모용초는 결국 하책을 택했다.

"나는 5개 주의 험고한 산하에 수많은 백성을 거느리고 있다. 병거가 만 대, 기병이 만 명이나 된다. 저들이 대현관을 넘어와 평원에 출현할 때가 바로 우리의 철갑 기병이 가장 활약하기 좋을 때이다. 이때 출병하면 가히 단 한 번의 싸움으로 저들을 포획할 수 있을 것이다."

하뢰로賀賴盧와 모용진慕容鎭 등이 간곡히 간했으나 듣지 않았다.

마침 유유가 출발 전에 참모들과 함께 논의할 당시 많은 사람들이 이같이 우려한 바 있다.

"저들이 대현관을 봉쇄하거나 견벽청야를 행할 경우 자칫 퇴로까지 막힐 수 있습니다. 이를 어찌하면 좋겠습니까?"

유유는 나름대로 계책이 있었다.

"나 또한 이를 오랫동안 생각해 왔다. 저들 선비족들은 탐람貪婪한 까닭에 멀리 내다보는 계략이 없다. 저들은 침공할 때 노략에 뜻을 둔 까닭에 철군할 때 곡식을 아꼈다. 이는 우리들이 오래 버티지 못할 것으로 생각했기 때문이다. 저들은 임구에 주둔하면서 도성인 광고를 굳게 지킬 게 분명하다. 결코 견벽청야를 하지 못할 것이다."

과연 그의 말처럼 됐다. 당시 유유의 군사가 진격하는 동안 남연의 병사는 단 한 명도 보이지 않았다. 이들은 아무 어려움 없이 대현관을 넘어갔다. 희색을 감추지 못한 유유가 손가락으로 하늘을 가리키며 이같이 말했다.

"우리 병사들이 이미 험관을 넘어섰으니 모두 필사의 마음을 가졌을 것이다. 게다가 저들의 전야에는 지금 곡식이 한창 익고 있다. 군량을 전혀 염려할 필요가 없는 것이다. 우리는 틀림없이 이길 것이다!"

모용초는 먼저 단휘와 하뢰로에게 명해 5만 명의 보병을 이끌고 임구로 가지키게 했다. 이는 수주대토守株待兎나 다름없었다. 얼마 후 동진의 군사가 대현관을 넘었다는 소식이 들어오자 모용초는 친히 4만 명의 대군을 이끌고 임구로가 단휘 등과 합세했다. 이때 그는 공손오루에게 명해 속히 천원으로 가물길을 끊게 했다. 동진의 병사가 물을 마시지 못하게 할 요량이었다. 그러나 이미 동진의 전구장군 맹룡부孟龍符가 유유의 명을 받고 천원을 점령한 뒤였다. 공손오루는 참패한 뒤 황급히 돌아왔다.

이른 아침 유유가 병거 4천 대를 좌우에 포진시킨 뒤 서서히 앞으로 나아갔다. 임구의 남쪽 평원에서 교전이 시작됐다. 남연의 기병은 동진의 군사들이 병거를 이용해 장벽을 만들 것이라고는 생각지도 못했다. 이렇게 되자 기병의 장기를 전혀 발휘할 길이 없었다. 정오쯤에도 승부가 나지 않자 유유의 참군 호번胡藩이 건의했다.

"지금 연나라 병사가 모두 출전한 까닭에 임구성의 수비병은 얼마 되지 않습니다. 과거 초한전 때 한신이 조나라를 깨뜨린 것처럼 제가 기병奇兵으로 임구성을 함락시키도록 하겠습니다."

유유가 기뻐하며 단소檀韶와 상미向彌에게 명해 호번과 함께 임구를 습격케 했다. 동시에 사방으로 사람을 보내 동진의 응원군이 이미 해로를 통해 전장에 쇄도하고 있다는 소문을 퍼뜨렸다. 호번 등이 이끄는 동진의 군사들은 단번에 3천 명의 병사가 지키고 있는 임구를 점령했다. 모용초는 어림군이 결사적으로 싸우는 틈을 타 황급히 단기필마로 사지를 빠져나왔다. 유유는 임구성을 함락한 직후 좌우에 명해 급히 깃발을 휘두르며 북을 울리게 했다. 동진의 군사들이 모두 출격하자 남연의 병사들은 임구성이 함락된 데다 동진의 대군이 이미 상륙을 끝내고 쇄도한다는 얘기를 듣고는 분분히 도주하기 시작했다. 이때 단휘를 비롯한 남연의 장수 10여 명이 모두 목숨을 잃었다.

유유는 여세를 몰아 다음 날 광고의 외성을 함락시켰다. 모용초는 내성에 들어박혀 굳게 지키기만 했다. 동진의 군사들이 세 겹으로 성을 포위한 뒤 삼중의 참호를 팠다. 이로써 광고의 내성이 완전히 고립됐다. 유유는 사람들을 풀어 동진의 군사는 주변의 전야에서 자라나는 곡식으로 군량을 모두 해결하고 있다는 소문을 퍼뜨리게 했다.

모용초가 군신들과 대책을 논의하자 종실인 모용진이 일전불사의 결전을 건의했다. 그러나 사도 모용혜慕容惠가 반대했다.

"저들의 기세가 성합니다. 속히 한범을 요흥에게 보내 구원을 청하는 수밖에 없습니다. 순치脣齒의 이치로 설득하면 저들이 반드시 구원하러 올 것입니다."

한범이 급히 장안으로 갔으나 이때는 이미 남연의 대신 장화와 봉개封愷, 장준張俊 등이 연이어 포로가 된 뒤라 전세는 동진으로 기울어져 있었다. 장준이 유유에게 말했다.

"지금 연나라는 한범을 통해 외원外援을 얻을 생각을 하고 있습니다. 한범을 설득해 항복케 만들면 저들은 이내 절망한 나머지 스스로 무너지고 말 것입니다."

유유가 이 계책을 좇아 장안에 가 있는 한범에게 그를 산기상시에 임명하는 동진의 조명을 내렸다. 당시 모용초는 다급해진 나머지 유유에게 친서를 전했다. 장차 동진에 칭신하며 대현산을 경계로 삼고, 준마 1천 필을 바친다는 내용이었다. 그러나 유유는 이를 거절했다. 공교롭게도 이때 후진의 요흥은 대하의 혁련발발과 치열한 공방전을 벌이고 있었다. 그는 남연의 지원 요청을 받고는 곧 사자를 유유에게 보내 이같이 위협했다.

"지금 나와 우호 관계를 맺고 있는 모용씨가 급히 구원을 청했다. 낙양에 10만 명의 철기가 출격을 준비하고 있다. 속히 철군하지 않으면 이들이 곧바로 진격해 올 것이다."

유유가 요흥의 사자를 책망했다.

"너는 요흥에게 가서 내가 연나라를 평정한 후 3년가량 쉬었다가 관중과 낙양을 평정할 것이라고 전하라. 그리고 지금 철기의 출격 준비가 끝났다면 속히 내려오도록 하라!"

요흥은 곧 대장 요강姚強에게 명해 1만 명의 정병을 이끌고 낙양으로 가 현지의 요소와 합세한 뒤 곧바로 진격해 모용초를 구하게 했다. 그러나 혁련발발이 후진의 군사를 대파하면서 급히 요강의 정예병을 다시 불러 장안을 지키게 했다. 한범이 이를 보고 탄식했다.

"실로 하늘이 연나라를 망하게 하는구나!"

마침 유유의 밀사가 도착해 그를 설득하자 한범은 이내 동진에 귀항했다. 한범을 대면한 유유가 웃으며 그에게 말했다.

"당신은 원래 신포서^{申包胥}의 공을 세우려 한 것인데 어찌하여 빈손으로 돌아온 것이오?"

신포서는 춘추 시대 말기 진나라로 가 7일 동안 식음을 전폐한 채 울면서 원군을 청해 마침내 오나라의 침공으로 패망의 위기에 빠졌던 초나라를 구한 인물이다. 바로 여기서 '곡진정^{哭秦庭}'이라는 성어가 나왔다.

한범이 대꾸했다.

"우리는 삼대에 걸쳐 연나라를 위해 일한 집안이오. 나라를 위해 일하는 것은 신하의 본분이오. 다만 여러 사정으로 인해 아무 성과도 이루지 못했을 뿐이오. 이는 하늘이 우리 연나라를 패망케 하고 명공을 도운 것이오. 지혜로운 자는 천기를 보고 움직이는 법이니 어찌 귀항하지 않을 수 있겠소."

유유가 고개를 끄덕였다.

"경이 저들에게 화복을 말해 귀항토록 만드시오."

한범이 거절했다.

"비록 장군의 은총을 입었으나 장군을 위해 연나라를 도모하는 일은 할 수가 없습니다!"

그 말에 유유가 더 이상 권하지 않았다. 다음 날 한범을 수레에 태워 광고성 밖을 한 바퀴 돌게 했다. 후진의 구원이 불가능하게 된 것을 안 남연의 군사들 모두 크게 낙담했다. 모용초의 좌우가 한범의 일족을 도살할 것을 권했으나 모용초는 한범이 부득이해 그리된 것을 알고 있었다. 더구나 한범의 동생 한뇨^{韓淖}는 매우 충성스러웠다.

한범이 후진으로 가 구원을 청할 당시 공교롭게도 장안에서 일을 끝내고 돌아오던 남연의 대신 장강^{張綱}이 동진의 군사에게 붙잡혔다. 그는 정교한 공성 기계를 만드는 데 일가견이 있었다. 생포된 장강은 이내 동진에 투항한 뒤 유유를 위해 충거衝車와 비루飛樓 등 공성용 기계를 만들어 주었다. 이 사실을 알게 된 모용초는 잔뜩 화가 치밀어 사람을 시켜 장강의 모친을 성문에 거꾸로 매단 뒤 칼로 살을 저미게 했다. 이에 장강은 피눈물을 흘리며 더욱 정교한 공성 기계를 만들었다.

당시 남연의 군사는 대략 4개월가량을 버텼다. 동진 의희 6년(410년) 정월 초하루, 모용초가 군신들의 하례를 받은 뒤 총희 위부인과 함께 성벽 위로 올라가 사방을 살폈다. 동진 군사의 진용이 정연했다. 모용초가 위부인의 손을 잡고 한없이 눈물을 흘렸다. 한범의 동생 한뇨가 군신들과 함께 간했다.

"폐하가 이런 액난을 맞아 더욱 자강하여 투지를 불태워야 할 때 어찌 여인과 함께 비통해하며 눈물을 흘리는 것입니까?"

그러나 상서령 동예董銳는 이미 대세가 기운 것을 알고 항복할 것을 권했다. 그 말에 모용초가 대로했다.

"흥폐는 천명이다. 나는 차라리 분투하다 죽을지언정 결단코 절벽에 매달려 목숨을 구차하게 구하지는 않을 것이다!"

공손오루와 하뢰로 등이 지하 갱도를 뚫어 동진의 군사를 습격했으나 모두 크게 패하고 돌아왔다. 얼마 후 동진의 군사들이 광고성 밖의 승수灅水 수원을 끊었다. 상황이 이렇게 되자 성을 빠져나가 투항하는 자가 날로 늘어났다. 마침내 결전의 날이 다가와 유유가 사면에서 일제히 공격할 것을 명하자 상서 열수悅壽가 앞장서 투항을 권했다. 이내 성문이 열리자 동진의 군사가 쇄도했다. 모용초는 수십 명의 호위 병사와 함께 황급히 도주하다가 이내 생포됐다.

유유가 높이 앉아 모용초를 꾸짖자 모용초는 아무 말도 하지 않았다. 단지 동진의 장수 유경선을 돌아보며 자신의 모친을 돌봐 줄 것을 요구했다. 유뢰지의 아들 유경선은 환현이 죽을 때 남연으로 도주해 모용초와 우의를 맺은 바 있다. 유유는 모용초를 건강으로 압송한 뒤 저자에서 처형했다. 때는 동진

의희 6년(410년) 2월이었다. 모용초의 재위 기간은 6년으로 나이는 26세였다. 당시 유유는 광고성을 함락시키기 위해 애를 쓴 것에 화가 나 성안의 남자를 전부 갱살하고, 여자는 모두 장병의 비첩으로 삼고자 했다. 동진의 장수들이 모두 동의할 때 한범이 간했다.

"진나라 황실이 남쪽으로 내려간 후 백성들은 기댈 곳이 없어 강한 자에게 귀부한 것입니다. 이들은 선제의 유민遺民입니다. 지금 광고의 백성을 갱살하면 서북의 백성들이 다시는 귀부하지 않을까 두렵습니다."

유유가 이를 받아들였다. 다만 왕공 이하 3천 명의 목을 베고, 1만여 호를 소개시키고, 성곽을 허물었다. 전에 전진의 부견은 전연을 멸망시켰을 때 모용씨를 단 한 명도 죽이지 않았다. 그러나 부견이 비수의 전투에서 패하자 이들이 모두 봉기해 전진의 패망에 앞장섰다. 이들은 이후 후연과 남연, 서연, 북연 등을 세우고 북중국을 시끄럽게 만들었다. 유유가 모용씨를 도살한 것도 이와 무관치 않을 것이다.

새들조차 도망가다

유유가 남연의 수도 광고를 포위해 공격을 가할 당시 영남의 노순과 서도복이 홀연 대군을 이끌고 곧바로 건강을 향해 진격했다. 노순盧循은 자가 우선于先으로 서진의 명신 노담盧湛의 증손이다. 일찍이 유곤은 노담에게 보내는 「중증노담重贈盧湛」이라는 시를 지은 바 있다. 노순의 5대조 노지盧志 역시 성도왕 사마영 수하에서 막료장을 지낸 바 있다.

노순은 손은의 누이동생을 처로 맞이했다. 그는 손은이 잔혹하게 사람을 죽일 때 여러 차례 간해 많은 사람을 살려냈다. 사서는 그를 두고 눈동자가 빛났고 글씨가 뛰어나며 바둑을 잘 두었다고 기록해 놓았다. 손은 사후 그는 무리를 이끌고 번우番禺(광동성 광주)로 들어가 점거한 뒤 사자를 건강으로 보내 공물을 올렸다. 동진 조정은 그에게 정로장군, 광주자사, 평월중랑장에 임명하고 노순의 매부 서도복을 시흥상으로 삼았다.

유유가 대군을 이끌고 남연을 치러 갔다는 소식이 들려오자 서도복은 크게 기뻐하며 광주로 사람을 보내 즉각 출격할 것을 권했다. 그러나 사실상 독립국의 군주나 다름없던 노순은 매일 시와 술을 즐기며 금기서화琴棋書畫로 날을 보냈다. 그런 그가 동진 정벌을 도모할 리 없었다.

유유가 남연을 멸망시키기 직전 다급해진 서도복이 시흥始興(광동성 소관 부근)에서 번우로 가 노순에게 이같이 권했다.

"조정은 줄곧 당신을 심복지환으로 생각하고 있소. 유유가 모용초를 생포해 돌아오면 틀림없이 당신을 제거하려 들 것이오. 지금이야말로 절호의 기회요. 우리가 건강을 점령하면 유유가 설령 군사를 이끌고 돌아올지라도 어찌할 도리가 없소. 만일 내 계책을 좇지 않으면 나는 단독으로 심양尋陽으로 진격할 것이오."

상황이 이렇게 되자 노순이 부득불 좇았다. 이들이 이끄는 군사는 남강南康(강서성 공주)과 노릉盧陵(강서성 길수)을 격파하고 예장豫章(강서성 남창)으로 직행했다. 당시 동진의 진남장군 하무기는 예장에 주둔하고 있었다. 그는 유뢰지와 유유 수하에서 참모로 활약하며 나름 기여한 바 있다. 서도복이 큰 배를 몰고 남하할 때 장사 등잠鄧潛이 하무기에게 간했다.

"이번 싸움은 국가 안위와 관련된 것입니다. 지금 적들이 큰 배를 몰고 상류에서 내려오고 있으니 우리는 응당 남당南塘의 물길을 깊이 판 뒤 굳게 성을 지키며 저들이 지치기를 기다렸다가 기습해야 합니다. 이런 만전지책萬全之策을 버리면 이후 후회해도 소용없을 것입니다."

그러나 하무기는 이 말을 듣지 않고 함선에 올라 영격에 나섰다. 쌍방이 교전할 때 큰 바람이 불어 하무기가 탄 지휘선이 동쪽 하안으로 밀려나자 적선이 급하게 쫓아왔다. 결국 하무기는 적들의 칼과 창에 찔려 온몸이 조각나고 말았다. 당시 노순 역시 거듭 승리를 거두고 있었다. 그는 상동湘東(호남성 형양)과 장사 등 여러 군을 모두 깨뜨린 뒤 파릉巴陵(호남성 악양)으로 진격했다.

동진 조정은 초조해진 나머지 곧바로 유유에게 사자를 보내 회군할 것을 요구했다. 당초 유유는 남연을 토벌한 뒤 하비에 머물며 몇 년간 휴식을 취한 연후에 후진의 관중과 낙양을 칠 생각이었다. 그는 조정의 급보를 받고 밤낮을 달려 회군했다.

대군이 하비에 이른 뒤 유유는 친히 정병을 이끌고 육로로 달려갔다. 산음에 이르렀을 때 하무기가 전사했다는 소식이 들려왔다. 그는 황급히 수십 명의 호위 군사만 이끌고 회상淮上으로 달려가 오가는 사람들을 통해 소식을 탐문했다. 행인들이 말했다.

"적군이 아직 도착하지 않았습니다. 만일 유공이 오기만 하면 우리는 아무 걱정이 없습니다."

유유가 크게 기뻐하며 즉시 회수를 건너 경구에 도착하자 사람들이 크게 놀랐다. 당시 고숙에 주둔하고 있던 동진의 무군장군 유의劉毅는 노순이 거병했을 때 곧바로 상서해 남정할 것을 주장했다. 그러나 홀연 병이 나 어쩌지 못하다가 병세가 가라앉자 다시 상서해 노순 토벌을 거듭 주장했다. 원래 그는 환현이 칭제할 당시 유유와 손을 잡고 거병한 바 있다. 유유가 남연을 평정하자 자신도 유사한 공을 세워 이름을 떨치고자 한 것이다. 유유는 이 소식을 듣고 곧 유의에게 친서를 보내 자신의 군사와 합세해 적들을 칠 것을 권유했다. 이어 유의의 사촌 동생 유번劉藩에게 유의를 설득케 했다. 그러나 유유의 친서를 보고 대로한 유의는 서신을 바닥에 내던지면서 유번에게 이같이 말했다.

"당초 환현을 토벌했을 때 나는 겸양하며 대공을 유유에게 양보했다. 어찌 내가 세운 공이 유유만 못할 리 있겠는가?"

유의는 2만 명의 수군을 이끌고 고숙에서 출발해 곧바로 건강으로 달려갔다. 서도복은 유의가 진격한다는 소식을 듣고 강릉 공격을 포기한 채 곧바로 노순에게 보고했다.

"유의의 병력이 매우 많소. 성공 여부는 이번 싸움에 달려 있소. 의당 합세해 저들을 격멸해야 할 것이오."

이에 10여만 명의 병사가 천여 척의 배에 올라 유의의 군사와 상락주桑落洲(강서성 구강 부근)에서 접전했다. 그 결과 동진의 군사가 대패했고, 유의는 수백 명의 병사와 함께 간신히 사지를 탈출했다. 당시 유유의 군사는 먼 길에도 불구하고 급히 회군하는 바람에 크게 지쳐 있었고, 건강을 지키는 수비병은 불과 몇 천 명에 지나지 않았다. 유의의 군사가 패한 데다 마침 전염병의 우려까지 겹치자 동진의 조정은 좌불안석이었다.

노순과 서도복이 이끄는 10여만 명의 군사를 태운 배가 백 리에 걸쳐 이어지자 사람들이 크게 놀랐다. 대신 맹창과 제갈장민諸葛長民이 안제를 호위해 피난을 가고자 했다. 당초 맹창은 유의와 하무기가 출전할 때 이내 패할 것이라고 예언했는데, 과연 그리되었다. 이때 그가 다시 유유가 유의의 전철을 밟을 것이라고 예언하자 사람들이 모두 이를 곧이들었다. 유유는 안제의 몽진을 강력히 반대했다.

"지금 백성들이 불안해하는 상황에서 몽진을 떠나면 이내 토붕와해土崩瓦解되고 말 것입니다."

맹창이 자진할 뜻을 밝히며 고집을 꺾지 않자 유유가 대로했다.

"당신은 먼저 나와 싸우는 게 어떻겠는가? 연후에 죽을지라도 늦지 않을 것이다."

성질이 급한 맹창은 관부로 돌아온 뒤 황제에게 서신을 올렸다.

"당초 유유가 북벌에 나설 때 의견이 분분했으나 신은 이를 찬동했습니다. 지금 적들이 이 틈을 타 사직을 위협하게 되었으니 이는 신의 죄입니다."

그러고는 약을 먹고 자진했다. 당시 서도복은 유유가 이미 석두성에 병력을 집결시키고 있다는 소식을 듣고는 곧 노순에게 신정에서 백석으로 직진해 배를 모두 불태우며 결의를 다진 뒤 여러 길로 나눠 진격할 것을 권했다.

노순이 서도복에게 말했다.

"우리 대군이 아직 다 오지 않았다. 맹창이 자진한 것으로 보아 적군이 스스로 무너질 날이 멀지 않았다. 병마를 정돈해 기다리느니만 못하다."

그러고는 석두성 서쪽 하안인 채주에 주둔했다. 서도복은 노순의 결정을 매우 아쉬워하며 탄식했다.

"이제 일이 성사되기 어렵게 됐구나!"

유유는 그동안 병사들을 내보내 나무를 베어다가 석두성 주변에 방책을 세우게 했다. 또 회하의 입구에 있는 사포와 약원, 정위에 3개의 보루를 쌓은 뒤 많은 군사들을 보내 굳게 지켰다.

동진의 내부에서 내분의 양상이 나타나지 않자 노순은 서도복의 계책을 좋지 않은 것을 후회하며 곧 동진의 군대에 맹공을 가했으나 아무 성과도 얻지 못했다. 게다가 얼마 후 광풍과 폭우가 몰아닥쳐 노순이 타고 온 배가 난파하면서 많은 장병이 몰사했다. 그 후 노순과 서도복은 방향을 바꿔 경구를 쳤으나 아무 소득도 얻지 못했다. 이때 유유가 영삭장군 삭막索邈에게 명해 1천여 명의 선비족 정예 기병에게 휘황한 색의 갑옷을 입히고 손에 깃발을 하나씩 들린 채 회북에서 신정으로 진군토록 했다. 이들이 말발굽 소리에 맞춰 위풍당당하게 나아가자 노순의 무리들이 크게 두려워했다.

서도복이 노순에게 심양으로 퇴각한 뒤 기회를 노려 형주를 취하고, 이어다시 건강으로 진격하는 방안을 제시했다. 이들이 퇴각하자 유유는 군사를 이끌고 이들을 추격하는 한편 심전자沈田子 등을 시켜 병사들을 이끌고 가 영남의 나머지 사교 집단을 토벌케 했다.

동진의 의희 6년(410년) 말, 유유가 대군을 대뢰大雷(안휘성 망강)에 결집시켰다. 노순과 서도복이 수만 명의 병사를 배에 태운 채 강을 따라 내려오고 있었다. 유유는 좌우에 명해 작은 배에 인화 물질을 가득 채운 채 이들 배에 화공을 가하게 했다. 간신히 사지를 빠져나가 심양으로 도주한 노순과 서도복은 예장으로 달아날 생각으로 좌리左里(강서성 도창 좌리산)에 방책을 세웠다.

그러나 좌리의 싸움에서도 대패한 서도복과 노순은 각각 자신의 근거지인 시흥과 번우를 향해 달아났다.

이듬해인 의회 7년(411년) 2월 동진의 장수 유번 등이 시흥을 공략한 뒤 서도복의 목을 베었다. 이해 4월 노순은 잔병을 이끌고 번우로 돌아온 뒤 손처孫處 등 동진의 군사를 포위했다. 이때 동진의 장수 심전자 등이 노순을 역포위했다. 협공에 걸려 대패한 노순은 교주交州(베트남 북부) 부근까지 도주했다. 이어 현지의 베트남 반군 지도자들과 합세해 교주자사 두혜도杜慧度를 공격했다.

두혜도는 곧바로 피신한 뒤 가산을 기울여 군사들을 포상하며 반격을 꾀했다. 동진의 군사들이 강 언덕에서 노순이 이끄는 배에 횃불을 던지며 강의 양안에서 협공을 가했다. 배 위에서 병사들을 지휘하던 노순은 더 이상 활로가 없다고 생각해 이내 처자식에게 준비해 둔 독주를 먹인 뒤 10여 명의 총희들을 앞에 앉히고 이같이 물었다.

"내가 자진을 하고자 하는데 누가 나와 함께할 것인가?"

대부분이 거부했다.

"참새와 다른 새들조차 구구히 살아남으려고 하는데 함께 죽는 것은 실로 어렵습니다."

이때 두 세 명의 총희가 이같이 말했다.

"대인이 죽으려 하는데 저희들은 살고 싶지 않습니다!"

노순은 이들을 배 밖으로 내보내 활로를 찾게 한 뒤 나머지 총희들에게 독주를 나눠 주었다. 이어 그는 배 위로 올라가 이내 물에 몸을 던졌다. 두혜도는 노순의 시신을 찾아내 목을 벤 뒤 경성으로 올려 보냈다. 이로써 손은을 시작으로 노순에 이르기까지 11년여 동안 지속된 오두미도五斗米道의 소란은 종식되었으나 동진 또한 크게 쇠약해졌다. 동진의 대족인 왕씨와 사씨 일족 또한 자제들이 대거 피살되고 경제적 손실이 엄청나 그 위세가 크게 꺾였다. 이들 명문거족이 동진 정권의 조연으로 몰락하면서 유유처럼 군공을 세운 한미한 출신들이 이내 주역으로 등장했다.

동진의 조정은 유유를 태위, 중서감에 임명했다. 군권과 정권을 모두 내준 셈이다. 당시 호강한 자들의 토지 겸병이 널리 횡행하고 있었는데 유유가 이들을 엄히 징계해 기강을 바로잡고, 몸을 숨긴 호족들을 대거 찾아내 가차 없이 주살하자 조정이 숙연해졌다.

천하의 걸림돌을 뽑다

유유는 남연과 노순을 평정한 뒤 타도 대상을 안으로 돌렸다. 유의가 첫 대상이었다. 유의劉毅는 자가 희락希樂으로 한고조 유방과 동향인 패沛 땅 출신이다. 환현이 칭제한 후 유의는 유유 등과 함께 모의한 뒤 경구에서 기병해 마침내 환현 일당을 몰아냈다. 이후 강승과 복주산, 쟁영주 싸움에서 죽음을 무릅쓰고 앞장서 지휘해 승리를 거두었다. 환현 사후에는 군사를 이끌고 환진과 환겸, 풍해 등을 토벌했다. 파릉과 양양을 평정한 뒤 강릉으로 들어간 공을 인정받아 위장군, 개부의동삼사에 임명됐다.

원래 개부의동삼사開府儀同三司는 삼사三司와 마찬가지로 최고 품계의 관직 명칭이다. 『진서晉書』 「직관지職官志」에 따르면 후한의 5대 황제인 상제殤帝의 연평延平 원년(106년)에 등태후鄧太后의 오빠인 등즐鄧騭을 거기장군과 의동삼사로 임명하면서 관직 명칭으로 사용하기 시작했다. 삼국 시대 당시 위나라에서 황권黃權을 의동삼사에 개부를 덧붙인 개부의동삼사로 임명하면서 스스로 관아를 설치하고 속관을 두는 개부의 명칭이 처음으로 등장했다.

한 제국 당시 개부는 사도, 사마, 사공의 삼사와 대장군에게만 허용되었다. 삼국 시대 당시 위나라에서는 속관을 거느린 장군이 많아 이들에게 개부의 동삼사 관명이 주어졌다. 남북조 때에는 개부의동삼사와 의동삼사의 관직을

구분했다. 상개부의동대장군上開府儀同大將軍과 개부의동대장군開府儀同大將軍 등
으로 구분키도 했다. 그러다가 수·당대에 이르러서는 문산관 정1품을 나타
내는 관명으로 사용되었고, 송대에는 군왕 및 국공 등과 함께 종1품의 품계
로 한 급 격하돼 사용됐다. 원 제국 때까지 관직 명칭으로 사용되다가 명 제
국 때 이르러 대대적인 관제 개혁으로 인해 이내 폐지되었다.

주목할 것은 남북조 당시 북조에서 고구려 등과 외교 관계를 맺을 때 개부
의동삼사의 관위를 준 점이다. 북주는 고구려와 외교 관계를 맺으면서 577년
평원왕에게 개부의동삼사대장군과 요동군개국공遼東郡開國公의 관위를 주었
다. 당태종도 백제 의자왕의 아들인 부여융扶餘隆에게 개부의동삼사와 대방
군왕의 관위를 주었다.

당시 유의는 개부의동삼사에 임명됨으로써 장차 독자적인 세력을 구축할
수 있는 전기를 맞게 되었다. 그러나 상락주 싸움에서 노순의 무리에게 패함
으로써 그의 위망은 급전직하했다. 수만 명의 정병뿐만 아니라 수많은 치중
과 함선 등을 잃었기 때문이다. 이렇게 몰락한 유의와 정반대로 유유는 남연
을 정복하는 대공을 세운 데 이어 영남의 노순 일당까지 평정하는 공훈을 세
웠다. 환현을 깨뜨릴 때만 해도 유의와 유유는 어깨를 나란히 했다. 그러나 이
제 유유는 유의와 비교할 수조차 없는 위치로 격상되었다.

의희 8년(412년), 동진의 형주자사 유도규劉道規가 노환을 이유로 퇴임하자
유의는 이를 새로운 기회로 삼기 위해 백성을 양육하고 군사를 키운다는 구
실을 내세워 형주자사 임직을 신청했다. 이는 건강에서는 도저히 유유와 상
대할 수 없게 되자 형주에서 힘을 내밀히 기르고자 하는 속셈에서 나온 것이
었다.

유유는 곧 조명으로 그를 형주자사에 임명해 형주와 영주, 진주, 옹주 등
4개 주의 군사를 총괄케 했다. 얼마 후 유의가 다시 교주와 광주까지 자신의
관할에 포함시켜 줄 것을 요구했고 유유가 이를 들어주었다. 의기양양해진
유의가 재차 상서해 자신의 측근인 치승시郗僧施와 모수지毛修之 등에게 일정

지역을 수비할 수 있는 실질적인 자리를 나눠 줄 것을 요구했다. 장강의 상류에 위치한 형주를 틀어쥐게 되면 하류의 경구와 건강을 장악하고 있는 유유에게는 커다란 위협이 될 수밖에 없음에도 유유는 다시 이들의 요구를 순순히 들어주었다. 자신감의 표시였다.

유의는 학문에도 조예가 있어 문아文雅한 기풍으로 인해 조사朝士들의 신망을 받고 있었다. 당시 동진은 청담淸談의 기풍이 크게 번져 있었는데, 유의는 청담 사상을 숭상하는 대표적 인물인 사안의 손자 상서복야 사혼謝混과도 깊은 우의를 맺고 있었다. 노순을 토벌한 뒤 어느 날, 안제가 군신들을 모아 놓고 축하연을 베풀면서 시부를 짓게 하자 유의가 이같이 읊었다.

> 6국에 많은 웅걸 인재 있으니 六國多雄士
> 풍류는 여기서 시작됐구나 正始自風流

무공은 유유만 못하나 학문은 훨씬 뛰어넘는다는 것을 과시한 것이다. 유유가 떠나기 전 경구로 가 성묘하려고 할 때 건강에서 유의와 만났다. 이때 영원장군 호번이 유유에게 기회를 잡아 유의를 죽일 것을 권했으나 유유는 일단 지켜보기로 결정하였다.

"나와 유의는 함께 공을 세웠다. 그의 잘못이 아직 드러난 게 없다!"

유의는 강릉에 도착한 후 관원들을 멋대로 인사 조치해 버렸다. 조정에 보고도 하지 않은 채 예주와 강주의 문무 관원과 정병을 뽑아 와 휘하에 두었다. 그러나 유의는 전에 격전을 치르는 와중에 입은 상처로 인해 갑자기 몸을 못 쓰곤 했다. 유의가 급사할 것을 우려한 모사 치승시 등은 유의에게 그의 사촌 동생인 연주자사 유번을 형주로 불러 부수副帥로 삼을 것을 권했다.

이 소식을 들은 유유가 크게 화를 내고는 곧바로 상서해 유의를 주살할 것을 청했다. 관직을 문란케 해 안팎을 선동한다는 이유였다. 이에 유번과 상서복야 사혼 모두 곧바로 나포돼 옥중에서 사사를 당했다. 동진에서 손꼽히는 미남자로 소문난 사혼은 문필이 뛰어난 데다 안제의 사위이기도 했다. 훗날 유유가 선양을 받아 보위에 오를 당시 사혼의 족질 사회謝晦가 유유에게 이 같이 말한 바 있다.

"폐하가 천명을 받는 날 사익수謝益壽하며 옥새를 봉헌하지 못하는 게 한입니다."

사익수는 사혼의 아명이기도 하지만 만수무강을 기원한다는 뜻이기도 하다. 유유가 감개한 표정으로 말했다.

"나도 심히 후회하고 있소. 후생들이 그의 풍류를 보지 못하게 했으니 말이오!"

원래 유유와 사혼은 사이가 좋았다. 좌리에서 승리를 거둘 당시 유유는 사혼의 부친 사염謝琰을 급습해 죽인 오두미도 신자 장맹을 나포해 사혼에게 보낸 바 있다. 사혼은 산 채로 그의 간을 드러내 씹어 먹으며 부친의 원수를 갚을 수 있었다. 그런 점에서 유유는 사혼의 은인이나 다름없었다. 그러나 권력 투쟁은 냉엄했다. 두 사람 사이를 갈라놓은 게 그 증거다.

유유는 유의를 토벌하기 위해 대군을 이끌고 출정하기 직전 종실 사마휴지를 형주자사에 임명하고, 유도련劉道憐을 연주와 청주의 2개 주 자사에 임명해 경구에 진주케 하고, 예주자사 제갈장민을 태위로 삼아 군무를 처리케 했다. 그러나 제갈장민을 완전히 믿지 못해 심복인 유목지劉穆之를 건무장군으로 삼아 제갈장민을 견제케 했다. 의희 8년(412년) 겨울 10월, 유유가 왕진악王鎭惡에게 빠른 배 백 척을 건네면서 앞서 나가도록 하며 당부했다.

"만일 적을 칠 만하면 치되 그렇지 못할 경우 함선을 불태우고 수변에 주둔했다가 적들이 다가오길 기다려 싸우도록 하시오."

왕진악은 부견의 명장으로 있던 왕맹의 손자로 계략에 밝았다. 그는 먼저 선발대를 보내 나루터에 있는 유의의 대소 선박을 불태운 뒤 보졸을 배에 태우고 상륙하자마자 강릉을 향해 진격했다. 도중에 어디서 온 군사인지를 묻는 자가 있었으나 유의의 친군이라고 둘러대 아무 저항 없이 빠른 속도로 진격할 수 있었다. 강릉성에서 5~6리 떨어진 곳에 이르자 유의의 측근 장령 주현지^{朱顯之}가 마침 병사들을 이끌고 나루터를 떠나려다 이상한 생각이 들어 물었다.

"유연주^{劉兗州}(유의)는 어디에 있는가?"

"맨 뒤에 있소."

주현지가 이상한 생각이 들어 곧 말을 몰아 행군하는 군사들의 뒤쪽으로 가 보았으나 유의가 보이지 않았다. 게다가 병사들 모두 공성 기계를 가지고 있었다. 멀리서 보니 나루터의 배들이 불에 타는 모습이 보였다. 그가 황급히 성으로 달려가 이를 알렸다. 유의가 곧바로 하령해 성문을 닫게 했으나 왕진악의 군사들은 거의 주현지와 같은 속도로 성안으로 뛰어들었다. 유의가 아성^{牙城}으로 퇴각하면서 측근인 사마 모수지 등에게 명해 병사들을 독려해 적들을 막게 했다.

유의의 휘하 군사 중에는 건강 출신 사병이 적지 않았다. 이들 중 상당수가 진공한 대군^{臺軍}(도성 수비군)과 친척 관계여서 이들은 일면 싸우면서 일면 서로 얘기를 나눴다. 병사들은 유유가 직접 대군을 이끌고 왔다는 사실을 알게 되자 점차 뒤로 물러섰다. 밤이 되자 유의의 장수 모수지가 유유의 군사와 교전하다가 이내 도주했고, 유의 또한 수백 명의 군사와 함께 북문의 포위망을 뚫고 강릉성 북쪽 20여 리 지점에 있는 우목불사까지 도주했다. 그러나 주변에는 따르는 사람이 한 사람도 없었다. 유의가 황급히 절문을 두드리며 숨겨 줄 것을 요구했으나 승려가 이같이 거절하였다.

"전에 사부가 우리 절로 도망쳐 온 환울^{桓蔚}을 숨겨 주었다가 유의가 보낸 군사에 의해 죽임을 당한 적이 있소. 다시 그런 일이 일어나게 할 수는 없소!"

7년 전 유의는 환씨를 토벌하면서 엄법을 시행한 바 있었는데 그것이 자신에게 되돌아온 것이다. 유의는 반나절 가까이 멍하니 있다가 이같이 탄식했다.

"법을 엄히 시행한 폐단이 마침내 이 지경에 이르렀구나!"

그러고는 절 문 앞에 있는 나무에 목을 매 죽었다. 다음 날 유의의 시체는 강릉성 저자에서 목이 잘렸다. 그의 형제를 비롯한 일족도 모두 주살됐다. 유유가 강릉성에 입성한 후 부역과 형벌을 줄이며 명사들을 예로써 초빙하자 형주 사람들이 크게 기뻐했다. 유의를 제거한 유유의 다음 목표는 건강을 방위하며 예주와 양주 등 6개 주의 군사권을 장악하고 있는 제갈장민이었다. 제갈장민은 낭양 사람으로 문무를 겸비하고 있었다. 그러나 절제가 없어 신망을 잃고 있었다. 환현이 집권했을 때 참군평서군사參軍平西軍事에 임명됐다가 탐오한 행보로 인해 파직된 적도 있었다. 그는 유유가 환현을 칠 때 환현에 대한 원한으로 이내 합세해 공을 세운 일로 인해 보국장군에 봉해졌다. 이후 환흠을 격파한 데 이어 그의 부하 또한 모용초를 하비에서 물리쳤다.

유유가 유의를 칠 당시 제갈장민은 교횡驕橫하며 탐욕스런 모습을 보였다. 정사를 돌보지 않은 채 사방에서 뇌물을 긁어모았다. 유유가 자신을 탄핵할까 전전긍긍하던 그에게 동생인 보국장군 제갈여민諸葛黎民이 권했다.

"유의의 일족이 모두 도륙됐습니다. 우리 제갈 가문도 미리 대책을 마련해야 합니다. 유유가 건강으로 돌아오기 전에 먼저 기선을 제압하는 게 좋습니다."

탐욕스런 사람이 늘 그렇듯이 제갈장민은 유예하며 결단하지 못했다.

"빈천하면 늘 부귀를 꿈꾸고, 부귀하면 반드시 위기를 맞는다고 했다. 오늘 내가 포의의 백성이 되고자 할지라도 어찌 그게 가능하겠는가!"

결국 제갈장민은 기주자사 유경선에게 함께 부귀를 누리자는 내용의 친서를 보냈다. 그러나 유경선은 이를 완곡히 거절한 뒤 이 사실을 유유에게 알렸다. 이로써 유유는 제갈장민을 제거할 결심을 굳혔다. 제갈장민은 조정에 보고 차 올라가서는 짐짓 아무것도 모른 체하며 유유의 측근 유목지劉穆之를 떠보았다.

"밖에서 분분히 유태위와 나 사이에 알력이 있다고 얘기한다는데 그게 사실이오?"

유목지가 대답했다.

"태위가 군사를 이끌고 정벌에 나서면서 노모와 어린 동생을 경성에 남겨 두었소. 이는 당신에게 맡긴 것이나 다름없소. 만일 그가 딴생각이 있다면 어찌 그처럼 할 수 있겠소?"

제갈장민이 이 말을 듣고 약간 안심이 되었다. 그러나 불안한 생각이 떠나지 않자 좌우에 이같이 말했다.

"옛날 유방은 팽월彭越을 죽여 고기 젓을 들더니, 작년에는 한신韓信(유의를 지칭)마저 죽였소. 이제 내 차례요!"

유유는 제갈장민이 선수를 칠 것을 우려해 밤낮을 가리지 않고 건강으로 달려왔다. 유유가 돌아온다는 소식에 조정 백관들은 며칠 동안 아침부터 저녁까지 교외로 나가 그를 기다렸다. 유유는 도중에 매복이 있을까 우려해 얼굴을 드러내지 않다가 밤에 휘하의 대군이 건강성을 가득 채웠다는 소식을 들은 연후에야 배를 타고 동부로 잠입했다. 다음 날 아침 유유가 홀연 동부에 나타났다는 소식을 들은 제갈장민은 황급히 동부로 가서 그를 배견했다.

유유는 제갈장민을 만나자 평일과 다름없이 웃고 담소하며 연회를 즐겼다. 두 사람은 밀실에서 온갖 얘기를 나누며 술을 마셨다. 제갈장민은 쉴 새 없이 미사여구를 동원해 유유를 칭송했다. 제갈장민이 마침내 일어나 다시 아첨하려고 하는 순간 이미 매복해 있던 유유의 호위 군사들이 그를 포박했다. 제갈장민을 제거한 후 유유는 곧 사람을 보내 제갈장민의 형제를 비롯한 일족을 도륙했다. 큰 동생 제갈여민은 힘이 절륜해 분투하다 죽었고, 작은 동생 제갈유민諸葛幼民은 깊은 산중으로 도주했다가 이내 신분이 탄로나 포획된 뒤 참수됐다.

유유가 북상해 후진을 멸하다

동진 안제 의희 원년(405년), 익주의 장령들이 동진의 내란을 틈타 촉 땅의 대족인 초종譙縱을 옹립해 성도왕으로 삼고 할거했다. 초종은 보위에 오른 후후진의 요흥에게 칭신하며 동진의 침공을 막았다. 이어 환현의 사촌 동생 환겸과 연합해 쉬지 않고 동진의 변경을 위협했다. 유의를 제거한 유유는 곧바로 대장 주령석朱齡石을 파격적으로 발탁한 후 대군을 휘몰아 성도를 치면서 동시에 속임수를 써 초종의 병력을 분산시켰다. 의희 9년(413년) 6월, 동진의 군사가 성도를 함락시켰다. 초종은 도주할 길이 없자 이내 스스로 목을 매 죽었다. 이로써 파촉은 다시 동진에 귀속됐다.

당시 종실 사마휴지는 형주의 상류에 머물며 백성들의 인심을 얻고 있었다. 그의 아들 초왕 사마문사司馬文思는 도성 건강에서 유협들과 어울리며 흉포한 행동을 일삼았다. 유유가 정위廷尉를 보내 사마문사의 수하를 죽이고 사마문사를 사마휴지에게 보냈다. 사마휴지가 직접 강릉에서 처리하라고 주문한 것이다. 사마휴지는 곧 상서해 사마문사의 왕호를 폐할 것을 청하면서 동시에 유유에게 친서를 보내 극구 사과하며 용서를 구했다.

의희 11년(415년) 초, 유유는 건강에서 사마휴지의 차남 사마문보司馬文寶와 조카 사마문조司馬文祖를 벤 뒤 곧바로 군사를 동원해 강릉을 쳤다. 사마휴지가 저항하자 옹주자사 노종지魯宗之 등이 기병해 이에 호응했다. 유유는 처음에 사위 서규지徐逵之 등이 전사하는 등 크게 불리했다. 이해 4월 유유는 친히 대군을 이끌고 도강하여 단번에 사마휴지가 이끄는 4만 명의 군사를 대파하고 강릉을 함락시켰다. 이에 사마휴지 부자와 노종지 등은 후진으로 도주해 요흥에게 몸을 의탁했다. 이로써 동진 내부에서는 유유를 당할 사람이 없게 되었다. 조정은 곧 유유를 태부, 양주목에 임명하고 찬배불명贊拜不名(배례할 때 성명을 부르지 않음)과 입조불추入朝不趨(입조 때 잔걸음으로 빨리 가지 않음), 검리상전劍履上殿(검을 차고 신을 신은 채 전에 오름) 등의 특권을 부여했다. 이어 유유의 셋째 아들 유의륭劉義隆을 공작에 봉하고, 유유의 동생 유도련劉道憐을 형주자사에 임명했다.

이듬해인 의희 12년(416년) 3월, 후진의 황제 요흥이 병사하고 태자 요홍姚

泓이 뒤를 이었다. 강족인 요흥은 자가 자략子略이다. 동진 태원 19년(394년)에 즉위한 후 22년 동안 보위에 있었다. 요흥의 부친 요장姚萇은 중국 역사상 인품이 가장 낮은 제왕 중 한 사람이다. 부견이 전진을 개국한 지 얼마 안 돼 대장 부황미가 요양姚襄을 죽이고 요장을 포로로 잡은 적이 있었는데 당시 대장으로 있던 부견의 도움으로 요장은 간신히 목숨을 구할 수 있었다. 부견은 요익장과 요양 부자를 공후의 예로 장사 지내 주고 요장을 크게 우대했다. 그러나 요장은 부견이 비수의 전투에서 패하자 이내 반란을 일으킨 뒤 부견을 신평의 절에서 액살했다.

요장은 만년에 꿈을 꿀 때마다 부견이 군사들을 이끌고 자신을 잡으러 오는 악몽을 꾸는 바람에 한밤중에 궁 안을 미친 듯이 뛰어다녔다. 어느 날, 또다시 부견의 꿈을 꾼 요장이 궁을 헤매다가 그를 요괴로 착각한 호위 병사의 창에 음부를 다쳤다. 이내 병세가 호전되기는 했으나 감염으로 인해 음낭이 크게 부풀어 올랐다. 그는 죽기 직전 꿇어앉은 채로 허공을 향해 연신 머리를 조아리며 이같이 말했다.

"폐하를 죽인 사람은 저의 형 요양으로 이는 신의 죄가 아닙니다. 부디 신의 목숨을 살려 주십시오!"

요흥은 즉위 후 전진의 부등을 토벌하고 관중을 평정했다. 유가를 신봉한 그는 백성들에게 농상農桑을 장려하고, 현사를 대거 발탁하고, 널리 충간을 받아들였다.

동진 안제 융안 3년(399년) 여름, 국내에 재해가 빈번히 발생하자 요흥은 스스로 제호를 깎아내렸다. 이는 매우 희귀한 경우에 속한다. 그는 부패를 엄히 다스리면서 이웃나라와 가까이 지냈다. 동진으로부터 빼앗은 12개 군을 돌려준 게 그것이다. 거마도 금옥으로 장식하지 못하게 하고, 후궁 역시 무늬를 넣은 비단 옷을 입지 못하게 했다.

그의 치세 기간 동안 중국에 수입된 불교가 크게 흥성하였다. 그는 불경을 번역한 서역승 구마라십鳩摩羅什을 크게 예우했다. 이에 후진의 각 지역에서 열에 아홉이 불교를 믿게 되었다. 게다가 유학도 크게 성해 후진은 그의 치세 때 16국 중 가장 성대한 모습을 보였다. 그러나 그는 서생의 색채가 짙어 대정치가로서의 면모 등이 결여돼 있었다. 남량의 독발욕단禿髮傉檀과 북량의 저거몽손沮渠蒙遜, 대하의 혁련발발赫連勃勃, 서진의 걸복건귀乞伏乾歸 등은 모두 요흥의 관용으로 인해 목숨을 건진 자들이다. 그럼에도 이들은 좀처럼 길들여지지 않는 이리처럼 신의가 없었기 때문에 그를 배신한 뒤 분분히 반란을 일으키며 후진의 사방에서 나라를 세웠다.

요흥은 만년에 통상 덕정을 베푸는 제왕들이 그렇듯이 치명적인 잘못을 범했다. 적통의 태자 자리를 빼앗으려는 아들 요필姚弼을 그대로 용인한 것이다. 다행히 적통인 요홍이 보위를 이었으나 하마터면 궁중에 대란이 일어날 뻔했다. 결단력이 없는 요흥은 실로 난세의 명군이 되기에는 문제가 있었다. 요흥은 자가 원자元子로, 효성스러우면서 우애도 있고 관인했으나 경세經世의 방략이 부족했다. 16국의 난세에 이는 큰 문제가 될 수밖에 없다. 선제의 복상 기간이 아직 끝나지도 않았는데 요홍의 형인 요음姚愔이 보위를 탈취코자 했다. 뒤에 동생 요의姚懿와 요회姚恢도 찬탈을 획책했다. 이 와중에 대하의 혁련발발이 후진의 여러 군을 약탈하고, 남쪽 동진의 유유가 대군을 이끌고 침공하려는 등 내우외환의 위기 상황에서 민심이 흉흉해지자 요홍은 수심에서 벗어날 길이 없었다.

이때 유유가 마침내 후진을 토벌하기 위한 원정에 나섰다. 진격의 노선은 공격 목표에 따라 2개의 육로와 2개의 수로 등 모두 4개로 나뉘었다. 육로의 경우 허창과 낙양을 목표로 한 노선은 왕진악과 단도제檀道濟가 군사를 통솔하고, 관중으로 들어가는 관문인 무관武關은 심전자와 부홍지傅弘之가 지휘를 맡았다.

수로를 통한 진격은 우선 심전자와 유준고劉遵考가 변수汴水에서 형양의 석문石門을 거쳐 황하로 들어가는 노선이 있었다. 이들은 왕진악과 단도제를 응원하며 협공을 펼치기로 되어 있었다. 다른 하나는 왕중덕王仲德이 이끄는 수

군이 사수泗水에서 제수濟水를 거쳐 황하로 들어가는 노선이었다. 유유 본인
은 대군을 이끌고 왕중덕의 노선을 쫓기로 했다.

왕진악과 단도제는 모두 명장이었다. 휘하의 병사들 모두 정병이었고, 군량
또한 충분히 비축해 놓았다. 이들은 단번에 항성項城과 허창 등지를 점거했다.
낙양을 지키던 요광姚洸은 주위의 간언을 무시한 채 군사들을 이끌고 영격했
다가 대패한 뒤 결국 성을 나와 항복했다.

낙양을 점거하자 유유는 자신의 공이 천하를 덮게 되었음을 알고 곧 좌장
사 왕홍王弘을 건강으로 보냈다. 조정이 그에게 구석九錫(천자가 공덕이 큰 제후
나 신하들에게 내리는 특전)을 내렸다. 건강을 수비하는 유목지는 원래 유유의
심복이었다. 그는 유유가 찬위를 준비하는 모습을 보고 병이 나 자리에 누웠
다. 동진 의희 13년(417년) 조정이 유유를 상국에 임명해 백관을 총괄하면서
양주목을 겸하게 했다. 이어 10개 군을 봉지로 내리면서 송공에 봉했다. 구석
을 더함으로써 그는 제후왕보다 높은 위치에 서게 되었다.

당초 노순이 건강을 압박할 당시 유유는 남연의 도성인 광고를 함락시키
고 막 귀환하던 중이었다. 그는 자신에게 태위 벼슬과 황월黃鉞을 내리도록
조정을 종용했다. 그의 휘하 대장 주령석이 촉 땅을 정벌할 때에는 아직 형세
가 드러나지 않았는데도 유유는 태부 벼슬과 양주 일대의 군사 통수권을 요
구했다. 후진 정벌이 끝나지 않았는데도 구석을 요구한 것이다. 이는 조정 대
신들의 반응을 살피기 위한 것이었다.

정상적인 상황이라면 대역무도한 짓으로 몰릴 행동이었으나 이미 동진의
황실은 민심을 잃고 있었다. 모든 문무백관들은 피곤한 기색도 없이 사방으
로 정벌 사업을 벌이는 유유에게 붙어 이른바 반룡부봉攀龍附鳳할 생각이었
다. 반룡부봉은 용과 봉황에 올라탄다는 의미로 대개 훌륭한 주군을 좇아
공명을 세우고 부귀영화를 누린다는 뜻으로 사용된다. 유유의 군세가 높아
질수록 이들의 반룡부봉 행각 역시 더욱 노골적으로 흘렀다.

당시 왕중덕이 이끄는 동진의 수군이 배를 타고 황하로 들어가자 북위의

활대를 지키던 위건尉建이 크게 놀라 활 한 번 쏘지 않고 곧바로 성을 버린 채 도주했다. 이를 빌미로 동진의 장수들은 이같이 선전했다.

"우리는 본래 위나라에 7만 필의 포백布帛을 주고 길을 빌려 진나라를 치려 했다. 그런데 활대의 수장이 도주할 줄이야 어찌 상상이야 했겠는가!"

이 얘기를 전해 들은 북위의 원제元帝 탁발사拓跋嗣가 대로하여 군사를 제하濟河로 보내 위건을 참수한 뒤 강물에 던져 고기밥으로 만들었다. 이어 동진의 군사에게 무슨 일로 북위 땅을 점거하게 되었는지를 따졌다. 당시 동진의 군사들은 북위와 적대 관계를 맺는 것은 상상치도 못했다. 따라서 태위 유유가 겸손한 말로 북위를 다독였다.

"낙양은 진나라의 옛 도성입니다. 강족들이 점거한 후 우리는 늘 낙양으로 진격해 능묘를 수복해야 한다는 생각을 했습니다. 지금 저들은 우리 진나라 땅에 머물며 계속 반란을 일으켜 큰 우환이 되어 있습니다. 지금 우리는 길을 빌려 저들을 정벌하려는 것뿐입니다. 실로 위나라를 적으로 삼고자 한 게 아닙니다."

동진 의희 13년(417년) 2월 유유가 대군을 이끌고 팽성을 출발했다. 왕진악과 단도제 등은 이미 동관潼關에서 합류해 후진의 수비군에 맹공을 퍼붓고 있었다. 요소姚紹는 요흥의 숙부로 계책에 능했다. 그는 성을 굳건히 지키면서 대장 요란姚鸞을 시켜 동진 군사의 양도를 끊게 했다. 그러나 요란은 동진 군사의 습격을 받고 수천 명의 군사와 함께 몰살을 당했다.

유유의 수군은 청하淸河로 들어간 후 곧바로 장안이 있는 황하의 서쪽을 향해 물길을 거슬러 올라갔다. 북위와의 마찰을 극력 피하기 위해 사자를 보내 짐짓 극도로 겸허한 모습을 보였다. 이때 요흥은 다급한 나머지 사자를 북위로 보내 구원을 청했다. 사자를 맞이한 북위의 군신이 모여 이 문제를 논의하던 중 대신 최호崔浩가 말했다.

"요흥은 이미 죽고, 요홍은 나약합니다. 유유는 이 틈을 타 침공한 것입니다. 만일 우리가 진군을 막으면 유유는 우리에게 원한을 품고 이내 상륙해 침공해 올 것입니다. 지금 유연柔然이 우리의 북쪽 변경을 노략질하고 있습니다. 유유와 싸우게 되면 남북으로 적을 맞이하는 셈이 됩니다. 유유의 청을 받아들여 저들을 서쪽으로 보낸 뒤 군사들을 요소에 배치해 동쪽을 지키면 됩니다. 만일 유유가 승리하면 우리가 길을 빌려 준 것에 고마워할 것이고, 만일 패하면 저들이 철군할 때 공격을 가함으로써 요씨의 진나라를 도와줬다는 명분을 얻을 수 있습니다."

그러나 황제는 이를 듣지 않고 곧 사도 장손숭長孫嵩을 시켜 산동山東(효산의 동쪽으로 관중 이동을 지칭)의 군사를 살피게 했다. 이어 진무장군 아청娥淸과 기주자사 아박간阿薄干에게 보기 10만 명을 이끌고 가 황하 북안에 주둔하며 동진의 군사를 기다리게 했다. 유유의 수군은 황하로 들어간 후 북위 군사의 긴박한 움직임을 보면서 크게 우려했다. 왕진악 등이 급히 사자를 유유에게 보내자 유유가 선창을 열고 북위 군사들을 가리키면서 이같이 말했다.

"내가 전에 낙양을 함락시킨 후 대군이 모인 후에야 비로소 진공해야 한다고 말했는데 지금 가벼이 움직이는 바람에 위나라 군사가 대거 출현하고 있다. 이러고서야 내가 어찌 병사들을 지휘할 수 있단 말인가?"

북위의 군사들은 동진의 함대와 똑같이 이동했다. 센 바람이 불어 파도가 크게 일자 크기가 작은 동진의 함선이 북쪽 강기슭으로 밀려갔다. 그러자 북위 군사들이 화살을 쏘아 이들을 전멸시켰다. 유유가 군사를 보내 추적했으나 북위의 기병들은 순식간에 모습을 감췄다. 이런 식의 항진이 계속됐다.

이해 5월 유유가 한 가지 방법을 생각해 냈다. 그는 백직대白直隊(민병대) 두목인 정오丁旿에게 명해 군사 7백 명과 함께 병거 1백 대를 갖고 북안에 상륙해 강에서 백여 보 떨어진 물가에 그믐달 모양으로 진을 치게 했다. 이어 양쪽 끝에 강을 끼고 병거 1대마다 병사 7명을 배치했다.

북위 군사는 동진의 군사가 무엇을 하는지 알 길이 없어 강 언덕 위에서 이를 지켜보기만 했다. 동진의 영삭장군 주초석朱超石은 신호가 떨어지자 곧바로 2천 명의 군사를 이끌고 질풍처럼 강 언덕 위로 올라갔다. 이들 모두

1백 발의 쇠뇌를 갖고 있었다. 매 병거마다 20명의 갑사가 늘어서서 좌우전후로 큰 방패를 벌리자 이들을 엄호하는 이상한 진이 펼쳐졌다.

북위 군사는 동진의 군사가 진을 다 치자 이내 영격에 나섰다. 북위 장수 장손숭은 3만 명의 기병을 이끌고 이들을 후원했다. 사면에서 북위의 군사가 쇄도하자 동진의 군사들이 일제히 쇠뇌를 쏘았다. 그러나 북위의 군사들은 죽음을 무릅쓰고 계속 전진했다. 이때 주초석이 미리 준비해 둔 비밀 병기인 기다란 삼지창을 등장시켰다. 쇠뇌가 화살을 빗발치듯 쏟아 내는 와중에 비밀 병기까지 등장하자 북위 군사는 대패하고 말았다. 이때 북위 대장 아박간도 목숨을 잃었다. 탁발사가 이 소식을 듣고는 최초의 건의를 좇지 않은 것을 후회했다. 그러나 그는 유유가 후진을 멸망시키리라고는 생각해 본 적이 없었다. 그래도 혹시나 하는 마음에 최호에게 물었다.

"유유가 지금 유홍을 치러가는 데 과연 성공할 수 있을까?"

"가능합니다."

"어째서 그런가?"

최호가 대답했다.

"전에 요홍은 명성만 높았을 뿐 실속이 없었습니다. 그의 아들 요홍은 나약한 데다 잔병이 많습니다. 유유는 요홍의 형제들이 서로 보위를 차지하기 위해 다투고 있는 틈을 타 침공한 것입니다. 병사들이 정예하고 용맹하니 반드시 승리할 것입니다."

탁발사가 놀란 표정으로 다시 물었다.

"그렇다면 유유와 모용수를 비교하면 어떠하오?"

"유유는 재능이 있으니 모용수보다 위입니다. 모용수는 부형이 남겨 준 자산을 토대로 나라를 다시 세운 데 반해 유유는 한미한 가문에서 태어나 환현과 모용초, 노순 등을 차례로 제압하고 이제 요홍까지 압박하고 있으니 가히 초세의 인걸이라고 할 수 있습니다."

이에 북위의 군사는 다시는 동진의 군사를 가벼이 공격하는 일을 하지 않았다. 유유의 군사는 별다른 어려움 없이 낙양에 도착했다. 이들을 저지하기 위해 파견된 후진의 장수 노공 요소姚紹는 우려와 분노 등으로 인해 이내 병이 나 피를 토하며 죽었다.

이해 8월 유유가 관중으로 들어섰다. 심전자와 부홍지 등도 무관을 뚫고 춘니春泥(섬서성 남전)를 점거했다. 심전자 등이 요류嶢柳를 치려고 하자 요홍도 유유의 주력군과 결전을 치를 심산으로 보기 수만 명을 이끌고 친정에 나섰다. 그는 심전자 등이 뒤를 엄습할까 우려해 먼저 심전자를 격멸한 후 동쪽으로 진격해 유유와 교전하려 했다. 심전자는 요홍이 수만 명의 대군을 이끌고 온다는 소식이 들려오자 곧바로 영격코자 했다. 부홍지가 만류하자 그는 이같이 말했다.

"병법은 기병奇兵을 중시하고, 숫자를 중시하지 않소. 저들과 우리 군사의 숫자가 너무 차이가 크니 저들이 진형을 갖추면 도주하려고 해도 할 수가 없소. 저들이 진형을 갖추기 전에 선제공격을 하느니만 못하오."

그러고는 병사들에게 이같이 말했다.

"우리가 먼 길을 마다하고 온 것은 바로 오늘의 싸움 때문이다. 죽기 살기로 싸우면 이번 한 번 싸움으로 가히 제후에 책봉될 수 있다!"

그의 말에 한껏 사기가 오른 병사들은 결국 후진의 군사들에게 대승을 거뒀다. 요홍은 간신히 사지에서 몸을 빼내 파상灞上으로 달아났다.

당시 동관을 공격하고 있던 왕진악은 방향을 바꿔 황하에서 위수渭水로 들어가 곧바로 장안을 치는 방안을 유유에게 제시했다. 왕진악이 이끄는 동진의 수군은 모두 몽충艨衝이라는 작은 함선에 타고 있었다. 일명 '몽동艨艟'으로도 불리는 이 배는 선체가 좁고 길다. 병사들은 모두 배 아래쪽에서 노를 젓기에 밖에서는 보이지 않았다. 후진의 병사들은 이런 종류의 배를 본 적이 없어 노를 젓는 사람이 안 보이는데도 배가 나아가는 것을 보고 크게 놀랐다. 왕진악이 위교渭橋에 이른 후 병사들에게 하령해 배 위로 올라와 식사를 하게 했다. 식사가 끝나자 곧바로 무기를 들고 상륙케 했다.

"늦게 내린 자는 참하겠다!"

병사들이 상륙하자마자 작은 배들은 모두 위수의 급류에 휩쓸려 아래로 떠내려가고 말았다. 이를 본 왕진악이 병사들에게 말했다.

"우리들의 가족은 모두 강남에 있다. 여기는 장안의 북문이다. 집에서 만 리나 떨어져 있다. 배에 의복과 식량이 실려 있었으나 이미 모두 떠내려갔다. 오늘 싸움에서 승리하면 공명을 떨칠 수 있고, 그렇지 못하면 시체조차 찾을 길이 없게 된다. 우리 모두 죽기 살기로 싸우도록 하자!"

말이 끝나자 그는 선봉에 서서 진격했다. 후진에서는 장수 요비姚丕 등이 나와 이들을 저지하려고 했으나 모두 죽고 말았다. 요홍은 이 소식을 듣자마자 다시 군사들을 이끌고 영격에 나섰으나 그 또한 대패하고 말았다. 요홍은 단기필마로 황급히 환궁했다. 왕진악은 장안의 평삭문平朔門 안으로 진공했다.

절체절명의 위기에 몰린 요홍이 어찌할 바를 몰라 가족들과 상의했다. 모두 출궁해 투항할 것을 권할 때 당시 겨우 11세밖에 안 된 요홍의 아들 요불념姚佛念이 부친에게 말했다.

"저들은 욕심을 채우고 나면 우리들의 목숨을 살려 두지 않을 것입니다. 투항은 모두 자진하느니만 못합니다."

이에 요홍이 멍한 모습으로 아무 말도 하지 못했다. 그는 적잖이 책을 읽은 까닭에 군주는 죽음으로써 사직을 지킨다는 성현의 말씀을 익히 알고 있음에도 쉽게 결심하지 못했다. 결정의 순간이 다가오자 요홍은 처자를 이끌고 유유의 대영으로 가 투항했고, 오직 요불념만이 궁궐 담 위로 올라가 몸을 던져 자진했다. 요홍의 동생 요찬姚贊도 종실 1백여 명을 이끌고 투항했다. 유유는 요홍 이외의 종실과 부녀를 현장에서 곧바로 처결했다. 이어 요홍을 함 거에 태워 건강으로 압송한 뒤 저자에서 목을 베었다. 2년 동안 재위한 당시 요홍의 나이는 30세였다. 이로써 후진은 요장부터 계산하면 세 명의 군주가 보위에 앉아 있다가 34년 만에 패망했다.

청조 때 강희제는 공자의 소상塑像에 무릎을 꿇고 절을 올려 수많은 한족

들에게 큰 감동을 주었다. 일찍이 요홍은 태자로 있을 때 스승 순우기^{淳于岐}가
병이 나자 친히 문병을 가 병상 앞에서 절을 했다. 이를 계기로 공후들은 스
승을 보면 모두 절을 하게 됐다. 태자의 몸으로 스승에게 절을 올린 점에서
요홍은 강희제보다 1천여 년 앞서 스승을 존중하는 모습을 보인 셈이다.

요홍과 요홍은 비록 강족이었으나 통치 방식은 완전히 한족의 방식을 택해
호한분치^{胡漢分治}의 모습이 전혀 없었다. 기본적으로 저족인 전진 부견의 천하
통치 정신을 그대로 승계한 셈이다. 유유가 요씨 일족을 도륙한 것은 요홍이
관중 일대의 12개 군을 접수할 때 피 한 방울 흘리지 않은 것과 대비된다.

나막신을 신는 황제

후진을 멸망시킬 당시 유유는 장안성에서 사방을 둘러보며 곁에 있던 왕
진악에게 말했다.

"나의 패업을 완성시켜 준 사람은 바로 경이오!"

왕진악은 뛰어난 명장이기는 했으나 결정적인 단점이 있었다. 그것은 바로
탐욕이었다. 그는 휘하의 군사를 시켜 후진의 부고^{府庫}를 털어 사복을 채웠
다. 유유는 이를 분명히 알고 있음에도 그의 공을 높이 사 불문에 붙였다. 그
렇지만 왕진악이 요홍의 어련^{御輦}을 횡령했다는 고발이 들어 왔을 때에는 혹
여 왕진악이 다른 뜻을 품고 있는 게 아닌지 의심하여 사람을 보내 은밀히
사찰케 했다. 그러나 왕진악이 오로지 어련 위에 붙어 있던 보물 장식을 탐한
까닭에 이를 모두 뜯어낸 후 어련을 담장 구석에 방치했다는 보고가 들어오
자 유유는 이내 안심했다.

유유는 원래 장안에 머물며 서북을 경영하면서 북방을 통일하고자 했다.
그러나 제장들은 속히 건강으로 돌아가기를 원했다. 후진을 멸망시킨 의희

13년(417년) 8월에서 석 달여의 시간이 지난 이해 말, 유유는 건강을 수비하고 있던 심복 유목지가 병사했다는 소식을 접하자 속히 동쪽으로 돌아가지 않을 수 없게 되었다.

유유는 차자 유의진劉義眞을 안서장군에 임명해 옹주와 양주, 진주 등 3개 주의 군사를 지휘케 했다. 또한 왕수王修를 장사로 삼고, 왕진악을 사마에 임명해 풍익 태수를 겸하게 했다. 심전자와 모덕조毛德祖를 중병참군에 임명하고 심전자는 시평 태수, 모덕조는 진주자사를 겸하게 했다. 부홍지는 옹주의 치중종사사治中從事史에 임명됐다.

외양상 그럴듯한 인사 배치였으나 사실은 큰 오류를 범한 것이었다. 유의진은 열두 살의 어린애에 지나지 않았고, 각 장령들은 모두 후진을 평정하는데 나름 큰 공을 세운 까닭에 서로 다툴 소지가 컸다. 특히 왕진악의 경우 그의 조부 왕맹이 관중에서 큰 명성을 떨친 바 있다. 당시 유유가 급히 건강으로 돌아온 것과 관련해 사서는 장병들이 고향으로 돌아오고자 했다고 기록해 놓았으나 이는 사실과 다르다. 병사들이 출정한 것은 채 1년도 안 돼 크게 피로한 상태가 아니었다. 나아가 관중은 부유한 땅으로 금은재보가 넘쳐났다. 식량도 풍부했다. 이곳을 거점으로 삼아 대하와 북위를 공벌하는 것은 그리 어려운 일이 아니었다. 유유는 실로 이같이 한 뒤 장안 또는 낙양에서 진정한 천자가 될 수 있었다.

그런데도 하필 건강으로 돌아가 황제의 자리에 오른 것이다. 이는 삼국 시대 당시 위문제 조비가 선양을 받아 보위에 오른 것에 비유할 만하다. 유유가 강동으로 급히 귀환한 것은 주변에 있는 사회謝晦 등의 단견을 받아들인 결과였다. 사회 등은 유유가 속히 보위에 오르는 것만을 생각했다. 천하 통일에 대한 의지가 없었던 것이다. 공업으로 따지면 유유는 조조보다 위였으나 용인 면에서 커다란 차이가 있었다.

유유가 동쪽으로 귀환하기 전 심전자와 부홍지는 유유에게 여러 차례에 걸쳐 이같이 말했다.

"왕진악의 가족이 관중에 있으니 그를 믿을 수 없습니다."

만일 유유가 용인술을 아는 사람이었다면 왕진악을 데리고 건강으로 가거나 왕진악을 전적으로 신임해 이들의 주장을 근거가 없는 것으로 물리쳐야 했다. 그러나 유유는 그렇지 못했다. 그는 심전자에게 사적으로 이같이 말했다.

"삼국 시대 때 종회鍾會가 촉 땅을 점거한 뒤 반란을 일으켰다가 실패했다. 이는 위관衛瓘이 있었기 때문이다. 속어에 '맹수는 여러 마리의 여우만 못하다'는 말이 있다. 경을 비롯한 10여 명이 어찌 왕진악 한 사람을 두려워할 것인가!"

왕진악을 종회, 심전자를 위관에 비유한 것이다. 이는 심전자 등에게 언제라도 위관처럼 행동해도 좋다는 것을 의미했다. 이를 두고 『자치통감』을 쓴 사마광은 이같이 평했다.

"옛 사람이 말하기를, '의심하면 맡기지 말고, 맡기면 의심하지 말라'고 했다. 유유는 이미 왕진악에게 관중을 맡기고도 다시 심전자에게 언질을 주었으니 분쟁의 발단은 여기서 시작됐다. 애석하구나! 백 년에 걸친 적을 물리치고 천 리의 땅을 손에 넣기는 어려워도 잃기는 쉬웠으니."

당시 줄곧 관중의 사태를 주시하고 있던 대하의 혁련발발은 유유가 동쪽으로 돌아갔다는 얘기를 듣고는 크게 기뻐했다. 그는 대신 왕매덕王買德에게 이같이 말했다.

"관중은 지세나 풍경이 뛰어난 땅이다. 유유가 그런 곳을 어린애에게 맡겨놓은 뒤 황황히 돌아갔다. 이는 틀림없이 보위를 찬탈하기 위한 것으로 중원을 경영할 여가가 없다는 뜻이다. 하늘이 나에게 절호의 기회를 주었으니 절대 놓쳐서는 안 될 것이다. 청니靑泥와 상락上洛 두 곳은 남북을 가르는 매우 험요한 곳이다. 응당 유군遊軍(일종의 게릴라)을 보내 그 통로를 끊어야 한다. 이어 군사를 보내 동관을 봉쇄해 수륙의 연결로를 차단해야 한다. 끝으로 삼보三輔의 백성에게 포고문을 발표하고 위령과 덕정을 시행하면 된다. 유의진은 어린애에 불과하니 틀림없이 우리가 쳐 놓은 그물에 걸려들 것이다."

혁련발발은 크게 기뻐하며 세자 혁련괴赫連璝를 선봉으로 삼은 뒤 철기 2만 기를 이끌고 가 곧바로 장안을 치게 했다. 이어 다른 아들 혁련창赫連昌에게는 동관, 왕매덕은 무군 우장사에 임명하여 청니에 주둔케 했다. 혁련발발은 대군을 이끌고 이들의 뒤를 따랐다. 혁련괴의 군사가 위양渭陽에 이르자 관중의 백성들이 줄지어 귀부했다. 유유가 동쪽으로 돌아가자마자 관중의 한족들은 동진의 군사에 대해 어떤 희망도 걸 수 없는 지경이 된 것이다.

동진의 용양장군 심전자는 영격에 나섰다가 대하의 군사가 많은 것을 보고 크게 두려워해 싸우지도 않은 채 이내 유회보劉回堡로 퇴각해 굳게 지켰다. 불과 몇 달 전만 해도 동진의 군사들은 피로와 기갈에 지쳤는데도 능히 후진의 군사들을 격파했다. 그러나 지금은 동진의 군사들이 충분한 휴식을 취했는데도 미리 겁을 집어먹고 몸을 웅크리고 나선 것이다. 심리적으로 이미 패한 것이나 다름없었다. 후진을 점령해 수많은 금은보화를 손에 넣은 후 고향으로 돌아갈 생각에 적을 보자마자 겁부터 먹은 것이다. 사람의 마음가짐이 이토록 중요하다. 승패는 여기서 갈린다.

심전자가 전황을 장안에 보고하자 왕진악이 왕수王修에게 말했다.

"유공이 열두 살의 아이를 우리에게 맡겼으니 응당 모든 노력을 다해 적들을 깨뜨려야 할 것이오. 그런데도 적을 두려워해 싸울 생각조차 하지 않고 있으니 이 일을 어찌해야 한단 말이오!"

심전자는 이미 군공을 논하는 일로 인해 왕진악과 틈이 벌어져 있었다. 그는 사자의 보고를 받고 더욱 노했다. 얼마 후 심전자와 왕진악은 대하의 군사를 저지하기 위해 서로 합세해 장안 북쪽으로 출병했다. 이때 심전자가 군중에 뜬소문을 퍼뜨렸다. 왕진악이 장차 남방 출신을 몰살한 뒤 유의진을 건강으로 돌려보내고 장안을 거점으로 모반할 것이라는 내용이었다. 이로 인해 남방과 북방 출신 병사들이 서로를 의심하였다. 심전자는 곧 왕진악에게 사람을 보내 이 문제를 부홍지의 대영에서 논의할 것을 청했다.

이에 왕진악은 별다른 경계도 하지 않은 채 부홍지의 대영으로 갔다. 도착해서 보니 부홍지는 보이지 않고 오직 심전자 홀로 웃는 모습으로 그를 맞이했다. 이내 심전자가 다정하게 왕진악의 어깨에 손을 올려놓으며 안으로 들어가 함께 상의할 것을 주문했다. 왕진악이 심전자의 뒤를 따라 장막 안으로 들어가자 안에서 기다리고 있던 심전자의 일족인 심경인沈敬仁이 뛰쳐나와 단칼에 왕진악의 목을 베어 버렸다. 그러고는 심전자가 왕진악의 머리를 들고 장막 밖으로 나와 사병들을 향해 이같이 선포했다.

"유태위의 명을 받아 모반을 주도한 왕진악을 주살했다!"

이때 심전자는 사람을 보내 병사 안에서 아무런 방비도 하지 않은 왕진악의 형제와 사촌 형제 등 7명을 도살했다. 부홍지는 비록 유유에게 왕진악을 믿을 수 없다고 진언하기는 했으나 심전자가 졸지에 자신의 영채 안에서 왕진악을 죽이자 크게 놀라 황급히 말을 타고 장안성으로 가 유의진 등에게 이 사실을 알렸다. 이에 유의진과 막료장 왕수 등이 크게 놀라 곧바로 성문을 굳게 닫고 성루로 올라가 정황을 살폈다. 얼마 후 심전자가 몇 사람을 이끌고 황급히 달려오는 모습이 보였다. 말의 목 부위에는 왕진악과 그 형제들의 목이 걸려 있었다. 심전자가 의기양양하게 큰 소리로 외쳤다.

"왕진악이 모반해 그들을 주살했다!"

왕수 등은 심전자 일행이 얼마 안 되는 것을 보고 이내 문을 열어 들어오게 한 뒤 심전자 일행이 말에서 내리자마자 이들을 포박했다. 이어 심전자가 아무 까닭 없이 대장을 죽였다는 이유로 곧바로 참수했다. 부홍지가 곧바로 군사를 이끌고 가 지양池陽에서 혁련괴가 이끄는 기병을 격파한 데 이어 다시 과부도寡婦渡에서 대하의 군사를 깨뜨렸다. 이로써 장안은 잠시 한숨을 돌릴 수 있었다. 유유는 왕진악이 죽었다는 소식을 듣고 크게 놀라 곧바로 조정에 상서했다.

"심전자가 홀연히 미쳐 충량한 대장을 죽였습니다. 참으로 한탄스럽기 그지없습니다."

조정은 왕진악을 좌장군으로 추증했고, 유유는 송나라를 건국한 후 다시 그에게 장후의 시호를 내렸다.

왕진악은 음력 5월 5일 생이다. 당시 풍속에서는 이를 불길하게 여겼다. 가족이 그를 먼 친척에게 보내려 하자 그의 조부 왕맹이 이같이 말했다.

"옛날 맹상군도 흉조로 불리는 달에 태어나 제나라의 재상이 되었다. 이 아이 역시 장차 우리 가문을 흥하게 할 것이다."

이에 이름을 '악을 진압하다'라는 뜻을 갖는 '진악^{鎭惡}'으로 지었다. 왕진악이 13세 때 부견의 전진이 패망했다. 그가 가족을 따라 효와 읍 일대를 떠돌다 현지의 이방^{李方} 집에서 기식하게 되었을 때 왕진악이 이방에게 말했다.

"내가 영명한 군주를 만나면 만호후에 봉해질 것이오. 그러면 필히 당신에게 후사하도록 하겠소."

이방이 대답했다.

"당신은 왕승상의 손자로 재주가 이처럼 뛰어나니 어찌 부귀하지 않을 리 있겠는가? 성공하면 나를 이 고을의 현령으로 삼아 주는 것으로 족하다."

얼마 후 왕진악이 숙부를 좇아 강동으로 갔다가 형주에 머물게 되었다. 유유는 왕진악을 보고 곧바로 발탁해 곁에 두었다. 왕진악은 지은^{知恩}에 보답하기 위해 유의와 사마휴지 등을 제거할 때 큰 공을 세웠다. 전공 또한 탁월했다. 특히 장안을 점령할 때 대공을 세웠다. 백성들을 다독이며 엄령을 시행해 곧바로 관중을 안정시킨 게 그렇다. 이때 그는 이방을 찾아가 인사를 올리며 금은으로 사례하고 이방을 민지령에 임명했다. 왕진악은 대장이었던 까닭에 현령 등의 하급 관원을 임의로 임명할 수 있었다. 의리를 소중히 한 셈이다. 그런 사람이 심전자의 간계에 속아 일거에 목이 달아난 것이다. 당시 그의 나이 46세였다.

유유의 아들 유의진은 혁련괴를 격퇴한 후 날마다 좌우에서 시봉하는 소인배들과 장난을 치며 노는 데 열중했다. 상사^{賞賜}도 무절제하게 행했다. 왕수는 유유로부터 부탁을 받은 바가 있어 불시에 유의진을 찾아가 간언을 올렸다. 이로 인해 좌우의 소인배들은 금은옥백의 상사를 받지 못하게 되자 유의진에게 왕수를 모함하였다.

"왕진악은 당시 확실히 모반코자 했습니다. 그래서 심전자가 그를 죽인 것입니다. 그런데 왕수가 오히려 심전자를 죽였으니 이는 그 역시 모반을 꾀했기 때문입니다."

유의진은 이를 사실로 믿고 곧 사람을 보내 왕수를 불렀다. 왕수는 관부에 들어서는 순간 목이 달아나고 말았다. 당시 장안을 다스리는 실질적인 주인공은 왕수였다. 왕수가 죽자 동진의 병사들이 크게 동요했다. 유의진은 곧 포판蒲阪과 위북渭北에 주둔하고 있던 군사를 모두 성안으로 불러들여 장안성을 지키게 했다. 이에 관중의 각 군현이 모두 대하에 투항했다. 혁련발발이 함양을 함락시키자 장안은 나무하러 가는 길조차 끊어지게 되었다.

유유는 이 소식을 듣고 크게 놀라 곧 보국장군 괴은蒯恩을 장안으로 보내면서 유의진을 건강으로 불러들였다. 이어 상국우사마 주령석을 도독관중제군사에 임명한 뒤 유의진을 대신해 장안에 진주시키고, 중서시랑 주초석에게 하동과 낙양 일대의 군사를 위로케 했다.

의희 14년(418년) 말, 주령석은 장안에 도착한 후에야 비로소 유의진과 함께 건강으로 돌아가는 동진의 군사들이 장안을 크게 약탈한 사실을 알게 되었다. 수많은 사람과 보화들이 건강으로 실려 갔다. 이는 저족의 전진과 강족의 후진 정권조차 행하지 않은 도적질이었다. 이 소식을 접한 혁련발발은 곧 혁련괴에게 3만의 군사를 이끌고 가 유의진의 부대를 추격케 했다. 행군이 더뎌지자 건위장군 부홍지가 유의진에게 간했다.

"지금 짐이 너무 많아 하루에 가는 거리가 겨우 10리에 불과합니다. 적병이 추격해 오면 어찌할 것입니까? 수레를 버리고 속히 나아가느니만 못합니다. 그래야 가히 난을 면할 수 있습니다."

그러나 보물과 미녀를 강동으로 갖고 가 부자가 될 생각을 하던 병사들이 이 말을 들을 리 없었다. 아니나 다를까 이내 대하의 병사들이 들이닥쳤다. 부홍지와 괴은, 모수지毛修之 등은 유의진을 호위하며 분투했으나 결국 대패한 뒤 이들 모두 생포됐다. 부홍지는 혁련발발을 크게 욕하며 굴하지 않다가 죽었고, 괴은은 중상을 입어 죽었고, 모수지는 투항했다. 이로써 수만 명에 달하는 동진의 병사는 몰사하고 말았다. 이들이 노략한 보물과 미녀는 모두 대하 군사의 소유가 되었다.

유의진은 제장들이 보호한 덕분에 풀숲에 몸을 숨겨 목숨을 구했다. 이때 중병참군 단굉段宏이 늦은 밤에 홀로 말을 타고 와 낮은 소리로 유의진을 불렀다. 유의진이 황망히 풀숲에서 나와 눈물을 흘리며 말했다.

"당신 혼자 가도록 하시오. 둘이 가다가는 화를 당하기 십상이오. 지금 내 목을 베어 부친에게 전해 주시오. 그래야 부친이 나의 생사 문제로 노심초사하지 않게 될 것이오."

이에 단굉도 눈물을 흘리며 말했다.

"생사를 같이 해야 합니다. 저는 감히 그리할 수 없습니다."

그러고는 유의진을 꽁꽁 묶어 자신의 등 뒤에 묶고 말채찍을 휘둘러 사지를 빠져나왔다.

혁련발발은 대승을 거둔 후 장안성 밖에서 승리를 축하하기 위한 연회를 베풀었다. 그는 동진 병사들의 머리를 쌓아 경관京觀(전공을 기념하기 위해 쌓은 무덤)을 만든 후 이를 고루대骷髏臺라고 불렀다. 장안성 내에서는 동진 군사들의 무도한 약탈에 분노한 백성들이 일어나 주령석을 성 밖으로 쫓아냈다. 주령석은 퇴각할 때 후진이 고심해 조영한 궁궐을 모두 불태운 뒤 동관 쪽으로 달아났다. 유유는 동진의 군사가 청니에서 패했다는 소식을 접한 후 아들 유의진의 생사조차 알지 못하는 상황에서 다시 북벌을 단행코자 했다. 그러자 대신 사회 등이 분분히 간했다.

"사졸이 모두 피폐한 상황이니 다른 해를 기약하는 게 좋을 것입니다."

그러나 유유가 듣지 않았다. 이때 단굉으로부터 유의진이 무사하다는 내용의 서신이 왔다. 유유는 크게 안심하며 성 위로 올라가 북쪽을 바라보며 하염없이 눈물을 흘렸다. 북벌의 거동은 이로써 중지됐다. 무수한 인명을 희생하며 관중을 손에 넣었다가 이내 다시 잃은 것은 유유의 일생에서 최대 실패작에 해당한다.

후진을 패망시킬 당시 유유의 나이는 근 60세에 달했다. 그에게는 남은 세월이 그리 많지 않았다. 그는 효무제 사마요가 죽은 뒤 두 명의 황제가 있다는 예언을 믿고 곧 중서시랑 왕소지王韶之에게 명해 틈을 봐서 안제를 독살하라는 명령을 내렸다. 안제 사마덕종은 백치였으나 그의 동생 낭야왕 사마덕문은 종일 그의 곁에서 시봉했다. 이로 인해 왕소지 등은 손을 쓸 여지가 없었다.

의희 14년(418년) 말, 사마덕문이 병에 걸려 왕부로 돌아가 요양하게 되었다. 왕소지 등은 이때를 틈타 안제를 동당東堂에 목을 매달아 죽였다. 그의 나이 37세였다. 왕소지는 명문 왕씨의 후예이나 이때에 이르러 이미 한미한 집안 출신의 군벌 밑에서 악역을 맡는 인물로 전락해 있었다.

『세설신어』「방정」편에는 이와 관련해 2개의 고사가 나온다. 하나는 대장군 환온의 권세가 절정에 달했을 때 수하인 왕탄王坦의 딸을 며느리로 맞아들이고자 한 일화다. 당시 왕탄은 곧바로 대답하지 않고 집으로 돌아가 부친 왕술王述에게 물었다. 얘기를 들은 왕술이 대로했다.

"너는 어찌하여 점점 바보가 되어 가는 것인가? 사족의 딸을 어찌 무부武夫의 집안에 보낸단 말인가?"

다른 하나의 일화는 진무제 때 장군 호분胡奮의 딸 호방胡芳이 진무제의 귀빈이 된 일화다. 진무제 사마염이 호방과 저포樗蒲 놀이를 할 때 외향적인 성격의 호방이 사마염으로부터 놀이 기구에 던지는 화살을 빼앗는 과정에서 사마염의 손가락에 상처를 냈다. 사마염이 화가 나 눈을 부라리며 말했다.

"참으로 교양이 없는 무반 출신이로구나. 어떻게 이처럼 무례하단 말인가?"

호방이 지지 않고 대꾸했다.

"북쪽으로 공손씨를 치고 서쪽으로 제갈씨를 막은 것은 장수의 후예가 아니고 누구입니까?"

사마염의 조부 사마의와 부친 사마소 역시 똑같은 장수의 후예에 지나지 않는다고 반박한 것이다. 당시만 해도 사족들의 자부심이 이토록 컸다. 그러나 한미한 가문 출신인 유유가 제왕이 된 이후 사족들은 시간이 갈수록 점차 그 위세가 쇠락했다. 지방은 물론 중앙 관직에 이르기까지 한미한 가문 출신이 고위직을 차지한 결과였다. 이들 무가武家에 의부하지 않으면 출세할 길이 없었다.

안제가 죽은 뒤 유유는 낭야왕 사마덕문을 보위에 앉혔다. 그가 동진의 마지막 황제인 공제恭帝이다. 공제 원희元熙 원년(419년) 8월 조정이 유유를 송왕에 봉했다. 휘하 군사들이 수양壽陽으로 주둔지를 옮겼다. 이때 그는 사람들의 반응을 떠보기 위해 이같이 말했다.

"환현이 찬위해 천명을 옮기고자 했다. 그러나 내가 대의를 내세워 황실을 살렸다. 남정북벌로 사해를 평정하고 대공을 세워 마침내 구석을 얻게 됐다. 지금 내가 죽을 날이 얼마 남지 않았는데 이처럼 존귀한 자리에 오르게 되었다. 무릇 사물은 가득 차는 것을 꺼리니 이는 오랫동안 편할 수 없기 때문이다. 그러니 지금 작위를 봉환한 뒤 벼슬에서 물러나 경사로 돌아가고자 한다."

그가 물러날 뜻을 밝히자 군신들이 그의 공덕을 칭송했다. 이들 모두 송왕이 된 유유의 속뜻을 알아차리지 못한 것이다. 이날 저녁 연회가 끝난 후 중서령 부량傅亮이 왕부를 나와 얼마쯤 가다가 문득 그 의미를 깨닫고 속히 유유의 왕부로 돌아가 배견을 청했다. 유유가 즉시 문을 열고 소견했다. 부량이 예를 마친 후 먼저 입을 열었다.

"신은 이제 급히 건강으로 돌아가겠습니다."

유유는 부량이 자신의 마음을 알아차린 사실에 크게 기뻐하며 이같이 물었다.

"얼마나 많은 사람이 수행해야 하오?"

"수십 명 정도면 될 것입니다."

부량은 건강으로 돌아오자마자 선양 준비에 들어갔다. 조명으로 유유를 불러들여 황제를 보필하도록 하였다. 이어 유유를 보좌하기 위해 대대적인 인사를 행했다.

원희 2년(420년) 6월 유유의 군사가 건강에 이르렀다. 부량이 입궁해 공제 사마덕문에게 자신이 작성한 선양의 조서 초본을 건네며 수정해 줄 것을 청했다. 사마덕문이 흔쾌히 붓을 들어 고치면서 좌우에 이같이 말했다.

"환현이 즉위했을 때 진나라는 이미 망했다. 지금 나라를 송왕에게 바치는 것이야말로 실로 바라던 바이다!"

이로써 동진은 원제 사마예가 건강에서 칭제한 후 103년 만에 사라지게 됐다. 사서는 공제의 당시 선양 대목과 관련해 약간씩 차이가 있으나 다만 '흔연欣然'이라는 두 글자는 공통된다. 동진의 마지막 황제인 공제 사마덕문은 백치 형인 사마덕종을 옆에서 보좌하면서 권신들이 전횡하는 모습을 목도했다. 그는 친형이 폭사하고 보위에 오른 후 바늘방석에 앉아 있다가 마침내 판결문을 받아들고는 '흔연히' 자리를 내준 것이다. 옛날 한헌제가 조비에게 보위를 내주고 편히 여생을 마친 것을 생각했을 공산이 크다.

이해 6월 정묘일 유유가 건강의 남쪽 교외에 단을 쌓고 보위에 올랐다. 그가 바로 남조 송나라의 무제武帝다. 그는 즉위 직후 연호를 영초永初로 바꿨다. 이어 공제를 영릉왕으로 삼아 말릉현秣陵縣으로 옮겨 가게 한 뒤 중병을 보내 엄히 감시했다. 사마덕문은 독살을 두려워해 늘 부인 저황후가 만들어 준 음식만 먹었다. 유유는 1년 뒤 저황후의 두 남동생을 시켜 독주를 갖고 가 사마덕문을 독살케 했다. 저담지褚淡之와 저숙도褚叔度 형제는 먼저 누나인 저황후를 불러낸 뒤 집에 일이 있다고 속여 사마덕문과 떨어뜨렸다. 이어 세 명의 병사가 담장을 넘어 방으로 들어간 뒤 사마덕문에게 독주를 내놓았다. 불교를 신봉한 사마덕문은 이를 거부하였다.

"불교 교의에는 자살하면 다시는 사람으로 환생하지 못한다고 했다."

병사들이 할 수 없이 이불을 덮어 질식사시켰다. 당시 그의 나이는 36세였다. 재위 기간은 겨우 반년에 불과했다. 찬위를 할 때 이전 왕조의 제왕을 죽이는 것은 유유로부터 시작됐다. 남조 왕조의 마지막 황제는 모두 비정상적인 죽음을 맞았다. 유유는 공제가 죽자 백관들을 이끌고 가 거애擧哀했다.

특이하게도 서진과 동진은 모두 패망할 때 백치 황제가 등장했다. 적장자 승계의 원칙을 고집한 결과다. 서진의 혜제 사마충이 보위에 앉을 당시 대신 위관과 화교 등이 진무제에게 간한 바 있다. 그러나 안제 사마덕종이 보위에 앉을 때는 모든 대신들이 오직 자기 가문의 안위에만 관심을 기울였다. 사마덕종의 외숙인 왕공王恭은 비록 충신이었지만 바보 생질을 위해 어떤 계책도 진언하지 않았다. 숙부인 사마도자는 비록 찬위할 야심은 없었으나 자리만 차지하고 국록을 받아먹으며 전횡했다. 외숙과 숙부가 이 지경이니 대신들이 충성을 바칠 리 없었다. 동진은 어리석은 군주가 위에 있고, 범용한 신하들이 밑에 있었는데도 20여 년이나 지난 뒤에야 망했으니 그리 불행했던 것만도 아닐 듯싶다.

유유는 보위에 오른 지 2년 만에 60세의 나이로 병사했다. 그가 비록 동진을 찬탈해 보위에 올랐으나 후세의 사가들은 그리 크게 비난하지 않았다. 이는 그의 무공이 뛰어나 가히 비교할 만한 사람이 없었던 것과 무관하지 않다. 왕부지는 『독통감론讀通鑑論』에서 이같이 평했다.

"유연이 난을 일으킨 이래 조적과 유익, 환온, 사안 등이 1백 년 동안 동진을 경영했으나 무능했던 탓에 이런 지경에 이르게 된 것이다."

유유 본인은 절검한 생활을 영위했다. 그는 욕심이 적었고 행동이 엄정했다. 칭제 후에도 낡은 나막신을 계속해서 신었고, 신호문 밖으로 산책 나가는 것을 낙으로 삼았다. 그는 한미한 가문 출신인 까닭에 서민들의 고통을 잘 알고 있었다. 백성들의 부담을 덜어 주는 조치를 취하고 호강한 자들의 횡포와 토지 겸병 행위를 엄히 다스렸다. 그의 아들 송문제宋文帝 유의룽劉義隆 때 원가지치元嘉之治를 이룰 수 있었던 것도 유유가 기반을 단단히 닦았기에 가능했다는 게 사가들의 일반적인 평이다.

제2장

탁발선비의
흥기와
북위

대국代國의 십익건

중국이 강성했던 시기를 꼽을 때 사람들은 통상 한 제국과 당 제국을 예로 든다. 조위, 염위에서부터 북위에 이르기까지 중국 역사에는 '위'를 국호로택한 나라가 매우 많았으나 적잖은 사람들이 그 배경을 잘 모른다. 설령 북위의 대체적인 정황을 알지라도 북위 효문제 개혁 등과 같이 단편적인 것만 알고 있을 뿐이다. 그러나 북위는 중국 역사상 매우 중요한 왕조다. 북위가 없었으면 북주北周, 북제北齊도, 수·당도 없었다. 북위의 포용성은 남북조 이후의왕조가 대제국으로 존립하는 요인으로 작용했다. 나아가 북위가 없었다면한족과 이적夷狄은 영원히 융합될 길이 없었다.

가장 먼저 몽골 지역에 거주한 선비족의 지족인 탁발부는 물과 풀을 찾아유목 생활을 하는 작은 부족이었다. 『자치통감』에 탁발부에 관한 최초의 기록이 나오는 것은 위나라 원제元帝 조환이 다스리던 경원景元 2년(261년)의 기사이다.

"이해에 선비 색두부索頭部의 대인 탁발력미拓跋力微가 아들 사막한沙漠汗을시켜 조공을 보내면서 인질로 삼게 했다. 탁발력미 이전에 탁발부는 줄곧 북쪽의 황량한 땅에 살아오면서 드물게 남쪽 중국과 교역했다. 이후 가한^{可汗} 모씨에 이르러 강대한 세력이 되었다."

탁발부는 원래 지금의 흑룡강과 눈강^{嫩江} 유역의 흥안령 일대에서 살았는데 기본적으로 눈강 유역의 발상지는 이들 탁발부와 무슨 특별한 인연이 있는 것은 아니다. 이후 탁발부가 이 지역을 떠나 남쪽으로 내려오면서 부락이 거듭 재편됐다.

서기 338년 11월 탁발부의 우두머리인 십익건^{什翼犍}은 자신을 대왕^{代王}이라 칭하면서 지금의 내몽골 탁극탁^{托克托}인 성락^{盛樂}에 도읍을 정했다. 독자적인 연호도 정해 건국^{建國}이라고 했다. 이후 탁발 부족의 세력은 급속히 확산됐다. 태조 도무제^{道武帝} 탁발규^{拓跋珪}와 태종 명원제^{明元帝} 탁발사^{拓跋嗣}, 세조 태무제^{太武帝} 탁발도^{拓跋燾}가 연이어 등장하면서 탁발부는 북중국을 호령하는 명실상부한 중원의 패자로 변신했다.

원래 탁발부의 십익건은 태어날 때부터 그 용자가 탁월했고 관인하면서도 그릇이 컸다. 신장은 8척이고, 융준용안^{隆準龍顔}(코가 높고 용의 얼굴을 함)의 관상을 갖고 있었다. 그는 30여 년간의 노력 끝에 인근의 여러 부족을 통합했다. 고거^{高車}를 격파하고, 몰가부^{沒歌部}를 깨뜨리고, 유위진부^{劉衛辰部}를 공벌한 게 그것이다. 십익건은 동족인 전연의 모용씨와 널리 인척 관계를 맺고 개국의 기반을 다졌다. 부견이 전연의 모용씨를 멸망시킬 때 십익건에게 패한 유위진부가 남쪽으로 도주해 부견에게 구원을 청했다. 이는 부견에게 대국을 공벌할 수 있는 좋은 구실을 만들어 주었다.

서기 376년 전진의 대사마 부락이 주동^{朱彤}과 장자^{張蚝}, 등강^{鄧羌} 등과 함께 20만 대군을 이끌고 가 대국을 공벌했다. 독고부^{獨孤部}와 백부^{白部}가 패퇴하고, 십익건 휘하에 있는 남부^{南部}의 대인 유고인^{劉庫仁}도 운중에서 황망히 패주했다. 이 와중에 십익건은 10만 명의 군사를 유고인에게 주어 전진의 군사를 치게 했으나 석자령^{石子嶺} 싸움에서 또다시 대국의 군사가 대패했다. 게다가 십익건도 중병에 걸렸다. 십익건은 황급히 일부 군사를 이끌고 음산^{陰山}의 북쪽으로 도주했다. 고거 등의 부락이 모두 반기를 들자 탁발부 역시 크게 동요됐다.

몇 달 후 전진의 병사가 많은 전리품을 노획한 뒤 유유히 철군하자 십익건은 운중으로 돌아와 일단 한숨을 돌렸다. 그의 조카 탁발근拓跋斤은 부친이 전사한 후 중임을 맡으면서 내심 큰 원한을 품고 있었다. 탁발근이 십익건의 서장자 탁발식군拓跋寔君에게 말했다.

"왕이 모용씨를 총애하고 있다. 그녀가 낳은 아들이 모두 성장하면 왕은 그들을 자신의 후계자로 삼으려 할 것이다. 그러면 장자인 당신부터 제거할게 틀림없다. 지금 손을 쓰지 않으면 훗날 커다란 화가 닥칠 것이다."

십익건의 세자 탁발식은 5년 전에 부친을 구하다가 갈비뼈를 다쳐 죽었다. 이에 서장자인 탁발식군이 계속 보위를 엿보았다. 사촌 형인 탁발근의 사주를 받은 탁발식군은 이내 그와 함께 사람들을 이끌고 가 왕비 모용씨가 낳은 6명의 이복동생을 모두 죽여 버렸다. 이어 장막 안으로 난입해 십익건도 단칼에 목을 베었다. 이로 인해 커다란 혼란이 일어나자 여러 부락이 사방으로 흩어졌다. 이 기회를 틈타 철군했던 전진의 군사들이 다시 운중으로 들어와 일거에 대국을 멸망시켰다. 유가 사상을 신봉하던 부견은 탁발식군이 부친인 십익건을 시해한 사실을 알고 이를 갈았다.

"천하에 선악의 도리는 도대체 어디에 있단 말인가?"

그러고는 곧바로 사람을 보내 탁발식군과 탁발근을 장안으로 압송했다. 이어 이들의 죄를 널리 알린 뒤 거열형에 처했다.

최근 학자들의 연구에 따르면 사실 십익건은 아들 탁발식군에 의해 포로로 팔려간 뒤 부견 밑에서 구차하게 몇 년 동안 잔명을 이어가다가 죽은 것으로 드러났다. 북위의 사관이 탁발씨의 조상이 포로로 잡혀간 것을 수치스럽게 생각해 이같이 날조했다는 것이다.

탁발규의 흥기

대국이 멸망하기 5년 전 십익건의 대신 장손근長孫斤이 모반을 일으켰다. 그는 조회 때 칼을 뽑아 옥좌에 앉아 있는 십익건을 척살하려 했으나 세자 탁발식이 맨손으로 격투를 벌이며 십익건을 보위하였다. 결국 탁발식이 장손근을 제거했으나 자신도 늑골에 중상을 입고 이내 사망했다. 376년 대국이 전진에게 멸망할 때 탁발식의 아들 탁발규는 아직 나이가 어렸다. 생모 하란씨가 어린 탁발규를 안고 유고인부劉庫仁部로 도주해 몸을 의탁했다. 후에 부견이 비수의 싸움에서 패하자 북중국의 각 부족이 분분히 반기를 들었다. 유고인의 아들 유현劉顯이 탁발규를 죽이려고 하자 하란씨가 기지를 발휘해 탁발규를 안고 친정인 하란부로 도주했다. 탁발규가 외숙인 하란눌賀蘭訥 밑에서 생장한 이유다. 얼마 후 하란눌의 동생 하란염간賀蘭染干은 자신의 생질이 사람들의 마음을 얻게 되자 그를 제거코자 했으나 결국 성공하지 못했다.

탁발규는 기동奇童이었다. 태어난 이래 체중이 다른 애보다 배나 더 나갔다. 십익건이 죽었을 때 탁발규는 겨우 여섯 살이었으나 여러 차례의 위기에도 살아남았다. 게다가 그는 십익건의 적장손이었다. 16세가 되었을 때 탁발규는 우천牛川에서 대왕에 즉위한 뒤 연호를 등국登國으로 바꿨다.

이는 동진의 효무제 사마요의 치세인 태원 11년(386년)의 일이다. 당시 한족 최현백崔玄伯과 등연鄧淵, 왕덕王德 등이 국가 제도와 천문 역법 등을 제정하며 탁발규를 보필했다. 이해 4월 탁발규는 국호를 '대代'에서 '위魏'로 바꿨다. 사가들은 이를 북위北魏라고 부른다. 이후 탁발규는 해마다 정벌에 나서 유현과 고막庫莫, 고거高車 등의 모든 부락을 격파한 데 이어 외숙의 부족인 하란부도 복속시켰다. 당시 탁발부와 오랫동안 적대한 유위진부도 아들 직력제直力鞮를 보내 하란부를 치게 했는데 하란눌이 탁발규에게 도움을 청하자 탁발규가 부중을 이끌고 가 직력제의 군사를 막았다.

탁발규는 여세를 몰아 출불부黜弗部를 정벌하고 잇달아 3일 동안 추격전을 펼쳐 지금의 몽골 공화국 남쪽의 석륵산鄗勒山인 남상산南床山에서 유연柔然을 대파했다. 『위서魏書』에 따르면 유연은 동호東胡의 후예로 원래의 성은 욱구려郁久閭이다. 세조 태무제 탁발도는 유연이 누차 변경을 침략하는 등 반란을 일으키자 그들을 벌레처럼 생각해 그 호칭을 연연蠕蠕으로 바꿔 버렸다. 『위서』에 '유연'이라는 호칭 대신 시종 '연연'의 호칭만 나오는 이유다. 당시 유위진 부자는 연이어 북위를 침략했다. 탁발규가 유연을 치는 틈을 타 다시 군사를 보내 북위의 남쪽 변경을 침공했다. 탁발규는 직력제를 철기산鐵岐山에서 대파한 뒤 소와 양 20여만 마리를 노획하고 직력제를 생포한 뒤 목을 베었다. 유위진은 터전인 열발성悅跋城을 버리고 황급히 도주하다가 도중에 수하에게 피살됐다. 그의 목은 곧바로 북위로 보내졌다.

탁발규는 포로로 잡힌 유위진의 일족 5천여 명을 모두 도살한 뒤 황하에 내던졌다. 유위진 일족이 모두 도륙된 가운데 오직 유위진의 3남인 발발勃勃만이 살아남아 서쪽으로 도주했다. 그가 바로 대하를 세운 혁련발발이다. 탁발규는 유위진부를 토벌하는 와중에 뛰어난 말 30여만 필을 비롯해 소와 양 4백여만 마리를 노획했다. 권력의 추가 탁발규 쪽으로 기울자 주위의 각 부족이 분분히 투항했다.

당시 전진은 북방의 최대 경쟁자인 전연을 멸망시킨 데 이어 여세를 몰아 동진을 토벌하러 나섰다가 비수의 대전에서 패함으로써 순식간에 기울기 시작했다. 모용수는 다시 후연을 세운 후 같은 모용씨가 세운 서연을 멸망시켰다. 서연의 군주 모용영은 도성이 포위되자 동진에 구원을 청하면서 후연의 부용국으로 있던 북위에도 동시에 구원을 요청했다. 탁발규는 머뭇거리다가 서연이 북위와 순치의 관계를 이루고 있는 점을 감안해 이내 원병을 보냈다. 그러나 북위의 군사가 수용秀容에 도착했을 때는 이미 서연은 멸망한 뒤였다.

일찍이 탁발규는 모용수와 결속할 생각으로 동생 탁발고拓跋觚를 후연에 보내 공물을 바쳤다. 모용씨는 북위에 좋은 말이 많은 것을 알고 곧바로 탁발고를 인질로 삼았다. 이에 탁발규가 강력 반발하며 말을 바치지 않자 두 나라 관계가 이내 단절되는 상황이 빚어졌다. 때가 이르자 탁발규가 군사를 보내 불시에 후연의 변경을 치고 이를 판도에 넣었다. 대로한 모용수가 태자 모용보^{慕容寶}와 요서왕 모용농^{慕容農}, 조왕 모용린^{慕容麟} 등에게 명해 8만 명의 정병을 이끌고 가 오원^{五原}에서 북위의 군사를 치게 했다. 후연의 군사가 연전연승했다. 그러나 어린 모용보는 사람들의 아첨을 좋아하는 데다 경솔했다. 그의 계모 단씨는 일찍이 모용수에게 이같이 말한 바 있다.

"모용보는 자질이 뛰어나나 유약한 데다 결단력이 없습니다. 태평할 때에는 능히 어질고 밝은 군주가 될 수 있으나 난세에는 세상을 구하는 웅재가 될 수 없습니다. 게다가 조왕 모용린은 간사하고 멋대로 행동하는 자이어서 태자를 깔보고 있습니다. 훗날 사달이 날까 두렵습니다."

훗날 모용보는 보위에 오르자마자 모용린을 시켜 단씨를 핍박해 자진케 했다. 단씨는 죽기에 앞서 노기를 띤 목소리로 이같이 욕했다.

"너희들 형제가 모후조차 핍박해 죽이니 어찌 능히 나라를 보전할 수 있겠는가? 나는 죽는 게 애석한 게 아니다. 우리 연나라는 이내 망하고야 말 것이다!"

모용수는 말년에 어리석은 모습을 보였다. 단씨와 대신들의 충언을 듣지 않고 이내 모용보를 시켜 군사를 이끌고 가 북위를 공벌케 했다. 태자에게 북위 공벌의 공을 세우게 하여 자연스럽게 보위를 잇게 하려고 한 것이다. 이때 후연의 대신 고호^{高湖}가 간했다.

"위나라와 연나라는 여러 대 동안 혼인을 맺으며 사이좋게 지내 왔습니다. 탁발규는 용맹한 데다 지모도 있습니다. 어렸을 때부터 많은 간난을 헤쳐 와 의지와 기개가 높고 과단성이 있는 데다 휘하에 많은 정병을 거느리고 있어 쉽게 승리를 거두기도 어렵습니다. 우리 태자는 아직 어린데도 통수권을 주었으니 만일 위나라 군사를 가볍게 여겨 승리하지 못할 경우 태자의 위망을 크게 훼손시킬 수 있습니다."

북위의 대장 장연^{張袞}은 후연의 군사가 침공했다는 소식을 듣고는 곧 탁발규에게 건의했다.

"연나라 군사는 최근 적교翟釗를 활대에서 격파하고, 장자長子에서 모용영을 멸망시켰습니다. 이제는 우리나라를 쳐들어왔으니 이는 우리를 가볍게 보았기 때문입니다. 우리는 짐짓 두려워하여 퇴각하는 보습을 보임으로써 저들을 오만에 빠지게 한 뒤 기회를 틈타 공격하면 승리할 수 있습니다."

탁발규가 이를 좇아 부중에게 명해 서쪽 황하를 건너 천여 리를 후퇴케 했다. 후연의 군사는 오원에서도 위나라 별부別部 3만여 호의 항복을 받는 등 연이어 승첩을 올렸다. 이후 배를 만든 뒤 황하를 건너 일거에 북위를 멸하고자 했다.

동진 효무제 태원 20년(395년) 8월 탁발규가 황하 남안에서 군사를 정비했다. 이해 10월 황하 강변으로 진군했다. 모용보가 황하를 건너 결전을 하려고 할 때 문득 폭풍이 불어 수십 척의 군선이 남쪽 해안 쪽으로 밀려왔다. 북위의 군사가 후연의 군사 3백여 명을 포로로 잡았다가 모두 석방했다.

탁발규는 오원에 이른 후 사람을 보내 퇴로를 차단한 뒤 후연의 사자들을 모두 사로잡았다. 그 후 이들을 강변으로 끌고 가 맞은편의 모용보를 향해 큰 소리로 외치게 했다.

"너의 부친이 이미 죽었다. 빨리 돌아가 보위를 잇도록 하라!"

모용보가 출격할 당시 모용수는 이미 중병을 앓고 있었던 터라 모용보 등이 이 말을 듣고 크게 놀라자 병사들이 동요했다. 이렇게 북위와 후연의 군사가 서로 대치한 지 수십 일이 지났다. 이런 상황에서 조왕 모용린의 휘하 장령 모용숭慕容崇이 은밀히 모용보를 죽인 뒤 모용린을 옹립코자 했다. 그러나 도중에 기밀이 누설돼 모용숭 등이 피살됐다. 이는 모용보와 모용린 형제가 서로를 시기했기 때문에 벌어진 일이었다. 이해 10월 후연의 군사가 배를 불태우고 밤에 도주했다. 당시 황하는 아직 얼지 않았다. 모용보는 북위의 군사가 도강하지 못할 것으로 생각해 천천히 철군하며 후방에 엄호하는 군대를 배치하지 않았다. 이해 12월 한류가 흐르고 문득 밤에 폭풍이 불더니 황하가 결빙했다. 탁발규가 친히 정병 2만 명을 이끌고 강을 건넌 뒤 급히 후연의 군사를 쫓았다.

후연의 군사가 지금의 산서성 대동大同 부근인 참합파參合坡에 이르렀을 때 홀연 큰 바람을 만났다. 검은 기운이 뒤에서부터 군영 위를 뒤덮기 시작했다. 지현맹支懸猛이라는 화상이 모용보에게 권했다.

"위나라 군사가 우리를 추격할 공산이 크니 속히 군대를 보내 방어해야 합니다."

북위 군사와 이미 멀리 떨어져 있다고 생각한 모용보가 크게 웃으며 대답하지 않았다. 지현맹이 계속 군사를 보내 방어해야 한다고 고집하자 모용린이 대로했다.

"전하의 신무神武와 강성한 병사가 족히 사막도 횡행할 만한데 위나라 군사가 어떻게 감히 우리를 추격한단 말인가? 다시 군심을 어지럽히는 얘기를 하면 즉시 참할 것이다!"

지현맹이 다시 통곡을 하며 간했다.

"부견의 백만 대군이 회남에서 패했소. 이것이 바로 숫자만 믿고 적을 가볍게 보았기 때문이 아니겠소!"

사도 모용덕 또한 모용보에게 군사를 보내 엄호할 것을 권하니 모용보가 부득불 3만 명의 군사만을 뒤에 배치했다. 파견된 후연의 순라군 역시 북위의 군사가 쫓아올 리 없다고 생각해 10여 리를 달려간 뒤 각자 말에서 내려 초원 위에서 잠을 잤다. 북위 군사가 밤낮을 가리지 않고 달리자 나흘 뒤 밤에 참합파 서쪽에 도달할 수 있었다. 당시 후연의 군사는 참합파 동쪽면의 반양산蟠羊山 수변에 영채를 세우고 있었다. 탁발규가 제장들에게 명해 말과 병사들의 입을 막은 뒤 후연의 군대에 접근했다. 동이 틀 무렵 후연의 군사가 기상해 고개를 돌려 보니 산 위에 북위의 군사가 귀신처럼 서 있는 모습이 보였다. 탁발규가 명을 내리자 북위의 군사들이 질풍처럼 산 아래로 쏟아져 내려갔다. 이 전투에서 물에 빠져 죽거나 말굽에 밟혀 죽거나 격살을 당해 죽은 후연의 군사들이 1만여 명에 달했다.

북위의 약양공 탁발준拓跋遵은 막 강을 건넌 연나라 군사를 격살했다. 후연의 군사 4~5만 명이 모두 포로가 되었고, 도주한 자는 겨우 수천 명에 지나지 않았다. 태자 모용보와 조왕 모용린 등은 간신히 사지를 빠져나와 단기로 도주했다. 그러나 진류왕 모용소慕容紹 등 수천 명의 장령은 포로로 잡혔다. 탁발규는 뛰어난 후연의 장병을 선발한 후 이들에게 의복과 군량을 들려 보내 포로로 잡힌 4~5만 명의 북위 군사를 송환받고자 했다. 그러나 중부中部의 대인 왕건王建이 이같이 권했다.

　"강대한 연나라가 국력을 기울여 우리를 침공했습니다. 우리가 요행히 대승을 거두기는 했으나 이들을 모두 산 채로 매장하느니만 못합니다. 그리되면 연나라는 텅 비게 되어 쉽게 취할 수 있습니다."

　탁발규가 이를 좇아 근 5만 명에 달하는 후연의 군사를 모두 산 채로 매장했다. 이 숫자는 중국 역사상 산 채로 매장한 숫자로써는 네 번째에 해당한다. 첫 번째는 전국 시대 말기 진秦나라 장수 백기白起가 장평의 싸움에서 조나라 군사 40만 명을 매장한 것이다. 두 번째는 초패왕 항우가 투항한 진나라 군사 20만 명을 매장한 사건이다. 세 번째는 당나라 명장 설인귀薛仁貴가 철륵군鐵勒軍 13만 명을 매장한 일이다. 옛 사람들은 투항한 적군을 죽이는 것은 상서롭지 못하다고 생각했다. 이 때문인지 백기는 결국 진왕에게 핍박을 받아 자진했고, 항우도 오강에서 자진했다. 도무제 탁발규 역시 아들에게 피살당했다. 예외적으로 설인귀만 70세까지 명대로 살다가 죽었다.

　가까스로 목숨을 구한 후연의 태자 모용보는 참합파의 패배를 치욕스럽게 생각해 이내 모용수에게 재차 북위를 칠 것을 권했다. 모용덕도 모용수에게 권했다.

　"위나라가 태자를 깨뜨렸으니 폐하가 후환을 없애기 위해서라도 직접 군사를 이끌고 가 이들을 쳐야 합니다."

　이에 모용수가 정병을 소집해 반격을 꾀했다. 이듬해인 동진 효무제 태원 21년(396년) 4월, 모용수가 황제의 존엄을 살리기 위해 부득불 친정에 나섰다. 이해에 그는 70세를 맞이했다. 모용수는 은밀히 출병하여 청령靑嶺을 넘고, 천문天門을 지나 산길을 뚫어 곧바로 운중으로 향했다. 용성龍城을 지키고 있던 북위의 장수 탁발건拓跋虔은 후연의 군사를 깨뜨린 것에 자만해 후연을 두려워하지 않았다. 그는 후연의 군사가 평성平城을 곧바로 가격하자 단 한 번의 싸움에 패사하고 말았다. 부하들 모두 항복했다.

탁발규는 깜짝 놀라 급히 도성을 버리고 도주코자 했다. 이때 후연의 군사가 참합파를 지나다가 해골이 산처럼 쌓인 참상을 보고 방성대곡했다. 모용수도 부끄럽고 분한 마음에 피를 토하며 슬퍼했다. 평성에서 30리 떨어진 곳에서 병이 다시 도진 모용수는 그로부터 10일 후 군중에서 죽었다. 탁발규는 모용수가 거짓으로 죽은 체하는 것으로 알고 음산으로 물러나 소식을 기다렸다. 죽은 제갈량이 살아 있는 사마중달을 내쫓는 격이었다. 모용보는 부황이 죽었다는 얘기를 듣고 황급히 철군해 중산에서 즉위식을 가졌다.

이해 6월 탁발규가 칭제하고 연호를 황시皇始로 바꿨다. 7월에는 친히 40만 대군을 이끌고 후연 토벌에 나섰다. 북위의 군사가 남쪽 마읍馬邑에서 출발했다. 행군의 길이가 약 2천여 리에 달했다. 이듬해인 황시 2년(397년) 2월 하순 탁발규가 거록에 영채를 세웠다. 이날 저녁 모용보의 군대가 영채를 기습해 불을 질렀다. 탁발규는 황급히 맨발로 뛰쳐나와 북을 두드리며 군사를 불렀다. 날이 밝자 북위의 군사가 신속히 모였다. 기병이 모용보의 군사를 대파해 1만여 명의 목을 베었다. 12~13만 명의 군사는 산속으로 도주했다가 큰 바람을 만나 얼어 죽거나 굶어 죽었다.

모용보가 대패하는 와중에 형제와 조카들 사이에 서로 죽고 죽이는 일이 빚어졌다. 모용보는 상갓집 개처럼 떠돌다가 황시 3년(398년) 외숙 난한蘭汗에게 용성에서 피살됐다. 이때에 이르러 후연은 이미 북중국에서 북위의 적수가 되지 못했다. 얼마 후 후연은 분열돼 요동의 북연과 산동의 남연으로 나뉘었다. 모용보가 살해된 이해 12월 탁발규는 연호를 천흥天興으로 바꿨다.

천흥 2년(399년) 북위의 군사가 다시 고거 30여 부락을 격파하고 7만 명의 군사를 포로로 잡았다. 말 10여만 필을 비롯해 소와 양 140여만 마리를 노획했다. 북위의 위왕 탁발의^{拓跋儀}가 3만여 명의 기병을 이끌고 사막 1천여 리를 횡행하며 다시 도주한 고거의 7개 부락을 격파하고, 2만여 명을 생포했다. 이 때 소와 말 20여만 마리를 노획했다. 이후 8~9년 사이 북위는 사방으로 정벌에 나서 북방의 최대 강국이 되었다.

도무제의 포학한 만년 행보

도무제 탁발규는 만년에 이르러 매일 '한식산^{寒食散}'으로 불리는 보약을 복용했다. 그 안에는 인체에 해로운 광물이 들어 있었다. 40세도 안 된 탁발규는 종종 병이 났다. 며칠 동안 음식을 먹지 못하거나 잠을 자지 못하는 일이 계속됐다. 정신이 혼미해 어떤 때는 밤새도록 홀로 중얼거리기도 했다. 마치 눈에 보이지 않는 귀신과 대화하는 듯했다. 낮에 군신들과 회의를 할 때는 기분이 쉽게 변하여 신하들이 이전에 행한 악행이나 원한 관계를 끄집어내 살해했다. 대신들이 얼굴에 이상한 기색을 보이거나, 호흡이 불안하거나, 말에 실수가 있거나 하면 버럭 소리를 지르며 자리에서 일어나 때려죽이기도 했다. 시체는 모두 천안전 앞에 방치했다. 이로 인해 조야의 인심이 술렁였다.

탁발부는 청년이었을 때 하란부에서 모친 하란태후의 여동생이 매우 아름다운 것을 보고 모친에게 작은이모를 처로 삼고 싶다고 자신의 속마음을 전했다. 그러나 하란태후가 이를 반대했다.

"안 된다. 내 여동생의 미모는 지나치게 빼어나서 반드시 좋지 않은 일이 있을 것이다. 더구나 이미 다른 사람에게 출가한 몸이다."

모친의 만류에도 탁발규는 은밀히 사람을 보내 작은이모의 남편을 죽이고 왕비로 맞아들였다. 그 후 둘 사이에서 청하왕 탁발소^{拓跋紹}가 태어났다.

탁발소는 어려서부터 사람의 옷을 홀딱 벗기는 것을 낙으로 삼고, 개와 돼지를 때려죽이는 등 성정이 흉포했다. 이 때문에 화가 난 탁발규가 그를 우물에 거꾸로 매달아 거의 죽게 되었을 때쯤 풀어준 적도 있다.

북위 천사天賜 6년(409년), 하루는 탁발규가 공연히 하란비를 크게 욕하면서 궁 안에 가둔 뒤 죽이려고 했다. 하란비가 급히 아들 탁발소에게 사람을 보내 구원을 청했다. 16세의 탁발소는 환관 및 궁인들과 밀모한 뒤 밤에 궁궐 담장을 넘어 곧바로 천안전 안으로 뛰어들었다. 시종이 크게 놀라 "도적이야!"라고 소리쳤다. 탁발규가 황급히 사방으로 칼과 활을 찾았으나 도무지 찾을 길이 없었다. 결국 그는 탁발소가 휘두른 칼에 숨이 끊어지고 말았다. 당시 39세였다.

탁발 선비는 도무제 탁발규 이전까지만 해도 선비족 중에서도 확실히 낙후된 부족이었다. 군사 단위로 조직돼 있던 탁발부는 북위의 등국 9년(394년)에 이르러서야 한족의 둔전제와 유사한 분토정거分土定居 제도를 도입했다. 탁발규가 사방으로 정복에 나서면서 대부분의 모용 선비족과 중원의 한족, 동쪽의 고려족 등이 북위의 변경 지역으로 강제 이주되었다. 이들에게는 머릿수에 따른 땅과 밭갈이 소를 부여했다. 이들은 탁발 선비의 병력과 군량의 공급원이 되었다. 이후 탁발 선비의 조직은 점차 씨족 단위에서 지역 단위로 바뀌었다. 중원의 한족 통치 문화를 수입하면서 군사 귀족도 점차 중원의 군현제郡縣制와 유사한 형태를 띠게 되었다. 중국은 진시황 이래 줄곧 군현제를 실시했다. 이는 봉건제와 다른 것으로 황족과 귀족 등이 설령 봉국을 받을지라도 이는 '식봉食俸(봉급을 받음)'이지 '식읍食邑(봉지의 산물을 차지함)'이 아니었다. 봉지 내 백성에 대해서도 실질적인 관할권이 없었다. 전한 제국 때 이른바 오초 7국의 난이 일어난 후 봉건제는 사실상 사라졌다고 봐야 한다.

탁발 선비의 한화漢化는 북위의 통치 방식을 일변케 만드는 데 결정적인 배경이 되었다. 원래의 군사 귀족도 점차 중원 한족의 대지주로 탈바꿈했다. 이는 북위를 강대국으로 만드는 정치·경제적 기초가 되었다.

제3장

남조
송문제의
'원가지치'

새를 풀고, 하늘에 그물을 치다

송문제宋文帝 유의륭劉義隆은 17세에 즉위해 30년 동안 재위했다. 그는 권신들을 제거해 황권皇權을 강화하여 정사를 잘 돌보았다. 그의 치세에 나온 이른바 '원가문학元嘉文學'은 중국 문학사에서 매우 특별한 시기를 이룬다. 사령운謝靈運, 유의경劉義慶, 포조鮑照, 도연명陶淵明 등이 그들이다. 문인뿐만 아니라 뛰어난 장수도 많이 나타났다. 『삼십육계』의 원래 저자로 알려진 단도제를 비롯해 진경지陳慶之와 종각宗慤 등이 대표적이다. 이들 모두 중국 전쟁사에서 높이 평가되는 인물들이다.

가장 애석한 것은 송문제가 한창 활약할 때 태자인 유소劉劭에게 피살당한 점이다. 이는 중국 역사에서 매우 유명한 사건에 속한다. 오랫동안 수나라의 양광楊廣이 부친인 양견楊堅을 시해한 것에 비유됐으나, 수양제의 경우는 최근 후대 사가의 의도적인 왜곡으로 보는 견해가 주류를 이루고 있다. 주우규朱友珪가 후량의 태조인 부황 주온朱溫(주전충)을 살해하고, 안록산과 사사명 부자가 서로 죽인 적이 있다. 확증은 없으나 사서에서는 정설로 여기고 있다. 부친을 살해한 이들 모두 황후 소생이 아니다. 그러나 유소의 경우는 정사가 그 시작과 결말에 관해 명확히 기록하고 있어 조금도 의심할 여지가 없다.

동진의 중신 유유가 보위에 앉아 있던 기간은 겨우 2년에 지나지 않는다. 그가 60세의 나이로 죽자 어린 태자 유의부劉義符가 뒤를 이었다. 어린 황제가 보위에 오를 경우 정사를 재상에게 위임하면서 모후에게 정사 간여를 금지한 것은 유방의 부인 여후와 서진 혜제의 부인 가남풍 등이 나라를 어지럽힌 것을 타산지석으로 삼은 결과다. 유유도 임종 직전 자필 유언장을 남겼다. 사회謝晦와 부량傅亮, 서선지徐羨之, 단도제 등 4명의 대신이 보정 대신에 임명됐다.

송의 소제 유의부는 놀이를 즐겼다. 놀이에 절제가 없었으나 사서의 기록을 보면 이 어린 황제가 특별한 잘못을 저지른 적은 없다.

유유가 살아 있을 때 사회는 이같이 간한 바 있다.

"폐하의 나이가 이미 높으니 응당 보위에 대해 깊이 생각해야 합니다. 제왕이 자리는 매우 중한 까닭에 능력이 없는 사람이 뒤를 이어서는 안 됩니다."

유유가 생각 끝에 물었다.

"여릉왕廬陵王 유의진은 어떠한가?"

유의진은 12세 때 이미 부친을 좇아 북벌에 나선 바 있다. 유유는 동진을 찬탈할 때 그를 연주자사로 삼아 관중을 다스리게 했다. 그러나 유의진은 휘하의 대장을 제대로 관리하지 못해 결국 대하의 혁련발발에게 패하고 풀숲에 몸을 숨겼다가 간신히 살아났다. 당시 그는 자신을 구해 준 참군 단굉에게 이같이 말했다.

"장부가 이런 경험을 하지 않으면 어찌 간난을 알 수 있겠는가?"

유의진은 매우 총명하고 민첩했다. 문학도 좋아해 사령운과 안연지顏延之 등과 교유했다. 다만 가벼이 움직이는 게 흠이었다.

그는 부황이 사회에게 자신과 교담해 보라고 권했다는 얘기를 전해 듣고는 은밀히 대비하였으나 사회는 유의진에 대해 선입견이 있었다. 그는 유의진을 만나 보고는 유유에게 이같이 말했다.

"유의진은 덕이 재주보다 적으니 인주人主가 될 수 없습니다."

이에 유의진은 지방의 자사로 나가게 되었다.

서선지와 사회, 부량 등은 은밀히 소제를 폐하고자 했다. 이치상 다음은 유의진이어야 했으나 그는 이들 보정 대신들에게 밉보였다. 이들 조정 대신들은 먼저 유의부의 비행을 나열한 뒤 폐서인을 선언하고 신안新安에 연금했다. 이어 강주자사 왕홍王弘과 남연주자사 단도제 등 덕망이 높은 몇 명의 무장을 불러들여 폐립의 계책을 고했다.

당시 소제 유의부는 화림원에 시장을 만들어 놓은 뒤 상인의 옷을 입고 물건을 팔아 놓았다. 흥이 다하면 다시 좌우의 소인배들과 어울려 큰 배를 타고 천연지를 돌아다니며 밤늦게까지 놀면서 피곤해지면 용선 위에서 잠을 잤다.

단도제가 문신들의 명을 받들어 군사를 이끌고 건강에 들어오자 서선지 등이 그 뒤를 따랐다. 소제 유의부가 옷도 채 입지 못한 사이 군사들이 밀어 닥쳤다. 군사들이 시종 두 사람을 베는 와중에 유의부의 손가락에 상처를 입혔다. 곧 상황이 정리되어 옥새가 수습되고 유의부는 영양왕으로 강등돼 태자궁에 연금됐다.

얼마 후 사람을 보내 그를 처치하려고 하자 힘이 좋은 유의부는 이들이 오는 것을 보고 격투 끝에 도주해 창문昌門의 대문 입구까지 달아났다. 그러나 그의 뒤를 쫓은 사병이 문빗장으로 그의 머리를 가격해 기절시킨 뒤 살해했다. 이때 서선지가 사람을 보내 신안에 있는 유의진을 살해했다.

백관들은 곧이어 어가를 보내 유유의 셋째 아들인 의도왕 유의륭劉義隆을 강릉에서 모셔왔다. 사부상서 채곽蔡廓이 사변 직후 부량에게 말했다.

"영양왕이 지금 멀쩡히 살아 있다. 응당 그를 받들어야 한다. 만일 불행한 일이 발생하면 당신들 모두 군주를 시해한 누명을 얻게 될 것이다. 그리되면 명분을 바로 해 입신하려 할지라도 그것이 어찌 가능하겠는가?"

부량은 이 말을 듣자마자 곧 사람을 보내 유의부를 죽이는 것을 저지하려고 했으나 이미 일이 벌어진 뒤였다. 강릉에 머물고 있던 의도왕 유의륭은 당시 17세였다. 강릉의 제장들은 소제 유의부와 여릉왕 유의진이 모두 피살되었다는 소식을 듣고는 크게 의심하며 유의륭에게 건강으로 가지 말 것을 권했다. 의도왕 휘하의 사마 왕화력王華力이 말했다.

"선제는 천하에 대공을 세웠습니다. 소제는 비록 이런 중임을 감당키 어려우나 천하의 인망은 아직 달라진 바가 없습니다. 서선지는 범용한 한사寒士에 불과하고, 부량 역시 포의布衣 출신에 지나지 않습니다. 이들 모두 사마의와 왕돈처럼 왕위를 찬탈할 마음을 품고 있습니다. 여릉왕 유의진은 총명해 만일 보위를 잇게 되면 자신들을 그대로 두지 않을 것으로 생각해 죽인 것입니다. 지금 몇 명의 중신이 전하를 너그럽고 어진 인물로 생각해 옹립코자 하니 전하는 우선 그들을 감격케 만들어 권력을 튼튼히 하십시오. 저들은 전하를 어린 주인 정도로 생각할 뿐 다른 생각은 없을 것입니다."

이 말을 듣고 유의륭이 과감히 결단해 의연히 동쪽으로 갔다. 그가 부량을 만난 후 소제와 여릉왕이 죽게 된 원인을 소상히 묻고는 크게 오열하자 부량은 등에 식은땀을 흘리며 말을 하지 못했다.

유의륭은 신임하는 군사를 시위로 삼은 뒤 배에 올라 곧바로 건강으로 가 보위에 올랐다. 그가 바로 송문제다. 서선지 등은 의도왕이 장악하고 있던 형주가 군사적으로 매우 중요한 까닭에 사회를 형주자사로 삼아 유사시에 대비할 생각이었다. 사회가 임지로 떠나기에 앞서 채곽과 작별 인사를 나누다가 좌우를 물린 뒤 물었다.

"내가 과연 화를 면하겠소?"

채곽이 대답했다.

"그대는 선제의 유조를 받은 고명대신이오. 암군을 몰아내고 명군을 세웠으니 도의상으론 화를 모면할 수 있소. 그러나 두 사람을 죽인 데다 신하로서 군주를 위협하는 위세를 지니고 있고, 형주의 요충지까지 점거하게 되니 전례에 비춰 볼 때 화를 면키는 매우 어려울 것이오!"

사회가 이 말을 듣고는 크게 두려운 나머지 자칫 도성인 건강을 떠나지 못할까 우려했다. 출발 당일 사회는 무사히 배에 오르자 고개를 들어 흥분된 목소리로 외쳤다.

"이제 벗어나게 됐다!"

그러나 이는 시기상조였다. 새가 조롱 밖으로 벗어나 자유롭게 날게는 되었으나 눈에 보이지 않는 하늘의 그물이 이미 널리 펼쳐져 있었다. 송문제 유의륭은 보위에 오르자마자 연호를 원가元嘉로 고친 후 대신들을 크게 포상해 안심시켰다. 서선지는 사도, 왕홍은 사공, 부량은 개부의동삼사, 사회는 위장군, 단도제는 정북장군에 임명됐다.

이듬해인 원가 2년(425년) 서선지와 부량이 상표해 친정에 나설 것을 권했으나 유의륭이 사양했다. 두 사람이 세 번에 걸쳐 상표한 뒤에야 이를 받아들였다. 유의륭은 다음 해인 원가 3년에 이르자 시기가 무르익었다고 판단하고 마침내 서선지와 부량, 사회 등을 나포했다. 그때 마침 사회의 동생이 중서성에 근무하고 있었다. 그는 이 사실을 접하자마자 곧바로 사람을 시켜 서선지와 부량 두 사람에게 이를 알렸다. 서선지는 이미 예상하고 있었던 까닭에 곧바로 성곽의 도자기를 굽는 곳으로 가 스스로 목을 매 자진했다. 부량은 길을 가던 중 포획돼 관부로 끌려왔다. 유의륭이 사람을 보내 고했다.

"그대는 강릉으로 와 성심으로 짐을 맞이했으니 그대의 모든 자식들은 걱정이 없을 것이다."

이에 조정은 부량을 주살하고, 처자를 건안으로 유배 보냈다. 서전지의 두 아들, 사회의 아들 사세휴謝世休는 주살됐다. 이어 유의경은 대장 도언지到彦之에게 명해 사회를 토벌케 하면서 왕홍과 단도제 등에게도 힘을 합쳐 사회를 치게 했다. 당초 사회와 서선지, 부량은 거짓 조명을 이용해 사회를 강릉의 상류, 단도제를 광릉에 진주케 했다. 사회는 단도제가 군사를 이끌고 자신을 토벌하러 온다는 얘기를 듣고 크게 놀랐다.

유의륭은 왕홍과 단도제가 원래부터 폐립의 모의에 가담한 게 아니라는 것을 알고 두 사람을 불러 다독이며 사회 토벌에 앞장서게 한 것이다. 유의륭

송나라의 명장 단도제는 유유의 북벌에 종군하여 큰 공을 세웠고, 송무제의 사후에도 요직에 중용되었으나 그의 위명을 두려워한 송문제 유의륭에 의해 제거되었다.

이 단도제에게 사회 토벌의 책략을 묻자 단도제가 이같이 대답했다.

"저와 사회는 전에 선제를 좇아 북벌에 나섰습니다. 관중을 정벌할 때 열 가지 계책 중 아홉 가지는 사회가 내놓은 것입니다. 그는 확실히 재략이 뛰어납니다. 그러나 그는 고립된 군사로 승전한 적이 없고, 게다가 군사를 포진하는 일은 그의 장기가 아닙니다. 저는 사회의 지략을 알고, 사회는 저의 무용을 압니다. 제가 조명을 받들어 그를 토벌하러 가니 그는 반드시 패하고 말 것입니다."

사서는 사회가 용자도 뛰어난 데다 군서를 두루 읽어 모르는 게 없었던 까닭에 유유가 심히 총애했다고 기록해 놓았다. 한번은 그가 강동 최고의 풍모를 자랑하는 족숙인 사혼과 함께 궁궐의 전당에 서 있던 적이 있다. 유유가 이들을 보고 찬탄했다.

"과연 두 명의 옥인이 이곳에 서 있구나!"

사혼은 일찍이 유유의 정적인 유의의 사람으로 간주돼 피살된 바 있다.

당시 2만 명의 병사를 이끌고 강릉에서 출발한 사회는 팽성주 싸움에서 작은 승리를 거뒀다. 그러나 얼마 후 단도제와 도언지 등의 대군이 몰려오자 일시에 궤멸되고 말았다. 사회와 그의 동생은 겨우 7명의 수종을 데리고 도주했다. 몇 사람은 북쪽으로 올라가 북위에 투항하고자 했다. 사회의 동생은 몸이 비대해 말을 잘 타지 못했는데 사회 등이 그를 기다리는 바람에 결국 추격하는 군사에게 붙잡히고 말았다. 마침내 이들 모두 건강으로 압송돼 형제, 조카 등과 함께 저자에서 참수됐다. 사회는 참수되기 직전 자탄하는 내용의 5언시를 읊었다.

훌륭하구나, 바다를 가로지르는 비늘이여 偉哉橫海鱗

장하구나, 하늘에 드리운 커다란 날개여 壯矣垂天翼

하루아침에 바람과 물을 잃어버리더니 一旦失風水

졸지에 땅강아지와 개미의 밥이 되었네 翻爲螻蟻食

사회의 딸은 유의륭의 동생인 팽성왕의 부인으로 총명한 데다 미모가 뛰어났다. 형이 집행될 당시 그녀는 산발을 하고 맨발로 뛰어와 부친과 결별했다.

"아버지, 대장부가 응당 전장에서 숨을 거둬야지 어찌하여 저자에서 낭자한 모습을 보이는 것입니까!"

그녀는 원망 어린 말을 마치고는 눈물을 비 오듯 흘리며 통곡을 그치지 않았다. 송문제 유의륭은 순식간에 멋대로 황제를 폐립한 보정대신을 제거한 뒤 권력을 튼튼히 했다. 훗날 왕부지는 『독통감론』에서 유의륭을 이같이 평했다.

"큰 변란이 일어난 상황에서 보위에 올라 대권을 장악한 뒤 권신을 제압하고 대란을 평정했다. 보위를 탐하지 않고, 사적인 은혜에 얽매이지 않고, 흉맹한 위엄을 꺼리지 않고, 애통함과 분함을 풀었다. 이로써 한 사내가 마침내 천하를 호령하는 자리에 오르게 되었구나!"

원가지치元嘉之治의 성세

송문제 유의륭은 부황 유유의 뒤를 이으면서 일관된 정책을 구사했다. 동진 의회 연간에 이뤄진 토지를 기초로 호적을 정비하고, 백성들이 정부에 지고 있던 조세와 채무를 면제하고, 학문과 농사를 권장하며 인재를 발탁하는 등의 조치가 그것이다. 이로 인해 생산량이 크게 늘고, 백성들 또한 풍족한 생활을 누리게 됐다. 『송서宋書』 「문제기文帝紀」는 이같이 기록해 놓았다.

"송문제의 치세 30년 동안 백성들이 크게 풍요로워졌다. 백 호 단위의 마을마다 시읍市邑이 있었고, 노래와 춤이 그치지 않았다. 실로 송나라의 전 기간을 통해 가장 극성한 시기였다."

서기 424년부터 453년까지의 원가지세元嘉之世는 남북조 때 남조의 국력이 가장 강성하고 백성들 역시 가장 안락했던 시기였다. 『남사南史』와 『북사北史』, 『자치통감』 등의 기록을 보면 중국 역사에서 명성이 높은 문인과 무장 등이 원가지세에 대거 출현했다. 비록 그들의 만년은 비극으로 끝났지만 그들의 뛰어난 풍채와 화려한 문장은 원가 시대를 빛낼 만했다.

당대의 문장가 중 하나인 사령운은 동진의 명장 사현의 손자로 작위를 이어받아 강락공에 제수됐다. 그는 송나라가 건립된 후 작위의 등급이 한 단계 깎여 강락후가 되었다가 여릉왕 유의진과 가까이 지낸 까닭에 서선지 등 대신들의 견제를 받아 중앙에서 밀려나 영가 태수로 내려갔다. 그러나 송문제 유의륭이 즉위한 후 다시 재능을 인정받아 시중이 되었다. 사령운은 스스로 명가 출신이라고 생각해 주요한 정무에 참여하고자 했다. 그러나 유의륭은 오직 그의 문재文才만을 평가해 연회 등에서만 그와 문학을 논할 뿐이었다. 이에 심중에 커다란 불평을 갖게 된 그는 늘 병을 핑계 대고 조회에 나가지 않았고 대신 집에서 텃밭을 가꾸며 밖으로 나가 노닐었다. 그렇게 반달 가까이 조정에 보고도 하지 않은 채 연회를 즐기다가 원가 5년(428년) 결국 어사의 탄핵을 받고 면관되었다.

그는 누대의 명족인 데다 집안이 부유했던 까닭에 늘 수백 명의 문생과 시종들을 이끌고 명산대천을 찾아가 노닐었다. 산길을 내고 호수를 만드는 과정에서 후세에 이른바 '사공극謝公屐'으로 불리는 일종의 등산용 나막신을 만들어 내기도 했다. 한번은 시녕始寧의 남산을 시작으로 나무를 베어 내고 길을 내기 시작해 바닷가까지 이어지게 했다. 이를 본 태수 왕수王琇가 크게 놀라 입을 다물지 못했다. 처음에는 산적이 노략질하러 내려온 것으로 알았다가 사령운이라는 것을 알고 비로소 안심했다. 그러나 그는 늘 백성들의 재산을 빼앗는 등 전횡을 그치지 않아 탄핵을 받고 임천내사로 강등됐다. 임천으로 내려가서도 옛날 습관을 고치지 않자 조정에서 사람을 보내 그를 체포했다. 이때 그는 거병하여 저항하다가 패한 후 겨우 죽음을 면하고 광주로 유배를 가게 되었다. 송문제 유의륭은 그의 재주를 아깝게 여겨 단지 면관만 할 생각이었으나 동생인 팽성왕 유의강이 반대했다. 광주에 도착한 후 사령운은 옛 수하들과 다시 반란을 꾀하다가 마침내 참수를 당했다.

사령운의 시는 비록 청담시의 색채를 벗어나지는 못하나 풍부한 언어 영역을 개척했다. 이로써 산수시山水詩가 중국에서 하나의 유파로 등장하였다. 그러나 그의 시는 뜬구름 잡는 식의 도를 깨닫는 말로 끝내고 있어 구미속초狗尾續貂의 느낌을 주고 있다. 그럼에도 그의 시는 사물의 특징을 극히 정밀하게 그려 내고 있어 청신하다는 칭송을 받고 있다. 「세모歲暮」에서 "밝은 달이 쌓인 눈을 비추니 삭풍은 매섭고도 애달프구나!"라고 읊은 것 등이 그 실례다.

임천왕 유의경은 송문제 유의륭의 사촌형으로 유의륭보다 다섯 살 손위이다. 그는 오랫동안 보국장군, 상서령, 비서감 등 요직을 두루 거쳤다. 사서는 유의경의 성정이 간소하고 욕심이 적었으며 문학을 애호했다고 기록해 놓았다. 그의 휘하에 수많은 문인이 모여 있었다. 원가 17년(440년) 송문제의 동생 유의강이 조정에서 쫓겨나는 일이 빚어졌다. 유의경은 다행이 이 사건에 연루되지 않아 남연주자사로 가게 되었는데 이때 그는 수하 문인들의 도움을 받아 중국 문학사에서 매우 중시되는 『세설신어』를 완성했다. 내용은 '덕행'과 '언어', '정사', '문학' 등 모두 36편으로 구성돼 있다. 이는 이른바 지인소설志人小說의 효시로 간주되고 있다. 지인소설은 동물과 유령 등 비현실적인 내용을 다룬 지괴소설志怪小說과 대비되는 것으로 어떤 역사적 인물의 일화에 문학적인 첨삭을 한 것을 말한다. 유의경은 원가 21년(444년)에 죽었다. 당시 42세였다.

포조는 자가 명원明遠으로 남조의 대시인이었다. 20여 세가량이었던 원가 16년(439년) 포조는 유의경의 칭찬을 받고 시랑이 되었다. 그는 유의경이 병

『세설신어』 명나라 간본(1609년). 유의경이 지은 지인소설志人小說로 후한 말에서 위·진 시대까지 실존했던 제왕과 귀족, 지식인 등 인물들의 일화를 주제별로 수록해 놓은 이야기 모음집이다.

사한 후 관직을 잃고 계속 소관을 전전하다가 효무제 유준劉駿이 유소劉劭의 난을 평정한 후 임해왕 유자욱劉子頊의 막료가 됐다. 송명제 유욱劉彧 때 유자욱이 기병했다가 패해 사사되자 포조도 병사들에 의해 피살됐다. 그는 평생 뜻을 얻지 못해 울울불락했으나 시와 부, 변문에서 높은 성취를 이뤄 냈다. 그의 작품은 문장이 화려하고 감정이 강렬하게 표출되는 것이 특징인데 「의행로난擬行路難」 18수는 지금까지도 널리 암송되고 있는 그의 대표작이다. 당나라 때 이백이 그의 시를 높이 평가하며 모방한 적도 있다. 두보의 「춘일억이백春日憶李白」에는 그를 칭송하는 '뛰어

난 포참군'이라는 구절도 나온다.

범엽范曄은 자가 위종蔚宗이다. 원가 9년(432년) 팽성왕 유의강의 모친 왕태비가 죽었다. 범엽 형제는 대상 기간 중 음주하며 노래를 들었다는 죄목으로 선성 태수로 쫓겨 갔다. 그는 이곳에서 『후한서』를 저술했다. 사론을 중심으로 한 이 사서는 고금의 많은 변란을 두루 담고 있는데 간단한 언어에 비해 그 뜻은 깊었다. 문장이 우아하고 간결해 문학적으로도 높은 평가를 받고 있다. 원가 17년(440년) 팽성왕 유의강이 중앙에서 밀려나자 범엽은 오히려 순풍에 돛을 단 격이었다. 5년 동안 쉬지 않고 승진을 거듭해 마지막에는 금군의 지휘권을 장악했다. 원가 21년(444년) 유의강의 심복이 정변을 꾀했다. 범엽은 본의 아니게 이 사건에 말려들었다. 도중에 기밀이 새는 바람에 일족이 모두 주살되고 단지 손자 범로范魯만이 생모가 공주의 딸인 까닭에 살아남았

다. 범엽은 7척이 채 되지 않았고, 비둔한 데다 시꺼멓고, 눈썹과 수염이 없었다. 풍모를 크게 따지던 당시의 상황에서 환영받을 수 없는 모습이었다. 유순하지 못한 데다 주색까지 크게 밝혔다. 주살을 당할 때 함께 처벌을 받게 된 미모의 희첩을 껴안고 통곡했을 정도였다.

종각은 자가 원간元干이다. 어렸을 때 숙부 종소문宗少文이 그에게 지향하는 바를 묻자 이같이 대답했다.

"큰 바람을 타고 만 리에 달하는 끝없는 파도를 헤쳐 나갈 것입니다!"

대업을 이룬다는 뜻의 '승장풍파만리랑乘長風破萬里浪'과 이를 축약한 '승풍파랑乘風破浪'은 지금까지 천고의 명구로 전해지고 있다. 숙부가 이 얘기를 듣고 탄식했다.

"만일 부귀하지 않으면 반드시 우리 가문을 파멸시키고야 말 것이다!"

원가 22년(445년) 송문제 유의륭은 고주자사 단화지檀和之를 시켜 임읍林邑(베트남 중남부와 캄보디아)을 치게 했다. 종각이 앞장설 것을 주장해 진무장군에 제수됐다. 임읍의 국왕 범양매范陽邁가 전국의 병사를 모아 상포象蒲에서 결전을 치렀다. 이 싸움에 철갑으로 무장한 많은 코끼리 부대가 등장했다. 송나라 군사는 이런 진세를 처음 본 까닭에 크게 당황했다. 종각은 즉시 사자가 백수의 왕이라는 것을 생각해 내 전군에 호령해 수많은 사자 모형을 만들게 했다. 과연 코끼리들이 크게 놀라 달아났다. 송나라 군사는 임읍국을 점령하고 진기한 보물을 대거 노획했다. 그 와중에도 종각이 단 하나도 사사로이 취하지 않았다는 소식을 듣고 유의륭은 그의 인품을 크게 칭송했다.

도연명은 자가 원량元亮이고, 호는 오류선생五柳先生이다. 만년에 이름을 잠潛으로 바꿨다. 팽택령으로 81일 동안 근무하다가 '5두미'의 녹봉을 위해 허리를 굽힐 수 없다는 이유로 사직한 뒤 전원으로 나아가 밭을 갈며 생활했다. 이때 수많은 명작을 저술했다. 전원시인田園詩人의 효시로 꼽히는 그는 원가 4년(427년)에 병사했다.

조충지祖沖之는 자가 문원文遠으로 원가 6년(429년)에 태어났다. 중국 고대의 최대 수학자 중 한 사람으로 꼽히는 그는 원지름이 113일 때 원주를 355로 잡은 정밀한 원주율을 찾아냈다. 이는 현재의 원주율인 3.14와 매우 근접한 수치이다. 그는 이를 이용해 구球의 체적도 알아냈다. 그가 지은 『철술綴述』 10편은 현재 전해지지 않고 있다. 또한 그는 세차歲差를 정밀하게 계산해 낸 『대명력大明曆』을 만들어 냈다. 391년 사이에 144개의 윤달을 넣은 이 역서는 양梁과 진陳 두 나라에서 80년 동안 행해졌다.

북벌에 실패하다

송나라는 유의륭의 재위 기간 중 부고가 충실해지고, 무기가 정밀해졌다. 나라에는 오랫동안 아무 일도 없었다. 팽성태수 왕현모王玄謨가 유의륭에게 강개한 어조로 북벌을 건의했다. 송무제 유유의 뜻을 이어받아 때가 되면 북벌에 나설 생각을 품고 있던 유의륭이 크게 기뻐하며 근신들에게 말했다.

"왕현모가 진술한 것을 보니 나로 하여금 낭거서狼居胥에서 하늘에 제사를 올리게 하려는 뜻이 있다."

낭거서는 전한 제국 때 곽거병이 흉노를 치기에 앞서 하늘에 제사를 지낸 곳을 말한다. 유의륭은 곽거병을 매우 높이 평가했다. 왕현모는 유의륭의 중원 경략 의지에 영합하기 위해 이같이 진언한 것이다. 이를 두고 왕부지는 『독통감론』에서 이같이 지적했다.

"좌담하며 원략遠略의 웅심을 펼쳤으니 패하지 않을 리 있겠는가?"

남조는 동진의 사현이 북쪽에서 내려온 백성 가운데 건장한 청년들을 선발해 구성한 정예 부대인 북부병北府兵을 이용해 부견을 격파한 후 일시 회북 일대에 위세를 떨친 바 있다. 유유가 남연의 도성 광고를 평정하고, 장안에 입성한 것은 모두 황하 이남의 땅이다. 후진의 요홍을 깨뜨리고, 북위의 탁발사를 대파한 것 역시 북부병 덕분이다. 유유는 남쪽으로 귀환해 송나라를 세운 후 왕진악과 심전자 등이 관중에서 소동을 벌인 얘기를 듣고는 자신의 자식들에게는 세상을 덮을 만한 재주가 없다는 것을 깨달았다.

송문제 유의륭은 즉위한 후 권신들을 크게 두려워했다. 단도제도 믿을 수 없었다. 게다가 북부병도 이미 과거처럼 뛰어난 전투력을 발휘할 수 없을 정도로 영락했다. 송나라 군사는 황하 이남의 땅을 공략한 후 오직 지키는 데 열중했다. 하남은 사방이 개방돼 있어 공략하기는 쉬운 반면 지키기는 어려운 곳이다. 황하 강변을 따라 천 리에 걸쳐 수비병을 배치했으나 전선이 긴 데다 곳곳에 빈틈이 많아 공격을 받기 십상이었다. 또한 황하 그 자체는 천혜의 방어선이나 겨울이면 이내 얼음이 얼어 평지나 다름없게 되는 까닭에 북쪽의 기병들이 배를 이용할 필요도 없이 곧바로 쇄도할 수 있었다. 이런 이유로 진정 북중국의 왕조를 공벌할 계획이 있다면 원대한 재주와 지략이 있어야만 했다.

원가 8년(431년) 제1차 북벌 당시 북위의 모신 최호는 송나라 군사의 움직임을 유심히 살펴보고는 곧바로 수비에 치중하는 송나라 군사의 속셈을 알아차렸다. 사실 송나라 군사는 강을 건널 뜻이 전혀 없었다. 다만 송나라의 청주자사 유흥조劉興祖는 멀리 내다보며 이같이 상서했다.

"응당 하북으로 진격해 태항산太行山의 요충지를 장악함으로써 위나라가 서쪽으로 나아가는 것을 막고, 하북을 평정하면 하남은 자연스레 우리 송나라 소유가 될 것입니다."

유의륭은 이를 채택하지 않았다. 이를 보고받은 북위의 태무제 탁발도拓跋燾는 경멸조로 이같이 말했다.

"잔챙이와 자라 같은 어린애들이 어찌 능히 그럴 수 있겠는가!"

탁발도는 웅걸이었다. 그는 혁련발발의 대하를 격멸하고, 북연과 북량 등을 차례로 정벌했다. 친히 군사를 이끌고 가 강력한 유목 국가였던 유연을 격파하니 유연은 이내 서쪽으로 도주해 유럽을 공포 분위기로 몰아넣었다.

북위 시대의 기마용. 북위는 본래 막강한 무력을 자랑한 북방의 대국이었으나 효문제 탁발굉이 낙양으로 천도하며 전면적인 한화를 시도한 후 기마 민족의 상무尚武 기풍은 급격히 사라졌다.

원가 27년(450년) 왕현모가 송 문제 유의륭의 지지하에 북벌에 나섰다. 그러나 본격적인 공세를 펴기도 전에 북위가 대거 반격을 가했다. 이해 가을 북위의 기마 군단은 하남을 공략했을 뿐만 아니라 깊숙이 남진해 장강 북안까지 이르렀다. 이해 12월 위왕 탁발도가 친히 건강의 맞은편인 과보산瓜步山에 올랐다. 북소리가 천지를 뒤덮는 가운데 송나라 군사는 각 전선에서 연이어 궤멸했다. 건강성 안의 백성들은 모두 피난 봇짐을 쌌다. 간신히 설안도薛安都와 노방평魯方平, 장창張暢, 장질臧質, 심박沈璞 등이 분전한 덕분에 팽성과 우이 등의 요충지를 보전할 수 있었다. 송나라 군사가 견벽청야堅壁淸野의 전술을 구사한 데다 마침 우기로 접어든 탓에 북위의 군대는 이내 북쪽으로 철군했다. 사서는 이같이 기록해 놓았다.

"위나라 군사가 남연주와 서주, 연주, 예주, 수주, 기주 등 6개 주를 공파했다. 죽은 병사의 숫자는 셀 수조차 없었다. 이들이 지나간 군현은 아무것도 남지 않았다. 모든 마을이 황량해지면서 원가의 정사 또한 쇠해지기 시작했다."

훗날 북송의 유영柳永과 주방언周邦彦, 남송의 강기姜夔와 더불어 이른바 '4대 사인四大詞人'으로 일컬어지는 남송의 신기질辛棄疾은 『경구북고정회고京口北固亭懷古』에서 이같이 읊었다.

강산은 의구한데 영웅은 찾을 길 없으니 여기가 손권이 있던 곳이네

정자에서 활 쏘고 노래 부르며 풍류를 즐겼으나 비바람이 씻어 가네
석양이 초목을 비출 때 거리로 나가니 거리는 옛날 '기노'가 살던 곳이네
당시를 생각하니 중무장한 군마가 범처럼 만 리를 집어삼킬 기세라네
원가 치세가 쓸쓸하니 승리를 하늘에 고했건만 얻은 건 황망한 도주라네
43년 전 중원을 바라보며 상기하니 금나라의 봉화가 양주로를 밝힌 것을
생각에 잠겼다가 '불리사'에서 머리 드니 아련히 '신아사'의 북소리만 들리네
누구에게 물어볼까? 옛날 염파는 늙었어도 여전히 힘이 넘치지 않았느냐고?

千古江山, 英雄無覓, 孫仲謀處

舞榭歌臺, 風流總被, 雨打風吹去

斜陽草樹, 尋常巷陌, 人道寄奴曾住

想當年, 金戈鐵馬, 氣吞萬里如虎

元嘉草草, 封狼居胥, 贏得倉皇北顧

四十三年, 望中猶記, 烽火揚州路

可堪回首, 佛狸祠下, 一片神鴉社鼓

憑誰問, 廉頗老矣, 尚能飯否

　　여기에서 나오는 '기노'와 '불리'는 각각 송나라를 세운 유유와 북위 태무제 탁발도의 아명이다. '불리사'는 건강의 코앞에 있는 과보산에 세워진 사당을 말한다. 지금 장강의 북안인 강소 육합현 동남쪽의 과보산 위에 서 있다. 탁발도가 남침했을 때 행궁이 있던 곳이다. 당시 강남에는 이런 동요가 나돌았다.
　　"오랑캐 말이 장강의 물을 마시니, '불리'는 묘년卯年이면 죽을 것이라네."
　　당시 민간에서 이곳에 불리사를 세웠고 이것이 남송 때까지 그대로 남아 있었던 것이다. 뒤이어 나오는 '신아사'는 소동파의 「완계사浣溪沙」에 "노인과 아이가 손을 잡고 사당에 나와 연을 날리고 춤을 추고 노니네!"라는 구절에 나오듯이 풍년을 기원하는 사당을 말한다. '신아사의 북소리'는 조정의 주화파들이 금나라와 화친을 맺고 북쪽의 실지를 회복할 생각을 하지 않은 것을

지적한 것이다. 이 시를 통해 원가의 북벌이 실패한 것을 두고 신기질을 비롯한 남송의 애국 시인들이 크게 개탄했음을 알 수 있다.

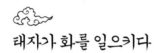

태자가 화를 일으키다

각종 사서에서 송문제 유의륭의 태자 유소劉劭는 하나같이 '원흉소元兇劭'로 기록되어 있다. 유소는 자가 휴원休遠으로 유의륭의 적장자이다. 유소가 태어난 지 사흘째 되던 날 유의륭이 유소를 보러 갔다. 그런데 갑자기 유의륭의 머리 위에 단단히 매어져 있던 모자가 바람이 불지도 않았는데도 저절로 끈이 끊어져 유소 곁으로 떨어졌다. 미신을 믿는 유의륭은 기분이 크게 언짢아 태자의 이름을 '소劭'라고 지었다. 그러나 이후 부수에 '칼 도刀'가 들어간 것이 불길하다고 생각해 '힘 력力'이 들어간 '소劭'로 바꿨다.

유소는 성장한 후 커다란 눈과 네모난 입, 아름다운 수염을 갖게 되었다. 신장은 7척4촌이었다. 유소의 누나 동양공주에게는 왕앵무王鸚鵡로 불리는 시비가 있었는데 그녀는 엄도육嚴道育이라는 여자 무당을 알고 있었다. 동양공주는 왕앵무가 소개한 엄도육을 만나본 후 크게 좋아했다. 평소에 동양공주와 유소는 사이가 좋았는데 어느 날 두 사람은 함께 엄도육이 두 손을 들자 한줄기 빛이 옷상자 속으로 들어가고, 이어 상자를 열자 두 개의 푸른색을 띤 구슬이 섬광을 내뿜는 것을 보았다. 이 마술을 본 후 두 사람은 엄도육을 신비한 사람으로 여겼다.

시흥왕 유준劉濬은 비록 이복형제이기는 하나 유소와 가까이 지냈다. 유준과 유소 등 몇 사람은 함께 밤낮으로 귀신을 찾아다닌 뒤 옥으로 만든 유의륭의 상을 함장전 앞에 묻고 속히 유의륭이 죽기를 기원했다.

한편 동양공주에게는 진천흥陳天興이라는 노복이 있었는데 그와 왕앵무는 은밀히 사통하던 사이였다. 어느 날 동양공주가 병사하자 시비들 모두 시집을 가게 됐다. 왕앵무는 진천홍과 사통한 사실이 누설될까 우려해 유소에게 서신을 보내 진천홍을 죽이게 했다. 진천홍이 피살된 후 이들과 함께 유의륭에 대한 저주를 하던 소황문 경국慶國이 크게 놀랐다. 그는 자신도 진천홍처럼 죽게 될까 우려한 나머지 곧 유의륭에게 이 사실을 알렸다. 대경실색한 유의륭은 곧바로 좌우에 명해 왕앵무의 집을 수색케 했다. 여기서 유소와 유준, 엄도육 등이 서로 주고받은 서신 등이 발각됐다. 일이 들통 나자 엄도육은 머리를 깎고 비구니로 분장한 뒤 동궁으로 들어갔다가 유준과 함께 경구로 갔다. 유준의 생모는 유의륭이 총애하는 반숙비潘淑妃였다. 유소의 생모 원황후는 반숙비가 유의륭의 총애를 독차지하자 크게 앙앙불락했다. 이로 인해 유소 역시 평소에 반숙비와 유준에게 깊은 원한을 품고 있었다. 유준은 유소가 훗날 보위에 오른 뒤 자신을 죽일까 두려워 줄곧 유소의 비위를 맞추며 막역한 관계를 맺었다.

유의륭은 유준이 엄도육을 숨겨 준 일을 알게 되자 크게 꾸짖었다. 그러자 유준은 겁에 질려 아무 말도 못하고 바닥에 꿇어앉아 오직 사죄할 뿐이었다. 유준을 크게 아낀 반숙비는 유준을 데리고 후궁으로 가서는 이같이 울며 말했다.

"너희들이 황상을 저주한 일은 이미 드러났다. 스스로 뉘우쳤다면 왜 엄도육을 숨긴 것인가? 나에게 독약을 줘라, 내가 먹고 죽겠다. 나는 네가 죽는 모습을 볼 수 없다!"

그러자 유준이 소매를 떨치고 가면서 포악스럽게 말했다.

"천하의 일이 이제 곧 물이 말라 돌이 드러나듯이 전모가 밝혀질 터인데, 나는 당신과 함께 연루될 수 없소."

이날 밤 유의륭은 상서복야 서담徐湛과 함께 태자를 폐하고 유준을 사사하는 문제를 논의한 뒤 무심코 이 얘기를 반숙비에게 흘렸다. 반숙비는 유준을 아끼는 마음이 간절해 측간에 간다는 핑계로 밖으로 나가 은밀히 사람을 시켜 유준에게 이 사실을 알리게 했다. 유준을 통해 소식을 접한 유소는 선수를 써서 기습을 결정했다. 유소는 곧바로 기병한 뒤 수레를 타고 만춘문을 통해 궐 안으로 들어갔다. 본래 황궁의 규칙에 따르면 태자의 위병들은 궁문에 들어갈 수 없다. 그러나 유소가 급히 입궁하라는 조명을 받았다고 속이자 문을 지키는 위병들이 감히 막지 못했다. 유소의 심복 장초張超를 비롯한 수십 명이 칼을 뽑아 들고 곧바로 합전合殿 위로 올라갔다. 당시 유의륭은 서담과 폐태자 문제를 심의하느라 등촉을 늦게까지 밝혀 놓고 있었다. 궐내를 수비하는 위병들은 숫자도 많지 않은 데다 숙면 중이었다. 유의륭은 문득 장초가 칼을 뽑아 들고 난입하는 것을 보고 본능적으로 급히 몸을 일으켜 등상凭床을 들어 막았으나 장초가 휘두른 칼에 다섯 손가락이 모두 잘려나갔다. 피를 철철 흘리며 달아나다가 결국 장초의 칼에 맞아 숨을 거두고 말았다. 당시 그의 나이는 47세였다. 유소는 사람을 시켜 유의륭의 측근 수십 명을 죽인 뒤 다시 안으로 들어가 반숙비를 죽였다. 그는 좌우에 명해 반숙비의 배를 갈라 그녀의 마음이 어디에 있는지 살펴보게 했다. 반숙비의 배를 가른 자들이 돌아와 보고했다.

"반숙비의 마음은 사악합니다!"

그 말에 유소가 크게 만족해했다. 이때 유준이 사람을 대동하고 와 유소의 반응을 떠보기 위해 이같이 고했다.

"반비가 난군에게 피살됐습니다."

유소의 반응을 살펴본 유준이 황급히 태도를 바꿔 말했다.

"이는 제가 참으로 바라던 바였습니다."

유소는 보위에 오른 뒤 연호를 태초太初로 바꿨다. 그는 후환을 제거하기 위해 장사왕 유근劉瑾 등 종실들을 대거 주살했다.

얼마 후 유의륭의 3남인 무릉왕 유준劉駿이 기병했다. 대신 심경지沈慶之, 유원경柳元景, 장질臧質, 남초왕 유의선劉義宣 등이 분분히 호응했다. 유소는 건강성의 6개 문을 굳게 닫고 응전했으나 성내의 장병이 성 밖으로 나가 투항했다. 황숙 유의공劉義恭도 밖으로 달아나자 화가 난 유소는 유의공의 아들 12명을 모두 저자에서 참수했다. 보국장군 주수지朱修之 등이 성안으로 진입하면서 싸움은 이내 끝났다. 유의륭을 죽인 장초는 합전의 어상御床으로 달아나 몸을 숨기려다가 이내 발각이 나서 격살되었다. 제장들이 그의 배를 가르고 몸을 가루로 만들어 산 채로 씹어 먹었다. 유소는 무기고 옆의 우물 속에 숨었다가 부대장 고금高禽에게 포획됐다. 유소가 장질에게 물었다.

"나를 먼 곳에 유배 보내 목숨을 살려 줄 수 있겠소?"

장질이 대답했다.

"지금 무릉왕이 배를 타고 남쪽으로 내려오고 있소. 도착한 뒤 이내 처분이 있을 것이오."

그러고는 유소를 묶어 말에 태운 뒤 군문이 있는 곳까지 압송했다. 이때 유소의 어린 네 아들 모두 목이 떨어졌다. 네 자식의 처참한 모습을 본 유소가 곁에서 이를 지켜보던 동생 남평왕 유삭劉鑠에게 이같이 탄식했다.

"어찌 이런 일이 일어날 수 있단 말인가? 송나라 황실이 서로 죽이다가 이런 지경에 이를 줄은 생각지도 못했다!"

당시 시흥왕 유준은 성 밖으로 도주하다가 황숙인 유의공을 만났다. 그는 곧 거짓으로 투항하면서 이같이 물었다.

"호두虎頭(시흥왕의 아명)가 이제야 왔습니다. 늦었습니까?"

"늦게 온 게 애석하오."

"한 번 살려 줄 수 있겠습니까?"

"황상이 있는 곳으로 가 사죄하시오."

"내 작위가 나를 새 황제로 만들 수 있을지 여부를 알 수 없겠소?"

유의공은 내심 화가 치밀면서도 절로 웃음이 나왔다.

"그것은 내가 모르는 일이오."

시흥왕 유준은 병사들에 이끌려 돌아가다가 이내 살해됐다. 그 후 조정은 유소와 유준의 시체를 강물 속에 집어던졌다. 두 사람의 자녀와 시첩 등은 모두 옥중에서 사사되고 동궁은 이내 허물어졌다. 엄도육과 왕앵무는 채찍을 맞고 살해된 뒤 불에 태워졌다가 강물에 투기됐다.

뒤를 이은 효무제 유준도 좋은 인물은 못 되었다. 유소는 보위에 올랐을 때 심경지를 보내 그를 죽이게 했다. 당시 유준은 휘하에 아무도 없는 허명뿐인 왕에 지나지 않았다. 그는 목 놓아 울면서 모친과 사별한 뒤 칼을 받겠다고 애원했다. 심경지와 안준顔峻 등은 그를 죽이지 않았을 뿐만 하니라 그의 숙부 유의선 및 유의공을 비롯해 대신 장질 등과 함께 그를 옹립한 뒤 기병했다. 그러나 무릉왕 유준은 배은망덕한 모습을 보였다. 보위에 오른 뒤 남초왕 유의선의 딸들을 모두 간음한 게 그렇다. 이는 남초왕 유의선과 대신 장질의 모반을 야기했다. 그러나 이들 모두 역모가 실패로 돌아가면서 죽임을 당했다.

기병 당시 대신 안준 등은 유준이 너무 놀라 중병에 걸릴까 우려해 늘 탕약을 먹이면서 문서에 서명하는 것을 도와 주었다. 그러나 보위에 오른 후 효무제 유준은 작은 원한을 이유로 안준을 하옥시킨 뒤 그의 두 다리를 잘라 앉은뱅이를 만들고 곧이어 목을 베었다. 이어 그의 아들을 강에 내던져 후사를 끊어 버렸다. 『북사』에 따르면 그는 자신의 생모조차 그냥 두지 않았다고 한다. 이게 사실이라면 그는 역대 황제 중 유일하게 생모와 증음烝淫(아랫사람이 윗사람을 간음하는 것)한 경우에 속한다. 사관이 지어낸 얘기일 공산이 크다. 그러나 효무제가 방탕한 모습을 보인 것만은 분명하다. 송나라의 기강이 극도로 문란해진 이유다. 다만 그는 문학에 매우 뛰어났다. 유협劉勰이 『문심조룡文心雕龍』에서 "효무제는 재주가 많아 글이 화려했다"고 평한 게 그 증거다. 이에 반해 종영鍾嶸은 『시품詩品』에서 그의 시를 하품으로 분류했다. 글이 지나치게 화려하고 정밀하다는 게 그 이유였다. 효무제 유준은 35세에 궁에서 죽었다. 그의 뒤를 이어 태자 유자업劉子業이 보위를 이었으나 그 역시 흉포하고 음탕하기 그지없었다. 그는 여동생인 산음공주에게 미소년 30명을 첩으로 준 것으로 유명하다. 후세의 사가는 그를 '전폐제前廢帝'로 부른다. 그는 서기 465년 정월에 보위에 올랐다가 그해 11월에 신하에 의해 살해됐다. 당시 그의 나이 17세였다.

효무제 유준의 열한 번째 동생 상동왕 유욱劉彧이 뒤를 이었다. 그가 송명제宋明帝이다. 그는 신하들에게는 너그러웠으나 황족과 자식들에 대해서는 엄했다. 보위를 노릴까 두려워했기 때문이다. 효무제는 28명의 아들이 있었다. 명제 유욱은 이들 중 16명을 죽였다. 나머지 12명은 명제의 아들인 후폐제後廢帝 유욱劉昱에 의해 살해됐다.

송문제 유의륭은 30년에 걸친 재위 기간 동안 열심히 정사를 돌봤다. 원가 27년(450년) 북벌을 단행하기 전까지만 해도 강남에서 최고의 성세를 누렸다. 그는 검박한 생활을 하며 사치를 멀리 했다. 자신이 타고 다니는 어가의 가죽 방석도 값싼 흑피黑皮를 쓰게 했다. 사서는 이를 크게 칭송해 놓았다. 그러나 그는 말년에 북벌을 가벼이 생각했다가 백성들을 도탄에 빠뜨렸다. 게다가 결정적인 순간에 반숙비에게 폐태자의 기밀을 얘기하는 바람에 자신은 비명에 숨을 거두고 나라마저 위기에 빠뜨렸다. 후대인에게 큰 경계가 될 만한 일이다.

제4장

북위
태무제의
북중국 통일

한식산을 먹는 황제

북위의 창업자인 도무제 탁발규는 말년에 당시 제왕齊王으로 있던 아들 탁발사拓跋嗣를 태자로 삼았다. 탁발규는 한무제의 고사를 좇아 이른바 '자귀 모사子貴母死'의 전통을 세운 바 있다. 한무제는 여러 황자 중 한 명이 보위에 오를 경우 제국의 안녕을 위해 그 생모를 죽였다. 외척이 발호할 가능성을 미연에 방지한 것이다.

탁발규는 자귀모사를 받아들여 탁발사를 태자로 삼으면서 그의 생모인 유귀인劉貴人을 사사했다. 탁발사가 입궁하자 이같이 일렀다.

"과거 한무제도 태자를 세울 때 먼저 구익부인鉤弋夫人을 죽였다. 이는 어미가 강하고 자식이 약한 것을 막기 위한 것이다. 모후가 정치에 간섭해 정사를 어지럽게 하면 한고조 유방 사후의 여후 때와 같은 일이 빚어지게 된다. 지금 너를 태자로 삼으면서 나는 고인의 행보를 좇지 않을 수 없다. 이는 나라의 장구한 보전을 위한 불가피한 계책이다."

탁발사는 천성이 효순한 까닭에 이 얘기를 듣고는 울음을 그치지 않았다. 그러자 매일 한식산을 복용하던 탁발규는 화를 참지 못한 나머지 탁발사를 출궁시켰다. 탁발사는 집으로 돌아온 뒤에도 밤낮으로 통곡했다. 이 얘기를 들은 탁발규는 다시 그를 입궁시켜 타이르고자 했다. 그러나 탁발사의 주변에서 입궁하지 말 것을 권했다.

"황상이 대로했으니 틀림없이 전하를 죽일 것입니다. 우선 다른 곳으로 몸을 피하느니만 못합니다. 황상의 노여움이 가라앉은 후 다시 입궁할지라도 늦지 않을 것입니다."

탁발사는 이 말을 좇아 시종 몇 명을 데리고 도성에서 빠져나가 몸을 숨겼다. 얼마 후 청하왕 탁발소拓跋紹가 궁중으로 난입해 탁발규를 살해했다. 다음 날 아침 탁발소가 백관들을 단문端門에 모아 놓은 뒤 대문을 사이에 두고 문을 봉한 채 이같이 물었다.

"나에겐 숙부도 있고, 형도 있소. 공경들은 누구를 옹립코자 하오?"

이에 백관들이 모두 아연실색해 아무 말도 하지 못했다. 얼마 간 시간이 지난 후 남평공 장손숭이 대답했다.

"우리는 전하를 옹립코자 합니다!"

이때야 비로소 백관들은 도무제가 사인도 모른 채 죽었다는 사실을 알게 됐다. 회의가 끝난 뒤 여러 얘기가 분분히 나돌았다. 조야가 흉흉해지자 어린 탁발소는 궐 안의 부고를 열어 왕공 등에게 포백 등을 상으로 내리며 민심을 다독이고자 했다.

한편 부황이 피살됐다는 소식을 들은 탁발사는 몰래 도성으로 들어갔다. 이 사실을 알게 된 탁발소는 사람을 시켜 탁발사를 죽이려고 했으나 실패했다. 백성들과 대신들은 그가 도성에 들어왔다는 소식을 듣고 크게 기뻐하며 다투어 마중을 나갔다. 그가 성의 서쪽에 모습을 드러냈을 때 궁 안의 위사들이 탁발소를 붙잡아 그가 있는 곳으로 압송했다. 그는 좌우에 명해 탁발소와 그의 생모 하란비를 죽이게 한 뒤 곧바로 보위에 올라 연호를 영흥永興으로 바꿨다. 서기 409년 윤10월의 일이다. 당시 그의 나이 18세였다. 그가 바로 북위의 명원제明元帝이다. 명원제의 재위 기간은 모두 15년이다. 그는 재위 기

진굉陳閎의 『팔공도八公圖』. 명원제 탁발사가 즉위한 후, 장손숭, 안동, 최굉 등 8명이 황제와 함께 온갖 정무를 처리하였기에 세상에선 이들을 8공이라 불렀다.

간 중 유생들을 예로써 대우하고 경사서를 수집하는 등 학문에 대한 애정을 보였다. 또한 겸허한 자세로 정사에 임하면서 주변국과 수교해 나라의 기틀 을 튼튼히 했다.

당시 동진의 권신 유유가 잇달아 큰 군공을 세워 최고의 자리에 오르면서 후진의 요흥을 치자 요흥이 급히 탁발사에게 사람을 보내 구원을 청했다. 대 신들이 논의하여 속히 구원에 나설 것을 권했다. 이때 대신 최호가 간했다.

"유유는 필히 요흥을 이길 것입니다. 폐하에게 비록 정병이 있기는 하나 이 들을 부릴 양장良將이 없습니다. 안정을 취하며 국세를 살피는 것이 좋을 것입 니다. 유유는 진나라를 멸한 후 틀림없이 남쪽으로 돌아가 찬위할 것입니다. 때가 되면 관중은 우리 손에 들어올 것입니다."

탁발사가 최호를 크게 칭찬하며 어주 등을 하사했다. 다만 이때 그는 어부 지리를 노리기 위해 장손숭 등에게 명해 황하 강변을 따라 동진의 군사를 추 격하며 공격을 가하게 했다. 얼마 후 유유가 황하 북안에 그믐달 모양의 진세 를 펼치고 2천7백 명의 궁사를 배치한 뒤 1백 발을 쏠 수 있는 커다란 쇠뇌를 설치해 북위의 군사를 물리쳤다. 이 전투로 3만 명의 북위 기병 중 1만여 명을 잃고 난 뒤 탁발사는 내심 부끄럽고 후회스러워 황급히 최호에게 사과했다.

유유가 요홍을 사로잡은 뒤 이내 건강으로 돌아가자 관중은 얼마 후 대하의 혁련발발 차지가 되었다. 관중을 지키던 군사는 물론 구원 차 온 수만 명의 동진 군사들이 모두 대하의 군사에게 패사했다. 북위 명원제 태상泰常 3년(418년)의 일이다. 2년 뒤인 태상 5년(420년) 유유가 송나라를 세우고 황제를 칭했다. 일련의 정세를 지켜본 뒤 탁발사가 최호의 선경지명을 크게 칭송했다.

명원제는 그의 부친 탁발규와 마찬가지로 한식산을 복용했다. 그러나 이는 몸에 해로운 광물질이 들어 있어 독약의 일종이나 다름없었다. 탁발사도 병에 시달렸다. 게다가 당시 천재와 인재가 그치지 않았다. 최호에게 대책을 묻자 최호는 장자인 탁발도拓跋燾를 태자로 세울 것을 권했다.

태상 7년(422년) 탁발도가 태자의 신분으로 감국監國의 업무를 보게 되었다. 당시 겨우 12세였다. 북위의 감국은 훗날 황제가 출정을 나갈 때 일시적으로 국정을 맡은 명·청대의 감국과 달리 실질적인 황제 대리에 해당했다. 탁발도는 어린 나이에 독자적으로 휘하에 대신을 두고 국정을 처리하는 중임을 맡았으나 그 자신이 총명했을 뿐만 아니라 보필하는 대신들 역시 충후하고 현량하여 문제가 되지는 않았다. 이해 가을 남조 송나라의 유유가 병사했다. 탁발사는 곧 송나라 토벌 준비에 들어갔다. 최호가 이의를 제기했다. 국상이 일어난 나라를 상대로 전쟁을 벌이는 것은 이치에 어긋난다는 이유였다. 탁발사가 말했다.

"유유는 요홍이 죽자 곧바로 그 나라를 정벌했소. 지금 유유가 죽은 틈을 노려 송나라를 치는 것 또한 당연한 일이오."

최호가 말했다.

"요홍이 죽었을 때는 내분이 일어난 까닭에 유유가 그 기회를 노린 것입니다. 지금 유유가 비록 죽었으나 송나라 국내의 군심과 민심이 변하지 않았으니 필사적으로 싸울 것입니다."

탁발사는 최호의 말을 듣지 않았다. 먼저 해근奚斤 등에게 2만 명을 이끌고 가 황하를 넘게 하고 자신은 친히 5만여 명의 정예 기병을 이끌고 그 뒤를 따랐다. 싸움이 시작되자 최호는 먼저 땅을 점거한 뒤 성을 칠 것을 건의했다. 탁살사는 이 또한 듣지 않았다. 대군을 보내 송나라의 각 성을 쳤다. 북위의 군사는 활대와 호뢰 등 몇 개의 중요한 곳을 차지했으나 피해 또한 적지 않았다. 얻은 것보다 잃은 게 더 많았다. 탁발사는 원래 몸이 그다지 좋지 않았던 데다가 직접 친정에 나서 노심초사한 까닭에 병세가 더욱 깊어졌다.

태상 8년(423년) 말, 탁발사가 32세의 나이로 병사했다. 묘호는 태종이었다. 아들 탁발도가 뒤를 이었다. 그가 북위의 태무제太武帝이다. 15년간 재위한 명원제 탁발사는 북위가 건국된 지 얼마 안 된 중요한 시기에 나름 역할을 한 셈이다.

태무제 탁발도의 무용

당초 탁발도는 태어날 때 모습이 매우 특이했다. 조부인 탁발규가 그를 보고는 기이한 모습에 크게 기뻐하며 이같이 외쳤다.

"나의 대업을 이룰 자는 반드시 이 아이일 것이다!"

북위의 적국 유연은 명원제 탁발사가 죽었다는 소식을 듣고 크게 기뻐하며 곧바로 북위로 쳐들어왔다. 6만 명의 철기가 운중雲中(내몽골 탁극탁 동북부)을 침범해 백성을 약탈하고 대국代國의 옛 수도 성락을 함락시켰다.

유연은 선비족의 일족으로 알려져 있다. 북위가 창건될 당시 유연도 빠른 속도로 발전했다. 이들은 동쪽 외흥안령에서 시작해 서쪽으로 알타이산, 북쪽으로 바이칼호, 남쪽으로 고비 사막에 이르기까지 강력한 유목 국가를 세웠다. 상당히 오랜 기간 유연은 줄곧 북위의 북방에 소재한 가장 강력한 적이었다. 당시 탁발도는 유연의 침공 소식을 듣고 크게 분노했다. 곧바로 친히 경기를 이끌고 사흘 밤낮을 쉬지 않고 질풍같이 달려가 운중에 이르렀다. 유연의 국왕 흘승개乾升蓋는 북위 황제의 산개傘蓋를 보고 급히 하명해 이를 포위케 했다. 유연의 철기가 탁발도를 50겹으로 둘러쌌다. 만일 한족 황제였다면 설령 40세였을지라도 혼비백산이 되었을 것이다. 그러나 탁발도는 이들이 겹겹이 둘러싸는 것을 보고도 눈 하나 까닥하지 않았다. 이를 보고 용기백배한 북위 군사들이 유연의 대장 어척근於陟斤을 활로 쏘아 죽였다. 흘승개가 크게 놀라 곧바로 말머리를 돌려 퇴각했다.

태무제 시광始光 2년(425년) 11월, 탁발도가 친히 군사를 이끌고 정벌에 나서 유연을 격파했다. 고비 사막을 가로질러 유연의 복부에 해당하는 지역을 강타하자 흘승개의 부락이 사방으로 흩어졌다. 이후 함부로 변경을 침범하지 못했다. 이보다 두 달 앞선 이해 9월 대하의 국왕 혁련발발이 폭사했다. 혁련발발은 일찍이 전진의 부견을 도와 십익건의 대국을 멸망시킨 유위진의 유일한 혈육이었다. 그의 원래 이름인 유발발劉勃勃로 부르는 게 옳다.

혁련발발은 신장이 8척5촌에 달했고 용자가 수려했다. 후진의 국왕 요흥이 그를 한번 보고 크게 기뻐하며 고평공 몰혁우沒弈于에게 그를 거두게 했다. 몰혁우는 자신의 딸을 그에게 주었다. 요흥은 혁련발발을 안북장군에 임명하고 선비족 2만여 호를 붙여 준 뒤 몰혁우를 도와 삭방을 수비케 했다. 몇 년 후 혁련발발은 장인 몰혁우를 죽이고 그 부중을 병탄하며 대하천왕大夏天王을 자처했다. 이때 그는 자신의 성을 혁련赫連으로 바꿨다. 일족의 탁월한 면모가 하늘과 서로 연결돼 있다는 뜻이다. 이어 자신과 혈연관계에 있는 부락 모두 성을 철벌鐵伐로 바꾸게 했다. 강철의 날카로움으로 사람들을 정벌한다는 뜻이다.

당시 혁련발발은 후진을 공벌한 유유가 동진으로 돌아간 틈을 노려 동진의 군사를 대파하고 관중을 손에 넣었다. 이해에 칭제하고 도성을 통만統萬(섬서성 정변현)에 두었다. 그는 장인들을 시켜 통만성을 축조케 했다. 성벽이 완성된 다음에는 철추로 때려 한 치라도 들어갈 경우 그 자리에서 해당 장인을 죽인 뒤 시체를 담장 속에 넣고 다시 축조했다. 활이 갑옷을 뚫지 못할 경우에도 해당 장인을 죽이고, 반대로 갑옷을 뚫을 경우 갑옷을 만든 장인을 죽였다.

그는 장안에 있을 때 은일하고 있는 선비 위조사韋祖思를 불러 벼슬을 줄 생각이었다. 명을 받고 입조한 위조사는 혁련발발의 포악한 성정을 알고 배견할 때 황망히 절을 했다. 그러나 예를 갖춘 위조사의 이런 행보는 오히려 그를 화나게 만들었다.

"나는 그대를 국사國士로 부른 것인데 어찌 나를 이처럼 대하는 것인가? 그대는 전에 요흥에게 절을 하지 않았는데 왜 유독 나에게 하는 것인가? 내가 살아 있는데도 네가 나를 제왕으로 생각하지 않으니 만일 내가 죽으면 너희들은 붓을 놀려 나를 어떻게 다룰 셈인가?"

그러고는 곧바로 그를 죽였다. 혁련발발의 뜻은 원대했다. 그는 통만성의 남쪽 문을 조송문朝宋門이라 이름 지었다. 송나라로부터 조공을 받는다는 뜻이다. 유사한 취지로 동쪽 문은 초위문招魏門, 서쪽 문은 복량문服涼門, 북쪽 문은 평삭문平朔門으로 명명했다. 북위와 서량, 유연 등이 굴복해 온다는 뜻이다.

혁련발발은 재위 말년에 흉포한 데다 황음했다. 신하가 그를 직시하면 칼로 그의 눈을 파버렸다. 한 신하가 조회 때 웃자 칼로 그의 입술을 양분해 버렸다. 감히 진언하는 자는 혀를 자른 후 목을 베었다. 비록 이처럼 잔학하기는 했으나 무공은 혁혁했다.

원래 혁련발발의 태자는 혁련괴赫連璝였다. 호인胡人은 막내아들을 귀애하는 풍습이 있어서 혁련발발도 막내아들인 혁련륜赫連倫을 세우고자 했으나 이를 알아챈 혁련괴가 군사를 동원해 동생 혁련륜을 죽여 버렸다. 혁련발발의 3남인 혁련창赫連昌이 이 소식을 듣고 곧바로 군사를 이끌고 가 혁련괴를 죽이자 혁련발발은 크게 기뻐하며 혁련창을 태자로 삼았다. 서기 425년 7월 혁련발발이 죽자 혁련창이 뒤를 이어 보위에 올랐다.

이 소식을 들은 탁발도는 곧 군신들과 대하 토벌을 상의했다. 대부분이 우선 유연을 친 뒤 대하를 칠 것을 권했다. 최호가 반대했다.

"유연은 마치 새가 모이고 짐승이 흩어지듯 움직이는 까닭에 대군을 동원할지라도 추적하기가 어렵습니다. 그렇다고 경기병을 동원해서는 섬멸할 수도 없습니다. 그에 비해 혁련씨는 불과 1천 리도 안 떨어져 있고, 지금 저들의 정사가 어지러워 하늘과 백성 모두 공분하고 있습니다. 의당 이들부터 쳐야 합니다."

탁발도가 최호의 말에 따라 시광 3년(426년) 10월 먼저 해근에게 군사 4만여 명을 이끌고 가 포판蒲阪(산서성 영제)을 치게 했다. 그는 대군을 이끌고 곧바로 대하의 도성인 통만성으로 향했다. 군자진君子津(내몽골 준가르기)에 이르렀을 때 날씨가 추워 얼음이 얼었다. 그는 2만 명의 경기병을 이끌고 강을 건너 통만성을 습격했다. 혁련창이 성을 나와 영격했다가 패하자 성안으로 들어가 지켰다. 위나라 군사가 소와 말 10여만 마리를 노획한 뒤 철군했다. 이해 여름 탁발도가 다시 경기병 3만여 기를 이끌고 질풍같이 달려가 통만성을 쳤다. 탁발도는 노약한 군사들을 앞에 내세운 뒤 정병을 깊은 숲 속에 매복시켰다. 대하의 군사들이 성 밖으로 출격했다. 마침 비바람이 통만성 쪽에서 북위 병사 쪽으로 불었다. 탁발도의 측근 태감인 조예趙倪가 권했다.

"지금 하늘이 우리를 돕지 않고 있습니다. 비바람의 방향이 우리 군사와 서로 반대되고 있어 진격해도 잘 보이지 않고, 장병들 또한 기갈에 시달리고 있습니다. 폐하는 군사를 이끌고 몸을 숨겼다가 내일 다시 싸우는 것이 좋을 것입니다."

최호가 질타했다.

"우리는 천 리를 이기기 위해 달려왔다. 바로 엄습을 가하려는 순간 어찌 이를 바꿀 수 있단 말인가?"

탁발도가 큰 소리로 말했다.

"좋소!"

그러고는 군사를 휘몰아 앞으로 나아갔다. 혼전 중에 탁발도는 화살을 맞고 땅에 떨어져 하마터면 대하 병사들의 포로가 될 뻔했으나 곧바로 말을 바꿔 타고 다시 싸웠다. 그는 적의 기병 10명을 포함해 대장 1명도 죽였다.

승세를 탄 북위 병사들이 혁련창을 급히 추격해 성의 북쪽까지 이르렀다. 혁련창은 성안으로 들어가지 못하고 상규上邽로 도주했다. 탁발도는 단지 몇 명의 종자만을 이끌고 성안으로 추격해 들어갔다가 이내 발각됐다. 대하의 군사들이 사대문을 닫자 탁발도 등은 황급히 부인용 치마를 창끝에 매고 문상을 가는 사람처럼 꾸며 간신히 성 밖으로 빠져나올 수 있었다.

대하는 군주가 없는 데다 밤이 깊어지자 견고한 성벽도 소용이 없게 되었다. 잠시 후 북위 군사가 이들이 어지러운 틈을 타 성을 공략했다. 대하의 왕공과 후비 등을 포로로 잡고, 말 30만 필, 소와 양 수천만 마리를 노획했다. 날이 밝은 후 탁발도가 성안으로 들어갔다. 화려한 조각을 한 장대한 누대와 정자, 번쩍이는 성벽을 보고 탄식을 금치 못했다.

"극히 작은 나라가 민력을 이처럼 피폐하게 만들었으니 어찌 망하지 않을 수 있겠는가!"

당시 혁련창은 평량平涼(감숙성 평량)을 지켰으나 이미 대세는 기울어져 있었다. 얼마 후 그는 북위 군사에게 생포됐다. 탁발도는 혁련창의 모습이 비범한 것을 보고 누이 시평공주를 시집보내면서 회계공에 봉했다. 혁련창은 비록 망국의 군주이기는 했으나 용맹한 데다 활을 잘 쏴 탁발도는 그와 단둘이 사냥을 나가곤 했다. 군신들이 탁발도에게 그를 경계할 것을 권했으나 탁발도가 껄껄 웃으며 말했다.

"천명이 이미 나에게 있는데 무엇을 두려워한단 말인가?"

혁련창이 포로가 된 후 혁련발발의 5남인 혁련정赫連定이 자립해 보위에 올랐다. 그는 수시로 북위의 군사를 급습하면서 북위의 명장 해근과 아청娥淸 등을 포로로 잡기도 했다. 이후 그는 서진西秦의 국왕 걸복모말乞伏暮末을 급습했다. 당시 걸복모말은 북량北涼의 저거씨沮渠氏에게 치명적인 타격을 입고는 북위에 투항해 작위를 받은 후 북위의 명을 좇아 평량平涼 쪽으로 가 군사를 모았다. 결국 혁련정에게 패해 성을 나와 항복했다가 피살됐다.

이 소식을 들은 탁발도는 직접 대군을 이끌고 공벌에 나섰다. 혁련정은 군사들을 이끌고 하서 방향으로 도주했다가 황하 강변에서 선비족의 지족인 토곡훈吐谷渾의 습격을 받고 대다수 군사를 잃었다. 그 자신도 생포돼 탁발도 군영으로 보내졌다. 그는 혁련창과 정반대로 곧바로 목이 잘렸다. 몇 년 후 진 왕秦王에 봉해진 혁련창은 기회를 틈타 도주했다가 북위의 수장에게 붙잡혀 죽었다. 그의 형제들도 모두 주살됐다. 이로써 혁련씨 일족은 완전히 대가 끊어졌다. 혁련씨의 대하는 천하의 모든 성을 하나로 통합하겠다는 취지에서 도성의 이름을 '통만'으로 지었지만 25년 만에 흔적도 없이 사라지고 말았다.

숙적 유연을 깨뜨리다

당초 탁발도는 혁련창을 포획한 후 유연을 공격할 계획이었다. 조신들은 이를 반대했다. 조정에 영향력이 컸던 탁발도의 유모 보태후도 저지하고 나섰다. 과거 혁련창의 대신으로 있던 장연張淵 등도 유연의 땅이 멀고 황량한 데다 백성들 또한 부릴 수 없다는 점 등을 들어 반대했다. 유독 최호만이 유연 정벌을 지지하고 나섰다.

"유연은 우리 위나라의 북변을 어지럽히고 반적이니 저들을 토벌해 백성들을 거두는 것은 결코 무용한 일이 아닙니다. 사막 북쪽의 땅은 서늘하고 수초가 많아 여름이 되면 북쪽으로 옮겨갑니다. 목초지는 결코 경작할 수 없는 땅이 아닙니다. 고거高車 족속은 말을 잘 타니 신하로 삼지 못할 자들이 아닙니다. 유연의 군사가 비록 멀리 달아나는 데 능하다고는 하나 우리 군사도 멀리까지 쫓을 수 있고, 저들과 함께 진퇴할 수 있으니 결코 제압하지 못할 상대는 아닙니다. 더구나 유연의 군사가 수년 동안 변경을 침공하고 있어 백성들이 크게 동요하고 있습니다. 만일 저들이 방심하고 있는 지금 여름의 허를 틈타 저들을 정벌하지 않으면 후에 반드시 더 큰 화가 찾아올 것입니다.”

탁발도가 이를 좇아 유연 정벌을 결정하자 조회가 끝난 후 많은 사람이 분분히 최호를 질책했다.

“앞에 있는 남적南賊(송나라)을 놓아두고 북벌을 하면 유연은 멀리 도주하고, 남적은 우리 배후를 칠 터인데 이는 지극히 위험한 일이오. 어찌하여 이런 유치한 계책을 낸 것이오?”

최호가 대답했다.

“남적은 고려할 필요가 없소. 금년에 유연을 정벌하지 못하면 남적을 제압할 길이 없소. 전에 유연을 칠 때 남적은 말로만 우리를 친다고 했을 뿐 아무 움직임도 보이지 않았소. 이는 아직 과거의 상처가 아물지 않았기 때문이오. 유유는 관중을 얻은 후 그곳을 자식에게 맡기면서 수만 명의 정병과 여러 양장良將을 배치했는데도 이를 지키지 못하고 전군이 몰살했소. 호곡의 소리가 아직도 끝나지 않았소. 지금 우리 군사가 강성해 하나라를 멸망시킨 상황에서 남적이 어찌 망아지와 송아지를 호랑이 입에 넣으려 하겠소? 유연은 우리 위나라가 멀리 떨어져 있어 능히 이르지 못할 것으로 알고 방심하고 있을 것이오. 저들은 여름이면 흩어져 방목하고 가을이면 모여 따뜻한 남쪽 변경을 침공하고 있소. 만일 저들이 방비하지 못한 틈을 타 뜻밖에 나섬으로써 대군이 쇄도하면 가히 일거에 저들을 격멸할 수 있소. 이것이야말로 가히 잠시 수고해 오랫동안 편안하고 장구한 계책이라고 이를 만하오.”

이 말에 아무도 대꾸하지 못했다. 결국 북위의 대장과 중신 모두 탁발도를 좇아 유연 정벌에 나섰다.

당시 도교를 이끌고 있던 도사 구겸지寇謙之는 최호와 매우 가까웠다. 그 또한 탁발도를 따라 정벌에 나섰지만 이내 회의가 들어 최호에게 물었다.

“이번 정벌에서 정말 승리를 거둘 수 있겠소?”

“조금도 의심하지 마시오. 단지 제장들이 앞뒤를 고려해 승세에도 불구하고 깊이 들어가지 않을까 걱정이오. 그럴 경우 전승을 거두지 못할 수는 있소.”

북위 태무제 신가神麚 2년(429년) 여름, 탁발도가 대군을 이끌고 북벌에 나섰다. 유연은 아무 방비도 없는 데다 사방으로 흩어져 방목하고 있었던 까닭에 대패하고 말았다. 북위의 대군이 부대별로 나뉘어 동서로 5천 리, 남북으로 3천 리에 걸쳐 이들을 추격했다. 이 과정에서 포획한 사람과 노획한 말과 소 등의 숫자는 이루 헤아릴 수가 없었다. 유연에게 복속했던 고거족마저 등을 돌려 유연의 장병들을 대거 살육했다. 북위에 투항한 자들이 대략 30여만 호에 달했다.

탁발도는 약수弱水(내몽골 경내)를 지나 서쪽으로 진군해 탁야산涿邪山(알타이 산맥 동남쪽)에 이르렀다. 당시 북위의 제장들은 깊이 들어가는 것을 우려해 분분히 더 이상 추격하지 말 것을 권했다. 그러나 도사 구겸지는 최초의 충고를 상기해 끝까지 추격할 것을 권했다. 탁발도는 이미 많은 성과를 거뒀다고 생각해 전리품을 가득 싣고 서서히 철군했다.

북위의 군사들은 철군 도중 유연의 군주가 병이 나 종자가 수백 명밖에 없었고, 수레에 실려 산중으로 도망가느라 휘하의 잔여 군민을 통제할 길조차 없었으며, 추격 거리가 180리 정도밖에 떨어져 있지 않았다는 사실을 알게 됐다. 얼마 후 양주涼州에 호인들이 물건을 매매하기 위해 모여들면서 서로 소식을 전했다. 북위의 군사가 이틀만 더 추격했어도 유연의 잔여 병력을 완전히 소탕할 수 있었다는 내용이었다.

탁발도가 이 얘기를 듣고 크게 후회했으나 이미 끝난 일이었다. 북위의 군사가 평성으로 돌아올 때까지 송나라는 단 한 명의 군사도 출동하지 않았다. 최호의 예언이 정확히 맞아떨어진 셈이다. 탁발도가 칙령을 내려 이같이 명했다.

"무릇 군국의 대계는 경들이 결정할 수 없다. 모든 사안을 우선 최호에게 자문을 구한 후 시행토록 하라!"

이후 탁발도는 태평진군 4년(443년)과 태평진군 10년(449년)에 두 차례에 걸쳐 친히 대군을 이끌고 가 유연을 쳤다. 이로써 유연은 더 이상 북위의 변경을 침범하지 못했다. 이후 탁발도는 북쪽 변경에 3천여 리에 걸쳐 장성을 수축하고 6개 진을 설치했다. 이어 투항한 유연과 고거족을 그곳으로 이주시킨 뒤 관원을 파견해 엄히 지켰다. 훗날 북위가 멸망한 것은 이들 6진에서 반기를 든 데 따른 것이었다.

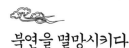

북연을 멸망시키다

많은 사람들이 16국 중 '연燕'을 말하면 대개 모용씨를 생각하나 북연만큼은 그렇지 않다. 북연의 국왕은 풍씨馮氏였다. 그는 선비족이 아닌 한족이었다. 북연을 얘기하려면 먼저 후연의 모용보부터 얘기하지 않을 수 없다. 당초 후연의 창업자 모용수가 죽자 뒤를 이은 모용보는 시종 북위 탁발규의 압박을 견디지 못해 선비족의 본거지인 용성으로 달아났다. 여러 날이 지나 후연의 종실이 서로 다투는 와중에 모용보의 외숙인 난한이 야심을 품고 구원을 미끼로 모용보를 용성으로 끌어들였다. 모용보는 아무 의심 없이 입성했다가 목이 달아났다. 난한은 이어 모용보의 태자 모용책慕容策과 종실, 왕공 대신 등 1백여 명을 몰살한 뒤 스스로 대도독, 대장군, 대선우, 창려왕을 칭하며 보위에 올랐다. 연호는 청룡青龍으로 바꿨다.

당시 모용보에게는 서장자인 모용성慕容盛이 있었다. 그는 부친이 피살됐다는 소식을 듣고 용성으로 들어가 부친을 위해 조상을 했다. 모용성의 처가 난한의 딸이었는데, 난한은 사위가 나타난 것을 보고 크게 놀랐다. 난한의 동생들이 속히 모용성을 제거할 것을 권했으나 난한의 부인이 울며불며 반대했다. 결국 난한은 사위 모용성을 시중으로 삼았다.

모용성은 살아남기 위해 짐짓 겸허한 모습을 보이면서 은밀히 복수를 준비했다. 그는 우선 난한의 외손이자 자신의 조카인 모용기慕容奇와 교신하며 장차 내응하기로 하고, 궁중의 위병을 끌어들였다. 동시에 그는 부단히 난한과 그의 두 형제인 난제蘭堤 및 난난蘭難 사이를 이간질했다. 이 계책이 유효해 결국 난한 형제가 서로 다툼을 벌이자 모용성이 앞장서 난제와 난난을 공격해 용성 밖으로 내쫓았다. 난한이 크게 기뻐하며 그의 공을 치하하기 위해 큰 연회를 베풀었다. 이를 기회로 여긴 모용성이 곧 수하들을 시켜 대취한 장인 난한 부자의 목을 치게 한 뒤 바로 군사를 내보내 난제와 난난 형제를 제거했다.

당시 모용성의 조카 모용기는 원래 밖으로 나가 정령丁零의 여러 부족과 합세해 난한을 칠 계획이었으나 난한이 이미 죽었다는 소식을 듣고는 이내 자립할 생각을 품었다. 모용성은 칭제 후 면모를 일신했다. 그는 늘 요서의 동북쪽 변경을 침공하는 고구려와 고막해庫莫奚를 대파했다. 그러나 그는 너무 가혹한 법을 시행하여 정태후의 조카인 단기段璣 등으로 하여금 종친과 은밀히 결탁해 모반을 꾀하게 만들었다. 정변은 실패했으나 모용성 역시 몸에 중상을 입고 이내 죽고 말았다. 재위 3년 만에 사망한 당시 그의 나이는 29세였다. 서기 401년 7월의 일이었다.

모용성은 죽기 직전 숙부 모용희慕容熙를 불러들여 후사를 당부했다. 모용희는 모용수의 막내아들로 항렬은 높았으나 조카 모용성보다 열두 살이나 아래인 17세에 불과했다. 당시 어린 모용희와 통간한 모용전慕容全의 처 정태후는 모용성의 태자 모용정慕容定을 폐하고, 모용희를 보위에 앉혔다. 모용희는 보위에 오르자마자 모용성의 동생 모용원慕容元을 주살하고 자신의 즉위에 반대한 대신들을 제거했다.

이듬해인 광시 2년(402년), 모용희는 부씨苻氏의 두 딸을 비로 맞아들여 밤마다 함께 지냈다. 당시 30세 전후의 정태후는 대로한 나머지 친정집 조카인 정신丁信과 밀모해 모용희를 폐하고 다른 사람을 세우고자 했다. 그러나 모용희가 이를 알고 정신 등을 죽인 뒤 정태후를 압박해 자진케 했다. 부씨의 두 비는 전진의 종실로 미모가 절륜했다. 언니는 융상娀娀, 동생은 훈영訓英이었다. 모용희는 두 미녀를 위해 수만 명의 백성을 동원해 궁정에 화원을 조성했다. 그러나 언니 융상은 이내 병사하고, 동생 훈영도 얼마 안 돼 뒤따라 병사했다. 이에 모용희는 큰 슬픔에 빠져 통곡하다 혼절했다. 태의가 황급히 달려와 치료한 덕분에 반나절 만에 의식을 차렸다. 그는 시신을 묶어서 입관하는 대렴이 끝났는데도 관을 열고 교접했다고 한다. 이게 사실이라면 중국의 전 역사를 통틀어 전무후무한 황제의 시간에 해당한다. 한족 사가들의 악의적인 왜곡으로 보는 게 타당하다.

당시 그는 대신들에게 엄명을 내려 곡을 하게 한 뒤 눈물을 흘리지 않는 자는 참했다. 아직 고추가 전래되기 전이기에 대신들은 마늘 등을 눈가에 뿌려 눈물을 흘렸다. 그는 사방 수 리에 달하는 분묘를 조성했고, 영구 수레가 너무 큰 까닭에 성 밖으로 나갈 수 없게 되자 성문을 헐어 지나가게 했다. 그가 성 밖까지 나가 영구를 호송하자 금위군 통령 풍발^{馬跋} 등이 곧 성문을 닫고 모용보의 아들 모용운^{慕容雲}을 보위에 앉혔다.

모반 소식을 들은 모용희가 곧 병사들을 이끌고 가 용성을 쳤으나 성을 함락시키지 못하고 이내 도주하다가 붙잡혀 처형되었다. 재위 기간은 6년이었고 사망 당시 나이는 23세였다. 후연은 여기서 완전히 멸망하고 말았다. 동진 안제 의희 3년(407년) 7월의 일이었다.

당시 모용운은 스스로 황제를 칭하면서 국명으로 여전히 '연'을 내세웠으나 사가들은 이를 후연이 아닌 북연^{北燕}으로 간주한다. 그 이유는 모용운의 원래 성이 고씨^{高氏}이고 고구려 출신이기 때문이다. 모용보는 태자 시절 그의 무예가 뛰어난 것을 보고 크게 기뻐하며 양자로 삼았다. 모용운은 황제가 된 후 자신의 성을 다시 고씨로 바꾼 뒤 스스로 '대연천왕^{大燕天王}'으로 칭했다. 고운은 부고를 열어 여러 문무 중신들에게 상을 나눠 주었다.

풍발 형제는 고운을 옹립한 것에 자부심을 가졌다. 고운은 이들 형제의 전횡을 우려해 장사들을 신변에 배치하고 밥을 먹거나 옷을 입거나 늘 이들과 함께 하며 많은 상을 내렸다. 이들 시위의 우두머리는 이반^{離班}과 도인^{桃仁}으로 이들 또한 고구려인이었다. 이들은 북연의 정시正始 3년(409년) 10월에 문 득 고운을 어좌에서 척살했다. 사서는 왜 두 사람이 자신들을 그토록 잘 대 우해 준 고운을 죽이게 되었는지에 관해 아무것도 기록해 놓지 않았다. 아마 풍발의 계책일 공산이 크다. 고운의 재위 기간은 3년으로 사망 당시 36세가 량으로 추정된다.

이반과 도인이 일을 벌일 당시 풍발도 궁전 안에 있었다. 그는 고운을 보호 하기는커녕 전각의 높은 곳으로 올라가 고운이 피살되는 광경을 조용히 지 켜봤다. 이어 곧 병사들을 이끌고 가 이반과 도인을 베었다. 풍발이 보위에 올 라 고운과 마찬가지로 대연천왕을 자처했다. 풍발은 한족으로 본관은 신도信 都(하북성 조강)이다. 풍발의 재위 기간은 22년이나 된다. 그는 유학을 숭상하 며 백성들의 부렴을 줄였다.

북연 풍발의 태평太平 22년(430년) 가을, 풍발은 병이 위독해지자 태자 풍익 馮翼을 감국으로 삼았다. 당시 풍발이 총애하는 송비에게 풍수거馮受居로 불 리는 아들이 있었는데 송비는 자신의 소생을 보위에 앉힐 속셈으로 태자가 병시중 드는 것을 금했다. 풍발의 동생 풍홍馮弘과 사이가 좋은 태감 호복胡福 이 풍홍에게 이 소식을 전하자 풍홍이 곧바로 병사들을 이끌고 황궁으로 뛰 어들어 송씨 모자를 연금했다. 난병이 침궁에 뛰어드는 것을 본 풍발은 크게 놀라 이내 죽고 말았다.

풍홍은 스스로 보위에 오른 후 풍익을 태자의 자리에서 폐한 뒤 이내 죽였 다. 이어 여러 비빈들 사이에서 태어난 풍발의 자식 1백여 명을 모두 살해했 다. 역대 왕조에서 형제간의 살육은 제법 많았으니 이처럼 단번에 1백여 명의 조카를 도살한 것은 전무후무한 일이다. 풍홍은 조카들을 모조리 죽인 뒤 송비의 미모가 뛰어난 것을 보고 곧 거둬들였다. 풍홍이 즉위했을 때 종친을 대거 해치는 일을 벌이자 그의 장자 풍숭馮崇 등 몇몇 아들이 후환을 두려워 한 나머지 북위로 도주했다.

북위의 태무제 탁발도는 여러 차례 군사를 동원해 북연을 일거에 손에 넣고자 했다. 북연의 10여 개 큰 군이 북위에 병탄됐다. 풍홍은 멀리 남조 송나라에 사자를 보내 장차 번국 역할을 충실히 할 것을 다짐하며 구원을 청했다. 송문제 유의륭은 크게 기뻐하며 풍홍을 황룡국주로 봉했다. 그러나 송나라와 북연은 너무 떨어져 있어 지원군을 보낼 도리가 없었다.

북위 연화延和 2년(433년)부터 풍홍은 황제로서 힘을 쓴 날이 거의 없었다. 결국 북위의 군사 4만 명이 성 아래까지 오자 풍홍은 아들을 인질로 보내고 많은 미녀를 헌상했다. 북위의 군사는 철군하면서 수천 명에 달하는 북연의 사녀士女를 약탈해 돌아갔다. 당시 풍홍은 은밀히 고구려에 사람을 보내 구원을 청했다. 고구려 장수왕이 이를 받아들였다. 북위 태연太延 2년(436년) 6월, 풍홍이 일족과 후궁 및 용성의 백성을 이끌고 밤을 새워 고구려 땅으로 망명했다. 그는 망명에 앞서 좌우에 명해 용성을 불태우게 했다. 이로써 북위의 압박 속에서 북연은 멸망하고 말았다. 북연은 총 29년간 존속했다.

풍홍이 망명하자 장수왕은 그를 북풍北豐(요녕성 홍빈현)에 안치했다. 그러나 풍홍은 고구려를 업신여기며 상벌과 정형을 과거 북연 때처럼 행사했다. 대로한 장수왕이 풍홍의 시위들을 모두 쫓아낸 뒤 풍홍의 태자를 인질로 잡았다. 상황이 긴박하게 돌아가자 풍홍은 다시 사람을 은밀히 건강으로 보냈다. 송문제 유의륭에게 사자를 고구려로 보내 자신을 건강으로 맞아들일 수 있는지 여부를 타진한 것이다. 이 사실을 알게 된 장수왕이 풍홍이 머무는 북풍 일대를 포위한 뒤 그를 포함해 풍씨 일족을 도륙했다. 송문제 원가 14년(437년) 4월의 일이다.

풍씨의 북연은 비록 멸망했지만 일이 완전히 끝난 게 아니다. 풍홍의 손녀가 훗날 북위의 태후가 되었는데 그녀가 바로 그 유명한 풍태후馮太后이다. 풍태후는 지략과 과단성, 잔인함 등에서 타의 추종을 불허했다. 그녀는 북위의 헌문제獻文帝 탁발홍拓跋弘을 독살한 뒤 헌문제의 아들 효문제를 자신이 직접 양육한 것으로 유명하다.

북량을 멸하고 북방을 통일하다

북위 태무제 탁발도가 사방을 평정할 때 마지막으로 남은 나라는 북량^{北涼}이었다. 당시 북량의 왕 저거목건^{沮渠牧健}은 부인이 먹는 식사에 독을 풀어 거의 죽게 만든 적이 있다. 이 부인은 바로 탁발도의 여동생인 무위공주이다.

북량은 16국 중 관할 영지가 가장 작은 나라에 속했다. 지금의 감숙 중서부와 청해 북부가 그 영역에 속했다. 북량을 건국한 저거몽손^{沮渠蒙遜}은 흉노의 별종으로 본래 후량 여광^{呂光}의 휘하 대장이었다. 그는 후에 여광을 배반하고 후량의 대신인 단업^{段業}을 양왕^{涼王}으로 옹립했다. 명칭은 여씨와 마찬가지로 '양^涼'이었지만 후세의 사가들은 이를 '북량'으로 칭하고 있다.

저거몽손은 매우 잔혹했다. 그는 단업을 죽이기 위해 친형인 저거남성^{沮渠男成}의 목숨을 빼앗았다. 단업을 시켜 저거남성을 죽이게 한 뒤 복수를 기치로 내걸고 부중을 이끌고 가 단업을 살해한 것이다. 서기 401년 5월의 일이다. 그는 이해 6월 보위에 오른 뒤 연호를 영안^{永安}으로 바꿨다. 그는 후진이 후량을 멸망시키는 것을 보고 크게 놀라 곧바로 칭신했다가 얼마 후 다시 등을 돌려 남량과 가까이 지내며 독발씨^{禿髮氏}를 향해 칭신했다. 이후 다시 남량에 등을 돌렸다가 독발씨에게 크게 패하고는 아들을 인질로 보내며 화친을 구했다. 이에 다시 후진에 귀부해 서해후에 봉해졌다. 잠시 시간이 지난 뒤 다시 군사를 이끌고 가 남량의 독발욕단^{禿髮傉檀}을 공격해 고장^{姑臧}(감숙성 무위)을 점거한 뒤 이곳으로 도성을 옮겼다.

얼마 후 저거몽손은 서진의 걸복씨^{乞伏氏}와 교전해 대승을 거뒀다. 당시 대하의 혁련발발은 저거몽손이 매섭다는 소문을 듣고는 곧 사자를 보내 수교를 청했다. 이에 서로 혼인하게 됐다. 저거몽손은 서진의 걸복씨와도 혼인 관계를 맺었다. 북량 현시^{玄始} 9년(420년) 저거몽손이 대군을 이끌고 가 서량의 도성 주천^{酒泉}을 공격했다. 서량은 한족인 이고^{李暠}가 서기 400년 돈황에서

양공凉公을 자처하며 독립한 나라이다. 저거몽손은 마침내 이씨의 서량을 멸하고 양주 일대를 모두 손에 넣었다. 서역의 모든 나라들이 저거몽손을 향해 칭신하며 공물을 바쳤다.

이에 화가 난 유연이 압박하자 저거몽손은 태자 저거정덕沮渠政德을 시켜 유연을 치게 했다. 저거정덕은 대패한 뒤 패잔병을 이끌고 귀환했다가 이내 피살됐다. 얼마 후 북위가 더욱 강성해지자 저거몽손은 북위에 대해 칭신했다. 탁발도가 그를 양왕에 봉하면서 천자의 정기旌旗 사용을 허락했다. 양왕 저거몽손이 병사하자 그의 아들 저거목건이 뒤를 이었다.

저거목건은 남조의 송나라와 북위에 고루 사자를 보내 국상을 알리고, 동시에 여동생 흥평공주를 북위로 보냈다. 탁발도는 그녀를 우소의로 삼고, 저거목건을 하서왕에 봉했다. 남조의 송문제 유의륭도 두텁게 북량의 사자를 예우한 뒤 저거목건을 하서왕에 봉했다.

저거목건은 선비들을 예우하며 정사를 잘 이끌었다. 북위의 태무제 탁발도는 북량과의 수교를 튼튼히 할 생각으로 여동생 무위공주를 저거목건에게 보냈다. 저거목건은 북위의 위세를 두려워해 본처 이씨를 주천에 안치한 후 무위공주를 정실부인으로 맞아들였다. 원래 이씨는 서량의 창업주인 이고의 여동생으로 저거목건의 형수였다. 흉노는 이른바 형사취수兄死娶嫂의 전통으로 인해 형이 죽으면 동생이 형수와 함께 사는 것을 당연시했다. 저거목건은 부인인 무위공주를 보살처럼 모시면서 매일 과부 형수 이씨와 통간했다.

이씨는 저거목건과 매일 함께 지낼 생각으로 사람을 보내 무위공주가 먹는 음식에 독약을 풀었다. 탁발도가 이 사실을 알고 어용 전거專車(급행 수레)에 태의를 태워 급송함으로써 무위공주를 간신히 살려냈다. 그러나 무위공주는 이내 중독 후유증에 시달려야 했다. 대로한 탁발도가 저거목건에게 압력을 가해 이씨를 쫓아내게 하자 저거목건은 이씨를 주천에 은닉했다.

이를 계기로 탁발도는 북량을 멸할 생각을 품게 됐다. 그러나 조정 회의에서 대다수 중신들은 거리가 너무 멀어 보급이 쉽지 않고, 땅이 척박하다는 등의 이유로 반대했다. 오직 사도 최호만이 이를 역설했다. 그는 『한서』「지리지」의 기록을 근거로 이같이 말했다.

"양주의 축산은 천하를 풍요롭게 할 만합니다. 물과 풀이 없다면 어떻게 축생이 생장할 수 있겠습니까? 양주 일대는 결코 황량한 지역이 아닙니다."

이 말에 일찍이 북량에 10여 차례 사자로 다녀온 바 있는 상서 이순李順은 최호를 반박했다. 그는 저거몽순 부자로부터 많은 금은을 받은 적이 있었다.

"귀로 듣는 것은 눈으로 보는 것만 못합니다. 양주 주변은 황량하기 그지 없습니다. 이는 정확한 얘기입니다."

탁발도는 이순의 말을 듣고 북량 정벌을 미뤘다. 북위의 진위장군 이향발伊 香發은 군신들이 흩어지는 것을 기다렸다가 탁발도에게 진언했다.

"양주에 물과 풀이 없다면 저거씨가 어떻게 건국을 했겠습니까? 여러 얘기가 나왔지만 응당 최호의 얘기를 들어야 할 것입니다."

마침내 탁발도가 정벌을 결심하여 태연 5년(439년) 6월 친히 대병을 이끌고 출격했다. 출발에 앞서 저거목건의 열두 가지 죄를 나열했다. 북위의 군사는 두 길로 나눠 양주를 향해 진격했다. 남량 독발욕단의 아들 독발원하禿髮 源賀가 자청해 이들을 향도했다. 이해 8월 북위의 군사가 곧바로 고장姑臧에 이르렀다. 과연 성 밖에는 수초가 무성했다. 저거목건은 유연에 구원을 청하는 동시에 군사를 내보내 저항했으나 대패했다. 얼마 후 조카 저거조성沮渠祖 城이 성벽을 넘어가 북위에 투항했다. 독발원하는 고장성 밖의 선비족 부족을 설득해 투항시켰다. 결국 저거목건은 성문을 열고 투항했다. 이로써 북량은 멸망했다.

북량의 멸망으로 중국 북방에 난립했던 16국 시대가 막을 내렸다. 1백여 년 만에 북중국이 북위로 통일된 셈이다. 이후 북쪽의 통일 왕조인 북위와 남쪽의 통일 왕조인 송나라가 남북으로 대립하는 새로운 시대가 열렸다. 중국 사가들이 흔히 얘기하는 이른바 '남북조 시대'이다. 그러나 이는 앞서 얘기한 것처럼 16국의 존재를 무시한 것으로 비과학적이다. 서진이 패망하고 남쪽에 망명 정권인 동진이 들어선 후 중국 대륙은 시종 남북 대립 구도 하에 있었다. 북위의 북중국 통일을 계기로 북중국에서 전개된 16국의 난립이 끝났다는 차이점만 있을 뿐 남북 대립 구도는 전혀 바뀌지 않았다. 당시 탁발도는 고장성에 입성한 후 북량의 부고에 보물이 가득 차 있고, 백성들이 매우 풍요로운 것을 보고 크게 기뻐했다. 그는 연회를 베풀어 제장들의 노고를 치하하면서 이같이 감탄했다.

"최공의 지략은 참으로 비상하다. 그의 예견은 기이한 차원을 넘는다. 이향발 역시 무관 출신임에도 최공과 같은 계책을 냈으니 가히 기책이라고 할 만하다."

탁발도는 평성으로 회군한 뒤 양주가 황량한 곳이라고 말한 이순을 사사하고 가산을 몰수했다. 저거목건은 탁발도의 매부인 까닭에 목숨을 부지했다. 그는 평양성으로 끌려와 무위공주의 저택에 연금됐다. 몇 년 후 저거목건이 북량의 옛 신하들과 모반을 꾀한다는 고발이 들어오자 탁발도는 곧바로 그를 사사했다.

한족과 선비족의 대립

북위의 태무제 탁발도는 북량을 멸하고 북중국을 하나로 통일했음에도 군사 행동을 멈추지 않았다. 그는 태평진군太平眞君 6년(445년) 병사를 이끌고 가노수호 부족을 토벌했다. 이듬해인 태평진군 7년(446년) 다시 남쪽으로 진공해 연주와 청주, 기주 등을 공략했다. 태평진군 9년(448년) 유연의 가한可汗이 상을 당한 틈을 타 다시 세 갈래로 길을 나눠 진격했다. 이로부터 2년 뒤인 태평진군 11년(450년) 초, 10만 명의 철기를 동원해 남쪽 송나라로 진격하여 수많은 성을 함몰시켰다. 이때에 이르러 그에게 군사 정벌은 하나의 고질이 되었다.

당시 남조 송나라 황제 유의륭은 원가의 성세가 근 30년 가까이 유지돼 국력이 전례 없이 강해졌다고 판단해 북벌에 나섰다. 이는 남조의 송나라와 북조의 위나라가 맞붙은 제3차 남북 전쟁에 해당한다. 전쟁이 터지기 전 태무제 탁발도는 한족 출신 대신인 최호를 주살했다. 최호는 북위의 도무제 탁발규와 명원제 탁발사, 태무제 탁발도 등 3명의 황제를 모셨다. 그의 계책은 북위가 잇달아 승리를 거두는 데 결정적인 공헌을 했다. 그는 생김새가 미모의 부인과 같고, 매우 민첩하고 지모가 있었다. 최호는 스스로를 장량에 비견하곤 했다. 평량에서 대승을 거둔 후 태무제 탁발도는 그를 위해 커다란 연회를 베풀면서 저거몽손의 사자에게 이같이 말했다.

"그대가 말한 최공이 바로 이 앞에 있다. 그의 뛰어난 재략은 당할 자가 없다. 짐은 어떤 일이든 반드시 먼저 그에게 물어본 뒤 시행한다. 단 한 번도 틀린 적이 없다!"

최호는 공훈을 거듭 세워 사도의 자리까지 올랐다. 이같이 뛰어난 모략을 지닌 자들은 통상 자신을 위한 계책에는 능하지 못한 법이다. 도교를 믿은 그는 탁발도에게 훼불毀佛을 권했다. 탁발도가 이를 받아들여 전국 대찰의 화상들을 대거 주살하고, 사찰을 훼멸했다. 그는 역대 제왕 중 불교를 탄압한 이른바 '3무1종三武一宗'의 한 사람에 속한다. 당시 북위에서는 태자에서부터 귀족, 일반 서민에 이르기까지 불교를 믿는 사람이 매우 많았다. 이는 최호가 선비 귀족들의 원한을 사는 한 원인이 되었다.

최호는 국사를 편찬할 때 조금도 감추거나 숨기려 하지 않았다. 북위에 대해서도 잔혹하며 음란했던 사실을 그대로 기술했다. 이를 보고 군신들이 분분히 상언하자 탁발도가 대로했다. 결국 탁발도는 최호와 그의 일족을 모두 도륙하고, 최호와 인척 관계를 맺고 있던 범양 노씨와 하동 유씨, 태원 곽씨 등도 예외 없이 도살했다. 처형 직전 최호가 나무틀 속에 갇혀 도성의 남쪽에 있는 처형장으로 끌려갔을 때 수십 명의 병사들이 그의 머리 위에 소변을 보았다. 이런 모욕은 전례 없는 일이었다. 『위서』「최호전」은 이같이 기록해 놓았다.

"최호는 재능과 기예가 뛰어났고 정사를 돌보면서 내놓은 그 계책이 타의 추종을 불허했다. 스스로를 장자방에 비유했다. 그러나 그의 모책이 세상을 덮기는 했으나 위세가 황제를 불안하게 할 정도는 아니었다. 말년에 스스로를 온전히 하지 못했다. 이 어찌 새 사냥이 끝나자 활을 광 속에 감춘 격이 아니겠는가? 그가 이런 참혹한 형을 받게 되었으니 참으로 슬픈 일이다!"

북위의 명신 최호는 뛰어난 모략으로 북위의 탁발도가 북중국을 통일하는 데 결정적인 공헌을 했다. 그러나 한족인 그는 선비 귀족들과의 갈등을 빚다가 국사 편찬 사건을 계기로 처형당했다.

북위의 황제는 도무제 탁발규 이래 정적이나 신하를 잔인하게 제거했다. 탁발규는 후연의 도성 중산을 함락시켰을 때 동생 탁발고를 인질로 잡아 두었다가 살해한 정동程同과 부고패傅高覇 등의 5족을 도살하면서 큰 칼로 서서히 모욕을 주며 죽였다. 유위진 부족을 토벌했을 때에는 유위진의 종실 5천여 명을 도살한 뒤 시체를 모두 황하에 내던졌다. 이런 도륙 행위가 결과적으로 태무제 탁발도의 치세 때 최호를 비롯해 그와 연계된 일족을 모두 도살하는 일을 낳은 것이다. 훗날 북제北齊의 고양高洋도 북위를 멸한 후 북위의 황족 수천 명을 전부 도살했다.

북위를 연구하는 전문가들은 북위 내부의 호한胡漢 갈등이 최호 일족의 주살을 불러온 것으로 보고 있다. 사실 최호는 권력을 장악한 후 선비 훈귀勳貴의 발호를 억제하는 데 정책의 초점을 맞췄다. 태무제 탁발도의 돈독한 신임이 배경이 된 것은 물론이거니와 본질적으로 황권을 강화한 것으로 탓할 일은 아니다. 그러나 그는 감히 태자와 관원 임명 문제를 놓고 다투는 일을 벌였다. 도가에서 말하는 명철보신明哲保身(분별력이 있어 적절한 행동으로 자신을 잘 보전함)과 공성신퇴功成身退(공을 이루고 물러남)의 기본 이치를 망각한 것이다.

최호의 피살 배경을 놓고 호한의 종족 대립으로 단순화하는 것은 문제가 있다. 당시 태무제 탁발도는 사방을 정복하면서 자신만이 무소불위의 천하제일의 황제라는 생각을 갖게 됐다. 불행하게도 최호는 국사를 편찬하면서 모함을 받을 빌미를 제공했다. 중국 학계의 일각에서는 최호가 은밀히 한족의 광복을 꾀했다는 주장을 내놓으며 몇 가지 근거를 제시하고 있다.

첫째, 북위 신서神瑞 2년(415년) 명원제 탁발사가 업성으로 천도하려고 할 때 최호가 이를 강력 저지했다. 선비족이 중원 땅으로 들어갈 경우 한족이 커다란 피해를 입을 것을 우려했기 때문이라는 것이다.

둘째, 유유가 후진을 정벌할 때 탁발사가 출병해 후진을 도우려고 하자 최호가 이를 강력 저지했다. 한족 군대를 돕고자 하는 사심에서 비롯됐다는 것이다.

셋째, 탁발사가 후계자를 정할 때 최호는 탁발도를 강력 천거했다. 그의 생모가 한족이었기 때문이라는 것이다.

넷째, 명원제 탁발사와 태무제 탁발도가 북방 이민족에 대한 북벌에 나설 때 이를 적극 지지한 반면 남정에 대해서는 적극 반대한 점이다. 한족을 염두에 둔 행보라는 것이다.

다섯째, 탁발도가 혁련씨의 대하국을 칠 때 비바람이 불고 사졸들이 모두 기갈에 시달렸음에도 맹공을 적극 권한 점이다. 위나라가 대패하길 내심 바랐기 때문이라는 것이다.

여섯째, 탁발도가 북량의 저거씨를 공벌하고자 할 때 최호가 『한서』를 인용해 수초가 무성하다는 식으로 주장하며 이를 적극 부추기고 나선 점이다. 최호가 원래 북위의 패배를 바랐기 때문이라는 것이다.

이밖에도 여러 이유를 들고 있으나 크게 두 가지로 요약할 수 있다. 하나는 최호 스스로 한족이라는 사실에 자부심을 느끼고 있었다는 것이다. 다른 하나는 북위가 패하기를 내심 바랐다는 것이다. 첫 번째는 동의할 수 있으나 두 번째는 동의하기가 어렵다. 객관적으로 볼 때 북위의 천하 통일은 한족에게도 이익이었다. 천하가 분열되어 있는 한 최대 피해자는 서민의 대종을 이루고 있는 한족일 수밖에 없다. 당시 상황에서 북위의 패망은 분열의 고착화를 의미했고, 이는 한족의 입장에서 볼 때 최악의 시나리오에 해당한다. 최호가 한족의 전통 문화에 자부심을 지닌 점을 이해할 수는 있으나 북위의 패망을 바랐다고 분석하는 것은 아무래도 지나쳤다. 전국 시대 당시 오기와 상앙이 패망한 것처럼 타국 출신 재상이 파워 게임에서 패한 결과로 보는 게 역사적 사실에 가까울 것이다.

탁발도의 마지막 남정

북위 태무제 태평진군 11년(450년) 4월, 탁발도는 최호를 비롯한 4개 성씨의 한족 4천 명을 도살한 후 이해 9월 남정에 들어갔다. 이는 송나라가 북벌 의지를 밝히며 싸움을 건 데 따른 것이었다. 당시 활대의 싸움에서 송무제 유의륭에게 '낭거서' 운운하며 북벌을 주창했던 왕현모는 북위 군사와의 싸움에서 일패도지했다. 북위의 군사는 하루에 1~2백 리의 속도로 남진하며 연거푸 승리를 거뒀다. 탁발도가 여러 길로 나눠 건강을 향해 곧바로 진격하는 사이 송나라 장군 설안도薛安都와 증방평曾方平, 유강조劉康祖 등은 사력을 다해 북위 군사의 진격을 저지코자 했으나 역부족이었다. 북위의 군사는 빠른 속도로 장강에 도착한 뒤 배를 만들기 위해 민가를 헐고 갈대 등을 꺾으면서 이내 도강해 건강을 공략할 것이라고 떠벌렸다. 소문에 휘둘린 건강성 내의 백성들이 모두 크게 놀라 분분히 봇짐을 쌌다. 병난을 자초한 송문제 유의륭은 석두성에 올라 사방을 둘러보았다. 그는 걱정스런 표정을 지으며 싸움에 능한 장수 단도제를 죽인 것을 크게 후회했다. 쌍방이 대치하는 국면이 오랫동안 이어졌다. 군량 보급이 원활하지 못한 북위 군사는 마침내 장강 일대에서 횃불을 밝히며 크게 시위한 뒤 밤새 철군했다.

이듬해인 태평진군 12년(451년) 봄, 북위 군사가 회군 도중 우이盱眙에 도착하였다. 우이성은 송나라 대신 장질臧質이 지키고 있었다. 탁발도는 성 밖에서 시끄럽게 떠들며 강남의 미주美酒를 즐겼다. 장질이 부하들을 시켜 성 위로 올라가 똥오줌을 내던지자 대로한 탁발도가 성을 겹겹이 포위한 뒤 수륙의 교통을 모두 끊었다. 이어 동쪽 산의 토석을 실어와 해자를 모두 메웠다. 탁발도가 곧 장질에게 서신을 보냈다.

"지금 성을 공격하는 군사가 모두 선비족은 아니다. 성의 동북쪽은 정녕족과 호인, 남쪽은 저족과 강족 병사가 포진해 있다. 만일 정녕족 병사가 죽으면 우리 위나라의 상산 방면 조군趙郡 일대의 정녕족을 줄이는 것이고, 호인의 병사가 죽으면 병주 일대의 적이 사라지고. 저족과 강족의 병사가 죽으면 관중의 적이 없어지는 것이다. 경이 짐을 대신해 그들을 제거하는 것이니 결국 짐을 도와주는 셈이다."

장질이 회신했다.

"나는 이제 당신의 간계를 확실히 알게 되었다. 동요에 '오랑캐 말이 장강의 물을 마시니, 불리佛狸는 묘년卯年이면 죽을 것이라네'라는 말이 있다. 당신이 난병에게 피살되면 다행이고, 그렇지 않으면 우리에게 포로가 된 후 저자로 끌려가 참수 당한다는 얘기다. 지금 봄비가 내리면서 사방에서 군사가 모여들고 있으니 당신은 안심하고 성을 공격하라. 만일 식량이 모자라면 우리가 보내 주겠다. 당신이 나에게 예물로 보내 준 도검은 당신 몸을 가를 때 사용토록 하겠다."

대로한 탁발도가 조거釣車와 충거衝車 등을 동원해 공격을 가했으나 끝내 공략하지 못했다. 시체가 성벽 높이만큼 쌓였으나 장질은 한 달 가까이 버텼다. 봄날은 전염병이 도는 계절이어서 북위 군사가 전염병으로 무수히 쓰러졌다. 결국 협격을 두려워한 탁발도가 공성 기구를 불사르고 퇴각했다. 북위는 남정에서 군사의 절반을 잃었다.

탁발도가 남정에 나섰을 때 태자 탁발황拓跋晃이 감국의 역할을 수행했다. 그는 휘하의 도성道盛 등을 크게 신임했다. 당시 탁발도에게는 종애宗愛라는 총애하는 태감이 있었다. 종애는 도성과 대립했다. 탁발도가 돌아오자 종애는 태자 휘하 인물들의 죄를 날조해 보고했다. 탁발도가 이들을 모두 도륙하는 것을 본 태자 탁발황은 걱정으로 자리에 누웠다가 이내 병사했다. 당시 나이 24세였다. 얼마 후 탁발도는 태자를 회상하면서 눈물을 흘렸다. 종애는 탁발도가 자신을 추궁할까 두려운 나머지 밤에 사람들을 데리고 영안궁으로 잠입해 탁발도를 죽였다. 당시 그의 나이 45세였다. 북위 정평正平 2년(452년) 2월의 일이다. 『위서』「태무제기」에서 사관은 탁발도를 이같이 평해 놓았다.

"태무제는 성정이 맑고 솔직한 데다 검소했다. 사치를 싫어하고 하루에 두 끼를 먹었다. 성을 공격할 때는 화살과 돌을 두려워하지 않고 친히 앞장서 병사들을 지휘하면서도 태연자약했다. 이에 병사들이 모두 사력을 다해 싸웠다. 군신들이 궁궐을 수축할 것을 권하자 '옛사람이 말하기를, 나라를 다스리는 것은 덕에 있지 험요에 있지 않다고 했다'며 이를 일축했다. 상을 줄 때는 적을 가리지 않았고, 벌을 줄 때는 가깝고 귀한 것을 가리지 않았다. 그러나 잔인한 성격으로 인해 살육부터 행한 뒤 뒤늦게 후회하곤 했다."

『자치통감』의 사평도 유사하다. 그의 사후 20여 년이 지난 후 탁발황의 적장자인 그의 증손 탁발굉拓跋宏이 보위를 이은 뒤 전면적인 한화漢化가 진행됐다. 이를 계기로 중국의 역사는 호한융합의 새로운 전기를 마련하게 됐다. 뒤이어지는 수·당의 성세는 바로 이때 기반이 마련됐다는 게 학계의 통설이다.

제5장

남조 제고제
소도성의
창업

평민 천자의 광기

『남사』「제본기」에는 제나라의 창업주인 소도성^{蕭道成}에 관한 전기가 실려
있다. 이마가 용의 모습이고 몸 전체에 물고기 비늘의 문양이 있다는 등의 얘
기는 통상 제왕을 특이하게 묘사한 사서의 일반적인 모습에 해당한다. 소도
성은 겹눈을 뜻하는 '중동^{重瞳}'으로 기술돼 있다. 이는 멀리 상고 시대의 순^舜
에게까지 올라간다. 초패왕 항우도 중동인 것으로 기록돼 있다. 엄밀히 보면
중동은 백내장이 일찍 진행된 경우에 해당한다. 물고기 비늘의 문양 역시 몸
에 우피선^{牛皮癬}이 난 것에 불과하다. 일명 '완선^{頑癬}'으로 불리는 우피선은 만
성적인 소양성 피부염의 하나로 앓는 곳의 살갗이 두툼해지면서 굳어진 것
이 마치 소 목덜미의 가죽처럼 생겼다는 데서 나온 말이다. 특이하게도 북제
의 고양은 발의 복사뼈가 두 개인 이른바 '중과^{重踝}'로 되어 있다. 중과 또한
발꿈치 부분의 뼈가 기형적으로 생긴 결과에 지나지 않는다. 후세의 사가들
이 창업주인 제왕은 범인과 다르다는 선입견으로 인해 이같이 기록해 놓은
것이다. 사실 그 누구일지라도 용좌에 1~2년 앉아 있게 되면 모두 천명을 받
은 인물로 보이기 마련이다.

齊高帝

博學能文天性清儉
金土僧同委玉可懷

제고제 소도성은 유유와 함께 군사에서 공적을
세우며 권세를 잡은 뒤 송나라의 후폐제 유욱을
살해하고 순제를 옹립한 후 479년 제나라를 건
국하였다. 그러나 제나라는 4대에 걸쳐 황음한
군주가 계속되어 22년만에 멸망하였다.

소도성의 제나라는 불과 4대에 걸쳐 22년밖에 존속하지 못했다. 그 사이 그의 자손들이 서로 도륙하는 처참한 상황이 빚어졌다. 그 모습은 이루 형용할 수 없을 정도로 참혹했다. 소도성이 제나라를 창업한 것은 송나라의 마지막 황제인 후폐제^{後廢帝} 유욱^{劉昱}의 황음무도한 행각에서 비롯됐다. 송명제 유욱^{劉彧}이 사망한 지 2년이 지난 원휘^{元徽} 2년(474년) 계양왕 유휴범^{劉休範}이 모반했다. 우위장군 소도성이 명을 받고 출정해 이들을 평정했다. 이로부터 2년 뒤인 원휘 4년(476년) 소도성은 재상에 해당하는 상서좌복야에 임명됐다.

송나라의 후폐제 유욱^{劉昱}은 즉위할 때 겨우 12세에 불과했다. 그는 태자로 있을 때부터 원숭이처럼 장대 위로 올라가 노는 것을 좋아했다. 태자사부를 비롯해 좌우에서 교습을 담당하는 사람들이 타일러도 아무 소용이 없었다. 화가 난 송명제 유욱은 매번 그의 생모인 진^陳태비에게 몽둥이로 그를 훈계할 것을 명했다. 후폐제 유욱은 부황의 뒤를 이어 보위에 앉았을 당시 궁 안에는 태후와 태비 등이 있었고, 궁 밖에는 원훈대신들이 국사를 관장하고 있어 함부로 행동하지 못했다. 2년 뒤 14세가 되어 성인식을 행한 후 마침내 방종한 모습을 보이기 시작했다. 그는 거리낌 없이 궁 밖으로 나가 사냥을 하며 즐겼다. 출궁하여 사냥할 때도 처음에는 위병들이 대오를 정연히 갖추는 등 제왕의 모습을 보였다. 그러나 이후 미복으로 출입하면서 곁에는 몇 명의 종자만이 따라다녔다. 진태비는 혹여 일이 있을까 우려해 매번 송아지가 끄는 수레를 타고 그 뒤를 따랐다. 그러나 유욱이 말을 타고 내달리면 진태비는 더 이상 추격할 수 없었다.

진태비가 젊었을 때 송명제 유욱^{劉彧}이 한번은 크게 흥이 나 그녀에게 자신의 남총^{男寵}(동성애 상대) 이도아^{李道兒}를 하사했다. 얼마 후 송명제는 진태비가 생각이 나 궁중으로 불러 함께 지냈다. 이렇게 해서 태어난 것이 바로 후폐제 유욱이다. 후폐제는 좌우에서 이 얘기를 하는 것을 듣고는 사냥을 나가 노닐 때마다 '유통^{劉統}(유씨 혈통)' 또는 '이장군^{李將軍}'을 자칭했다.

그는 출궁해 노닐 때마다 몸에 꽉 끼는 옷을 입고 객사에서 자거나 대낮에 길에서 누워 잠을 청했다. 말을 사고파는 곳에 가서는 사람들에게 욕을 얻어 먹는데도 아무렇지도 않은 듯이 이를 받아들이며 '평민 천자'의 모습을 보였다. 사서는 후폐제가 옷을 깁고 모자를 만드는 등 한번 눈으로 본 것은 곧바로 행했다고 기록해 놓았다. 일찍이 지^篪(일종의 젓대)를 분 적도 없는데 곧바로 연주했다고 한다. 장인과 악사의 자질을 타고 났다고 볼 수밖에 없다. 동물 애호가이기도 했던 후폐제는 요령전에서 수십 마리의 나귀를 기르고, 자신이 타는 말은 바로 곁에 두고 키웠다. 출궁한 뒤 길거리에서 혼례나 상례 등의 행렬과 만나면 곧바로 하마해 가마를 메는 사람들과 함께 앉아 음주가무하며 놀았다. 사람들은 그가 천자라는 사실을 전혀 몰랐다.

그는 저녁에 출궁했다가 새벽에 들어오고, 새벽에 출궁하면 저녁 늦게 입궁했다. 종자들은 긴 창과 커다란 몽둥이를 들고 그를 뒤따르면서 길에서 거치적거리는 것이 있으면 남녀노소와 견마우려^{犬馬牛驢}(개와 말, 소, 나귀)를 막론하고 모두 쳐 죽였다. 유욱이 출궁할 때마다 참살이 벌어지니 이내 길거리에 행인이 없게 되었다. 어린 후폐제를 수종하는 좌우의 종자들은 늘 물건을 집어내는 집게와 구멍을 뚫는 끌, 절단용 도끼와 톱 등을 들고 다녔다. 실제로 그는 머리를 부수거나, 음부를 몽둥이로 치거나, 가슴을 쪼개는 형벌에 이를 사용했다. 매일 수십 명의 범인을 이런 식으로 도살했다. 종자 중에 이를 거리끼는 기색을 보이는 자가 있으면 직접 긴 창을 들고 그자를 찔러 죽였다.

그는 자신의 손으로 사람을 죽이는 것을 극히 즐겼다. 모반을 꾀한 괴수를 조정에서 직접 살해한 뒤 고기를 자르거나 저몄다. 한번은 손초係超로 불리는 자의 입에서 마늘 냄새가 나자 유욱은 그가 마늘을 먹은 것을 증명하기 위해 좌우에 명해 꼼짝 못하게 붙잡도록 한 뒤 칼로 배를 갈라 자세히 살폈으나 끝내 찾지 못했다. 얼마 후 대신 손발係勃의 집에 금은보화가 매우 많다는 얘기를 듣고는 친히 사람들을 데리고 가 겁략했다. 당시 그는 칼을 뽑아든 뒤 무리들 중 가장 먼저 집 안으로 뛰어들었다. 손발은 마침 상중이었다. 황제가 병사들을 데리고 뛰어든 것을 보고는 가족이 죽음을 면하지 못할 것을 직감한 그는 어린 황제를 넘어뜨린 뒤 그의 귀를 잡아당기며 크게 욕했다.

"너는 걸주桀紂보다 더 나쁜 놈이다. 이후 도륙을 면치 못할 것이다!"

이내 좌우가 손발을 찔러 죽였으나 유욱은 손발이 감히 자신의 귀를 잡아당긴 것에 원한을 품고 그의 시체를 자르고 살을 저몄다.

그의 이런 행동을 보다 못한 진태비가 여러 번 훈계를 하자 이에 한을 품고 독주를 먹여 죽이고자 했으나 좌우에서 만류했다.

"태비가 죽으면 폐하는 복잡한 상례를 치러야 합니다. 그리되면 놀러 나갈 시간이 없습니다."

이에 생모를 독살할 생각을 버렸다. 한번은 매우 더운 날에 문득 영군부로 뛰어들어 갔다. 때마침 소도성이 배를 내밀고 낮잠을 자고 있었다. 그는 곧 소도성을 깨운 후 담장 곁에 똑바로 서게 했다. 이어 붓으로 그의 배에다 과녁을 그린 뒤 화살을 당겨 쏘려고 했다. 소도성은 크게 놀랐으나 감히 움직이지 못했다. 다만 입속에서 연신 "저는 죄가 없습니다!"라고 외칠 뿐이었다. 후폐제 유욱의 심복이 곁에 있다 간했다.

"소 장군의 큰 배는 사실 좋은 표적입니다. 그러나 한번에 쏘아 죽이면 이후 또 쓸 수가 없습니다. 차라리 화살 대용품을 쏘며 노는 것이 좋을 것입니다."

유욱이 화살 대용품을 쏘아 배꼽에 적중하자 자신의 솜씨를 자랑하며 크게 웃었다. 그러나 또 얼마 후 갑자기 아무 이유도 없이 화를 내며 소도성을 죽이겠다고 칼을 갈며 이를 바득바득 갈았다.

"내일 소도성을 죽이고야 말겠다!"

곁에 있던 진태비가 꾸짖었다.

"소도성은 나라에 공을 세웠다. 그를 죽이면 누가 너를 위해 일하겠는가?"

후폐제는 이를 잠시 잊었다. 그러나 소도성은 유욱이 여러 차례 자신을 죽이려 한 것을 잊지 않고 크게 불안해했다. 좌불안석한 그는 곧 몇 명의 대신과 함께 유욱을 죽이기로 밀모했다. 금위군을 지휘하는 월기교위 왕경칙王敬則도 유욱의 측근과 은밀히 관계를 맺고 때를 노렸다. 당시 유욱의 기분이 너무 변덕스러워 좌우의 측근들 모두 횡사를 면치 못했다. 손초는 배를 해부당하고, 장오아張五兒도 비슷한 화를 당했다. 하루는 장오아가 말을 타고 유욱을 수행하다가 잘못해 호수에 빠진 적이 있었다. 화가 난 유욱이 말머리를 돌려 되돌아가는데 마침 장오아가 흠뻑 젖은 모습으로 호숫가에서 걸어 나왔다. 이 모습을 본 유욱이 그를 창으로 찌른 뒤 다시 칼로 토막을 냈다.

양옥부楊玉夫는 원래 유욱의 커다란 총애를 입은 자였는데 하루는 아무 이유도 없이 유욱이 이를 갈며 욕을 했다.

"내일 너를 죽인 뒤 간과 폐를 꺼내 술에 담글 것이다!"

이날 저녁은 칠석날이었다. 유욱은 양옥부에게 명해 침전 밖에서 불침번을 서도록 한 뒤 견우와 직녀를 보지 못하면 다음 날 목을 베겠다고 말했다. 말을 마치고는 좋은 양탄자로 만든 야외 장막 안으로 들어갔다. 왕경칙 등은 이 소식을 듣고 양옥부 일행과 연락해 유욱이 평소 가까이 지내는 25명의 측근들을 모은 후 한밤중에 장막 안으로 들어가 유욱을 죽였다. 당시 그의 나이 16세였다.

왕경칙 등은 유욱의 머리를 영군부로 가져가 소도성에게 보고하고자 했다. 당시 소도성은 영군부에서 나오면 죽이겠다고 한 유욱이 말이 두려운 나머지 대문을 꼭 닫고 감히 밖으로 나오지 못했다. 이에 왕경칙 등이 유욱의 머리를 영군부 안으로 집어 던졌다. 소도성이 머리를 물로 깨끗이 씻고 자세히 보자 틀림없이 유욱의 머리였다. 그제야 안심이 된 소도성은 곧 무장을 한 채 밖으로 나와 중신의 신분으로 뒤처리를 했다.

소도성은 황태후의 명을 빌려 이미 죽은 유욱을 폐위해 창오왕으로 삼고, 송명제의 3남인 유준劉準을 보위에 앉혔다. 그가 송나라의 마지막 황제인 순제順帝였다. 당시 순제의 나이는 8세였다. 2년 뒤인 송순제 승명昇明 3년(479년) 4월, 소도성은 기회가 무르익었다고 판단하고 마침내 보위에 올라 황제를 칭했다. 송순제 유준은 여음왕으로 삼았다. 얼마 후 여음왕의 집 밖에서 어떤 사람이 황급히 말을 타고 달려왔다. 그러자 유준을 감시하며 지키던 사람이 황급히 방 안으로 뛰어들어 유준을 단칼에 베었다. 말을 타고 달려오는 자가 유준을 겁박해 데려갈까 우려했던 것이다. 이 소식을 들은 소도성이 내심 크게 기뻐하며 감위하던 자를 죽이기는커녕 커다란 주의 자사로 보냈다. 이로써 송나라는 유유가 건국한 후 59년 만에 역사의 무대에서 사라지게 됐다.

황음한 군주들

남조 제나라를 세운 고제高帝 소도성은 송나라를 찬탈해 제나라를 세운 후 재위 4년 만인 건원 4년(482년) 3월에 56세로 병사했다. 장자 소색蕭賾이 뒤를 이었다. 그가 제나라의 무제武帝이다. 소색은 54세가 되는 영명永明 11년 (493) 7월 보위를 황태손 소소업蕭昭業에게 넘겼다. 소소업의 부친 문혜태자는 요절했다. 보위를 이을 당시 소소업의 나이는 20세였다. 그는 연호를 융창隆昌으로 바꿨다.

소소업은 미목이 수려했다. 특히 예서를 잘 썼다. 제무제 소색은 손자 소소업을 극히 총애했다. 소소업은 어릴 때부터 숙부인 경릉왕 소자량蕭子良 밑에서 컸다. 경릉왕은 서주를 지키고 있었다. 소소업은 어릴 때부터 숙부를 따라 움직인 까닭에 특정 선생 밑에서 가르침을 받지 못하고 20여 명의 무뢰한과 함께 먹고 마시며 놀았다. 그의 부인 하비何妃도 경박한 여인이었다. 그녀는 소소업과 함께 놀던 몇 명의 미소년과 사통했다. 후에 경릉왕 소자량이 경성으로 갔을 때 소소업은 그대로 서주에 남았다. 날이 갈수록 그의 행동은 더욱 거침이 없었다. 현지의 부자들로부터 돈을 강제로 빼앗다시피 하고, 좌우의 무뢰배에게는 누런 종이에 미리 관작을 써 주었다. 황위에 오른 후 즉각 임명하겠다는 취지였다. 이런 황당한 일이 벌어지고 있음에도 제무제 소색과 문혜태자는 전혀 모르고 있었다. 소소업의 스승과 시독은 모두 70세가 넘은 노인들이었다. 이들 모두 화가 닥칠까 두려워 자진하자 그제야 문혜태자는 은밀히 그 내막을 알아채고는 소소업에 대한 감독을 강화했다.

얼마 후 문혜태자가 중병에 걸리자 소소업이 크게 곡성을 내는 등 그럴듯하게 가장했다. 관원들 모두 효성스런 그의 모습을 보고 크게 감동을 받았다. 문혜태자가 죽자 그는 황태손이 되어 동궁으로 들어갔다. 제무제 소색은 소소업의 연극에 완전히 넘어가 손자의 효성스런 모습에 크게 감동했다. 후에 제무제가 병에 걸렸다는 소식이 들리자 아는 무당 양씨를 시켜 제무제가 속히 죽도록 저주했다. 그러나 제무제의 병상에서 시중을 들 때는 눈물을 흘리며 효성스런 모습을 보였다. 아무런 의심도 하지 않은 제무제는 소소업에게 이같이 부탁했다.

"내가 보위를 넘길 터이니 잘하도록 하라. 나를 생각하면 능히 잘할 수 있을 것이다."

이런 말을 두 번이나 한 뒤 이내 숨을 거뒀다. 제무제의 대렴이 끝나자마자 소소업은 악공을 불러 가무 공연을 즐겼다. 발상하는 날에도 소소업은 단문端門까지 장송한 뒤 곧바로 몸이 아프다며 장지에 따라가지 않았다. 그는 궁으로 돌아오자마자 곧바로 악공들을 불렀다. 주악 소리가 궐 안팎으로 퍼지자 대신 왕경칙이 소소업의 측근인 소탄지蕭坦之에게 물었다.

"지금 이처럼 음악을 즐기기에는 너무 이른 것이 아닌가?"

소탄지가 대답했다.

"저 소리는 바로 궐내에서 나는 곡성이오!"

소소업은 보위에 오른 뒤 좌우의 무뢰배들에게 함부로 상을 내렸다. 한번 상을 내리면 그 액수가 1백여만 전에 달했다. 그는 매번 아래에 놓여 있는 금 은보화를 내려다보며 이같이 중얼거렸다.

"나는 전에 너희들 하나 얻기도 매우 힘들었다. 이제 너희들을 어떻게 이용 해야만 하나!"

어고御庫에는 8억만 전의 거금이 쌓여 있었고, 금은 포백은 그 수를 헤아릴 수조차 없었지만 이같이 사용하자 그가 보위에 오른 지 1년도 채 안 돼 어고 가 절반으로 줄어들었다. 그는 이상한 옷차림을 즐기는 기벽이 있었다. 궁 안 에서는 오색찬란하게 수를 놓은 비단옷을 입었다. 또 초고가의 싸움닭을 사 들여 투계를 즐겼다. 황후 하씨 역시 매우 자유로웠다. 매일 좌우와 난교를 즐겼다.

위병을 총괄하고 있는 종실 소심蕭諶과 소탄지는 소소업이 날이 갈수록 광 패한 모습을 보이자 화를 입을까 크게 두려워했다. 이들은 은밀히 서창후 소 란蕭鸞과 연락해 폐립을 준비했다. 소소업이 보위에 오른 지 7개월째 되는 융 창 원년(494년) 7월 소란이 군사를 이끌고 궁궐로 쳐들어갔다. 당시 소소업은 옷을 훌딱 벗고 총희 곽씨와 술을 마시고 있었다. 그는 반란 소식을 듣고 급 히 궁문을 닫게 했다. 멀리서 보니 소심이 병사들을 이끌고 쳐들어오는 모습 이 보였다. 소소업은 근신들이 모반한 까닭에 더 이상 살아날 가망이 없다고 판단해 이내 칼로 자신의 목을 찔렀다. 그러나 술을 너무 많이 마신 데다 담 력이 작아 미수에 그쳤다.

소심이 사람을 시켜 소소업에게 비단을 보내 대충 둘러치게 한 뒤 가마에 실어 연덕전으로 옮겼다. 당초 소심이 병사들을 이끌고 궁궐로 뛰어들어 왔 을 때 위병들은 창과 검을 들어 이들과 격투를 벌였다. 이때 소심이 소리쳤다.

"황명을 받고 왔다. 너희들은 함부로 움직이지 마라!"

위병들은 소심이 금위병의 수장인 데다 황명을 받고 사람을 잡으러 입궁했다는 소리를 듣고는 이내 무기를 내려놓고 원래 위치로 돌아가 명을 기다렸다. 얼마 후 소소업이 상처를 입고 실려 나오는 것을 보고는 몸을 던져 이를 보호코자 했다. 이때 소소업이 소리쳤으면 일이 어찌될지 모를 일이었다. 그러나 이상하게도 소소업은 아무 말도 하지 않은 채 머리를 거머쥔 채 가마 위에 앉아 있었다. 모두 그가 궐문 밖으로 실려 나가는 것을 눈으로 지켜볼 수밖에 없었다. 위병의 시야에서 사라지자마자 소란의 병사들은 소소업을 단칼에 베어 버렸다. 당시 소소업의 나이 22세였다.

소란이 곧 태후의 명의로 죽은 소소업을 울림왕으로 봉하고, 소소업의 동생 신안왕 소소문蕭昭文을 보위에 앉혔다. 이로부터 넉 달도 안 돼 소란은 소소문을 폐해 해릉왕에 봉하고 스스로 보위에 앉았다. 그가 제명제齊明帝이다. 얼마 후 소란은 사람을 보내 해릉왕을 죽였다. 당시 해릉왕의 나이는 15세였다. 제명제 소란은 소도성의 형 소도망蕭道望의 아들이다. 소도망이 일찍 죽은 까닭에 그는 소도성 밑에서 컸다. 소란은 즉위 후 자신은 방계이고 자식들은 어린 데 반해 제고제 소도성과 제무제 소색의 자식들은 점차 성년이 돼 가는 것을 크게 우려해 이내 이들을 모두 도륙했다.

소도성의 아들은 모두 19명이었다. 그중 7명은 소란이 칭제하기 전에 병사했고, 4명은 일찍 죽었다. 파양왕 소갱蕭鏗과 계양왕 소삭蕭鑠 등 나머지 8명은 모두 이때 죽임을 당했다. 제무제 소색은 모두 23명의 아들을 두었는데 문혜태자와 소자량蕭子良 외 네 명은 일찍 죽었다. 어복후 소자향蕭子響은 제무제 때 반기를 반기를 들었다가 피살됐다. 여릉왕 소자경蕭子卿과 안륙왕 소자경蕭子敬 등 나머지 16명은 모두 도살됐다. 제명제는 문혜태자의 두 아들 소소업과 소소문을 죽인 데 이어 다시 문혜태자의 나머지 두 아들인 파릉왕 소소수蕭昭秀와 계양왕 소소찬蕭昭粲까지 제거했다. 역대 왕조의 황실 내부에서 일어난 골육상잔 중 제명제의 경우가 가장 참혹했다.

제명제 소란에게 제거된 황족 가운데 제무제의 열세 번째 아들인 소자륜

蕭子倫은 굳세고 과단성이 있었다. 그는 피살되기 전 낭야를 지키고 있었다. 제명제는 여법량茹法亮을 시켜 독주를 갖고 가 먹이게 했다. 소자륜은 의관을 바로 한 뒤 여법량에게 말했다.

"선하지 못한 짓을 계속하는 집안은 반드시 화가 있다고 했소. 전에 고제高帝 (소도성)가 송나라의 유씨를 죽인 바 있소. 오늘의 일은 실로 당연한 것이오!"

이어 독배를 들어 올리며 여법량에게 말했다.

"그대는 우리 소씨 가문의 노신老臣이오. 오늘 여기에 온 것은 본의가 아닐 것이나 이 독배를 당신에게 줄 수는 없소!"

말을 마치고는 독배를 마시고 죽었다. 당시 16세였다.

제나라 왕실이 상잔하는 일을 벌이자 북위와 접경한 지역의 장수들이 분분히 북위에 투항했다. 이리하여 회수 이북의 광대한 지역이 모두 북위의 땅이 되었다. 이후 회남이 북위를 저지하는 최전선이 되면서 본래 부유했던 회남 일대는 준 전쟁터로 변했다. 북위는 청주와 제주 지역을 침공해 해당 지역의 백성을 대거 약탈했다. 이들은 위나라에서 이른바 '평제호平齊戶'로 불리는 노비가 되어 왕공과 대신 및 장군 등에게 하사됐다. 남조 왕조의 내분에 따른 가장 큰 피해자는 바로 백성들이었다.

시장 놀이에 빠진 황제

제명제 소란의 재위 기간은 모두 5년이다. 그는 제나라 영태永泰 원년(498년) 12월 병사했다. 당시 47세였다. 뒤를 이어 16세의 태자 소보권蕭寶卷이 즉위했다. 그가 바로 중국 역사에서 매우 유명한 암군 동혼후東昏侯이다. 제명제 소란은 죽기 전에 서효사徐孝嗣를 상서령, 심문계沈文季를 좌복야, 강우江祏를 우복야, 유훤劉暄을 위위衛尉(궁정 호위 사령관)로 삼았다. 이어 태위 진현달陳顯達

이 군정을 주재하고, 시안왕 소요광羊遙光과 대신 등이 함께 안팎의 정사를 관장케 했다. 이들 6명의 보정대신은 얼마 후 모두 죽고 말았다.

소보권은 즉위하자마자 부황의 영구가 태극전에 안치된 모습이 눈에 거슬린 나머지 신하들에게 명해 속히 매장케 했다. 당시의 예법상 일정 기간 동안 영구를 모셔 놓고 조문객을 맞아야 했다. 서효사가 이를 강력히 간해 한 달 가량 매장을 늦출 수 있었다. 신하들이 제사를 지내거나 속국의 사신들이 조문할 때 소보권은 응당 곁에서 곡을 해야 했다. 그러나 그는 목이 아프다는 이유로 그저 곁에 서 있었다.

한번은 태중대부 양천羊闡이 곡을 하며 절을 하다가 관모를 바닥에 떨어뜨렸다. 순간 대머리가 드러나자 이를 본 소보권이 가가대소하며 좌우에게 이같이 말했다.

"이 큰 대머리 독수리도 와서 울부짖으며 조상을 하는 것인가!"

이에 대신들 모두 크게 경악했다.

소보권은 태자 시절부터 이미 혼군의 조짐이 완연했다. 그는 책을 읽거나 글 쓰는 것을 싫어하고 노는 것을 좋아했다. 가장 좋아하는 놀이는 한밤중에 몇몇 태감들과 함께 굴을 파 쥐를 잡는 것으로 쥐잡기 놀이는 새벽까지 이어지기 일쑤였다.

소란은 죽을 때까지 소보권에게 어찌해야 사직을 안정시킬 수 있는지에 관해 아무것도 가르쳐 주지 않았다. 오히려 폐위된 울림왕의 실수를 경계토록 했다.

"일을 꾸밀 때 다른 사람보다 늦게 해서는 안 된다!"

휘하의 왕공 대신을 먼저 주살해야지 결코 그들이 앞서 폐위를 꾀하도록 방치해서는 안 된다고 주문한 것이다. 소보권은 말을 더듬는 버릇이 있어서 조정의 신료들과 정사를 논하는 것을 꺼렸다. 오직 태감 및 무뢰배 소년들과 어울려 노는 것에 관심을 기울였다.

시안왕 소요광과 상서령 서효사 등 6명의 보정대신들은 순번을 돌아가며 관부에서 숙직하는 등 제명제 사후 혼신의 노력을 기울여 정사를 돌보았다. 훗날 양梁나라를 창업한 양무제梁武帝 소연蕭衍은 당시 옹주자사로 있었다. 그는 휘하 참모들에게 이같이 말했다.

"한 나라에 삼공三公도 오히려 감당하기 어려운데 하물며 6명의 대신이 나라의 정사를 돌보고 있으니 일이 돌아가는 형편상 서로 도모할 수밖에 없다. 반드시 난이 일어날 것이다!"

소연은 난이 일어날 것에 대비해 은밀히 효용한 자들을 모집하는 등 군비를 강화했다. 그는 동시에 익주자사로 있는 친형 소의蕭懿에게 서신을 보내 유사시를 대비하도록 했다.

"지금 6명의 대신이 서로 어깨를 나란히 하며 다투고 있습니다. 주상은 동궁 때부터 아무런 명성이 없으니 장차 커다란 살육이 일어날 것입니다."

소의에게 험요한 익주를 기반으로 때를 기다리다가 기회가 오면 황제를 폐립할 준비를 하라고 주문한 것이다. 소의는 충신이었기 때문에 소연의 권고를 전혀 듣지 않았다.

강우江祐와 강사江祀 형제는 제명제 소란의 생모인 경황후의 조카였다. 소란은 종실의 백부와 숙부, 형제 등을 무수히 죽였으나 이들 두 고종사촌 형제들에 대해서는 신뢰를 보냈다. 소보권이 보위에 오른 후 보정대신들은 그의 음락 행위에 대해 비록 간언을 하기는 했으나 모두 예의상 흉내 낸 것에 지나지 않았다. 그런 와중에 유독 강우 형제만 매일 내전에 근무하면서 소보권을 엄히 대했다.

소보권이 총애하는 여법진과 매충아梅蟲兒는 늘 강우 형제로부터 꾸지람을 받았다. 이들은 소보권 앞에서 강우 형제를 헐뜯었다. 강우 형제는 소보권이 날이 갈수록 황제의 체통을 잃게 되자 마침내 몇 명의 보정대신과 폐립 문제를 상의했으나 의견 일치를 이루지 못했다. 어떤 사람은 강하왕 소보현蕭寶玄을, 어떤 사람은 건안왕 소보인蕭寶寅을, 또 어떤 사람은 시안왕 소요광을 옹립코자 했다. 다수는 소요광을 지지했다.

위위 유훤은 소보권의 외숙으로 소요광이 보위에 오를 경우 외숙의 권세를 잃을 수밖에 없었다. 소요광은 유훤이 반대한다는 얘기를 듣고 대로한 나머지 곧 사람을 보내 죽이고자 했다. 생명의 위협을 느낀 유훤이 곧 소보권에게 강우 형제의 폐립 밀모를 고했다. 소보권은 즉각 사람을 보내 이들을 체포한 뒤 궐내에서 학살했다. 유훤은 비록 고자질을 하기는 했으나 강우 형제가 피살됐다는 소식에 크게 놀라 문밖에서 넘어진 뒤 종복 등 좌우에 물었다.

"나를 잡으러 오는 사람이 있는가?"

그는 밖을 배회하다가 집으로 돌아와 좌정하고는 비통한 어조로 말했다.

"내가 강우 형제의 죽음을 애통해할 게 아니라 내 자신의 일이나 애통해해야 할 게 아닌가!"

소보권은 강우 형제를 죽인 뒤 거리끼는 게 없었다. 밤낮으로 근신들과 함께 궐내의 전당에서 고함을 치며 말을 휘몰고 다녔다. 그가 근신들에게 말했다.

"강우는 늘 나에게 궐내에서 말을 타고 뛰어다니지 말라고 했다. 이자가 살아 있으면 내가 어찌 지금처럼 쾌활하게 뛰어다닐 수 있겠는가!"

이어 근신들에게 이같이 물었다.

"강우의 친척 가운데 아직 살아 있는 자가 있는가?"

소보권은 강우의 동생 강상江祥이 아직 감옥에 있다는 이야기를 듣고는 곧 붓을 휘둘러 즉시 사약을 내리라는 명을 내렸다.

시안왕 소요광은 강우 형제가 피살되었다는 소식을 접하고는 내심 크게 두려워했다. 이에 그는 유훤을 토벌한다는 구실로 기병했다. 소요광은 제명제 소란의 조카이다. 소란이 제고제 소도성과 제무제 소색의 자손들을 도살한 것은 소요광의 참모 건의에 따른 것이었다. 그는 병사들을 이끌고 밤을 새워 달려 마침내 건강의 동쪽 성을 점령했다. 그러나 그는 겁이 많아 승세를 이어 궁궐로 쳐들어가지 않았다. 절호의 기회를 놓친 셈이다. 다음 날 도성을 보위하는 금위군인 관군이 출동했다. 소요광의 병사들은 사방으로 도주하고 소요광은 상 아래에 몸을 숨겼다가 이내 발각돼 목이 달아났다. 기병하여 목이 달아나기까지 채 나흘이 걸리지 않았다.

　소요광은 어렸을 때부터 제명제 소란의 총애를 입어 소보권과 함께 먹고 자며 친하게 지냈다. 소요광이 피살된 후 소보권은 옛날 소요광과 함께 노닐던 궁궐의 토산에 올라가 멀리 동부를 바라보며 슬픈 목소리로 '안형安兄'이라고 외쳤다. '안형'은 어렸을 때 소요광을 부르던 말이다. 사서에 소보권이 정상인의 모습을 보인 것으로 기록된 대목은 오직 이것 하나뿐이다. 『남사』 「제종실」편의 해당 대목이 그것이다.

　소요광을 죽인 후 소보권은 대신을 죽이는 것이 매우 용이하다는 사실을 깨달았다. 근신 여법진 등의 종용이 있자 그는 한 달이 채 안 돼서 소요광 반란 진압에 참여한 유훤과 소탄지, 조호曹虎 등의 대신을 잇달아 죽였다. 그런 그도 유훤을 죽일 때는 잠시 머뭇거렸다.

　"유훤은 나의 외숙이다. 어찌 모반할 리 있겠는가?"

　그러나 곁에 있던 근신이 말했다.

　"명제와 무제는 사촌 형제 사이입니다. 그런데도 명제는 무제의 자손을 멸족했습니다. 하물며 외숙이야 어찌 믿을 수 있겠습니까?"

　6명의 보정대신 중 서효사, 심문계는 문인 출신으로 병사들을 보유하지 않은 까닭에 약간 더 오래 살 수 있었다. 어떤 사람이 서효사에게 소보권이 출성해 정신없이 놀 때 성문을 닫고 대신들을 모아 폐위하자는 안을 내놓았다. 이들의 모반을 두고 일부 사가는 중국의 속담을 인용해 이같이 비웃었다.

　"서생의 모반은 착실히 준비해도 성공하지 못한다!"

　머뭇거리며 결단하지 못하는 것을 지적한 것이다. 결국 서효사는 마지막까지 결단하지 못했다. 당시 심문계 역시 노환을 이유로 병가를 얻어 조정에 나가지 않았다. 그의 조카 시중 심소략沈昭略이 말했다.

　"숙부는 나이가 60이고, 관직이 복야에 이른 까닭에 화를 면할 길이 없습니다!"

　심소략의 우려에도 심문계는 웃으며 아무 말도 하지 않았다. "죽은 돼지는 끓는 물을 두려워하지 않는다"는 중국 속담이 있다. 심문계는 이미 최악의 상황을 각오하고 있었다.

즉위한 지 열 달이 지난 영원永元 원년(499년) 10월, 소보권이 서효사와 심문계 및 심소략 등 3명에게 속히 입궁하여 조정 대사를 논하자는 내용의 조명을 내렸다. 이들이 궁문에 들어오자 여법진이 독주를 내렸다. 심소략이 대로해 서효사를 꾸짖었다.

"혼군을 폐하고 명군을 옹립하는 것은 고금의 법칙이오. 재상이 재간이 없어 마침내 오늘과 같은 일이 빚어지고 말았소!"

평소 주량이 큰 서효사는 독주를 1말이나 마신 뒤에야 숨을 거뒀다.

당시 6명의 고명대신 중 유일하게 남은 사람은 태위 진현달이었다. 그는 팽성 사람으로 한미한 가문 출신이었다. 송나라 때 군공을 세워 풍성후에 봉해졌다. 제고제 소도성이 즉위하자 호군장군, 익주자사에 임명됐다. 제무제 즉위 후에는 진서장군으로 승진해 익주에서 일어난 토민들의 반란을 진압했다. 이런 공들을 인정받아 제명제 즉위 후 태위로 진봉進封됐다. 사서의 기록에 따르면 그는 자신이 한미한 가문 출신으로 높은 자리에 오른 까닭에 늘 두려운 기색을 보였다고 한다. 그는 10여 명의 자식들에게 이같이 훈계했다.

"나는 본래 이런 자리에 오를 사람이 아니다. 너희들은 부귀한 것을 믿고 사람을 업신여겨서는 안 된다!"

당시 남조에서는 마치 경마처럼 소가 수레를 끌고 달리는 놀이가 유행했다. 유명한 소는 매우 비쌌다. 진현달의 자식들은 이런 소를 네 마리나 보유하고 있었다. 그는 자식들이 이처럼 부귀를 드러내는 것을 크게 꺼렸다. 하루는 아들 진휴상陳休尙이 손에 주미麈尾를 들고 있는 것을 보고는 급히 빼앗아 곧바로 불에 태우면서 이같이 질책했다.

"무릇 사치한 자치고 패망하지 않는 자가 드문 법이다. 주미는 과거 멸문의 화를 당한 왕씨와 사씨들이 쓰던 물건이다. 너는 결코 이런 물건을 들고 다녀서는 안 된다!"

진현달은 제명제 소란이 살인을 즐기는 것을 크게 우려해 평소 수레도 낡은 것을 사용하고, 종자들 역시 늙고 왜소한 자들을 썼다. 한번은 궁중에서 연회가 벌어져 곁에서 소란을 모시게 됐다. 주연이 끝난 후 그가 소란에게 베개 하나를 빌려 달라고 청했다. 소란이 급히 좌우에 명해 베개 하나를 건네주자 진현달이 베개를 쓰다듬으며 말했다.

"신은 이미 늙은 데다 부귀 또한 이미 족합니다. 남은 소원은 오직 이 베개 위에서 죽는 것입니다. 그래서 특별히 폐하에게 빌려 달라고 한 것입니다."

이 말에 소란이 황급히 말했다.

"공이 많이 취했소!"

소보권이 즉위한 후 진현달은 밖에서 군사들을 독려해 북위로 진공했다. 북위 군사가 대패하자 크게 놀란 북위의 효문제 탁발굉拓跋宏이 친히 10여만 명의 대군을 이끌고 구원에 나섰다. 탁발굉은 비록 진현달을 끝내 퇴각시켰으나 누적된 과로로 인해 이내 병사했다. 이런 대공을 세운 진현달도 서효사 등이 죽었다는 소식을 듣고는 자신에게도 곧 화가 닥치리라는 것을 예감했다.

서효사가 죽은 지 한 달이 지난 영원 원년(499년) 11월, 진현달이 심양尋陽에서 기병해 수천 명의 병사를 이끌고 건강을 엄습했다. 채석采石에서 조정의 군사와 교전해 대승을 거두고 나자 진현달은 너무 조정의 군사를 가볍게 보았다. 이에 즉각 북상해 성을 공격했으나 한 시간도 안 돼 궁궐의 사대문이 굳게 닫혔다. 진현달은 수백 명의 보병을 이끌고 서주 앞에서 대군과 교전했다. 70여 세의 진현달이 창을 자유자재로 휘두르며 분전했으나 얼마 후 관군이 대거 몰려오면서 이내 패주해 오방촌烏傍村에서 피살됐다. 당시 73세였다. 그의 자식과 일족들 모두 주살됐다.

진현달이 죽은 뒤 소보권의 방자한 행동은 더욱 대담해졌다. 보위가 튼튼해졌다고 생각한 까닭이다. 1월에 사냥을 나간 후 20여 일 가까이 환궁하지 않은 적도 있었다. 매번 출행할 때마다 백성들은 사방으로 황급히 달아났다. 발견되는 즉시 곧바로 머리가 떨어져 나갔기 때문이다. 한번은 심공성沈公城에 이르렀을 때 한 임신부가 몸이 무거워 제때 피하지 못했다. 그는 좌우와 함께 부인의 배를 쪼개면서 남아인지 여아인지를 알아맞히는 놀이를 했다. 또 한 번은 정림사定林寺에 이르렀을 때 늙은 화상이 병이 나 미처 피하지 못해 황급히 풀숲에 몸을 숨겼다. 이를 본 소보권은 좌우의 시위에게 명해 활을 쏘게 해서 화상을 고슴도치로 만들었다. 소보권은 출유할 때마다 머리에 금박 모자를 쓰고, 화려하게 수놓은 비단옷을 걸치고, 손에 일곱 가지 보물을 박아 넣은 창을 들었다. 비바람이 부는 날도 아랑곳하지 않고 수백 명의 종자를 이끌고 이리저리 소리치며 돌아다녔다.

소보권은 강장하기 그지없었다. 그가 즐긴 놀이는 이른바 '담당擔幢'이다. 높이 7장5척에 달하는 어가의 의장용 깃대인 백호당白虎幢을 왼쪽과 오른쪽 어깨에 메고 와 다투는 놀이다. 수십 근에 달하는 백호당을 어금니로 옮기는 과정에서 이빨이 부러져 나가기 일쑤였으나 그는 놀이를 멈추지 않았다. 그가 즐긴 놀이 중에는 꿩을 활로 쏘아 잡는 놀이도 있었다. 이 놀이를 위해 성곽 주위에 무려 296개소에 달하는 꿩 사냥터를 만들었다.

당시 예주자사 배숙야裴叔夜는 소보권이 수많은 대신들을 주살하자 크게 놀라 수양성을 들어 북위에 투항했다. 이 소식을 들은 소보권은 호군장군 최혜경崔慧景을 시켜 그를 토벌하게 했다. 최혜경은 훈구대신이었다. 그는 출성 후 크게 기뻐하며 이같이 말했다.

"나의 목이 이 어린 친구들에게 잘려나가는 일을 면하게 되었다!"

소보권의 세 번째 동생인 강하왕 소보현蕭寶玄은 당시 경구를 지키고 있었다. 소보권의 친동생인 그는 최혜경이 군사를 이끌고 북쪽으로 올라갔다는 소식을 듣고는 곧 밀신을 보내 모반을 부추겼다.

"조정이 소인배들을 끌어들여 충량한 신하들을 크게 해치고 있소. 그대는 공을 세워도 죽고, 세우지 못해도 죽게 되어 있소. 군사들을 모아 나와 함께 일어나 대공을 세우느니만 못하오."

최혜경이 크게 기뻐하며 말머리를 돌려 곧바로 동부東府와 석두石頭, 백하白

下, 신정新亭 등을 차례로 함몰시킨 뒤 건강성을 포위했다. 강하왕 소보현의 왕비는 서효사의 딸로 서효사가 피살될 당시 이에 연루되어 목숨을 잃었다. 소보권은 자신이 거느리고 있던 2명의 희첩을 소보현에게 보냈다. 소보현은 이를 더욱 수치스럽게 생각했다.

당시 건강성을 포위한 군사들이 최혜경에게 불화살로 북액루를 불태우는 방안을 건의했으나 최혜경은 승리를 거둔 후 다시 북액루를 세우는 것은 커다란 낭비라고 생각해 이를 받아들이지 않았다. 게다가 그는 불교 교리를 크게 신봉했다. 싸움이 벌어지기 전날 그는 법륜사法輪寺에 머물며 빈객들과 고담을 나눴다. 제장들이 이를 크게 원망했다.

소연蕭衍의 형 소의蕭懿는 당시 소현小峴을 지키고 있었다. 충신인 그는 소보권을 지지하여 건강성이 포위됐다는 소식을 듣자마자 구원에 나섰다. 채석采石에서 도강한 후 이른 새벽 돌진해 최혜경의 군사를 대파했다. 최혜경은 단기로 황급히 해포蟹浦까지 도주했다가 전에 궐문을 지키던 태숙영지太叔榮之를 만났다. 태숙영지는 그에게 술을 권한 후 틈을 보아 그의 목을 단칼에 베어 버렸다. 최혜경이 기병한 지 12일 만이었다.

강하왕 소보현도 곧바로 포획됐다. 소보권은 동생 소보현을 후당으로 불러들여 비바람을 막기 위한 장막으로 가둔 후 태감 수십 명에게 명해 그를 둘러싸고 북을 치고 소리치며 이같이 시끄럽게 떠들게 했다.

"며칠 동안 네가 최혜경과 나를 포위했을 때 내가 바로 이런 고통을 받았다!"

며칠 후 소보권은 화가 치밀어 이내 사람을 시켜 소보현을 죽여 버렸다. 당시 조야 인사 여러 명이 반군 입성 후 죽임을 당할까 두려워 소보현에게 서신을 보냈는데 소보권이 이 서신들을 모두 불태우게 하면서 이같이 명했다.

"강하왕도 이런 모습을 보였으니 하물며 다른 사람을 탓할 수도 없는 일이 아닌가!"

소보권은 친동생인 강하왕까지 반기를 든 것에 크게 자극받은 나머지 이

들을 용서했다. 그러나 소보권의
방탕한 행보는 이후에도 그치지
않았다. 당시 그가 총애한 사람
가운데 유명한 인물로 시위 31명,
태감 10명이 있다. 『남사』「은행
전恩幸傳」에 따르면 그중 여법진과
매충아가 가장 유명하다.

소보권이 가장 총애한 비빈은
악사 집안 출신인 유비俞妃였다.
그는 전에 송문제 유의륭에게 반
비潘妃라는 여인이 있어 30년 동
안 재위하였다는 얘기를 듣고는

소보권이 깔아 준 순금제 연화 무늬 포석 위를 걷고
있는 반귀비.

유비의 성을 바꿔 '반귀비潘貴妃'로 불렀다. 이어 반귀비의 부친인 유보경俞寶慶
과 여법진을 고모부, 매충아를 아형阿兄으로 불렀다. 이들은 매번 소보권 옆에
서 칼을 차고 칙명을 받는 모습을 보인 까닭에 사람들은 이들을 '도칙刀敕'이
라고 불렀다. 소보권은 늘 융복을 한 채 말을 타고 이들 도칙의 집으로 가 연
회를 즐겼다. 한번은 유보경의 집으로 가 직접 우물가에서 물을 길어다가 주
방으로 날랐다. 사람들이 노비와 함께 즐기는 그의 모습을 보고 낄낄대며 웃
었다.

그가 가장 총애한 태감은 왕창자王俖子였다. 나이는 겨우 14세였으나 조정
회의에 참석해 대신들을 감시했다. 심지어 말을 탄 채 대전까지 들어와 소보
권을 꾸짖기도 했다. 당시 백성들은 이들을 두고 은어로 '귀鬼'라고 불렀다. 조
귀趙鬼로 불린 자는 글을 읽을 줄 아는 자였다. 한번은 그가 후한의 장형張衡
이 쓴 「서경부西京賦」에서 한나라 궁실의 성대한 모습을 읊은 대목을 소보권
에게 들려주었다. 소보권이 이를 듣고 크게 기뻐하며 장인들을 시켜 해당 대
목에 묘사된 궁전을 장식물로 재현케 했다. 장인들이 철야하며 이를 만들었

다. 후궁에는 천하의 진기한 물건이 모두 모여들어 보는 사람들의 눈을 휘둥 그레지게 만들었다. 소보권은 사람들을 시켜 땅에 연화 무늬의 순금제 포석을 깔게 했다. 그러고는 반귀비가 그 위를 걸을 때마다 이같이 상찬했다.

"걸음걸음마다 연화가 피어나는구나!"

소보권이 사치를 위해 과중한 세금과 부역을 백성들에게 부과하자 백성들은 이를 감당할 길이 없었다. 소보권이 외유에 나설 때마다 궁전에서 화재가 났다. 태감과 위사들이 물건을 훔친 후 흔적을 없애기 위해 불을 질렀을 공산이 크다. 최대의 화재는 화림華林에서 비각秘閣까지 3천여 칸을 태운 화재이다. 소보권은 그때마다 새로운 전각을 대대적으로 영건했다.

그는 반귀비를 위해 신선神仙과 영수永壽, 옥수玉壽 등 3개 궁전을 지었다. 궁전마다 금색과 푸른색의 오색이 휘황찬란했다. 옥수전의 비선장은 사면을 화려하게 수놓은 비단으로 둘러쳤고, 창문 사이마다 신선이 날아다니는 그림으로 채웠다. 전각 내에 묘사된 동물과 풍운 등의 그림과 모든 글자는 순금과 순은을 이용해 만들었다. 그는 반귀비의 궁전을 화려하게 꾸미기 위해 궁내의 모든 옥 장식과 사찰의 보물을 모두 떼어 내 영수전 등의 장식에 사용했다. 성질이 급한 그는 궁전이 하루아침에 완성되지 못하는 것을 한탄한 나머지 관원들을 독촉해 각 사찰에 그려져 있는 신선과 짐승 등의 그림을 그대로 뜯어다가 장식케 했다.

그는 원림園林의 경치를 좋아해 군대 사열에 사용되는 열무당閱武堂을 개축해 방락원芳樂苑으로 조성했다. 아침에 나무를 심으면 저녁에 죽는데도 장인들은 쉼 없이 죽은 나무를 뽑아내고 새 나무를 심는 일을 계속해야만 했다. 원림을 상록의 수림으로 만들기 위해 성 안팎의 수많은 나무들이 이식됐다. 계단과 정원 등에는 잔디와 같은 가는 풀들로 채웠다. 햇볕이 내리쬐어 곧바로 말라죽으면 끊임없이 새로운 풀로 바꿔 넣어야 했다. 원림의 돌을 모두 채색해 멀리서 보며 오색이 아롱거려 마치 동화의 세계를 보는 듯했다. 가장 황당한 것은 자각紫閣 등의 누대와 전각을 만들면서 벽에 춘화도를 그려 놓고

관상한 점이다. 대신 장흔수^{張欣壽}가 사적으로 사람들에게 말했다.

"과거 진나라의 부유함도 아방궁을 지으면서 일시에 사라졌다. 지금 진나라의 한 군만도 못한 부유함으로 아방궁보다 10배나 더 사치스러운 모습을 보이고 있다. 이 어찌 위태롭지 않은가?"

반귀비의 부친 유보경은 원래 소상인 출신으로 반귀비는 어렸을 때부터 시장에서 물건을 사고파는 떠들썩한 모습을 좋아했다. 소보권이 그런 반귀비를 위해 황궁 내에 점포를 차려 놓고 태감들을 시켜 상인들처럼 큰 소리로 떠들며 시장의 모습을 흉내 내게 했다. 반귀비는 시령^{市令}(시장 관리관), 소보권은 시리록사^{市吏錄事}(시장 관리 보조원) 역할을 했다. 소보권은 물건을 흥정하다 시끄럽게 싸우는 모습을 보이는 자들을 끌어다가 반귀비 앞으로 끌고 가 처벌케 했다. 시장을 둘러볼 때 반귀비는 작은 가마를 타고, 소보권은 융복을 입은 채 말을 타고 시중을 들었다. 또 원림 안에 커다란 수로를 만들어 부두를 설치한 뒤 반귀비는 작은 주점의 주인 노릇을 하고, 소보권은 푸줏간에서 고기를 자르는 역할을 하며 놀았다. 남조 송나라의 모희진^{毛熙震}은 「임강선^{臨江仙}」에서 이같이 탄식했다.

남제 천자가 미희를 총애하여 비단 말 탄 후비 3천 명이니
그중 반귀비의 아리따운 요염함이 홀로 뛰어났네
후궁의 난초동에 풍운을 타고 선녀가 내려왔으니
홀린 듯 그 모습 바라봐도 부족하구나, 당시 풍류가 아쉬워라
가는 허리의 어여쁜 모습에 걸음마다 금련화가 피었으니
군주를 홀려 나라를 기울게 한 얘기가 지금까지 전해지네

南齊天子寵嬋娟, 六宮羅騎三千

潘妃嬌艷獨芳妍.

椒房蘭洞, 雲風降神仙

縱態迷觀心不足, 風流可惜當年

纖腰婉婉步金蓮

妖君傾國, 猶自至今傳

당초 소의는 최혜경의 난을 진압한 후 상서령, 위위(금위군 사령관)에 임명
됐다. 주변에서 황제의 폐립을 부추겼으나 황실에 충실한 그는 이를 듣지 않
았다. 여법진 등은 소의의 충정과 위엄을 꺼린 나머지 소보권을 부추겼다.

"소의는 소란이 울림왕을 폐립한 것을 흉내 내려 합니다!"

어떤 사람이 이 사실을 알고 강변에 작은 배를 준비해 둔 뒤 소의에게 동
생인 소연이 있는 곳으로 도주할 것을 권했다. 그러자 소의가 말했다.

"자고로 사람은 언젠가 죽기 마련이다. 상서령이 어찌 반기를 들어 도주할
수 있겠는가?"

영원 2년(500년) 10월, 소보권이 위사를 시켜 소의에게 독약을 보냈다. 충
직한 소의가 독약을 받아들고 말했다.

"내 동생이 지금 양양에 있다. 나는 조정을 위해 심각하게 우려한다."

당시 제나라 국내에서는 도처에서 소의 형제를 수색했다. 9명 중 오직 소
융蕭融만이 나포돼 살해됐다. 나머지 형제들은 각 주현을 점거한 채 저항하거
나 향리에 몸을 숨기거나 했다. 소의가 최혜경을 진압한 후 사사되기까지는
채 반년이 걸리지 않았다.

소연은 형 소의가 피살됐다는 소식을 듣고 제장들과 함께 기병했다. 갑사
가 1만여 명, 마필은 1천여 필, 배는 3천 척이었다. 이들은 곧바로 건강성을 향
해 진격했다. 당시 소보권이 쉴 새 없이 공신과 무장들을 주살한 까닭에 소
영주蕭潁胄 등이 곧바로 소연에게 투항했다. 소연은 남강왕 소보융蕭寶融을 천
자로 받들었다. 소보융은 제명제 소란의 8남으로 당시 14세였다. 경릉과 강릉
을 점령한 소연은 상강湘江 위에서 군사들과 회합해 곧바로 한구漢口를 제압
한 뒤 여세를 몰아 도성의 문호인 영주를 점거했다. 영주가 소연의 손에 떨어
졌는데도 소보권은 이에 아랑곳하지 않고 평소처럼 말을 타고 나가 질탕하게

즐기면서 여법진에게 이같이 말했다.

"저들이 백문白門(건강성 서문)에 이를 때까지 기다렸다가 내가 결전을 치를 것이다!"

소연이 성을 포위하자 소보권은 비로소 군사들을 소집하기 시작했다. 이때 그는 죄수를 석방해 무기를 나눠 주며 성을 지키게 했다. 이들 중 사면할 수 없는 사형수는 주작문에서 목을 쳤다. 이로써 하루에 백여 명의 사형수에 대한 형이 집행됐다.

영원 3년(501년) 10월, 소보권이 정로장군 왕진국王珍國 등에게 명해 정병 10만 명을 주작문에서 진을 치게 하고, 환관 왕보손王寶孫에게 병사들의 사기를 돋우는 데 쓰이는 깃발을 들고 싸움을 독려케 했다. 소연의 장병들이 분전하자 왕국진 등의 군사가 대패했다. 회하에 빠져 죽은 병사는 그 수를 헤아리기 어려울 정도로 많았다. 소연의 군사들이 죽은 시체를 밟고 강을 건너 진격하자 소보권의 군사가 모두 궤주했다.

소연이 곧바로 건강성을 향해 진격하면서 건강성의 6개 대문을 일시에 공격했다. 사람을 시켜 성안의 관서를 불태운 소보권은 백성들을 궁 안으로 밀어 넣은 뒤 4개 성문을 단단히 지키게 했다. 당시 궁성 안에는 병사 7만여 명이 있었다. 싸움 놀이를 좋아하는 소보권은 소연의 군사가 맹공을 퍼붓고 있는 상황에서조차 위사 및 궁인들과 함께 화광전 앞에서 전투 연습을 하고 있었다. 그는 대홍포를 걸치고 경양루에 올라가 화살이 오가는 와중에 싸움을 관전했다. 그는 진현달과 최계형 등이 모두 성을 포위한 채 공격에 나섰지만 결국 패했다는 사실을 과대평가한 나머지 소연 역시 결국은 패할 것으로 생각했다. 이로 인해 성안에 겨우 백 일 분량의 식량과 땔감을 준비케 했다. 시간이 지나면서 평소 좌우에게 억만금의 상사를 아끼지 않았던 소보권이 문득 인색한 모습을 보이기 시작했다. 여법진이 황급히 금은 등을 하사할 것을 간하자 소보권이 이같이 대답했다.

"적들이 쳐들어온 것은 오직 나의 목숨을 노렸기 때문이다. 어째서 나에게 자꾸 물건만 내놓으라고 하는 것인가?"

당시 후당에는 수백 장의 커다란 나무판자가 있었다. 병사들이 이를 방패로 사용하려 하자 소보권이 이를 막았다. 승리를 거둔 후 사용할 요량으로 미리 금은보석으로 조각한 3백 명분의 의장용 갑옷을 만들도록 명했다. 성안의 백성들이 이 얘기를 듣고 크게 분개하며 투항할 생각을 품었다. 여법진과 매충아가 다시 소보권에게 권했다.

"대신들이 진력할 생각을 하지 않아 반군들의 공격이 더욱 거세지고 있습니다. 응당 장수들을 모두 죽여 버려야 합니다."

소보권은 두 사람의 의견에 유보적인 입장을 보였다. 소연에게 패퇴한 후 성안으로 들어와 방어에 나서고 있던 왕진국 등이 이 얘기를 듣고는 피살될 것을 우려해 곧 궁내의 환관 및 시위들과 밀모해 먼저 손을 쓰고자 했다. 이해 12월 병인일 밤, 소보권이 함덕전에서 생황 연주와 가창을 마친 후 잠자리에 들어 막 눈을 감으려는 순간 일군의 사람들이 소리를 지르며 침전으로 뛰어들었다. 소보권이 재빨리 몸을 일으켜 북문을 통해 후궁으로 도주하려 했으나 이미 대문은 굳게 닫혀 있었다. 수중에는 아무 무기도 없었다. 무릎에 칼을 맞은 소보권이 땅 위에 쓰러진 채 큰 소리로 외쳤다.

"네놈들이 모반을 하려는 것인가?"

병사들이 큰 칼을 휘둘러 그의 목을 베어 버렸다. 사람들이 기름을 먹인 누런 명주로 소보연의 수급을 싼 뒤 사람을 시켜 소연에게 그의 수급을 들려 보내며 투항 의사를 전했다. 기름을 먹인 누런 명주는 매우 투명해 포장물의 내용을 훤히 들여다볼 수 있다.

소연은 입성하자마자 반귀비와 여법진, 매충아 등 41명을 참했다. 이어 선덕태후의 명을 이용해 죽은 소보권의 시호를 동혼후로 정했다. 영원 3년(501년) 소보융이 보위에 올랐다. 그가 제나라의 마지막 황제인 화제和帝이다. 이듬해인 502년 4월 소연이 화제 소보융을 폐한 뒤 양나라를 세웠다. 그가 바로 불교를 극도로 신봉한 양무제 소연이다. 명대 말기의 거유 왕부지는 『독통감론』에서 동혼후 소보권의 잔학 행위는 울림왕 소소업과 창오왕 유욱에 비견할 수 있다고 평했다.

"소연은 비록 보위를 찬탈했으나 그 죄가 소도성보다 가볍다. 유유가 송나라를 세운 후 1명의 황제가 붕어해 후계자가 들어설 때마다 권신들은 반드시 선종旋踵(발길을 돌려 돌아섬)하지 않고 폐할 생각을 했다. 당사자가 실덕하는 것을 기다린 뒤 이를 폭력으로 보위를 찬탈하는 명분으로 삼은 것이다."

왕부지는 보정대신 6명과 앞뒤로 반기를 든 장수들을 거론하면서 동혼후가 실덕하는 초기에 이를 간하지 않은 채 전복되기를 기다렸다가 기병하여 동혼후를 죽였다고 비판했다. 군주와 신하 모두 도를 잃은 나머지 이런 지경에 이르게 되었다는 게 그의 지적이다.

한마디로 말해 남조는 노장의 청담 풍조를 이어받은 까닭에 480개에 달하는 사찰이 암시하듯 세상일에 무관심한 행보를 보였다. 혼군과 폭군이 잇달아 배출되고, 백성들의 삶이 처참한 상황에 빠진 암흑 시대였다. 황제들의 황당하고 포학한 행보는 정상적인 사람의 머리로는 도저히 상상할 수조차 없는 것들이었다.

제6장

북위
효문제의
한화 정책

> 효문제 탁발굉은 천도와 성씨 개명 등 여러 업적 이외에도
> 품덕 면에서도 성군의 면모를 유감없이 보여 주었다.
> 사서의 기록에 따르면 그는 네 살 때 조부 탁발준이
> 등창을 앓자 입으로 농을 빨아냈다고 한다.

위진남북조의 여걸, 풍태후

북위 태무제 탁발도는 턱짓으로 백만 명의 목숨을 앗아갈 정도로 흉포했다. 그러나 그는 '정복왕'이었다. 남정북벌로 국세를 크게 키웠다. 북중국 통일은 전적으로 그의 공이었다. 궁정의 일을 모두 태감에게 맡긴 것도 이런 맥락에서 이해할 수 있다. 그러나 이는 결국 부메랑으로 돌아왔다. 태감의 손에 의해 비명횡사한 게 그렇다. 사람들은 문무 대신들이 탁발도 앞에서 숨도 쉬지 못할 정도였는데 어떻게 일개 환관이 당대를 호령하던 제왕의 목숨을 빼앗아 갔는지 궁금할 것이다. 원래 노복 앞에서는 위인이 없는 법이다. 아무리 위대한 인물일지라도 방귀 뀌며 트림하고, 한번 나자빠지면 온몸에 멍이 들고, 모기에 물리면 펄쩍 뛰고, 술 취하면 주정하고, 기쁘면 엉덩이가 들썩이고 하는 모습이 일반인이나 다를 바가 없기 때문이다. 이로 인해 아무리 정색을 한 채 근엄한 모습으로 옥좌에 앉아 있을지라도 이들 노복의 눈에는 한 푼어치도 값어치가 없는 것이다. 환관들이 태무제 탁발도를 간단히 처치한 것은 바로 이 때문이다.

탁발도가 한창 일할 나이에 폭사했을 당시 태자 탁발황이 이미 요절

한 까닭에 응당 탁발황의 아들 탁발준拓跋濬이 보위에 올라야 했다. 당시 탁발준의 나이는 겨우 13세였다. 상서좌복야 난연蘭延을 비롯해 시중 화정和定과 설제薛提 등 3명의 대신은 나이 어린 군주가 들어설 경우 백성들이 동요할 것을 우려했다. 이에 우선 탁발도의 죽음을 비밀로 해 발상을 미룬 뒤 탁발도의 3남인 진왕 탁발한拓跋翰을 옹립하기로 의견을 모았다. 이들은 사람을 보내 탁발한을 궁 안으로 불러 밀실에 보호했다. 이때 설제가 문득 탁발한을 세울 경우 동란이 일어날 것을 우려해 머뭇거렸다. 이들이 상의를 거듭하는 사이 기밀이 새 나가 마침내 종애가 이를 알아채게 되었다. 종애와 진왕 탁발한의 관계는 통상적인 수준이었으나 탁발도의 다섯 번째 아들인 오왕 탁발여拓跋余와의 관계는 매우 깊었다. 종애는 황후의 조령을 내세워 난연을 비롯한 3명의 대신을 궁 안으로 불러들였다. 난연 등은 종애를 일개 환관으로밖에 보지 않은 까닭에 이들이 무슨 음모를 꾸미고 있는지 전혀 예상하지 못하고 모두 입궁했다.

이들 세 사람이 궁문 안으로 들어올 당시 수십 명의 무장한 태감들이 대문 뒤에 숨어 이들이 들어오길 기다리고 있다가 단칼에 베어 버렸다. 밀실에서 기다리고 있던 진왕 탁발한은 문밖에서 발소리가 들려오자 자신을 옹립하려는 사람들이 온 것으로 알고 크게 기뻐했다. 그러나 문이 열리자 건장한 태감들이 밀실로 밀려 들어와 그를 궁녀들이 머무는 영항永巷으로 끌고 간 뒤 곧바로 처치해 버렸다.

오왕 탁발여가 보위에 올라 연호를 승평承平으로 바꿨다. 그는 종애의 은덕에 보답하기 위해 대사마, 대장군, 태사, 도독중외제군사에 임명하면서 풍익왕에 봉했다. 태감이 왕의 자리에 오르고, 황제 역시 황손 탁발준이 아닌 사실이 드러나자 북위 조정 대신들 내에서 의론이 분분했다. 얼마 후 탁발여 역시 종애의 권력이 지나치게 크다고 생각해 그의 권한을 천천히 삭탈코자 했다. 이에 대로한 종애가 다시 먼저 손을 써 탁발여를 저승으로 보내 버렸다. 승평 원년(452년) 10월의 일이었다.

당시 금위군관 유니劉尼가 급히 전중상서 원하源賀에게 이 사실을 보고했다. 원하가 곧 남부상서 육려陸麗 등과 함께 계책을 세워 종애를 제거한 뒤 황손인 탁발준을 옹립했다. 그가 바로 문성제文成帝다. 문성제는 즉위 직후 연호를 홍안興安으로 바꿨다.

이로부터 4년 뒤인 태안太安 2년(456년), 탁발준은 풍씨馮氏를 황후로 맞아들였다. 그녀가 이후 태후가 돼 명성을 떨친 문명태후 풍씨다. 이해에 탁발준은 겨우 3세에 불과한 탁발홍拓跋弘을 황태자로 삼았는데 북위의 자귀모사 전통에 따라 탁발홍의 생모인 이귀인李貴人이 자진했다.

중국의 역대 왕조를 보면 명성이 뛰어났던 여인들을 볼 수 있다. 유방의 부인 여후와 측천무후, 서태후 등이 그들이다. 이들 대부분은 음란, 흉악, 전횡 등의 대명사로 일컬어지고 있다. 한무제는 만년에 유불릉劉弗陵을 후계자로 삼으면서 자신의 사후 유불릉의 생모인 구익부인이 전횡할 것을 우려했다. 이에 우선 몇 명의 보정대신을 임명했다. 그러나 며칠 동안 생각한 뒤 홀연 구익부인을 불러 큰 소리로 견책했다. 젊은 구익부인은 황제의 벽력같은 질책에 크게 놀라 비녀를 떨어뜨리며 바닥에 꿇어앉았다. 한무제가 소리쳤다.

"그녀를 궁정의 감옥에 가두도록 하라!"

결국 그녀는 옥에서 사약을 받았다. 며칠 후 한무제는 한가한 틈을 타 좌우에 물었다.

"구익부인의 사사에 대한 바깥 분위기는 어떠한가?"

좌우가 대답했다.

"많은 사람들이 '태자를 세우면서 왜 그 생모를 죽여야 하는가?'라고 말하고 있습니다."

한무제가 말했다.

"이는 너희들이 알 수 있는 바가 아니다. 국가가 어지러워지고 망하는 것은 군주가 어리고 그 모후가 강성했기 때문이다. 여주인이 홀로 남으면 음란하게 되어 저지할 길이 없게 된다. 여후의 전례를 듣지 못했는가? 그래서 그 우환을 미리 제거한 것이다."

당시는 물론 후세의 사가들이 한무제의 과실을 언급할 때 왕왕 그가 궁실을 사치스럽게 꾸미고, 자주 정벌에 나서고, 신선이 되고자 방사들에게 미혹돼 민력을 피폐하게 만든 점 등을 든다. 다만 아들을 태자로 세우면서 그 생모를 죽인 것에 대해서는 대개 불가피했다는 입장을 보인다. 그러나 이후 한제국의 황제들 중 태자를 세우면서 생모를 죽인 경우는 거의 없다. 이를 하나의 기본 원칙으로 받아들인 것은 북위의 탁발씨였다. 북위의 태조 도무제 탁발규는 말년에 아들 탁발사를 후계자로 선택하면서 먼서 그 생모를 죽였다. 이어 탁발사를 어좌 앞으로 불러 이같이 훈화했다.

"옛날 한무제는 그 아들을 세우면서 생모를 죽였다. 부인이 국정에 개입해 외척이 발호하는 것을 막기 위한 조치였다. 너는 응당 황통을 이을 것이므로 내가 멀리 한무제처럼 장구한 계책을 강구한 것이다."

사실 탁발부 선비족은 과거 대국代國 시절만 해도 간신히 모계 사회의 전통에서 벗어난 상태였다. 한족의 영향을 받은 후 비로소 부계가 황통을 잇는 한족의 전통을 받아들이는 쪽으로 진행했다. 도무제 탁발규는 우환을 미연에 없애기 위해 '자귀모사'를 북위의 전통으로 만들었다. 수단이 비록 잔인하기는 했으나 그 취지만큼은 왕조의 만세 기업을 위한 것이었다.

풍태후의 출신은 평범하지 않다. 그녀의 조부 풍홍馮弘은 북연의 최후 황제다. 청대 후기 이후의 사서는 청나라 고종 건륭제의 이름이 홍력弘曆인 까닭에 '홍'을 피해 '풍홍'을 '풍굉馮宏'으로 바꿨다. 이는 전한 제국 한무제 이후 초한전 당시 한신의 책사로 활약했던 괴철蒯徹의 이름을 한무제 유철劉徹의 '철'을 피해 '괴통蒯通'으로 바꾼 것과 같은 이치다. 당시 풍홍은 북연이 북위의 태무제 탁발도에게 멸망하자 이내 고구려로 도주했다가 죽임을 당했다. 그녀의 부친 풍랑馮朗은 북위에 귀부해 서역군공西域郡公에 봉해졌다가 이후 진주와 옹주자사를 거치던 중 어떤 사건에 연루돼 피살됐다. 풍태후는 소녀 때 궁중으로 보내졌다. 당시 태무제 탁발도의 좌소의左昭儀로 있던 그녀의 고모가 그녀를 양육했다.

　문성제 탁발준이 즉위하고 나서 열네 살이 된 풍태후는 미모가 뛰어나 귀인에 발탁됐다가 이내 황후가 되었다. 그러던 중 탁발준이 문득 26세의 나이로 붕어했다. 북위의 궁실 제도에 따르면 황제가 죽었을 경우 3일 후 그가 생전에 사용하던 기물을 모두 불태우게 되어 있었다. 젊은 나이에 과부가 된 풍태후는 비통해한 나머지 불더미 속으로 뛰어들었다가 간신히 구조됐다. 그녀는 한참 후에야 겨우 깨어날 수 있었다. 대략 그녀는 연극에 매우 뛰어났던 듯하다. 만일 죽을 요량이면 목을 매는 등의 여러 방안이 있었는데 구태여 많은 사람들이 지켜보는 가운데 불나방처럼 불더미 속으로 뛰어드는 모습을 연출할 필요가 없었을 것이다. 이미 뛰어난 용기와 지혜를 드러낸 셈이다.

　헌문제獻文帝 탁발홍이 문성제 탁발준의 뒤를 이어 보위에 오를 당시 나이는 12세였다. 풍씨는 태후가 됐다. 탁발홍의 생모 이씨는 자질이 뛰어난 미인이었다. 그녀가 처음으로 입궁했을 때 탁발준은 누대 위에서 사방을 둘러보다 우연히 그녀를 보고는 주위 사람에게 말했다.

　"이는 실로 가인佳人이다!"

　그러고는 곧바로 누대 아래로 내려왔다. 춘정을 이기지 못한 그는 마땅한 곳을 찾을 길이 없자 곧바로 창고 안으로 그녀를 데리고 갔다. 헌문제 탁발홍이 태어난 후 그녀는 곧 귀인이 되었다. 문성제 태안 2년(456년) 탁발홍이 황태자에 책봉됐다. 태무제 탁발도의 보모로서 당시 보태후에 봉해진 상씨가 북위의 황실 규정을 좇아 그녀에게 죽음을 내렸다. 그녀는 형제들에게 서신을 보내 후사를 당부했다. 죽기 직전 그녀는 형제 앞에서 가슴을 부여잡고 통곡을 그치지 않았다. 헌문제 탁발홍은 후에 생모를 원황후로 추시했다.

　풍태후는 태자를 생산하지 못했다. 덕분에 죽음을 면하고 편히 태후의 자리를 지킬 수 있었다. 당시 거기대장군 을혼乙渾은 어지러운 틈을 타 전횡하면서, 조명을 빙자해 상서 양보년楊保年과 평양공 가애인賈愛仁 등을 살해했다. 이어 평원왕 육려 등을 죄에 옭아 넣어 주살하고 스스로 승상을 칭하면서 제왕들 위에서 호령했다.

이때 풍태후는 뛰어난 기지와 담략을 발휘해 단기간 내에 을혼을 제거한 뒤 수렴청정했다. 헌문제 탁발홍은 의지가 굳세고 강직한 데다 결단력도 갖추고 있었다. 그는 도교와 불경에 관심이 많았다. 그가 12세에 즉위한 지 몇 년 안 돼 황자 탁발굉拓跋宏이 태어났다. 이를 계기로 풍태후는 권력을 헌문제에게 돌려주었다. 이 과정에서 풍태후와 헌문제 사이에 미묘한 갈등이 빚어지기 시작했다. 당시 채 30세가 되지 않은 풍태후로서는 수절하기가 쉽지 않았기 때문에 풍류를 아는 척당倜儻(뜻이 크고 기개가 있음)의 신하 이혁李弈과 관계를 맺었다. 이를 두고 밖에서 의론이 분분했고, 헌문제 탁발홍은 이 사실을 알고 크게 화를 냈다. 마침 이혁의 동생인 남부상서 이부李敷가 상주자사로 있다가 뇌물을 받은 일로 고발되었다. 탁발홍은 법에 따라 이혁과 이부 형제의 집안을 도륙했다. 풍태후는 겉으로는 태연한 모습을 보이면서도 내심 조신들의 동향과 헌문제의 행보를 예의 주시했다.

부귀를 가볍게 여기는 데다 태후와의 갈등이 겹치자 헌문제 탁발홍은 1년 뒤 숙부 경조왕 탁발자추拓跋子推에게 보위를 넘기고자 했다. 대신들이 분분히 반대하자 결국 탁발홍은 6세의 어린 황태자 탁발굉에게 선양하였다. 양위식 자리에서 어린 탁발굉이 눈물을 흘리자 탁발홍이 이를 기이하게 생각해 왜 우는지를 물었다. 탁발굉이 대답했다.

"부친의 자리를 대신하려니 마음이 통절하기 그지없습니다!"

이 탁발굉이 바로 훗날 명성을 떨친 효문제孝文帝다. 보위를 비록 탁발굉에게 넘기기는 했으나 대권은 여전히 탁발홍이 쥐고 있었다. 그는 열심히 정사를 돌보았다. 상벌을 엄히 하고, 관원을 신중히 발탁하고, 탐관을 멀리했다. 인명과 관련된 옥안은 신중에 신중을 기했다. 시간이 지나면서 탁발홍이 더욱 영명한 모습을 보이면서 풍태후와의 갈등이 더욱 증폭됐다. 연흥 6년(476년) 8월 어느 날 저녁 풍태후가 사람을 시켜 독약을 탄 술을 탁발홍에게 갖다 주었다. 영명한 청년 탁발홍은 이내 숨을 거뒀다. 당시 23세였다. 풍태후는 태황태후가 되어 국가 대정을 장악했다. 당시 효문제 탁발굉은 12세에 불과했다. 효성스런 그는 조모 풍태후의 결단을 좇았다. 왕예王叡와 이충李沖이 풍태후의 총애를 입었다.

왕예는 자가 낙성洛誠으로 그의 부친은 천문과 복서卜筮로 생활을 영위한 강호의 인물이었다. 왕예는 부친의 가업을 이어받았다. 용자가 뛰어난 그는 풍태후를 만난 후 총애를 입고 곁에서 시봉하면서 파격적으로 급사중에 임명되었다가 얼마 후 다시 산기상시, 시중, 이부상서 등에 제수된 뒤 태원공太原公에 봉해졌다.

태화太和 2년(478년) 풍태후와 효문제가 백관과 궁인을 이끌고 호랑이 우리로 가 호랑이를 관람했다. 이때 호랑이 한 마리가 우리를 뛰어넘어 왔다. 하마터면 어좌의 바로 앞에 충돌할 뻔했다. 좌우의 위사와 궁인들이 모두 놀라 사방으로 도주할 때 유독 왕예만이 화극을 휘둘러 호랑이의 접근을 막았다. 이후 그에 대한 신임이 더욱 깊어졌다. 이듬해인 태화 3년(479년) 그는 상서령으로 승진해 중산왕에 봉해졌다.

왕예는 풍태후로부터 진귀한 물건을 무수히 하사받았다. 두 사람이 밤을 함께 보낸 뒤에는 환관들이 여러 수레에 궁중의 물건을 싣고 왕예의 집으로 향했다. 많은 전원과 우마, 노비 등이 하사됐다. 사람들의 이목을 가리기 위해 왕예에게 상을 내릴 때는 동등한 관직에 있는 사람에게 함께 상을 내리기도 했다. 그러나 왕예는 48세에 중병에 걸려 이내 불귀의 객이 되었다.

왕예는 비록 『위서』「은행전恩幸傳」에 실려 있기는 하나 커다란 과오를 범한 것도 없고, 화상 법수法秀의 모반 사건 당시 성심껏 간언해 1천여 명의 목숨을 살리기도 했다. 그는 죽기 직전 상서해 시정의 다섯 가지 방침을 건의하기도 했다. 첫째 형벌을 신중히 하고, 둘째 현능한 자를 임용하고, 셋째 충신을 가까이하고, 넷째 모략과 아첨을 멀리하고, 다섯째 승진과 좌천을 공평히 할 것 등이다. 풍태후와 효문제 탁발굉은 친히 문상을 가 크게 애통해했다. 왕예의 딸이 출가할 때 조정에서는 공주의 예로 대우한 까닭에 당시 사람들은 태후나 황제가 자신의 딸을 시집보내는 것으로 생각했다.

이충은 자가 사순思順으로 농서 출신이다. 부친 이보李寶는 일찍이 돈황공에 봉해진 바 있다. 이충은 어렸을 때부터 단아하고 그릇이 컸다. 청아하면서도 간명한 행보 등으로 인해 명성이 높았다. 그는 관직이 내비서령에 이른 후 삼장제三長制를 처음으로 건의했다. 삼장제는 『주례』에 의거해 5가家를 1린隣, 5린을 1리里, 5리를 1당黨이라 하여 각각 인장隣長과 이장里長, 당장黨長을 두어 다스린 것을 말한다. 이들 3장의 기본 임무는 호적 조사, 세금 징수 등이다. 이 제도가 시행되기 전에는 호적 제도가 완비되지 못해 백성이 호강한 자들의 그늘에 숨어 30호와 50호를 1호라고 속이는 등 국가의 지배에서 벗어나 있었다. 훗날 백성의 연령, 사망 등에 따라 토지를 수여, 반환하게 하는 균전제均田制는 이를 기초로 한 것이다. 삼장제는 호족들이 발호할 근거를 제거했다는 점에서 큰 의미가 있다.

풍태후는 이충의 건의를 높이 평가해 공경 대신과 함께 조회 석상에서 그를 인견했다. 한번 본 후 이내 총애하는 마음이 일자 곧 궁내로 불러 함께 공사公事는 물론 사사私事까지 논의했다. 이충은 곧 중상령에 임명되고 순양후에 봉해졌다. 이후 작위가 농서공으로 진작돼 왕예와 동일한 총애를 받았다. 수많은 보물이 그의 집으로 옮겨졌음에도 당시 북위는 사방에서 공물을 받아 크게 부유한 까닭에 왕예와 이충에 대한 총애는 나라에 아무런 손해를 끼치지 않았다. 이충은 학문이 깊고 넓었다. 그는 귀총이 극에 달할 때 오히려 겸손한 모습을 보이며 재물을 사방에 나눠 주는 등 한사寒士의 풍모를 유지했다. 이로써 그의 명성은 풍태후와의 관계로 인해 훼손되기는커녕 더욱 높아졌다. 또한 그는 이전의 혐의를 전혀 개의치 않았다. 척을 진 자의 자식일지라도 보호하고, 먼 친척의 고아도 거둬들였다.

북위의 예제에 의하면 황제는 왕공 중신들을 대할 때 그 이름을 부르게 되어 있다. 그러나 효문제 탁발굉은 이충을 존중한 나머지 유독 그의 이름을 부르지 않고 '이중서李中書'라고 불렀다. 당시의 기준에서 볼 때 이는 파격이었다.

풍태후가 사망했을 때 이충은 예의율령을 의정하는 등 충성을 다하는 모습을 보였다. 당시의 원훈 대신과 종친 모두 그의 명확한 판단과 신중한 행보에 경의를 표했다. 효문제 탁발굉과의 관계 역시 전례 없이 돈독했다.

효문제는 대권을 장악한 후 수차례 남정에 나섰다. 낙양으로 천도하는 것을 포함해 이충은 여러 차례 뛰어난 계책을 건의했다. 북쪽의 옛 도성 평성의 명당과 태묘, 원구를 포함해 새 도성 낙양의 전각 배치 등은 모두 이충의 머리에서 나온 것이다. 사서는 이충이 국고를 충실히 하는 등 죽는 순간까지 노고를 아끼지 않았다고 기록해 놓았다. 그가 49세에 병사했을 때 효문제가 거애하면서 방성통곡한 것도 이런 맥락에서 이해할 수 있다.

풍태후는 남총^{男寵}에 대해 과도한 바가 있었다. 여후의 심이기^{審食其}와 측천무후의 장역지^{張易之} 형제도 풍태후의 남총보다 크게 나을 게 없었다. 사가들은 풍태후의 행보가 모두 황실을 위한 것이었던 까닭에 이를 크게 문제 삼지 않았다. 풍태후는 효문제 승명^{承明} 원년(476년) 6월부터 태황태후의 신분으로 수렴청정한 이래 만기를 총람했다. 그녀는 천성이 총명했던 까닭에 정사를 잘 다스렸다. 효문제 탁발굉 역시 천성이 효성스러워 풍태후의 뜻을 한 번도 거스르지 않았다. 풍태후는 「권계가^{勸戒歌}」 3백여 편과 「황고^{皇誥}」 18편을 지어 어린 탁발굉에게 가르쳤다. 그녀는 유학을 존숭해 장안에 문선왕묘^{文宣王廟}를 건립해 공자를 기렸다. 평소 검박한 생활을 유지하며 사치한 장식을 멀리했다. 수라상도 매우 간단하게 차리게 했다. 풍태후 일가가 불교를 숭상한 까닭에 북위 역시 금은보화와 땅 등을 불당과 불상을 조성하는 데 바쳤다.

그녀는 성정이 엄명해 사사로운 정을 좇지 않았다. 좌우에 시봉하는 자들이 잘못을 저지르면 사정없이 회초리로 다스렸다. 그러나 결코 이를 마음에 두지 않고 사람들을 전과 같이 대했다. 비록 성정이 급하기는 했으나 손자인 효문제 탁발굉을 손수 키웠다. 중간에 자신의 사후 탁발굉이 친정에 해를 끼칠까 우려했으나 이충 등의 권간으로 좋은 결과를 얻게 됐다. 효문제가 낙양으로 천도한 후 일련의 개혁을 대대적으로 전개한 배경이 여기에 있다. 풍태후는 다른 사람이 뒤에서 자신을 헐뜯는 것을 우려해 조금이라도 이상한 모습을 보이면 가차 없이 주살했다. 풍태후가 죽기 전까지 효문제 탁발굉은 자신의 생모가 누구인지조차 몰랐다. 풍태후가 얼마나 가혹한 모습을 보였는지 대략 짐작할 수 있다.

태화 14년(490년) 풍태후가 태화전에서 숨을 거뒀다. 당시 49세였다. 탁발굉은 애통해한 나머지 5일 동안 물 한 방울 마시지 않았다. 그리고 '문명태황태후'라는 시호를 내렸다. 사가들은 통상 '문명풍태후'라고 칭한다. 풍태후에게는 두 명의 조카딸이 있었다. 모두 오빠인 태사 풍희馮熙의 딸이었다. 이들 모두 고모의 배려로 효문제의 신변에 있다가 동생이 먼저 황후가 되었다. 그녀는 태화 17년(493년) 풍태후의 상례가 끝난 후 황후에 책봉됐다. 이후 그녀의 이복 언니가 입궁해 소의에 책봉됐다.

풍소의는 이복동생인 풍황후를 탁발굉 앞에서 수시로 헐뜯었으나 풍황후는 천성이 투기를 하지 않을 뿐 아니라 오히려 부끄러운 기색을 드러냈다. 결국 풍황후는 이복 언니의 참소로 인해 폐출돼 서인이 된 뒤 절로 들어가 비구니가 되었다가 사사됐다. 사가들은 통상 '폐황후 풍씨'로 칭한다. 원래 풍소의의 모친은 미천한 출신이다. 이로 인해 동생보다 입궁이 늦어졌다. 탁발굉은 자태가 뛰어난 풍소의를 총애해 황후에 봉했다. 탁발굉이 남정으로 떠나 있는 동안 풍소의는 외로움을 참지 못해 환관 고보살高菩薩과 통간했다. 그러던 중 효문제가 여남에서 중병에 걸렸다는 소식을 듣고는 공공연히 드러내놓고 고보살과 음행을 즐겼다. 후에 이를 알게 된 탁발굉은 크게 경악했다. 그는 낙양으로 돌아온 후 관련자들을 모두 잡아다가 직접 국문했다. 풍황후가 전말을 토설할 당시 탁발굉은 위사 한 명만 곁에 남겨 놓고는 솜으로 귀를 막게 했다. 이 얘기가 탁발굉과 풍황후 두 사람만이 아는 얘기로 남게 된 배경이다. 당시 탁발굉은 팽성왕과 북해왕을 불러 이같이 말했다.

"전에는 너의 형수였으나 지금은 거리의 사람이 되었으니 꺼릴 필요 없이 들어오도록 하라!"

그러고는 곧바로 풍황후의 봉호를 폐했다. 훗날 탁발굉은 죽기 직전 두 형제를 시켜 서인으로 폐한 풍황후를 사사했다. 그녀가 독약을 먹지 않으려고 하자 강제로 마시게 한 뒤 '유황후幽皇后'라는 시호를 내렸다.

탁발굉의 낙양 천도

풍태후가 서거한 후 효문제 탁발굉은 진정한 의미의 황제가 됐다. 그의 친정 기간은 비록 9년에 그쳤으나 엄청난 일이 빚어졌다. 평성에서 낙양으로 천도하고, 대대적인 한화漢化 정책을 추진한 게 그렇다. 이는 중국의 전 역사에 비춰 호한융합이라는 매우 중대한 의미를 지니고 있다. 수·당대의 통일 제국 출현은 바로 그 산물이라고 할 수 있다. 북위 효문제 탁발굉이 이를 가능케 한 당사자이다. 탁발굉은 조모 풍태후가 자신을 폐위하려고 했는데도 조모가 서거했을 때 5일 동안이나 물 한 모금 마시지 않는 등 극도로 효성스런 모습을 보였다. 유가의 교육을 받고, 효행을 몸에 익힌 덕분이다. 그는 조모의 영고릉을 여러 차례 참배하며 자신을 양육한 조모의 은공을 기렸다. 당시 한족 정권에서 태후가 사망하면 원한을 품고 홀시한 것과 대비된다.

북위 효문제 태화 17년(493년), 효문제는 심사숙고 끝에 낙양 천도를 결정했다. 『위서』 「효문제기」는 천도 배경을 이같이 기록해 놓았다.

"평성은 매우 한랭했다. 6월에도 비와 눈이 내리고, 모래바람이 수시로 불었다. 이에 낙양으로 천도하게 되었다."

기후 때문에 옮긴 것으로 되어 있으나 그 내막을 보면 그리 간단치 않다. 도무제 탁발규 이래 사방에서 많은 백성들이 평성으로 몰려들었다. 북위는 이들에게 땅을 나눠 주고 한족의 제도를 이용해 농업 생산을 독려했다. 6진의 군민에게 필요한 식량은 대개 평성 일대에서 수확한 것이었다. 평성의 인

구가 날로 늘어나고 관료 조직이 방대해지면서 식량 문제가 크게 대두됐다. 명원제 탁발사의 치세 때는 매번 가뭄이 들어 식량 문제를 더욱 가중시켰다. 이 때문에 조정에서 대신들이 천도 문제를 심각하게 거론하기 시작하였다. 당시는 교통이 발달하지 못한 탓에 가축을 이용해 식량을 평성으로 운

효문제 탁발굉은 29년의 재위 기간 중 풍태후의 섭정을 제외한 단 9년만을 친정하였으나 이때 추진한 도성 천도와 대대적인 한화 정책은 수·당 통일 제국의 발판을 마련하였다.

반하는 과정에서 그 소모분이 매우 컸다. 낙양은 북위의 판도에서 중심에 위치해 있었다. 사방으로 통할 뿐 아니라 평원 지대여서 교통이 매우 편리했다. 먹는 것을 하늘로 삼고 있는 백성들의 입장에서 볼지라도 낙양 천도는 식량 문제를 근원적으로 해결할 수 있는 방안이기도 했다.

이외에도 중요한 원인이 있었다. 바로 안보 문제이다. 평성은 북방의 유연과 근접해 있었다. 도무제 탁발규와 태무제 탁발도의 치세 때만 해도 병사들이 용맹해 능히 유연을 제압할 수 있었다. 그러나 북위의 판도가 남쪽으로 확장하면서 무력이 크게 약화됐다. 남조를 격파하는 데는 문제가 없었으나 북방의 유연을 상대하는 데는 적잖은 어려움이 있었다. 유연의 철기가 급습해 평성을 포위해 함몰시킬 경우 북위는 일거에 붕괴할 수도 있었다.

사실 명나라의 패망도 남경에서 북경으로 천도한 사실과 무관치 않다. 당시 만주의 철기는 산해관을 돌파한 뒤 쏜살같이 북경으로 치달았다. 명나라 성조 영락제 주체^{朱棣}는 뛰어난 인물이었다. 그가 북경으로 천도한 것은 나름 일리가 있었다. 그러나 명나라 말기의 상황은 이와 달랐다. 황제도 영락제와 비교할 수조차 없었고, 군사 또한 극도로 잔약했다.

북위의 효문제 탁발굉이 도성을 평성에서 낙양으로 옮긴 것은 명철한 판

단이었다. 유연의 기습 위험에서 벗어날 수 있었을 뿐만 아니라 영역을 남쪽으로 확장해 통일 왕조를 세울 가능성이 훨씬 높아졌기 때문이다.

천도를 결정할 당시 두 개의 선택지가 있었다. 낙양과 업성이 그것이다. 낙양은 황하의 남안南岸에 있었고, 업성은 황하 북안에 위치해 있었다. 원래 업성은 위무제 조조가 머물며 후한의 조정을 멀리서 원격 조정하던 곳이다. 갈족인 석륵과 전연의 모용씨도 일찍이 이곳을 도성으로 삼은 바 있다. 문성제 탁발준의 치세 때만 해도 대다수 대신들은 업성 쪽으로 기울어져 있었다. 기주와 정주의 곡식과 베, 비단은 북위의 주요 수입원이었다. 그러나 정통 유학의 훈도를 받은 효문제는 전래의 도성인 낙양을 선호했다.

효문제는 군신들이 낙양 천도를 반대할까 우려해 남조 제나라 토벌을 명분으로 내세웠다. 이어 사람을 시켜 점을 치게 하였는데 '혁괘革卦'가 나왔다. 바꾸라는 뜻이었다. 탁발굉이 크게 기뻐했다.

"이는 탕무혁명湯武革命(은나라 탕왕과 주무왕의 역성혁명)을 말한다. 하늘의 부름에 응하고 인심을 따르는 길이다!"

군신들이 감히 더 이상 말하지 못했다. 효문제의 숙부인 임성왕 탁발징拓跋澄이 조회에 나가 반대의 뜻을 강력히 피력했다. 남정이 시의에 맞지 않는다는 이유였다. 조회가 끝난 후 효문제가 탁발징을 내궁으로 불러 속셈을 밝혔다.

"당시 점을 친 것은 중의가 분분할까 우려했기 때문이오. 그래서 짐이 목소리를 가다듬어 문무 대신들을 위협한 것이오. 우리 위나라는 북방에서 흥기해 평성에 도읍을 정했소. 이는 용무用武의 땅으로 문치文治의 도읍이 아니오. 풍속을 바꾸지 않으면 대업을 이루기 어렵소. 짐은 남정을 명분으로 내세워 중원으로 천도코자 하는 것이오. 경은 이를 어찌 생각하시오?"

탁발굉이 진실을 말하자 임성왕도 이를 좇지 않을 수 없었다.

"폐하가 중원에 터를 두고 사해를 다스리고자 하니 주나라와 한나라가 흥륭할 때의 기상과 같습니다!"

탁발굉이 다시 물었다.

"북쪽 사람들이 장차 옛 땅을 그리워하며 동요할 터인데 이를 어찌하면 좋겠소?"

탁발징이 단호히 대답했다.

"비상한 일은 비상한 사람만이 할 수 있습니다. 폐하는 성스러운 기지로 독단하십시오. 그들이 이를 어찌 거역하겠습니까?"

탁발굉이 그 대답에 크게 기뻐했다.

"임성왕은 참으로 나의 장량이오!"

몇 명의 대신들이 상서하여 간곡히 만류했으나 탁발굉은 이미 마음을 정한 까닭에 전혀 흔들리지 않았다. 탁발굉은 곧 풍태후의 묘소인 영고릉을 참배한 후 남정을 구실로 30만 대군을 이끌고 낙양으로 향했다. 이해 10월 대군이 낙양에 이르렀을 때 억수 같은 비가 그치지 않았다. 탁발굉이 전군에 하령해 속히 앞으로 나아갈 것을 명했다. 자신도 융복을 입은 채 말채찍을 휘두르며 친정의 구색을 갖췄다. 문무 대신이 이 모습을 보고는 황급히 만류했다. 이때 함께 남정의 연극을 꾸민 이충이 짐짓 큰 소리로 말했다.

"폐하의 남정은 천하인이 원치 않는 것으로 오직 폐하 한 사람만이 하고자 하는 것입니다. 신 등이 감히 죽음을 무릅쓰고 만류하오니 청컨대 폐하는 이를 중지토록 하십시오!"

탁발굉도 짐짓 대로한 모습을 보였다.

"짐이 바야흐로 천하를 경영하기 위해 남북을 통일하려 하는데 경 등의 유생들이 짐의 대계를 저지하는 것인가. 재차 이를 저지하려는 자에게는 도부刀斧가 용서치 않을 것이다!"

이같이 말하고는 재차 채찍을 휘둘러 전진했다. 안정왕 탁발휴拓跋休 등은 그 내막을 전혀 알 길이 없었던 까닭에 이 모습을 보고는 크게 놀라 황급히 말의 재갈과 뒷다리를 붙들고 눈물을 줄줄 흘리며 저지했다. 탁발굉은 깊이 생각하는 모습을 보인 후 이같이 말했다.

"이번 남정은 모든 열정을 쏟아부은 것이다. 만일 아무런 성과도 얻지 못할 경우 후세인들에게 뭐라고 말할 것인가? 짐은 누대에 걸쳐 삭방에서 살아온 까닭에 남쪽 중원으로 천도코자 했다. 만일 경들이 짐의 남정을 반대한다면 우리가 낙양으로 천도하는 것이 어떻겠는가?"

이미 입을 맞춘 바 있는 남안왕 탁발정拓跋楨이 대답했다.

"대공을 세우려는 자는 중인衆人과 함께 도모하지 않는 법입니다. 만일 폐하가 남정을 중지하고 낙양 천도를 감행한다면 이는 신들이 원하는 바이고, 만민의 행복이기도 합니다!"

탁발굉이 남정을 중지하고 낙양 천도를 결정하자 군신이 모두 만세를 외쳤다. 사실 대신들 중 대다수 선비족 출신은 낙양 천도를 전혀 생각하지 않았다. 그렇다고 남정을 원하는 것도 아니었다. 결국 덜 해롭다고 생각한 쪽을 택한 셈이다. 이로 인해 두 번 다시 천도를 반대하는 일이 없었다. 이해 11월 탁발굉이 상서 이충과 장작대장 동이董爾 등에게 명해 낙양에 남아 도성을 쌓게 한 뒤 군신들과 함께 업성을 거쳐 평성으로 귀경했다. 낙양 천도는 효문제가 이룬 여러 업적 중 하나다. 역사적으로 볼 때 개혁은 원래 지난한 작업이다. 특히 천도는 국체와 관련된 매우 중대한 사안이다. 그럼에도 그는 이를 무리 없이 해결한 것이다.

선비족에게 낙양의 기후는 매우 낯설었다. 평성에 비해 너무 습하고 더웠다. 그러나 탁발굉의 목표는 정치와 문화 의식의 변화였다. 선비족과 한족 간의 송속 갈등을 해소해 중원에 대한 지배권을 확고히 다지고자 한 것이다. 선비족 귀족뿐만 아니라 한족 문벌을 대대적으로 부양해 양자의 평등한 지위를 보장함으로써 서진 말기에서 16국에 이르기까지 지속된 호한분치胡漢分治의 모순을 해소하는 게 목적이었다. 그러나 북위 역시 이를 완전히 해소하지 못함으로써 결국 6진의 반란으로 인해 패망하고 말았다. 이는 수·당의 통일 제국이 들어선 뒤에야 근본적인 해결의 실마리를 찾게 되었다. 그럼에도 탁발굉이 그 디딤돌을 놓은 것만은 분명하다.

태화 18년(494년) 봄, 효문제 탁발굉이 임성왕 탁발징 등의 협조를 얻어 선비족 구신들을 설복했다. 이해 말 남조의 제명제 소란이 소제^{少帝} 소소업을 시해한 뒤 보위에 올랐다는 소식이 전해졌다. 탁발굉은 이를 빌미로 제나라 토벌의 기치를 내걸었다. 출병 직전 그는 곧 조명을 내려 사민들이 호복을 입는 것을 엄금했다. 이에 선비족 신민들이 크게 불만을 품었다.

이듬해인 태화 19년(495년), 탁발굉이 친히 30만 명의 철기를 이끌고 회하를 넘은 뒤 수양에 주둔했다. 이번 출병은 급작스레 이뤄진 데다 날씨 또한 무덥고 습해 사병들이 크게 피폐해졌다. 별다른 전과를 올리지 못한 상황에서 낙양 또한 새 도읍으로 정해진 지 얼마 안 돼 많은 인력과 물자가 소요된 탓에 군수품 조달이 여의치 않았다. 결국 탁발굉은 부득불 철군하지 않을 수 없었다.

오랑캐 이름을 버리다

철군 직후 탁발굉은 내치에 박차를 가했다. 태화 19년(495년) 7월, 조명을 내렸다.

"오늘 짐은 선비어를 포함한 모든 북방어를 금지하고 한어로 통일해 쓰기로 결정했다. 30세 이상의 관원은 이미 오랜 습관이 된 까닭에 서서히 바꾸는 것을 윤허하나 조정에서 오랫동안 봉직한 30세 이하의 관원은 선비어로 말하는 것을 금한다. 이를 어길 경우 곧바로 강등과 면직 조치를 취할 것이다."

얼마 후 다시 조정에서 북방어를 사용할 경우 곧바로 면직한다는 내용의 조명을 내렸다. 이해 말 탁발굉은 다시 오랫동안 유지돼 온 물물교환 방식을 폐기하고 모두 동전을 사용케 했다. 이때 주조된 것이 바로 태화오수전^{太和五銖}^錢이다. 이어 금용궁^{金墉宮}을 조성한 후 낙양에 국자감과 태학, 사문소학^{四門小}^學을 두었다. 이듬해인 태화 20년(496년) 정월, 탁발굉은 세인들을 놀라게 하

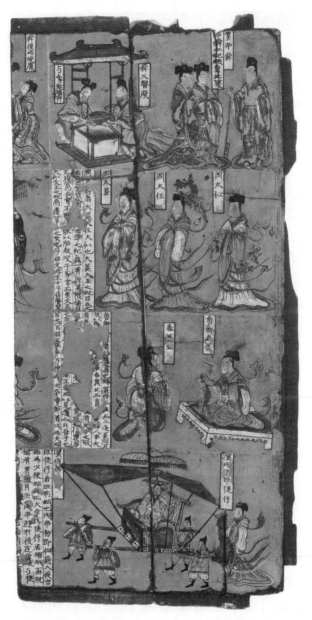

『병풍칠화열녀고현도屏風漆畵列女古賢圖』. 산서성의 사마금룡 묘에서 발견된 북위 시대의 병풍. 한나라 유향劉向이 편찬한 『열녀전』에 나오는 열녀 고현의 이야기를 소재로 한 그림으로 유가의 전통 문화를 권고 및 교화하기 위한 용도로 제작되었다.

는 조치를 취했다. 그는 선비족의 성명을 모두 바꾸도록 하는 조명을 내렸다.

"위나라는 황제黃帝의 후손으로 토덕土德에 기초해 있다. 무릇 토덕은 황색을 뜻하고 만물의 근본에 해당한다. 탁발씨를 원씨元氏로 바꾼다."

황실뿐만 아니라 모든 선비족의 성씨를 일제히 바꾸게 했다. 이로 인해 발발씨拔拔氏는 장손씨長孫氏, 달해씨達奚氏는 해씨奚氏, 을전씨乙旃氏는 숙손씨叔孫氏, 구목릉씨丘穆陵氏는 목씨穆氏, 보륙고씨步六孤氏는 육씨陸氏, 하뢰씨賀賴氏는 하씨賀氏, 독고씨獨孤氏는 유씨劉氏, 하루씨賀樓氏는 누씨樓氏, 물뉴우씨勿忸于氏는 우씨于氏, 울지씨尉遲氏는 울씨尉氏 등으로 바뀌었다. 나머지 성씨 역시 모두 바꾼 까닭에 그 숫자를 헤아리기가 어려울 정도이다.

탁발굉은 한화 개혁을 보다 철저히 하기 위해 범양의 노민盧敏, 청하의 최종백崔宗伯, 형양의 정희鄭羲, 태원의 왕경王瓊 등 4대 성씨의 딸을 모두 받아들여 후궁으로 삼았다. 이어 다시 조명을 내려 모든 지역의 사족에게 품계를 내렸다. 선비족의 목씨와 육씨, 하씨, 유씨, 누씨, 우씨, 혜씨, 울씨 등 8대성은 한족 4대성과 함께 최고의 성씨가 되었다. 이로 인해 함양왕 원희元禧(탁발희)는 신분이 천한 여인을 처로 삼았다는 이유로 탁발굉으로부터 질책을 받았다. 탁발굉은 자신의 6명의 동생에게 새로이 정실부인을 맞이할 것을 명했다. 이전의 부인은 첩잉妾滕(첩과 첩으로 발탁된 시비)으로 삼을 수 있게 했다. 결국 한족 대성의 딸들이 왕비가 되었다. 하루는 탁발굉이 대신들과 조정에서 국사를 논의하고 있을 때 어떤 사람이 설씨가 하동의 명문이라고 주장하자 탁발굉이 반박했다.

"설씨는 촉蜀 땅의 성이다. 어찌 명문가에 속할 수 있겠는가!"

마침 우림감羽林監(궁정 수비 대장) 설종기薛宗起가 정전 곁에서 근무하다가 이 얘기를 듣고는 곧바로 중당中堂으로 들어가서는 이같이 말했다.

"신의 선조는 한나라 말기에 촉 땅에서 봉직했으나 2대가 지난 후 다시 하동으로 돌아와 지금까지 6대가 지났습니다. 결코 촉 땅의 사람이 아닙니다. 지금 폐하는 북쪽 땅에서 내려왔는데 그렇다면 이후 오랑캐 성씨가 되는 것입니까?"

그러고는 손에 들고 있던 철극을 바닥에 내려놓고는 뒤도 돌아보지 않고 떠났다. 탁발굉이 웃으며 급히 사람을 보내 설종기를 부른 뒤 이같이 말했다.

"경이 말한 것처럼 설씨가 촉 땅의 성이 아니면 됐소. 그런데 어찌하여 짐을 꼭 집어 오랑캐라고 하는 것이오?"

탁발굉은 설씨를 하동군의 성씨로 선포하면서 설종기를 칭송했다.

"경의 이름이 '종기'이니 참으로 가문을 일으킨다는 뜻에 부합하오!"

태무제 탁발도 때 최호는 성씨를 품별하려다가 선비족 귀족들에게 밉보여 결국 주살되고 말았다. 그런데 효문제 탁발굉 때에 들어와 오히려 황제가 앞장서 한화를 추진하는 양상이 나타나게 된 것이다. 효문제의 문벌주의는 광범위한 지지를 얻지 못했다. 한족 중신인 이충 등이 이를 강력히 반대했다. 이들은 문벌주의 대신 인재주의를 주장했다. 더 큰 문제는 6진을 수비하고 있던 선비족 장병들이 점차 국인國人의 숭고한 지위를 잃게 된 점이다. 이는 북위 황제에게 치명적인 결과를 초래했다.

탁발굉의 낙양 천도와 성씨 개명 등의 조치는 비록 커다란 저항을 받지는 않았으나 14세의 태자 원순元恂 자신이 이에 비판적이었다. 그는 몸이 비대한 까닭에 하남 지역의 습한 더위가 고역이었다. 탁발굉은 태자 원순에게 한족의 조복을 입게 했으나 원순은 동궁으로 돌아가면 즉시 호복으로 갈아입었다. 동궁에 근무하는 중서자 고도열高道悅이 매번 간했으나 원순은 듣지 않았다.

태화 20년(496년) 10월, 태자 원순이 부황인 탁발굉이 외출한 틈을 타 좌우와 밀모한 뒤 경기輕騎를 이끌고 야음을 틈타 낙양을 떠나 평성으로 가고자 했다. 그는 떠나기에 앞서 고도열을 죽여 버렸다. 이 사실을 안 종실의 금군 수령 원엄元儼은 황궁과 낙양의 각 성문을 엄히 지켰다. 원순 일행은 한밤중에 이리저리 뛰어다녔으나 결국 밖으로 나가지 못했다. 상서 육수陸琇가 이 사실을 알고 밤새 질주해 탁발굉에게 이를 보고했다.

탁발굉은 크게 놀랐으나 겉으로는 전혀 내색하지 않았다. 그는 목적지에 도착하자마자 곧바로 환궁했다. 환궁 직후 태자 원순을 체포해 어전에 데려오게 한 뒤 친히 커다란 몽둥이로 다스렸다. 화가 풀리지 않은 그는 동생인 함양왕 원희元禧를 시켜 자신을 대신해 원순을 무자비하게 때리게 했다. 이어 청휘당에 군신들을 모아 놓고 폐태자 문제를 논의하였다. 태자태부 목량穆亮과 태자소보 이충 모두 관을 벗고 머리를 조아리며 용서를 구했다. 탁발굉이 말했다.

"경들이 사과하는 것은 사적인 것이고, 내가 이를 논의케 한 것은 국가적인 것이다. 옛사람이 말하기를 대의멸친大義滅親이라고 했다. 지금 원순이 부황의 명을 어기고 반역을 꾀했다. 천하에 군주가 없는 나라는 없다. 이자를 지금 없애지 않으면 장차 나라에 큰 화가 닥칠 것이다!"

이에 원순을 폐서인한 뒤 낙양에 구금했다. 원순은 감옥에 갇힌 후 크게 반성하며 불경을 열심히 읽었다. 1년 뒤 탁발굉이 대代 땅을 순시할 때 중위 이표李彪가 상주해 원순이 좌우와 함께 모반했다고 고했다. 당시까지 화를 풀지 못했던 탁발굉은 진위를 가릴 생각도 하지 않고 원희를 시켜 조서를 갖고 가 독주를 먹이게 했다. 원순은 하양의 감옥에서 사사됐다. 당시 15세였다.

당시 선비족 훈신인 목진穆泰과 육예陸睿 등은 탁발굉의 한화 정책에 불만이 많았다. 이들은 종실인 양평왕 원이元頤를 옹립코자 했으나 도중에 기밀이 누설되는 바람에 모두 제거됐다. 탁발굉은 한화 정책 이외에도 많은 관제를 혁파했다. 안팎의 문무 관직을 정비하고, 율령을 개정해 잔인한 거열형과 요참 등의 혹형을 없애고, 북위 전래의 연좌제 등을 없앴다. 이로써 그의 인정仁政이 널리 드러났다.

여기서 주목할 점은 풍태후가 살아 있을 당시에 실시된 균전제다. 태화 9년(485년)에 반포된 균전법에 따르면 남자는 15세 이상이 되면 국가로부터 노전露田(경작지) 40무畝(1무는 약 2백 평), 여자는 20무를 받았다. 또 매 가호마다 뽕나무 50그루, 대추나무 5그루, 느릅나무 3그루를 심어야 했다. 뽕나무가 자라기에 적합하지 않은 지역에서는 남자는 마전麻田 40무, 여자는 20무를 받았다. 뽕나무 밭은 해당 가호에 지급된 것인 까닭에 당사자가 죽을지라도 반환할 필요가 없으나 나머지 토지는 국가에 반환해야 했다. 농민들의 자유로운 이동이 금지되면서 북위의 세원이 확고히 마련됐다.

균전제는 토지의 비옥도와 원근 등 여러 요소를 충분히 감안한 것인 까닭에 매우 엄밀했다. 여기에 이른바 삼장제三長制가 가미되면서 지방 조직이 체계적으로 완비됐고, 부역 또한 공평히 부과될 수 있었다. 균전제의 실시를 계기로 선비족 국가인 북위는 점차 한족 국가와 마찬가지로 농업을 중심으로 한 국가 체제로 변해 갔다.

수·당의 토대를 세우다

중국의 전 역사를 개관하면 북위 효문제 탁발굉이 북방 민족과 남방 한족의 대융합에 결정적인 역할을 수행한 것을 알 수 있다. 그의 치세를 기점으로 한족의 호인胡人에 대한 악감정이 점차 사라졌고, 남인의 북인화와 북인의 남인화가 가속화됐다. 동시에 문치와 무공이 고루 이루어지는 성과를 얻었다. 수·당대의 성세는 바로 여기서 기원했다고 해도 과언이 아니다.

태화 21년(497년) 여름, 탁발굉은 일련의 개혁이 순조롭게 진행되자 곧 무공을 높이 세우고자 했다. 이에 20만 명의 군사를 동원해 남쪽으로 진격했다. 그러나 완성宛城에 이르렀을 때 남조 제나라의 남양 태수 방백옥房伯玉의 복병계에 걸려 거의 죽을 뻔했다. 이듬해인 태화 22년(498년) 가을 남조 제명제 소란이 죽자 유가 사상을 신봉한 탁발굉은 국상이 있는 나라는 치지 않는다며 이내 철군했다. 회군 도중 탁발굉은 오랫동안 사방을 정벌하느라 지친나머지 중병에 걸려 이내 업성에서 요양하게 됐다.

태화 23년(499년) 봄, 탁발굉이 낙양으로 돌아왔다. 아직 병이 낫지 않았음에도 곧바로 임성왕 원징元澄(탁발징)을 불러 이같이 물었다.

"짐이 도성을 떠난 후 풍속이 얼마나 바뀌었소?"

"날마다 새롭게 변하고 있습니다."

탁발굉이 재차 물었다.

"짐이 입성한 후 보니 수레 위의 부인은 아직 모자를 쓰고 있고, 작은 갖옷을 입고 있었소. 아직도 선비족의 장속裝束을 하고 있는데도 어찌하여 날마다 새롭게 변하고 있다고 말하는 것이오?"

"선비족의 옷을 입는 사람은 적고, 안 입은 사람이 더 많습니다."

탁발굉이 목소리를 높였다.

"임성왕, 그게 무슨 말이오? 이를 방치하면 성안의 부인들 모두 선비족의 옛날 옷을 입고 말 것이오."

탁발굉의 노기 어린 말에 원징을 비롯해 관련 관원 모두 관을 내려놓고 땅에 엎드려 거듭 머리를 조아리며 사죄했다. 얼마 후 탁발굉은 풍황후와 태감 고보살의 통간 사건을 처리하면서 풍황후를 유폐했다. 이해 4월 몸이 다시 회복되자 생전에 천하를 통일할 생각으로 친정에 나섰다. 그러나 양성梁城에 이르렀을 때 병이 더욱 깊어져 이내 철군했다. 곡당원谷塘原에 이르렀을 때 더이상 오래 살기가 어렵다고 판단한 탁발굉은 먼저 사람을 시켜 풍황후를 사사했다. 이어 태자 원각元恪에게 친서를 보내 숙부 원협元勰 등에게 정사를 맡길 것을 당부했다. 원징을 포함한 6명의 대신이 보정대신에 임명됐다.

이같이 조치한 지 얼마 안 돼 이내 숨을 거뒀다. 당시 탁발굉의 나이는 33세였다. 시호는 효문제였다. 태자 원각이 뒤를 이어 보위에 올랐다. 그가 바로 선무제宣武帝다. 효문제 탁발굉은 천도와 성씨 개명 등의 업적 이외에도 여러 면에서 성군의 면모를 유감없이 보여 주었다. 사서의 기록에 따르면 그는 네 살 때 조부 탁발준이 등창을 앓자 입으로 농을 빨아냈다고 한다.

풍태후는 수렴청정하면서 효문제 탁발굉이 날로 총명한 모습을 보이자 훗날 친정집에 화가 있을까 우려해 장차 그를 폐하려고 했다. 추운 겨울날 헐렁

한 겉옷만 입혀 방에 가두고 3일 동안 음식을 주지 않았다. 대신 이충 등이 애절하게 간해 겨우 풍태후의 마음을 돌릴 수 있었다. 조모에 대한 원한을 품음직도 했으나 탁발굉은 전혀 그런 모습을 드러내지 않고 이충 등이 자신을 구해 준 은덕만을 가슴에 새겼다. 형제들에 대한 우애도 높이 평가할 만했다.

한번은 태감이 음식을 갖고 오다가 잘못해 뜨거운 국을 탁발굉의 손 위에 쏟은 적이 있었다. 또 수라 속에서 죽은 벌레 등이 나온 적도 있었다. 이때에도 탁발굉은 웃으며 이를 용서했다. 풍태후 집정 당시의 일이다. 태후의 신변에 있는 태감들이 탁발굉을 헐뜯자 풍태후가 회초리를 들어 황제인 탁발굉을 수십 차례나 때렸다. 당시 탁발굉은 아무런 변명도 하지 않았고 풍태후 사후에도 자신을 헐뜯은 태감에게 아무런 보복을 하지 않았다. 남정북벌 때의 일화는 그의 검소함을 보여 준다. 관련 부서에서 황제 전용의 치도馳道를 만들 것을 상주하자 탁발굉은 거절했다.

"교량을 대략 고쳐 가마와 말이 다닐 정도면 된다. 초지를 없애고 평지로 만들 필요가 없다!"

한번은 남정 도중 회수의 남쪽 변경에 이르렀을 때 군사상 민간이 심은 나무를 벨 필요가 있었다. 이때 그는 비단으로 이를 보상케 했다. 백성들이 심은 곡식이 아무런 피해를 입지 않은 것은 물론이다. 그는 친정 과정에서 엄격한 군율을 만들어 북위의 백성은 물론 남조의 백성들에게까지 동일하게 대했다. 훗날 국공 내전 때 마오쩌둥이 인민들로부터 바늘 하나 빼앗지 말 것을 당부한, 이른바 '3대 기율'과 '8항 주의'를 만들어 인민의 전폭적인 지지를 얻은 것도 바로 이를 본뜬 것이다. 본성이 검소했던 까닭에 늘 입던 옷을 빨아서 입었다. 말안장에도 금옥의 장식을 붙이지 않았고, 오직 쇠와 나무로 만든 것을 사용했을 뿐이다. 『위서』 「효문제기」에 나오는 사관의 평이다.

"그는 정사를 돌보면서 좋은 계책을 빠짐없이 택했다. 백성들의 삶을 긍휼히 여겨 늘 그들을 구제하고 도움을 주고자 했다. 책을 열심히 읽고 상주문을 세심히 살펴 반성의 계기로 삼았다. 이로 인해 백관들 모두 맡은 바 일에 충실했다. 매번 말하기를, '무릇 제왕은 고르지 못한 것을 걱정해야 하니 어용 기물에 신경 쓰지 않아야 한다'고 했다. 실로 성의를 다하면 멀리 있는 호인胡人과 월인越人도 형제가 된다. 웅재대략雄才大略을 지녔고, 기사奇士를 애호했고, 아랫사람들을 마치 자신의 몸처럼 아꼈다."

『자치통감』의 사평도 유사하다. 그럼에도 왕부지는『독통감론』에서 한족 중심의 중화주의에 치우친 나머지 탁발굉의 행보를 모두 거짓된 것으로 깎아내렸다.

"국학을 세우고 호복을 금한 것 등은 모두 유가 사상을 의탁해 겉만 추구하고 본질을 외면한 것이다. 잡스런 무당 같은 말로 이목을 분식한 것에 불과했으니 이것이 바로 탁발굉이 행한 왕도의 실체이다."

소위 목후이관沐猴而冠으로 평한 것이다. 원숭이가 목욕을 하고 의관을 갖췄으나 사람답지 못하다는 뜻이다. 이는 초패왕 항우가 진 제국의 도성인 함양을 불태워 버리고 금의환향해야 한다고 말하자 한생韓生이 항우는 그런 의관을 할 사람이 못 된다고 비꼬아 한 말에서 유래했다. 왕부지의 이런 평이 객관성을 잃은 것은 말할 것도 없다. 효문제 탁발굉이 이룬 업적은 한족 학자들이 아무리 폄훼할지라도 결코 훼손될 수 없는 것이다. 실제로 후대인들은 그의 업적을 높이 평가했다. 탁발굉이야말로 남북 민족이 하나로 융합해 현대의 중국 민족을 형성하는 데 결정적인 공헌을 한 당대 최고의 인물이라는 게 21세기 중국 학계의 일반적인 평이다.

제7장

호태후와
이주영의
발호

불교를 사랑한 태후의 방탕

북위는 도무제 탁발규가 '자귀모사' 원칙을 정립한 이후 이것이 하나의 규범이 되었다. 이로 인해 모든 황제는 즉위 직후 비명횡사한 생모를 추시할 때마다 깊은 상념에 젖을 수밖에 없었다. 그러나 호태후가 낳은 효명제孝明帝 원후元詡 이후에는 이런 비극적인 운명을 피할 수 있었다. 다만 이에 따른 부작용도 만만치 않았다. 도무제 탁발규가 우려한 것처럼 수렴청정에 나선 모후의 교만과 음란을 부추기는 계기로 작용한 게 그렇다. 국가 차원에서 보면 이게 더 치명적이었다. 실제로 북위는 이로부터 쇠망의 길로 치닫기 시작했다. 선무제 원각은 효문제 탁발굉의 아들이다. 그는 황숙 원희가 모반했을 때 원씨 성의 황족들을 불신했다. 그 대신 외숙인 고조高肇의 말을 충실히 좇았다. 고조는 선무제 원각의 고모인 고평공주를 처로 맞아들였다. 그의 동생 고언高偃의 딸은 원각의 황후가 되었다.

고조는 붕당을 결성해 북해왕 원상元詳과 청하왕 원역元懌을 제거했다. 또 선무제 원각을 충동해 황족들을 멀리하고, 엄히 방비케 했다. 마치 죄수를 다루는 듯했다. 그의 전횡은 여기에 그치지 않았다. 궁인을 보내 황후 우씨를 독살한 게 그렇다. 이때 의관에게 명해 우씨 소생의 세 살짜리 아이의 병을 방치함으로써 요절하게 만들었다. 이로 인해 조야의 인사들이 그에 대해 커다란 원한을 품었다. 고조는 무공을 세워 위신을 더욱 높일 생각으로 연창延昌 3년(514년) 친히 대군을 이끌고 가 촉 땅을 정벌했다.

호태후는 본래 하주자사 호국진胡國珍의 딸로 10여 세 때 입궁했다. 그녀의 고모는 비구니로 불경에 밝아 선무제 원각이 어렸을 때 입궁해 불경을 강설하는 역할을 맡았다. 몇 년 후 그녀는 환관 및 비빈들과 가까워지자 이내 자신의 조카딸이 총명한 데다 미려하다는 사실을 황제에게 전해 줄 것을 부탁했다. 선무제 원각이 이 얘기를 듣고 곧 내궁으로 불러 승화세부承華世婦(빈 아래 직급의 후궁)에 봉했다.

북위의 '자귀모사' 관행 때문에 궁내의 비빈은 모두 자신이 낳은 황자가 태자로 책봉되지 않기를 빌었다. 그러나 호씨는 대담하게도 주변에 이같이 말하곤 했다.

"천자에게 후계자가 없어서야 되겠는가? 나는 죽음을 두려워하지 않는다. 황상의 후사를 생각하면 태자를 낳는 게 가장 좋은 일이다."

그녀가 임신하자 주변 사람들은 그녀에게 유산시킬 것을 권했다. 선무제 원각과 황후 우씨 사이에 낳은 아들이 이미 요절한 까닭에 호씨가 아들을 낳을 경우 태자로 책봉될 공산이 컸다. 호씨는 전혀 두려워하지 않고 야심한 밤에 부처에게 이같이 기원했다.

"저의 소생이 보위에 오르기만 하면 저는 죽게 될지라도 사양하지 않을 것입니다!"

호씨는 황자를 낳은 후 충화빈으로 진봉됐다. 선무제 원각의 아들들은 태어나자마자 이내 고조와 그의 조카딸인 고황후에 의해 죽임을 당했다. 선무제 원각은 나이를 먹어 가면서 호씨 소생의 유일한 황자를 엄히 보호할 필요가 있었다. 이에 자신이 직접 유모와 보모로 선발한 데 이어 별도의 궁전을 택해 전문적으로 황자를 양육했다. 황후와 호씨 본인의 출입도 엄금했다.

이듬해인 연창 4년(515년), 선무제 원각이 병사했다. 당시 33세였다. 대신 최광崔光과 우충于忠, 왕현王顯 등이 황급히 나이 6세의 원후를 황제로 옹립했다. 그가 바로 효명제다. 고태후는 황급히 좌우와 협의해 효명제의 생모인 호씨를 살해하려 했다. 최광 등이 이 소식을 듣고는 급히 사람을 시켜 호귀빈을 고태후가 모르는 곳에 안치한 뒤 병사들을 보내 엄히 보호했다. 당시 고조는 군사들을 이끌고 밖에 나가 있었다. 최광 등은 곧 고태후의 조명을 빌려 고조를 녹상서사에 임명했다. 이어 어린 황제 효명제 원후의 명의로 된 서신을 고조에게 보내 속히 군사를 이끌고 돌아올 것을 권했다. 고조는 선무제 원각이 붕어했다는 소식을 듣고는 곧바로 돌아와 태극전에서 크게 곡읍했다.

고양왕 원옹元雍은 우충 등과 함께 밀모해 10여 명의 장사를 태극전 밖에 매복시켰다. 고조는 거애를 마친 후 곧바로 중서성 내에 있는 한 방으로 인도됐다. 그가 말을 하기도 전에 여러 명의 장사들이 나와 그의 목을 졸라 죽였다. 이후 고조의 죄를 성토하며 자진을 명하는 황제 명의의 조서가 발견되었다. 황혼이 들 무렵 태감들이 그의 시체를 궁중의 오물을 내가는 편문을 통해 집으로 보냈다.

대신들은 고조를 제거한 후 호귀빈을 황태비로 올렸다. 이어 고태후를 폐한 후 유폐용 궁전의 역할을 하는 요광사瑤光寺로 보냈다. 얼마 후 황태비를 황태후로 올리면서 수렴청정을 청했다. 태후가 된 호씨는 수렴청정 초기만 하더라도 황제만이 쓸 수 있는 명칭인 조詔 대신 영令을 칭하면서 군신들에게 상서할 때 '전하'를 칭하게 하는 등 감히 방자한 모습을 보이지 못했다. 그러나 얼마 후 왕명인 '영'을 황명 '조'로 바꾸고, 상서할 때 '전하' 대신 '폐하'를 쓰도록 하면서 스스로 '짐'을 칭했다. 그녀가 대권을 장악한 후 처음으로 한 조치는 자신의 부친 호국진을 시중에 임명하고 안정공에 봉한 일이다. 군신들의 반응을 보기 위해 어린 황제가 제사 의식을 거행할 수 없다는 구실을 내세워 이를 대행하는 방안을 최광에게 문의했다. 최광이 한나라 때 등태후鄧太后가 거행한 예를 들어 찬동하고 나섰다. 호태후가 크게 기뻐하며 북위의 역대 황제에게 올리는 대제大祭를 직접 주관했다.

호태후 일가는 불교를 신봉했다. 선무제 원각이 요광사를 지은 것을 흉내 내 거대한 영녕사永寧寺를 영건한 뒤 높이 1장8척에 달하는 순금의 불상을 봉안했다. 사람 크기의 크고 작은 금불상 10개와 옥석으로 만든 2개의 거대한 불상도 만들어 안치했다. 또 기단을 깊이 파내려 간 9층 높이의 거대한 부도도 만들었다. 부도의 높이는 90장에 달했다. 깊은 밤에 부도의 풍령이 울리면 십 리 밖에서도 그 소리를 들을 수 있었다. 본존을 안치한 대웅전은 황궁의 태극전처럼 광대했다. 남문은 황궁의 단문처럼 거대했고, 사찰 내 승방은 천 칸에 달했다. 『자치통감』의 지적이다.

"불법이 중국에 들어온 이래 탑이 이처럼 높고 성대한 적은 일찍이 없었다."

호태후의 호불好佛 행보는 북위의 백성들이 대거 승려의 길로 나아가는 계기로 작용했다. 이로 인해 생산과 군역에 종사하는 사람의 숫자가 날이 갈수록 줄어들었다. 대신들이 거듭 간했으나 호태후는 귀를 막았다.

희평熙平 3년(518년) 2월, 호국진이 병사했다. 호태후는 크게 애통해하면서 가황월, 상국, 태사에 추증하고 태상진공에 봉했다. 이어 작고한 모친에 대해서는 태상진효목군太上秦孝穆君에 봉하면서 곧바로 이장해 부친의 시신과 합장했다. 황후와 황태후의 생부를 '태상'으로 칭한 것은 전례 없는 일이었다. 대신들이 이를 간하자 호태후는 곧 왕공 대신들을 호국진의 집에 소집한 뒤 이를 논의케 했다. 대다수 대신들이 분분히 호태후의 뜻에 부합했다. 호태후가 이를 간한 장보혜張普惠에게 말했다.

"짐의 소행은 효행의 취지에서 나온 것이다. 경의 간언은 충신의 길이다. 지금 왕공 대신들이 모두 동의했으니 다시 이에 대해 말하지 말라!"

이어 호태후는 다시 전적으로 죽은 부친만을 위한 사묘를 만들어 극락왕생을 빌었다. 이 사찰 또한 영녕사와 마찬가지로 화려하기 짝이 없었다.

호태후가 지나치게 불교를 숭상하는 모습을 보일 당시 어린 효명제 원후는 수렵을 즐겼다. 그러나 이들 모자는 나름 뛰어난 면이 있었다. 신하들의 진언을 경청한 게 그렇다. 장보혜와 같은 신하들이 시정의 득실을 논한 상주문을 올리면 곧바로 선광전으로 불러들여 그들의 건의를 주의 깊게 들었다. 또한 왕공과 친족의 범법에 대해서는 거의 관용을 베풀지 않았다.

호태후가 총애하는 환관 중에 유등劉騰이라는 자가 있었다. 그는 비록 글을 전혀 모르기는 했으나 주인의 속마음을 헤아리는 데 탁월한 바가 있었다. 호태후는 그가 자신을 보호한 공을 높이 사 시중에 임명했다. 유등은 승진 등을 미끼로 사방에서 뇌물을 그러모았다. 이때 천문을 담당하는 관원이 천상天象에 이상한 조짐이 있어 한 명의 귀인이 죽어야 한다고 고하자 곧바로 사람을 요광사로 보내 고태후를 은밀히 해치우게 한 뒤 비구니 의식으로 장사지냈다.

당시 호태후는 부처의 설법을 논한 진경眞經을 구하기 위해 사방으로 승려를 보내 이를 손에 넣고자 했다. 불경을 얻기 위해 서역으로 간 승려가 매우 많았다. 이로 인한 국고의 낭비는 말할 수 없이 컸다. 그럼에도 당시 북위가 북방의 패자로 오랫동안 군림한 까닭에 서역의 소국들이 바치는 공물이 끊이지 않고 있었다. 게다가 남조와의 무역도 매우 활발해 국고는 늘 가득 차 있었다.

한번은 비단을 쌓아 놓은 창고를 돌다가 수행하고 있던 왕공 귀족 1백여 명에게 손에 넣을 수 있는 만큼 마음대로 가져가게 했다. 그러자 온 힘을 다해 비단 1백 필을 갖고 간 자도 있었다. 탐욕을 부리던 상서령 이숭李崇과 장무왕 원융元融은 너무 많이 들고 가다 길에서 넘어져 각각 허리와 다리를 다쳤다. 이 소식을 들은 호태후가 크게 웃다가 문득 화를 내며 좌우의 위사에게 명해 두 사람에게는 단 한 필도 가져가지 못하게 했다. 당시 사람들은 이를 웃음거리로 삼았다. 유독 시중 최광만이 2필을 가져갔다. 호태후가 기이하게 생각해 그 연유를 묻자 최광이 이같이 대답했다.

"신의 두 손은 오직 두 필을 들 수 있을 뿐입니다."

그 말에 곁에 있던 사람들이 모두 부끄러워 얼굴을 들지 못했다.

최광은 명철보신明哲保身의 전형에 해당한다. 후에 원예元乂가 정사를 어지럽게 하고 호태후가 함부로 사람을 죽일 때 그는 적극적으로 나서지 않았다. 이처럼 진퇴를 절도 있게 함으로써 그는 73세까지 살았다.

북위는 호태후가 권력을 장악했을 때가 극성기였으나 이는 회광반조에 해당했다. 당시 북위의 종실과 대신들 모두 크게 부유했다. 고양왕 원옹의 경우에는 그 부유함이 황실에 못지않았다. 노복이 6천 명, 악기樂妓가 5백 명에 달했다. 출타할 때면 의장대와 시위대로 인해 길이 꽉 찰 정도였고, 돌아올 때는 밤늦게까지 취주악의 소리로 시끄러웠다. 한 끼의 식사를 위해 수만 전을 썼다.

상서령 이숭도 고양왕 원옹과 별반 차이가 없었다. 다만 이숭은 크게 인색해 늘 사람들에게 이같이 말했다.

"고양왕의 한 끼 식사는 내가 1천 일이나 먹을 수 있는 비용이다!"

하간왕 원침元琛은 늘 고양왕 원옹과 부유함을 다퉜다. 그는 준마의 말구유를 온통 은으로 만들었다. 모든 창과 문에는 방울과 여의주를 입에 문 옥제 및 금제 용봉을 매달았다. 여러 왕들을 불러 연회를 베풀 때 수정과 마노, 붉은 구슬 등으로 만든 기이한 술잔을 내오게 했다. 또 한번은 자신이 보유하고 있는 여악과 명마, 각종 진기한 보물들을 늘어놓은 뒤 여러 왕들을 이끌고 가 돈과 비단 등이 가득 차 있는 자신의 창고까지 두루 보여 주었다. 의기양양해진 그는 곧 곁에 있던 장무왕 원융에게 말했다.

"내가 석숭을 보지 못한 게 한이 아니라 석숭이 나를 보지 못한 게 한이오!"

호태후는 쉬지 않고 사묘寺廟를 건립하면서 각 주에 명해 5층 부도를 세우게 했다. 이로써 민력이 크게 피폐해졌다. 낙양성 내의 왕공과 귀인, 환관, 공주 등도 다투어 사묘를 건립했다. 호태후는 수시로 대규모 음식을 차려 여러 승려와 넋을 공양하는 법회인 재회齋會를 열어 크게 시사했다. 이런 일로 인해 부고가 이내 비게 되었는데도 그녀는 백성에게 은혜를 베푸는 조치를 취하지 않았다.

하남성 낙양에 위치한 용문 석굴은 북위 때부터 송나라에 이르기까지 4백 년에 걸쳐 만들어졌다. 암벽을 따라 늘어선, 크고 작은 2천여 개의 굴 속에 불상과 불탑이 모셔져 있다.

선무제 원각의 치세 때 환관 백정白整이 명을 받고 효문제와 고황후를 위해 용문산龍門山에 두 개의 큰 석굴을 뚫은 바 있다. 그 높이가 무려 1백 척에 달했다. 이후 태감 유등이 다시 선무제 원각을 위해 커다란 석굴을 조성했다. 24년 동안 모두 18만2천 명이 동원됐음에도 완공을 보지 못했다. 석굴을 뚫어 사묘를 짓는 일은 많은 시간과 공력을 요한다. 여기에 들어간 비용은 상상키가 어렵다.

호태후는 신하와 환관, 화상, 무뢰배 중에서 용모가 뛰어난 자들을 남총으로 두었다. 청하왕 원역은 풍모가 준수했다. 호태후는 강압적으로 시동생인 원역과 사통했다. 청하왕 원역은 원래 경박한 인물이 아니었다. 재능도 있고 문학도 뛰어나 사대부들로부터 높은 평가를 받고 있었다. 당시 호태후 여동생의 남편인 원예는 금군을 통솔하는 장군으로 있었다. 그는 태감 유등과 한통속이 되어 매관매직을 한 탓에 원역의 비난을 받았다. 앙심을 품은 원예와 유등은 이내 밀모한 뒤 평소 어린 황제 원후의 수라를 감독하는 환관 호정胡定을 시켜 원역이 독살을 시도했다고 고하게 했다. 이때 원예는 호정에게 자신이 보위에 오르면 부귀영화를 보장하겠다고 약속했다.

당시 겨우 11세에 불과한 효명제 원후는 호정의 얘기를 사실로 믿었다. 이날 밤 원예와 어린 황제 원후 등이 호태후를 영항문에 가뒀다. 이어 원역에게 사람을 보내 입궁토록 한 뒤 은밀히 자객을 배치해 입궁하는 원역을 간단히 제거했다. 당시 원역의 나이는 34세였다. 이때 원예 등은 호태후의 조명을 사칭해 태후가 병이 나 대권을 황제에게 돌려준다고 선언했다. 호태후는 북궁의 선광전에 갇힌 채 빠져나올 길이 없었다. 어린 효명제 원후가 모후를 만나고 싶어 했으나 유등이 열쇠를 관리하고 있는 까닭에 만날 방도가 없었다. 당시 호태후는 추위와 굶주림으로 거의 죽을 지경에 이르자 이같이 탄식했다.

"호랑이를 키우다 물린다고 하더니 바로 내가 그 꼴이 되었구나!"

북위의 대권은 모두 원예와 유등의 손에 넘어갔다. 조정의 외조外朝는 원예, 궐내의 내조內朝는 유등이 전권을 행사했다. 모든 관직이 이들에 의해 좌지우지됐다. 원예의 부친 경조왕도 아들의 권력에 기대 권세를 휘둘렀다. 이들은 변방의 6진 군사들을 가혹하게 착취하면서 사사로이 남조와 교역해 부를 쌓았다.

종실 내에서 원정덕元正德과 원법승元法僧의 반란이 잇따라 일어났다. 북쪽의 유연을 비롯해 삭주의 호인과 남진주의 호족 등까지 들고 일어나자 6진의 군민들이 더 이상의 학대를 참지 못하고 줄지어 반기를 들었다. 수용군의 걸복막우乞伏莫于가 반기를 들었을 때 수용군의 추장 이주영爾朱榮이 군사를 이끌고 가 이를 평정했다.

정광正光 4년(523년) 4월 태감 유등이 병사했다. 이때 집정한 지 3~4년이 된 원예는 이제 천하를 완전히 장악한 것으로 생각해 호태후에 대한 감시를 소홀히 했다. 호태후는 기회를 잡아 효명제 원후를 만나게 되자 자신은 장차 숭산嵩山으로 들어가 비구니가 되겠다고 말하면서 들고 있던 가위로 머리를 잘랐다. 그러나 군신들과 효명제가 간절히 애원한 덕분에 모자가 함께 가복전에 머물 수 있게 됐다. 이미 어느 정도 성장한 효명제 원후는 호태후와 오간 얘기 등을 일일이 원예에게 고해바치는 척했다. 이에 원예는 자신이 전과 마찬가지로 효명제 원후로부터 깊은 신임을 받고 있는 것으로 착각했다.

정광 6년(525년) 2월, 호태후와 효명제 모자가 문득 원예를 금군 통수의 자리에서 밀어낸 뒤 표기대장군, 개부의동삼사, 상서령, 시중, 영좌우 등에 임명했다. 원예는 약간 불안해했으나 결코 쫓겨나지는 않으리란 것을 알았다. 호태후는 여동생의 남편이라는 생각 때문에 머뭇거리며 원예를 주살하지 못했던 것이다. 호태후가 권력을 탈환한 후 원예에 의해 쫓겨났던 종실 원순元順이 다시 발탁돼 시중이 되었다. 하루는 원순이 호태후 곁에 앉아 있다가 문득 태후 뒤에 있는 그녀의 여동생을 가리키며 이같이 말했다.

"폐하는 어찌하여 자매 관계라는 이유로 원예의 죄를 다스려 천하인의 원한을 풀어 주는 일을 하지 않는 것입니까?"

이에 호태후가 아무 말도 하지 않았다. 군신들도 기회가 있을 때마다 결단을 촉구했다. 효명제 원후도 거듭 분명한 조치를 요구했다. 호태후는 거듭 유예하다가 마침내 원예와 그 동생 원과^{元瓜}에게 자진을 명하는 조명을 내렸다.

호태후는 몇 년간에 걸친 유폐 생활 동안 쌓인 한을 풀고자 평소 하고 싶었던 바를 마음껏 행하였다. 짙게 화장을 하거나 쉬지 않고 고관 친척 집으로 놀러 다녔다. 이를 보다 못한 대신 원순이 직간했다.

"옛 법에 따르면 부인은 남편이 죽은 뒤 스스로 미망인을 칭했습니다. 머리를 주옥으로 장식하지도 않고, 무늬가 들거나 채색한 옷도 입지 않습니다. 폐하는 천하에 임하면서 나이가 이미 40세가 다 되었습니다. 화장이 과도하니 어찌 후세에 모범이 될 수 있겠습니까?"

호태후가 이내 환궁한 뒤 원순을 불러 질책했다.

"내가 그대를 다시 조정에 불렀는데 어찌 많은 사람들이 있는 자리에서 모욕을 줄 수 있는 것인가?"

원순이 직언했다.

"폐하는 천하인의 비웃음이 두렵지 않습니까? 어찌 소신의 한마디에 그토록 수치스러워하는 것입니까?"

풍태후는 대신 정엄^{鄭儼}을 총애한 나머지 이내 간의대부^{諫議大夫}에 임명했다. 그는 밤낮으로 궁중에 머물며 시중든 까닭에 오히려 시의대부^{侍衣大夫}라고 부를 만했다. 정엄이 일이 있어 집에 갈 때면 태후는 늘 몇 명의 태감을 데려가게 했다. 정엄은 부인을 보면 몇 마디 한담을 나눈 뒤 곧바로 궁으로 돌아왔다. 이밖에도 중서사인 서흘^{徐紇}이 있었다. 세인들은 두 사람을 한데 묶어 '서정^{徐鄭}'으로 칭했다.

『남사』에 따르면 북위의 대장 양대안^{楊大眼}의 아들 양화^{楊華}는 풍모도 당당했을 뿐만 아니라 무용도 뛰어났다. 호태후를 배견한 뒤 특별한 총애를 입게 된 그는 이 일이 들통 나 멸족을 당할까 우려해 기회를 보아 집으로 황급히 돌아온 뒤 부곡^{部曲}을 이끌고 남조 양나라로 도주했다.

이 와중에 남쪽과 북쪽 변경에서 수비 병사들의 반란이 잇달았다. 제주와 동청하군, 동군, 광천, 진군 등지의 군민이 이에 호응했다. 북위가 바야흐로 일거에 무너져 내릴 양상이었다. 반군을 진압하는 과정에서 수용군의 군벌 이주영의 힘이 날로 강화돼 안북장군에 임명됐다. 그는 군사를 이끌고 사주를 지나던 중 자사 울경빈^{尉慶賓}이 성문을 열고 영접하지 않자 이내 성을 함몰시킨 뒤 스스로 자사를 배치했다. 조정은 이를 알고도 별다른 조치를 취하지 못했다. 이때 남조의 양나라가 제나라를 멸하는 과정에서 북위로 망명해 옹주자사로 있던 소보인^{蕭寶寅}이 북위의 내분을 틈타 관우^{關右}를 점거하고 스스로 황제를 칭하면서 연호를 융서^{隆緒}로 정했다.

효창^{孝昌} 4년(528년) 정월 효명제 원후의 반빈이 딸을 낳았다. 호태후가 대외적으로 황자를 낳았다고 사칭하면서 일대 사면을 행한 뒤 연호를 무태^{武泰}로 바꿨다. 호태후가 재차 집정한 이래 간신들이 발호해 정사가 극도로 문란해졌다. 도적이 사방에서 봉기하고 영토 또한 날로 오그라들었다. 효명제 원후가 점차 장성함에 따라 호태후는 좌우가 자신의 행실을 효명제에게 누설할까 두려워했다. 산기상시 곡사회^{谷士恢}는 효명제와 매우 가까웠다. 두 사람이 늘 오랫동안 얘기를 나누자 호태후는 곡사회를 지방의 자사로 내려 보내고자 했다. 곡사회가 거부하는 태도를 보이자 호태후는 측근을 시켜 그를 무함해 이내 주살했다. 선비어에 능통한 한 도인은 효명제 곁에서 고문 노릇을 하다 호태후가 보낸 자객에 의해 척살됐다. 호태후는 그가 도적에 의해 피살됐다고 거짓말하면서 범인 체포를 위해 현상을 내걸기도 했다. 이로 인해 모자 사이에 갈등이 심화됐다.

수용군의 이주영은 이를 틈타 더욱 세를 확장했다. 북위를 넘보기 시작한 그는 곧 상주문을 올려 반군을 진압하기 위해 정병을 이끌고 상주로 들어가는 것을 윤허해 달라고 청했다. 호태후는 북해왕 원호^{元顥}가 이미 2만 명의 군사를 이끌고 상주로 들어갔다는 이유로 이를 허락하지 않았다. 화가 난 이주영은 곧 군민을 소집해 북쪽으로 마읍^{馬邑}, 동쪽으로 정형^{井陘}을 봉쇄한 뒤 반란을 꾀했다. 대신 서흘이 이주영의 휘하에게 공신에 봉하는 녹권을 내리는 방안을 호태후에게 건의했다. 이주영 군사의 내분을 일으키기 위한 계책이었다. 그러나 이주영이 속셈을 읽어 호태후에게 더 큰 원한을 품게 됐다.

당시 효명제 원후는 호태후의 총애를 받는 정엄과 서흘을 극도로 혐오했으나 상황이 여의치 못해 제거하지 못했다. 그러던 중 효명제는 마침내 하나의 계책을 냈다. 이주영에게 밀조를 보내 군사를 이끌고 도성으로 진격케 하는 방안이었다. 호태후를 압박해 친정을 실현시킬 심산이었다. 이주영은 밀조를 받고 뛸듯이 기뻐했다. 곧바로 휘하의 고환高歡을 선봉으로 내세워 낙양으로 진격했다. 고환은 훗날 북제北齊를 세운 인물이다. 이들이 상당에 이르렀을 때 문득 진군을 저지하는 조명이 내려왔다. 정엄과 서흘은 머잖아 화가 닥칠 것을 우려해 호태후에게 효명제의 제거를 부추겼다. 결국 효명제 원후는 무태 원년(528년) 4월 생모 호태후에 의해 독살됐다. 당시 그의 나이 19세였다.

전에 풍태후도 헌문제 탁발홍을 독살한 바 있다. 탁발홍은 풍태후 소생이 아니었으나 효명제 원후는 호태후 자신이 낳은 자식이었다. 호랑이도 자식은 잡아먹지 않는 법인데 호태후는 자신의 친자식을 독살한 것이다. 호태후는 우선 황자로 둔갑시킨 반빈 소생의 황녀를 황제로 내세웠다가 곧바로 임도왕 원교元釗로 교체했다. 원교는 겨우 세 살에 불과했다. 호태후는 오랫동안 집권할 요량이었다. 이주영은 이 소식을 듣고 대로했다. 그가 좌우에 말했다.

"황상이 서거했다. 비록 19세가 되었다고는 하나 아직 어린 군주에 불과했다. 지금 말도 제대로 하지 못하는 유아를 다시 내세워 천하에 임하려고 하니 과연 나라가 태평할 수 있겠는가?"

그리고는 곧 장락왕 원자유元子攸를 옹립한 뒤 군사들을 이끌고 낙양으로 진격했다. 이 소식을 듣고 크게 놀란 호태후는 곧 왕공 대신들을 소집해 대책을 상의했다. 대신들 모두 호태후가 자신의 친자식인 효명제를 독살한 것을 알고 있어 계책을 내려고 하지 않았다. 오직 서흘만이 나서서 이같이 건의했을 뿐이다.

"이주영은 일개 호인胡人에 불과하니 어찌 감히 조정을 향해 창을 겨눌 수 있겠습니까? 우리는 이일대로^{以逸待勞}의 계책을 택해 저들이 피로해질 때를 기다려 제압하면 됩니다."

호태후가 이를 받아들여 황문시랑 이신궤^{李神軌}를 보내 이주영의 진격을 막게 했다. 이신궤는 그녀의 비역질 대상이었고 그의 부친은 비단을 너무 많이 갖고 가다 허리를 다친 이숭이었다.

이신궤는 하교^{河橋}에 군사를 주둔시켰다가 북중^{北中}이 함몰됐다는 얘기를 듣고는 곧바로 말머리를 돌려 도주했다. 이때 서흘은 조명을 구실로 황실 전용 마구간에서 가장 좋은 준마 10필을 끌어내 밤을 새워 동쪽 연주로 달아났다. 정엄도 야음을 이용해 옛집으로 도주했다. 이로 인해 호태후 홀로 남게됐다. 그녀는 이내 효명제의 비빈들을 모두 머리를 깎아 출가시키고 자신 역시 머리를 깎고 비구니가 되어 속죄코자 했다.

낙양에 입성한 이주영은 곧 백관들을 소집한 뒤 자신이 옹립한 원자유를 배견케 했다. 그가 바로 북위의 경종^{敬宗}인 효장제^{孝莊帝}이다. 이주영은 이어 군사를 보내 호태후와 어린 황제 임도왕 원교를 잡아오게 했다. 호태후가 목숨을 구하기 위해 구구히 변명하자 이주영이 냉소를 지은 뒤 사람을 시켜 호태후와 임도왕을 황하에 내던지게 했다. 황하에서 떴다 가라앉기를 반복하다 익사한 호태후가 과연 자신의 죄과를 깨달았는지는 알 길이 없다. 도도히 흐르는 황하만이 대략 짐작했을 것이다.

북위의 몰락을 재촉한 이주영

북위는 본래 막강한 무력을 자랑한 북방의 대국이었다. 그러나 효문제 탁발굉이 낙양으로 천도하며 전면적인 한화를 시도한 후 초원을 내달리는 기마민족의 무예 숭상 기풍이 급격히 사라졌다. 게다가 황제가 20~30세에 병사하거나, 30~40세에 시해를 당하거나, 10여세 안팎으로 생모에 의해 독살을 당하거나 하는 일이 빈발했다. 북위의 효문제 탁발굉이 33세에 병사한 후 뒤를 이은 선무제 원각은 재위 17년 만에 나이 33세로 병사했다. 선무제의 아들 효명제 원후는 6세에 즉위하였다가 재위 13년 만인 19세 때 생모인 호태후에 의해 독살됐다. 호태후는 대권을 행사하면서 음탕하고 사치스런 행보로 일관했다. 수많은 불사를 일으키고, 일종의 정부情夫인 면수面首를 총애하고, 백성에 대해서는 극히 사소한 재물까지 긁어내 모래알처럼 낭비하는 모습을 보였다.

당시는 외우外憂가 없었다. 북쪽의 유연과 남쪽의 양나라는 모두 북위에 맞서 대전을 벌일 입장이 못 되었다. 북위는 결국 내환으로 패망한 셈이다. 도탄에 빠진 백성들이 들고 일어나고, 도처에서 도적이 창궐하면서 당당했던 북위는 일거에 무너지고 만 것이다. 북위를 지탱하고 있던 기둥이 이미 좀이 슬어 텅 빈 상황이어서 외부에서 약간의 힘만 가할지라도 이내 스스로 무너질 수밖에 없는 형국이었다. 이주영이 바로 그런 역할을 했다.

이주영은 자가 천보天寶로 북위의 북쪽 지역에 있는 수용군 출신이다. 그의 집안은 누대에 걸쳐 이주천爾朱川으로 불리는 곳에서 살아온 까닭에 '이주'를 성으로 갖게 됐다. 이로 인해 이주씨는 줄곧 부락의 추장이 되었다. 학자들은 이들을 갈족에서 갈라져 나온 혈족인 계호契胡로 보고 있다.

이주영의 조부는 이주대근爾朱代勤이다. 여러 차례에 걸쳐 태무제 탁발도와 함께 정벌에 나서 많은 공을 세운 덕분에 입의장군에 임명됐다. 그는 일찍이 부락민과 함께 사냥에 나섰다가 부락민이 호랑이를 향해 쏜 화살을 잘못 맞아 허벅지를 다친 적이 있다. 당시의 기준에서 볼 때 화살을 잘못 쏜 사람은 죽음을 면키 어려웠다. 그러나 이주대근은 화살촉을 뽑아낸 뒤 좌우에 이같이 말했다.

"이는 단지 잘못 쏜 것에 불과하다. 내가 어찌 이를 이유로 벌을 줄 수 있겠는가?"

이 소식을 들은 부락민 모두 크게 감동해 더욱 충성을 바쳤다. 그는 91세에 죽었다. 이주영의 부친은 이주신흥爾朱新興이다. 그가 기른 소와 양, 말, 낙타 등은 그 수를 헤아릴 수 없을 정도로 많았다. 그가 매번 전쟁이 일어날 때마다 사람과 말은 물론 돈과 곡식까지 제공하자 효문제 탁발굉이 크게 기뻐하며 그를 우장군, 광록대부에 임명했다. 낙양으로 천도한 후 그는 효문제로부터 겨울에 조정에서 근무하다가 여름에 부락으로 돌아가는 것을 허락받았다. 그가 입경할 때마다 왕공 귀족들은 그에게 진귀한 완물玩物을 보내 줬고, 그는 답례로 명마를 보냈다. 덕분에 그는 산기상시, 평북장군에 임명돼 남북 수용군을 총괄하는 추장이 되었다. 효명제 원후가 즉위하자 그는 상주문을 올려 추장의 자리를 아들 이주영에게 넘기는 것을 허락해 달라고 간청했다. 이를 허락받은 그는 퇴임 후 74세에 죽었다.

『자치통감』을 보면 이주영은 여러모로 당나라 때의 안록산과 닮았다. 배가 산만큼 크고, 얼굴에 구레나룻과 수염이 가득 나 있고, 보기 민망할 정도로 뚱뚱한 모습이 그렇다. 그러나 『북사』와 『위서』 등에는 흰 피부에 아름다운 용모를 지니고 있었고 어렸을 때부터 매우 총명했던 것으로 나온다. 이주영은 장성한 후 사냥을 매우 좋아했다. 매번 부락민을 모아 집단으로 수렵을 했다. 이때 그는 군진軍陣의 진법을 구사했는데 호령이 엄정해 감히 범할 수 없었다. 전투를 벌이는 것과 하등 차이가 없었다. 그는 일찍이 부친 이주신흥과 함께 기련지祁連池로 놀러갔다가 문득 공중에서 나는 피리와 북소리를 듣게 되었다. 부친이 그에게 말했다.

"부락의 노인에게 들었는데 이런 소리를 듣는 사람은 재상의 자리에 오른다고 했다. 나는 이미 늙었으니 너에게 반드시 징험微驗이 있을 것이다. 열심히 노력하도록 해라."

공교롭게도 이주영이 부친의 작위를 이어받은 직후 북위는 크게 어지러워지기 시작했다. 효명제 원후의 정광正光 연간인 서기 520년에서 525년 사이 호태후가 집정하면서 사방에서 반란이 잇달아 발생했다. 이주영은 의용군을 모집한 뒤 대신 이숭을 수종해 북위의 변경을 침공한 유연의 가한 아나환阿那瓌과 싸웠다. 4천 명의 휘하 군사가 분투한 덕분에 아나환을 고비 사막까지 추격할 수 있었다. 이어 남쪽 수용군에서 일어난 만자걸진萬子乞眞의 반란과 수용군의 걸복막우 반란을 잇달아 평정했다. 이로 인해 직각장군, 평북장군에 임명됐다. 과사瓜肆의 유아여劉阿如와 칙륵敕勒의 북렬보약北列步若이 난을 일으켰다가 곧바로 이주영에 의해 평정됐다. 이에 이주영은 안평현개국후安平縣開國侯에 봉해졌다. 식읍은 1천 호였다.

북위의 내란 상황이 더욱 악화되는 시점에 그는 다시 곡률낙양斛律洛陽을 심정深井에서 격파하고, 비야두費也頭를 하서 지역까지 내몰았다. 이에 북도도독에 임명됐다. 얼마 후 다시 위장군으로 승진한 데 이어 사지절, 안북장군에 임명되고 박릉군공에 봉해졌다. 이때 원래의 식읍에 5백 호가 더해졌다.

1만 명에 불과한 군사를 이끌고 남북으로 반군 토벌에 나서면서 그는 점차 북위의 군사와 반군 모두 오합지졸에 불과하다는 사실을 알게 됐다. 그가 사주에 이르렀을 때 자사 위경빈은 이주영을 크게 꺼린 데다 해를 당할까 두려워한 나머지 성문을 열고 나가 영접하지 않았다. 대로한 이주영이 성을 함락시킨 뒤 임의로 자신의 족숙인 이주우생爾朱羽生을 자사로 앉히고, 위경빈은 자신의 근거지인 수용군으로 압송했다. 이는 평시의 기준으로 보면 대역죄에 해당한다. 그러나 도처에서 반란이 일어나고 있는 데다 이주영의 위세가 막강한 까닭에 북위 조정은 아무 조치도 취할 수 없었다. 오히려 그에게 진북장군의 직함을 더해 주었을 뿐이다.

얼마 후 이주영은 선우수례鮮于修禮의 반란 소식이 들려오자 곧바로 상서해 군사를 이끌고 가 토벌할 뜻을 밝혔다. 조정이 크게 기뻐하며 그를 정동장군에 임명한 뒤 병주와 사주, 분주, 광주, 항주, 운주 등 6개 주의 군사권을 통수케 했다. 관작도 대도독, 금자광록대부로 올라갔다. 그는 반기를 든 선비족 갈영葛榮의 군세가 융성한 것을 보고 이들이 남진해 업성을 압박할까 크게 우려했다. 곧바로 상서해 병사 3천 명을 증원해 줄 것을 청했다. 그러나 효명제 원후는 이에 응답하지 않았다. 그는 다시 상서해 속히 군사를 파견해 부구澨口를 지킴으로써 산동의 반군이 서쪽으로 도주하는 것을 막아야 한다고 역설했다. 그러나 호태후가 지휘하고 있는 조정은 이번에도 이를 허락하지 않았다. 대로한 이주영은 곧 대대적으로 병마를 모은 뒤 북쪽으로 마읍, 동쪽으로 정형을 봉쇄함으로써 무력의 근거지로 삼았다. 이 와중에 생모 호태후와 갈등을 빚던 효명제 원후가 밀조를 보내 속히 군사를 이끌고 낙양으로 올 것을 주문하자 이주영은 크게 기뻐하며 곧바로 기병했다. 그는 진군 도중 반쯤 이르렀을 때 효명제 원후가 이미 붕어했다는 소식을 듣게 되었다. 대로한 이주영은 곧바로 상서했다.

"지금 나라 안이 크게 소란스러우니 사람들이 모두 이구동성으로 대행 황제가 독살됐다고 말합니다. 신 등은 밖에 있다가 들은 까닭에 단지 스스로 추측해 볼 따름입니다. 무태 원년(528년) 4월 25일까지 성체가 강녕했는데 바로 다음 날 홀연히 승하했으니 의혹이 들지 않을 수 없습니다. 지금 어린아이를 보위에 앉히는 등 간신들이 나라의 기강을 어지럽히며 전횡하고 있으니 이는 눈을 가린 채 참새를 쫓고, 귀를 막은 채 종을 훔치는 격이나 다름없습니다."

이주영은 대군을 이끌고 곧바로 낙양으로 진격하면서 종질 이주천광爾朱天光 등 측근을 시켜 장락왕 원자유를 배견케 한 뒤 곧바로 황제로 옹립했다. 그가 경종 효장제다. 효장제 원자유는 곧 이주영을 사지절, 시중, 도독중외제군사, 대장군, 개부, 겸상서령, 영군장군, 영좌우, 태원왕에 봉했다. 식읍은 2만 호로 불어났다. 이주영은 낙양성에 입성한 후 곧바로 좌우를 시켜 호태후와 3세의 어린 황제 임도왕 원교를 황하에 내던지게 했다.

황제를 옆에 끼고 천하를 호령하다

이주영이 효장제 원자유를 옹립할 당시 원자유의 형인 팽성왕 원소^{元劭}와 그 동생 패성공^{覇城公} 원자정^{元子正}을 모두 하음으로 보내면서 원소를 무상왕, 원자정을 시평왕에 봉했다. 호태후와 임도왕 원교가 제거된 후 이주영의 측근 비목^{費穆}이 권했다.

"명공의 휘하 병사는 1만 명도 안 됩니다. 도성으로 직격하는 와중에 아무도 막는 자가 없어 대승을 거둔 위엄이 전혀 없습니다. 이에 군신들이 은밀히 딴생각을 품고 명공에게 복종하지 않고 있습니다. 대대적인 숙청을 가해 조정의 관원을 쇄신하지 않으면 안에서 변이 일어나 화가 미칠까 두렵습니다."

이주영이 고개를 끄덕이며 이내 다른 측근 모용소^{慕容紹}에게 물었다.

"낙양은 사람이 매우 많고, 사치가 일상화되어 있소. 내 생각에는 백관들이 새 황제를 배견할 때 모두 제거하는 게 좋을 듯싶은데 어찌 생각하오?"

모용소가 이의를 제기했다.

"호태후가 음란해 도를 잃고, 간신들이 권력을 농단하자 사해가 들끓었습니다. 그래서 명공이 이를 틈타 무력으로 조정을 깨끗이 할 수 있었습니다. 만일 아무 이유도 없이 조신들을 제거할 경우 충신과 간신이 모두 뒤섞여 제거될 터인데 그리되면 천하인이 실망할까 우려됩니다."

하지만 이주영은 이를 듣지 않았다. 그는 곧 효장제에게 청해 하서에서 하음까지 순회할 것을 권했다. 행궁의 서북쪽에서 백관을 이끌고 가면서 제천 행사를 한다고 둘러댔다. 백관이 모이자 이주영이 높은 대에 올라가 사방을 둘러보며 큰 소리로 꾸짖었다.

"천하가 어지럽게 되고 선황이 갑작스럽게 죽었으니 이는 모두 너희들이 제대로 보필하지 못한 탓이다. 조신들은 모두 탐학한 까닭에 응당 주살돼야 한다!"

그러고는 병사들을 풀어 이들을 모두 도륙했다. 『북사』와 『위서』의 기록에 따르면 1천3백여 명이 죽임을 당했다고 한다. 『자치통감』은 2천 명으로 기록해 놓았다. 위로는 승상 고양왕 원옹과 사공 원흠元欽, 의양왕 원략元略을 비롯해 아래로는 거상 중인 황문랑 왕준업王遵業 형제에 이르기까지 충신이든 간신이든 가리지 않고 모조리 도살했다. 이주영이 군사들에게 북을 치며 이같이 소리치게 했다.

"원씨가 이미 멸했으니 이주씨가 흥하리라!"

이주영은 곧 군사들에게 명해 칼을 빼어든 채 행궁으로 향하게 했다. 당시 효장제 원자유는 형제들과 함께 장막 밖으로 나와 무슨 일이 벌어지고 있는지 살펴보고자 했다. 몇 명의 군사가 다가와 효장제를 둘러싸고는 호위를 구실로 내세워 장막 안으로 들어가게 했다. 그동안 나머지 병사들이 무상왕 원소와 시평왕 원자정을 토막냈다. 효장제가 형제들의 비명을 듣고 황급히 무슨 일인지를 물었으나 군사들은 대답도 하지 않은 채 하교 쪽으로 몰아간 뒤 장막 안에 연금했다.

효장제는 보위에 오른 지 며칠 안 돼 친형제들이 눈앞에서 횡사하는 일이 빚어지리라고는 생각지도 못했다. 그가 곧 사람을 이주영에게 보내 물었다.

"제왕의 흥망과 성쇠는 무상한 법이오. 지금 사방이 와해된 상황에서 장군이 분연히 소매를 떨치고 일어나자 앞에 거칠 것이 없으니 이는 하늘의 뜻으로 그리된 것이지 인력으로 된 것이 아니오. 나는 본래 명대로 살고자 했으니 어찌 감히 망령되게 보위를 바랐겠소? 만일 천명이 장군에게 돌아간다면 장군은 응당 때에 맞춰 존호를 받아야 할 것이오. 만일 이를 사양하고 위나라의 사직을 보전코자 하면 역시 현자들을 택해 보필토록 해야 할 것이오."

이주영의 휘하인 고환이 칭제할 것을 권했다. 그러나 또 다른 장령 하발악 賀拔岳은 상반된 견해를 피력했다.

"장군은 역적을 제거하기 위해 의병을 일으킨 것이 아니오? 그런데 대공을 아직 세우지 못한 상황에서 칭제하면 이는 화단을 야기하는 것이니 무슨 좋은 일을 기대할 수 있겠소!"

이주영은 미신을 크게 믿어 곧 사람을 시켜 자신의 금상을 주조케 했다. 북위를 비롯해 북방 호인들은 황후를 선택하는 등의 중대한 일을 결정할 때 금상을 주조해 길흉을 점치곤 했다. 모두 네 차례에 걸쳐 주조했으나 금상이 주조되지 않았다. 그가 신임하던 무당은 이주영에게 천시와 인사가 모두 성숙하지 않았다고 말했다.

본래 한 지방의 추장에 지나지 않은 이주영은 수많은 조신들을 도륙한 상황에서 이런 말을 듣고는 한참 동안 멍하니 서 있다가 이같이 말했다.

"이런 큰 실수를 저질렀으니 응당 자진하여 조정에 속죄하는 수밖에 없다."

하발악이 고환을 죽여 하늘에 사죄할 것을 권하자 좌우가 말렸다.

한밤중인 4경쯤에 이르러 이주영은 효장제를 모시고 환궁했다. 이때 그는 말 위에서 굴러 떨어지듯 내려와 효장제를 향해 머리를 거듭 조아리며 사죄
死罪로 다스릴 것을 청했다. 자신의 목숨조차 구하기 힘든 효장제는 감히 이주영을 다스릴 수가 없었다. 이주영도 이를 뻔히 알고 그랬을 공산이 크다.

당시 이주영 휘하의 계호 병사들은 왕공 대신을 도륙한 일로 인해 감히 낙양성에 입성하려 하지 않았다. 성안의 백성들은 이주영이 군사를 풀어 약탈한다는 소문을 듣고는 황급히 도성을 빠져나갔다. 남아 있는 사람은 10분의 1도 채 안 되었다.

이주영이 효장제를 모시고 환궁한 후 상서해 무상왕 원소를 '무상황제'에 추증하고, 하음에서 변을 당한 대신들을 모두 추증해 고혼을 달래 줄 것을 청했다. 이어 조정 회의에서 천도 문제를 논의할 것을 건의했다. 효장제를 비롯해 사람들 모두 그가 명하는 대로 순종할 뿐이었다. 오직 도관상서 원심元
諶만이 공개적으로 반대했다. 이주영이 대로했다.

"천도 문제를 하찮은 것으로 생각해 이처럼 자신의 견해를 고집하는 것인가? 하음의 일을 모르는 것은 아니겠지?"

원심이 대답했다.

"천하사는 응당 천하인이 논해야 하오. 어찌 하음의 일로 나를 협박하려 드는 것이오? 나는 국가의 종실의 일원으로 상서의 자리에 있소. 살아 있은들 아무 이익이 없고, 죽은들 무슨 손해가 있겠소? 설령 오늘 머리가 부서지고 내장이 끊어질지라도 전혀 두려울 게 없소!"

이주영이 칼을 뽑아 그를 죽이려 하자 사촌 동생 이주세륭爾朱世隆이 만류했다. 당시 현장에 있던 사람들 모두 두려움에 떨었으나 원심은 태연자약했다. 며칠 후 이주영이 효장제 원자유와 함께 높은 곳에 올라 사방을 둘러보았다. 장려한 궁궐과 일렬로 늘어선 가로수를 보고는 탄식했다.

"신이 전에 참으로 우매했습니다. 황거皇居가 이처럼 성한데 천도를 생각했으니 말입니다. 지금 생각하니 원상서의 간언이 참으로 도리에 합당했습니다."

이후 다시는 천도 문제를 거론하지 않았다.

무태 원년(528년) 5월, 이주영이 북도대행대北道代行臺에 봉해졌다. 그는 광명전으로 가 효장제에게 사은하면서 두 마음이 없음을 맹서했다. 효장제는 급히 자리에서 일어나 그가 절하는 것을 막으면서 자신은 조금도 의심한 적이 없다고 말했다. 이에 이주영이 크게 기뻐하며 곧 인사불성이 될 정도로 술을 들이켰다. 효장제는 자신의 형제를 잔학하게 죽인 이주영의 대취한 모습을 보자 문득 살심이 일어나 단칼에 그를 죽이고자 했다. 그러나 좌우에서 주변의 시위 모두 이주영의 당우인 점을 상기시키며 극구 만류했다. 이내 효장제가 화를 누르고 곧 사람을 시켜 침상 위에 그를 실어 중상시성中常侍省 안의 방으로 데려가 쉬게 했다. 한밤중에 술에서 깬 이주영은 내심 크게 두려워한 나머지 이후 다시는 황궁 안에서 잠을 자지 않았다.

이주영의 딸은 원래 효명제 원후의 측비側妃(측근 황비)였다. 이주영은 딸을 다시 효장제에게 시집보내 황후로 만들고자 했다. 효장제가 유예하며 결단하지 못하자 황문시랑 조형祖瑩이 상도에는 어긋나지만 도의에는 부합한다는 논리로 설득했다. 효명제가 마침내 이를 수락했다.

이주영의 행동은 조심성이 없어 가벼웠다. 그는 말을 타고 달리며 활을 쏘는 것을 좋아했다. 매번 조현할 때마다 별로 할 일이 없자 말을 몰며 오르내리는 것을 즐거움으로 삼았다. 마치 마술馬術을 부리는 듯했다. 또 효명제와 함께 서림원에서 크게 주연을 베풀고 황후가 된 딸에게 자신이 활을 쏘는 것을 지켜보게 했다. 하음의 변에서 용케 죽음을 면한 왕공 대신도 불러 함께 술을 마시며 이런 놀이를 즐겼다. 효명제가 과녁을 적중시키면 크게 소리치며 춤을 춘 까닭에 장상과 위사들 역시 그를 따라 원을 그리며 춤을 췄다. 공주와 비빈들 역시 팔을 치켜들고 환호하지 않을 수 없었다.

당시 북위의 조정은 이미 한화가 한창 진행된 까닭에 내심 이주영이 보여주는 호인의 이런 놀이를 혐오했다. 단지 정황상 이주영의 명을 좇았을 뿐이다. 주흥이 오르자 이주영은 다시 책상다리를 한 모습으로 북쪽 고향에서 즐겨 불렀던 호곡胡曲을 열창했다. 밤늦게 연회가 끝나자 그는 좌우의 측근들과 함께 어깨동무를 한 채 큰 소리로 회파악回波樂을 부르며 귀가했다. 회파악의 가무는 대략 러시아의 카자흐족이 웅크린 모습으로 원을 그리며 춤을 추는 것과 유사하다.

이주영은 본성이 잔혹하고 희로가 무상했다. 칼과 창, 활 등을 손에서 한시도 떼어 놓지 않았다. 한번은 두 명의 화상이 한 필의 말을 타고 함께 가는 것을 보게 되었다. 크게 노한 그는 곧 사람을 보내 두 화상을 잡아 오게 한 뒤 서로 머리를 박게 했다. 이들이 힘없이 충돌하자 사람을 시켜 머리를 부딪히게 했다. 그는 두 사람이 죽은 뒤에야 머리 박는 것을 멈추게 했다.

이주영이 군사를 이끌고 진양晉陽으로 돌아오기 직전 심복인 원천목元天穆 등을 낙양으로 불러 요직을 맡게 하는 등 조정의 대관을 모두 자신과 가까운 사람들로 교체했다. 그러나 효장제는 어찌할 도리가 없었다. 이때 하북 일대에서 터져 나온 선우수례의 반란에 참여했다가 선우수례가 부하에게 피살된 뒤 그 무리를 이끌고 독립한 갈영葛榮의 반란 세력이 커다란 위세를 떨치고 있었다. 그가 황제를 칭하며 할거한 지 제법 오랜 시간이 지났는데도 북위는 이를 제압하지 못했다. 갈영은 스스로 백만 대군이라고 떠벌리며 업성을 포위해 공격했다. 이주영이 이 소식을 듣고는 곧 정병 7천 명을 이끌고 곧바로 하북으로 달려갔다. 병사들 모두 한 사람당 2필의 말을 끌고 갔다. 밤낮으로 달리기 위한 조치였다. 일설에는 7천 명이 아니라 7만 명이라고도 한다. 당시의 정황에 비추어 보아 이게 사실에 가까울 것이다.

갈영은 이주영의 군사가 몰려온다는 소식을 듣고는 크게 기뻐했다. 그는 긴 밧줄을 준비한 뒤 이 밧줄로 이주영을 꽁꽁 묶을 것이라고 호언했다. 그러나 갈영은 이주영의 적수가 아니었다. 이주영은 산곡에 군사를 매복시킨 뒤 3명을 한 조로 묶은 수백 조의 기병을 일거에 출격시켰다. 어느 방향에서 진격하는지를 모르게 할 심산이었다. 양측의 군사가 혼전을 벌이는 와중에 이주영이 직접 군사를 이끌고 가 협격을 가했다. 결국 대승을 거두고 갈영을 생포하자 나머지 무리가 모두 투항했다.

이주영은 투항한 숫자가 너무 많은 것을 보고는 이내 각자 돌아갈 곳으로 가게 했다. 수십만의 무리가 순식간에 흩어졌다. 이들이 백 리 밖으로 궤주해 흩어지자 군사를 파견해 두목급의 장수를 선발해 자신의 무리에 편입시켰다. 이들 모두 그의 조치에 감복했다. 이때의 공으로 그는 대승상에 제수되었고 그의 두 아들인 이주문수爾朱文殊와 이주문창爾朱文暢은 왕에 봉해졌다.

원호를 격멸해 대공을 세우다

조정의 백관이 무차별 학살을 당한 하음의 변이 일어날 당시 여남왕 원열元悅과 임회왕 원욱元彧, 북해왕 원호元顥 모두 황급히 남쪽으로 달아나 남조 양나라에 투항했다. 이들은 효장제 원자유가 즉위한 후 다시 북위로 돌아가고자 했다. 당시 양무제梁武帝는 원호를 위왕에 봉한 뒤 대장 진경지陳慶之에게 명해 군사를 이끌고 가 이들을 호송케 했다. 훗날 마오쩌둥은 『남사』를 보다가 진경지 사적을 읽은 후 붓을 들어 이같이 평했다.

"천년이 지나도록 사람들로 하여금 경도케 만든다."

진경지의 자는 자운子雲이다. 그는 어려서부터 양무제를 수종하여 충성을 다하자 양무제가 그를 높이 평가했다. 대통大通 원년(527년) 와양渦陽의 싸움에서 북위의 군사에게 여러 번 승리를 거둬 13개 성을 함몰시키고 수만 명의 수급을 얻자 양무제가 친히 조서를 내려 그의 공을 기렸다.

대통 3년(529년) 양무제가 그를 표용장군에 임명한 뒤 병사 7천 명을 이끌고 가 북위로 돌아가는 원호를 호위케 했다. 당시 북위는 원호와 진경지의 군사가 얼마 안 되는 것을 알고 별다른 조치를 취하지 않았다. 그러나 진경지는 곧 형성滎城을 함락시킨 뒤 양국梁國으로 진격했다. 북위 대장 구대천丘大千이 7만 명의 병사를 지휘해 9개 성을 쌓고 이들을 저지했다. 그러나 진경지가 하루 사이에 3개의 성을 함락시키자 구대천이 더 이상 버티지 못하고 투항했다. 이때 제음왕 원휘업元暉業이 우림군 2만 명을 이끌고 고성考城에 주둔하고 있었으나 진경지의 공격으로 성이 함락된 뒤 이내 생포되고 말았다.

원호와 진경지는 군사를 이끌고 계속 서진하다 형양에 이르러 맹렬한 공격을 퍼부었다. 위협을 느낀 북위의 조정은 이주영의 심복인 원천목과 이주토몰아尒朱吐沒兒 등에게 30만 명의 증원군을 이끌고 가 이들을 격파케 했다. 대군이 온다는 소식에 양나라 군사들이 크게 놀랐으나 진경지는 오히려 담담한 모습이었다. 그는 안장을 푼 뒤 말에게 먹이를 주면서 장병들에게 이같이 말했다.

"우리는 줄곧 승리를 거두는 과정에서 적잖은 사람을 죽였다. 원천목 등이 이끌고 오는 군사들은 우리를 죽이기 위해 혈안이 돼 있다. 우리 군사는 겨우 7천 명에 불과하나 적은 30만 명이나 된다. 그러나 필사의 각오로 싸우면 살아날 수 있다. 적의 숫자가 많으니 야전을 할 수 없다. 저들이 미처 도달하기 전에 성을 함락시켜야만 한다. 여러분은 호의하며 주저해서는 안 된다. 도주하는 순간 죽음을 면치 못할 것이다!"

말을 마친 후 진경지는 직접 북을 치며 지휘했다. 필사의 심경이 된 양나라 군사들이 개미 떼처럼 성벽 위로 기어오르며 성을 공략했다. 과연 몇 시간 뒤 형양성을 함락시켰다. 성을 지키던 북위 장수 양욱^{楊昱}을 생포한 뒤 그의 휘하 장령 37명을 참수했다. 얼마 후 원천목이 이끄는 북위의 병사들이 성을 포위했으나 진경지는 3천 명의 군사를 이끌고 북쪽 성에서 영격에 나서 북위의 군사를 대파했다. 원천목과 이주토몰아는 황급히 도주했다. 진경지가 여세를 몰아 곧바로 호뢰^{虎牢}로 나아가자 이주세융^{爾朱世隆}이 성을 버린 채 달아났다.

잇단 패배 소식으로 북위 조정에 대란이 일어났다. 효장제 원자유가 단기로 도주했다. 원호가 낙양궁에 입성하자 북위의 조정 백관이 어가를 준비해 놓고 그를 맞았다. 진경지는 거기대장군, 시중에 임명됐다. 이때 이주영의 측근 원천목이 4만 명의 군사를 이끌고 와 호뢰에 맹공을 가하자 원호가 곧 진경지를 보내 영격케 했다. 원천목은 비목^{費穆}에게 2만 명의 군사로 호뢰를 계속 공격하게 하면서 자신은 나머지 2만 명의 군사를 이끌고 황하 강변에 주둔하며 사태를 관망했다. 그는 내심 싸울 마음이 없었던 탓에 곧 군사를 이끌고 황하를 건너 북쪽으로 철수했다. 본래 비목이 이끄는 2만 명의 군사는 매우 용맹한 까닭에 맹공을 가했으면 호뢰를 이내 손에 넣을 수 있었다. 그러나 원천목이 이미 황하를 건너 철수했다는 소식을 들은 비목은 지원군이 오지 않는 상황에서는 패할 수밖에 없다고 판단해 곧바로 진경지에게 투항했다.

진경지가 여세를 몰아 대량과 양국 등을 모두 함몰시켰다. 질현^{銍縣}에서 낙양에 이르는 동안 진경지의 군사는 줄곧 7천 명밖에 안 되었다. 그러나 이들은 수천 리를 종횡무진하면서 32개의 성을 함몰시키고 47회에 달하는 접전에서 모두 승리를 거뒀다. 당시 그의 휘하 장병들은 모두 흰 도포를 입었다. 이는 전장에서 필승의 자신감을 드러내는 상징물로 작용했다. 이로 인해 낙양 부근에서는 이런 민요가 나돌았다.

"천병만마^{千兵萬馬}가 백포를 피한다네!"

원호가 낙양의 왕궁에 머물 당시 시위와 후궁 모두 안도했고, 황하 이남의 주군 모두 복종을 표시했다. 원호가 보위에 앉아 있는 동안 사방의 백성 모두 새 황제가 다시 조정을 새로이 추수를 것을 기대했다. 그러나 원호는 자신이 천명을 받은 것으로 생각해 점차 교만한 모습을 보였다. 이전의 빈객과 근신들을 모두 대관으로 승진시키고 밤낮으로 연회를 베풀고 즐기면서 정사를 돌보지 않았다.

　수천 명에 달하는 남조 양나라의 병사들 역시 북위의 도성에 들어온 후 백성들을 약탈하는 데 열을 올렸다. 북위의 국인들이 점차 원호에게 실망하기 시작했다. 당시 이주영은 자신이 옹립한 효장제 원자유가 홀로 말을 몰아 장자長子로 도주했다는 소식을 듣고는 황급히 군사를 이끌고 추격해 끝내 효장제를 남쪽으로 데려왔다. 10여 일 내 병사와 군량, 무기 등이 크게 모이자 이내 낙양을 향해 진격했다.

　원호는 낙양에 입성한 후 진경지와 틈이 벌어졌다. 북위의 왕공들이 은밀히 원호에게 양무제의 지휘에서 벗어날 것을 권했다. 진경지도 나름 유사시를 대비하면서 원호에게 이같이 권했다.

　"지금 적들이 사방에서 모여들고 있으니 응당 남조의 황제에게 정예병 증원을 청하도록 하십시오. 동시에 각 주군에 명해 북위의 국경 일대를 유랑하는 남조 백성을 모두 송환토록 하십시오."

　원호와 종실의 왕들이 은밀히 논의했다.

　"진경지의 군사는 수천 명에 불과한 데다 이미 통제하기가 어렵습니다. 만일 양나라 대군이 밀려오면 우리 위나라는 이내 멸망하고 말 것입니다."

　원호는 진경지가 양무제와 몰래 계책을 꾸밀 것을 우려해 먼저 양무제에게 상서했다.

　"지금 하북과 하남이 모두 신 원호의 손에 장악돼 있습니다. 여러 주군이 새로 복종하게 되어 이들을 다독이는 일이 필요합니다. 양나라 군사가 위나라로 들어올 경우 민심이 동요될까 두렵습니다."

양무제는 곧 조명을 내려 국경 지대에서 양나라 군사의 진격을 멈추게 했다. 낙양에 있는 양나라 군사는 채 1만 명이 안 되었다. 오히려 귀항한 강족 등 호인 병사들의 숫자가 10배나 많았다. 이때 참모 불념佛念이 진경지에게 원호를 죽이고 낙양을 접수할 것을 권했다. 신중한 진경지는 이를 받아들이지 않았다. 이주영은 원호 및 진경지와 황하를 사이에 두고 대치했다. 진경지의 군사는 3일 동안 열한 번 싸워 모두 이겼다. 궁지에 몰린 이주영이 일단 북쪽으로 퇴각한 뒤 다른 방안을 찾고자 했다. 이때 휘하의 양간楊侃과 고도목高道穆 등이 굳게 버티면서 일부 군사를 이용해 뗏목을 만든 뒤 도강하는 방안을 건의했다. 이주영이 이를 좇았다. 곧 이주영의 당질인 이주조爾朱兆가 뗏목을 엮은 뒤 도강해 단번에 영군장군으로 있는 원호의 아들 원관수元冠受를 포로로 잡았다.

원호 휘하의 안풍왕 원연명元延明 휘하 군사들이 이 얘기를 듣고 사방으로 도주했다. 낙양이 함몰되자 원호는 황급히 백여 기를 이끌고 남쪽으로 달아났다. 진경지도 보기 수천 기를 이끌고 동쪽으로 퇴각했다. 원호에게 투항했던 수많은 성들이 일시에 다시 북위에 귀항했다. 이주영은 군사를 이끌고 진경지의 군사를 급히 추격했다. 양나라 군사가 대부분 궤멸했다. 진경지는 머리를 깎고 승려로 분장한 뒤 간신히 양나라로 도주했다. 양무제는 그를 영흥현후에 봉했다. 『남사』는 이같이 기록해 놓았다.

"진경지는 원래 근신하며 검소해 비단옷을 입지 않았다. 사죽絲竹(음악)도 좋아하지 않았다. 궁지에 몰려서도 군사들을 잘 다독인 까닭에 능히 사력을 다할 수 있었다."

유장儒將의 풍모를 칭송한 것이다. 성패를 논하지 않는다면 그는 남북조를 통틀어 가장 기이한 공을 세운 기장奇將에 해당한다. 소수의 병력을 이끌고 가 적의 심장부인 도성을 차지한 게 그렇다. 그러나 이는 한계가 있었다. 원호의 그릇이 크지 않기 때문이다. 당시 원호는 임영臨潁까지 도주했으나 수종하는 병사가 한 명도 남아 있지 않았던 까닭에 이내 임영현의 병사에게 죽임을 당했다. 그의 수급은 곧바로 낙양으로 보내졌다.

동탁을 닮았던 권신의 최후

원호의 난을 평정한 후 북위의 효장제 원자유는 연회를 베풀어 이주영의 공을 치하하며 궁인 3백 명을 하사했다. 공을 세운 장사들에게도 두루 상을 내렸다. 비록 일시적이기는 했으나 북위의 정사가 문득 안정된 모습을 보였다. 얼마 후 이주영이 이주천광爾朱天光과 하발악賀拔岳을 보내 일거에 관중의 대도 만사추노萬俟醜奴 등을 진압했다. 이에 삼진三秦을 포함해 하주와 위주, 과주, 양주, 선주 등이 귀부했다. 당시 이주영은 스스로 북위를 다시 세운 이른바 재조지공再造之功을 세웠다고 생각했다. 그의 발호는 점점 도를 더해 갔다. 낙양에서 멀리 떨어진 곳에 머물고 있음에도 조정을 좌지우지할 정도였다. 효장제 주변의 좌우 대신과 내시 모두 이주영이 심어 놓은 자들이었다. 이들 모두 효장제의 일거수일투족을 이주영에게 보고했다. 이 와중에 효장제는 열심히 정사에 임했다. 밤낮을 가리지 않고 근면한 자세로 친히 모든 사안을 자세히 열람해 죄 없이 억울하게 옥에 갇히는 일이 없게 했다. 이주영은 효장제가 정무에 헌신적으로 임하고 있다는 얘기를 듣고는 심히 언짢게 생각했다.

이부상서 이신준李神儁은 관원 선발 과정을 깨끗이 관리했다. 그는 이주영이 천거한 곡양 현령이 아직 임관될 자격이 없다는 사실을 알고는 임명 비준을 하지 않고 대신 다른 사람을 선발했다. 대로한 이주영은 자신이 천거한 사람을 황급히 임지로 보내 황제가 임명한 관원을 무색하게 만들었다. 후환을 두려워한 이신준은 곧바로 상서해 사직했다. 이주영은 사촌 동생 이주세륭을 보내 관원 선발의 권한을 틀어쥐게 했다. 태원왕 이주영이 상서하여 천거한 북인北人을 하남의 여러 주 장관직에 임명하자고 건의했으나 효장제는 응답하

지 않았다. 이주영의 측근인 원천목이 효장제를 찾아가 설득했으나 효장제는
자신의 입장을 견지했다. 원천목이 말했다.

"태원왕은 천하에 대공을 세워 대승상이 되었습니다. 만일 그가 전국의 관
원을 바꾸자고 청하면 폐하도 응답하지 않을 수 없을 것입니다. 무슨 이유로
몇 개 안 되는 지방 장관의 자리를 갖고 태원왕과 갈등을 빚는 것입니까?"

효장제 원자유가 정색하고 말했다.

"태원왕이 신하 노릇을 할 생각이 없다면 짐 역시 응당 그에게 보위를 넘
기겠소. 그러나 만일 신하 노릇을 계속할 생각이면 천하의 관원을 바꿀 수 있
는 길은 없소!"

이 얘기를 전해들은 이주영이 대로한 나머지 큰 소리로 외쳤다.

"이 황제는 과연 누가 옹립한 것인가? 감히 내 얘기를 안 듣겠다는 말인가!"

이주영의 딸인 이주황후 역시 효장제와 사이가 좋지 않았다. 부친의 위세
를 믿고 멋대로 굴었던 것이다. 효장제가 이주세륭을 보내 자제를 당부하면
그녀는 화를 내며 이같이 일갈했다.

"천자는 우리 집안이 세운 사람인데 지금 나에게 감히 이처럼 구는 것인가?
나의 부친은 본래 황제가 되려고 했다. 돌아가는 모양이 곧 그리될 것이다."

이주세륭이 비위를 맞췄다.

"만일 태원왕이 황제가 되면 저 또한 왕이 되겠습니다."

효장제는 밖으로는 강신强臣의 핍박, 안으로는 악후惡后의 위협을 받는 까닭
에 얼굴에 수심이 가실 날이 없었다. 그나마 다행인 것은 도적의 창궐로 이
주영이 눈코 뜰 새 없이 분주히 움직였기 때문에 핍박이 상대적으로 느슨해
졌다는 점이다. 이주영이 관중과 농우 일대의 반란을 평정했다는 첩보가 올
라올 때 효장제는 오히려 우려의 기색을 감추지 못했다.

성양왕 원휘元徽와 시중 이욱李彧 모두 이주영의 전횡을 크게 증오했다. 이들
은 은밀히 효장제에게 이주영의 제거를 부추겼다. 효장제도 하음의 변 당시
자신의 친형제와 대신들이 도륙을 당한 사실을 잊지 않고 있었다. 시중 양간

楊侃과 상서우복야 원라元羅, 중서시랑 형자재邢子才, 무위장군 해의奚毅 모두 밀모에 참여했다.

이때 마침 이주영이 이주황후의 산후 조리를 돌봐야 한다는 이유로 입조할 뜻을 밝혔다. 효장제는 그가 다시 핍박할까 우려해 측근 대신들과 함께 그를 제거하는 방안을 깊숙이 논의했다. 이주세륭은 효장제가 이상한 거동을 보이자 곧 사람을 시켜 자신의 집 문 앞에 익명의 문서를 붙이게 했다.

"천자가 양간, 고도목 등과 밀모해 태원왕을 죽이려 한다!"

이어 자신이 이것을 발견한 것처럼 가장한 뒤 이주영에게 보냈다. 당시 이주영은 그 누구도 안중에 두지 않았던 까닭에 문서를 찢어 바닥에 내던진 뒤 침을 튀기며 말했다.

"이주세륭은 참으로 담이 작은 쥐새끼 무리다. 누가 감히 나를 죽일 생각을 품는단 말인가!"

대개 부인의 육감은 뛰어난 바가 있다. 이주영의 부인이 낙양으로 가는 것을 만류했으나 이주영은 이를 듣지 않았다.

영안永安 3년(530년) 8월 이주영이 4~5천 명의 정예 기병을 이끌고 병주를 출발해 낙양으로 향했다. 당시 조야의 인사 모두 분분히 효장제가 모반을 꾀하려는 이주영을 죽이려 한다고 떠들었다. 이해 9월 이주영이 낙양에 당도했다. 효장제는 곧바로 이주영을 죽일 경우 병주의 원천목이 기병할 것을 우려해 조서를 보내 원천목의 입경을 명했다. 어떤 사람이 이주영에게 효장제가 장차 죽이려 한다고 상서하자 이주영은 오히려 이를 직접 갖고 가 효장제에게 보여 주었다. 그만큼 자신감이 충만했다. 효장제가 황급히 둘러댔다.

"바깥 사람들 모두 대왕이 나를 죽이려 한다고 말하고 있소. 이런 말을 어찌 믿을 수 있겠소?"

이주영은 조금도 의심치 않았다. 그는 매번 입조해 배견할 때마다 손에는 아무 병기도 들지 않은 채 겨우 수십 명의 종자만 데리고 입궐했다. 효장제가 이를 보고 척살 계획을 멈추려고 하자 성양왕 원휘가 간했다.

"설령 이주영이 모반하지 않을지라도 그의 핍박을 더 이상 참아내기 어려울 것입니다. 하물며 그가 모반하지 않으리라는 보장이 없는 바인데 더 말할 게 있겠습니까?"

이해 9월 혜성이 보이는 등 천문에 이상한 징조가 나타났다. 이주영이 천문을 잘 아는 항주 출신 고채조高菜祖에게 그 조짐을 묻자 이런 대답이 돌아왔다.

"이는 옛것을 제거하고 새것을 반포하는 상입니다."

이주영이 크게 기뻐하며 길조로 생각했다. 행대낭중 이현화李顯和가 이주영의 뜻을 헤아려 이같이 말했다.

"대왕이 구석의 상을 받는 것은 너무 가볍습니다. 천자는 참으로 눈이 없습니다."

도독 곽나찰郭羅察도 아부했다.

"어찌 구석의 상에 그치겠습니까? 올해 저는 선양에 관한 글을 미리 준비해 놓고 있습니다."

참군 저광褚光도 끼어들었다.

"사람들 모두 병주성 상공에 드리운 자주색 기운은 태원왕이 보위에 오를 길조라고 말합니다."

이주영의 휘하 모두 새 왕조가 들어설 경우, 보다 현귀하게 될 것을 기대했다. 이들은 새 왕조의 개창 움직임을 본격화하면서 효장제의 좌우 대신들을 업신여겼다. 이주영의 막내딸은 효장제의 조카 진류왕 원관元寬에게 시집을 갔다. 이주영은 늘 원관을 두고 이같이 말했다.

"마지막에는 이 사위가 나를 능히 도울 수 있을 것이다!"

성양왕 원휘가 효장제에게 말했다.

"이주영이 지금 폐하를 제거하려 하고 있습니다. 만일 황후 소생의 아이가 황자가 아니면 그는 진류왕을 황제로 삼을 것입니다."

공교롭게도 효장제는 전날 칼을 갖고 자신의 10개 손가락을 자르는 꿈을 꾸었다. 원휘와 양간에게 무슨 조짐인지 묻자 원휘가 대답했다.

"독사가 손가락을 물어 장사가 팔뚝을 끊는 형상입니다. 손가락을 자르는 것은 바로 이를 말하는 것입니다. 길조입니다."

원천목이 명을 받고 낙양으로 오자 효장제가 친히 영접했다. 몇 사람이 서림원에 모여 술을 마시며 활을 쐈다. 이주영이 효장제에게 함께 밖으로 사냥을 나갈 것을 건의했다. 효장제는 며칠 전 무의장군 해의로부터 들은 이주영이 수렵을 핑계로 효장제를 겁박하려 한다는 얘기를 상기하고는 이내 이주영을 제거하기로 결심했다. 곧 중서사인 온자승溫子升에게 말했다.

"짐이 지금 처해 있는 정황은 이래도 죽고 저래도 죽게 되어 있다. 짐은 고귀향공高貴鄕公처럼 싸우다 죽을지언정 원제元帝처럼 구차하게 살지는 않을 것이다!"

삼국 시대 당시 위나라의 고귀향공 조모曹髦는 친히 근위병을 이끌고 사마소를 죽이려다가 패사했고, 조환曹奐은 사마염에게 보위를 선양하고 나서 진류왕으로 봉해진 뒤 사후에 원제로 추증된 바 있다.

효장제는 이주영과 원천목이 함께 상주하기로 한 날을 택했다. 곧 좌우에 10여 명의 자객을 명광전 동쪽에 매복시켰다. 공교롭게도 이날 이주영과 원천목은 함께 주연을 즐길 요량으로 문득 휘하를 보내 군사 업무를 보고하도록 조치한 뒤 이내 출궁했다. 이로 인해 척살 계획이 무위로 돌아갔다.

며칠 후 이주영이 막내딸의 사위인 진류왕 집에서 술을 마시고 대취한 뒤 대외적으로는 병이 났다고 핑계 대고 며칠 동안 밖으로 나가지 않았다. 그사이 효장제와 좌우가 밀모해 이주영을 죽이려 한다는 얘기가 점차 새어 나가기 시작했다. 이주세륭이 이주영에게 속히 황제를 폐립하거나 제거할 것을 권했다. 이주영은 효장제를 안중에도 두지 않은 까닭에 이 얘기를 듣고도 손을 내저었다. 그는 효장제가 그런 일을 할 능력이 없는 자로 치부했다.

모의에 참여했던 사람들은 척살 밀모 소식이 밖으로 새어 나가자 크게 두려워했다. 효장제 역시 날이 갈수록 초조해졌다. 이 와중에 한 사람이 이를 이주영에게 고발했다. 성양왕 원휘가 건의했다.

"속히 사람을 이주영에게 보내 황후가 아들을 낳았다고 전하게 하십시오. 그가 축하하러 입궁할 때 기회를 보아 제거하면 됩니다."

"황후가 아이를 가진 지 겨우 아홉 달밖에 안 되었는데 그가 이를 믿겠는가?"

"여인이 열 달을 채우지 못하고 애를 낳는 경우가 매우 많습니다. 이주영은 이를 의심하지 않을 것입니다!"

효장제가 병사들을 명광전 동쪽 계단에 매복시킨 뒤 황자가 태어났다고 말한 뒤 원휘를 시켜 속히 이주영의 집으로 가 이를 알리게 했다. 당시 이주영은 원천목과 도박을 즐기고 있었다. 원휘가 앞으로 나아가 이주영의 모자를 벗긴 뒤 원을 그리며 춤을 췄다. 당나라 이백의 시에 '군주의 모자를 벗기니 군주가 크게 웃었다'라는 구절이 나온다. 이는 경사가 났을 때 북방 호인들이 하는 예절 의식이다. 이런 예절은 당나라 때까지도 그대로 남아 있었다.

당시 문무 백관들이 이 소식을 듣고 이주영이 있는 부중으로 달려가 축하하자 이주영도 믿지 않을 수 없었다. 그는 곧 원천목과 함께 입궐했다. 효장제 원자유는 이주영이 입궁한다는 소식을 듣고는 크게 놀라 자신도 모르는 사이 얼굴이 흙색이 되었다. 중서사인 온자승이 이를 보고 간했다.

"폐하의 안색이 변했습니다."

효장제는 황급히 술을 들이켜 담력을 키웠다.

이주영은 명광전을 향해 가다가 온자승이 손에 칙서를 들고 있는 것을 보았다. 칙서에는 이주영의 죄행을 나열하면서 즉시 주살을 명한 내용이 담겨 있었다. 영문을 알 길이 없는 이주영이 온자승에게 무슨 물건인지 물었다. 온자승이 태연하게 말했다.

"칙서입니다."

이주영은 기쁜 마음이 앞선 나머지 이를 거들떠보지도 않고 곧바로 명광전 안으로 들어갔다. 그가 효장제를 보고 축하의 말을 하려는 순간 홀연 2명의 자객이 명광전 동문 쪽에서 칼을 들고 뛰쳐나왔다. 이주영이 순간 어좌 쪽으로 달려가 효장제를 붙잡고 저항하려고 했으나 효장제는 이미 무릎 아래 칼을 준비해 두고 있었다. 그는 이주영이 달려오자 곧바로 칼을 들어 찔렀다. 칼은 그의 복부를 관통했다. 이내 병사들이 달려들어 이주영을 난자했다. 원천목 역시 난자당했다. 이주영과 함께 입궁했던 14세의 아들 이주보리爾朱菩提와 종자 30여 명도 모두 피살됐다. 효장제는 이주영의 시체 곁에서 그가 조회할 때 사용한 수판手版(홀)을 발견했다. 수판의 곁에는 제거해야 할 조정의 인사 명단이 적혀 있었다. 이를 본 효장제가 탄식했다.

"이자가 오늘 죽지 않았다면 두 번 다시 제거할 길이 없었을 것이다!"

피살당할 당시 이주영의 나이는 38세였다. 그의 행보는 여러 모로 동탁과 닮았다. 권력을 틀어쥐는 과정도 그렇고, 자만심이 지나친 나머지 사태를 낙관하다가 비명횡사한 것 등이 그렇다. 단지 수양아들 여포의 역할을 사위인 효장제 원자유가 직접 행한 것만이 다를 뿐이다.

이주씨의 몰락

당시 이주영이 피살됐다는 소식이 전해지자 그의 처자는 부곡을 이끌고 서양문西陽門을 불태운 뒤 하음으로 달아나 군사를 주둔시켰다. 이주영의 사촌 동생 이주세륭은 본래 북쪽으로 달아날 생각이었으나 이주영의 측근인 사마자여司馬子如의 만류로 이를 포기했다. 그는 군사를 이끌고 낙양으로 돌아온 뒤 호인으로 구성된 기병 1천 기를 보내 호곡하며 이주영의 시신을 찾았다. 사람들은 이주세륭이 군사를 이끌고 낙양으로 환군하리라고는 생각하지 못했던 까닭에 모두 크게 놀라 성문을 굳게 닫았다. 얼마 후 이주세륭이 북쪽으로 도주하면서 큰길에 있는 민가에 불을 지르며 약탈했다. 이주영의 당질인 이주조가 진양을 점거하고, 이주세륭의 장자를 포함해 이주씨의 사람들이 분분히 군사를 일으켜 각지를 점거했다. 이들은 태원 태수 장광왕長廣王 원엽元曄을 새 황제로 내세웠다.

효장제 원자유는 원휘를 대사마, 녹상서사에 임명해 안팎의 모든 일을 총괄하게 했다. 원휘는 원래 이주영이 죽으면 그 당우들 역시 나무가 쓰러지면 원숭이가 사방으로 달아나듯 궤산할 것으로 생각했다. 이주조와 이주세륭이 군사를 일으켜 저항하리라고는 전혀 예상하지 못한 까닭에 이들의 세력이 날로 늘어나는데도 속수무책이었다. 게다가 원휘는 시기심이 많아 다른 사람이 자신의 위에 있는 것을 용납하지 않았다. 그는 효장제와 둘이 대책을 상의하면서도 뚜렷한 대책이 나오지 못하는 이유를 알지 못했다.

이주언백爾朱彦伯과 이주중원爾朱仲遠, 이주세륭 형제와 이주조 등은 낙양성을 사면에서 동시에 공격하려 했다. 영안 3년(530년) 10월 이주조가 경병을 이끌고 밤낮으로 달려 하교河橋 서쪽에서 황하를 건넜다. 당시 효장제는 황하의 물살이 급해 천험의 방어선이 될 것으로 생각했다가 이주조가 이끄는 병사가 도강했다는 소식을 듣고는 크게 놀랐다. 이해는 크게 가뭄이 들어 물의 깊이가 말의 배에 차는 정도에 그쳤다. 이주조의 병마가 곧바로 궁문 안으로 돌진했다. 문을 지키는 병사들이 활을 쏘려고 했으나 거리가 너무 가까워 아무 소용이 없었다. 이들은 일제히 사방으로 도주했다.

효장제는 황망히 운룡문 밖으로 달려 나가다가 성양왕 원휘가 말을 타고 달아나는 모습을 보게 되었다. 그가 연이어 소리를 질렀으나 원휘는 들은 척도 하지 않은 채 마구 내달렸다. 효장제는 곧바로 생포됐다. 밤이 되어 영녕사 누각 위에 연금된 효장제는 추운 날씨로 인해 온몸에 소름이 돋자 간수병을 통해 이주조에게 두건을 빌려 줄 것을 청했으나 이주조는 들은 척도 하지 않았다. 이날 저녁 이주조는 궁 안에서 숙영하며 이주황후 소생의 젖먹이 황자를 쳐 죽인 뒤 궁내의 비빈과 공주를 두루 겁탈했다. 이어 그는 군사를 풀어 마구 약탈케 했다. 임회왕 원욱과 범양왕 원해元海 등도 해를 입었다. 얼마후 이주조는 효장제 원자유를 진양의 사찰 안에서 직접 죽였다. 당시 원자유의 나이는 24세였다. 이주조는 원자유의 조카 진류왕 원관도 제거했다. 원자유는 죽기 직전 임종시를 남긴 바 있다.

> 권력 잃자 살길 촉박하고, 우환 오자 저승길 길기만 하네 權去生道促, 憂來死路長
> 한을 품고 성문 나섰으니, 비통함을 품고 죽을 곳 들어왔네 懷恨出國門, 含悲入鬼鄉
> 무덤길 한번 닫히면, 무덤 속에서 어찌 다시 빛을 볼까 隧門一時閉, 幽庭豈復光
> 새가 조용히 청송에서 노래하니, 바람은 슬피 백양에 부네 思鳥吟靑松, 哀風吹白楊
> 전에 죽는 고통 들었으나, 어찌 그 말이 내게 미칠 줄이야 昔來聞死苦, 何言身自當

이로부터 세 달 후인 이듬해 건명建明 2년(531년) 2월, 이주씨 일족은 새로 옹립한 장광왕 원엽이 황통에서 멀고, 인망이 없다는 이유로 이내 폐하고 광릉왕 원공元恭을 새로 옹립했다. 그가 바로 절민제節閔帝이다. 당시 이주세륭은 조정 대신을 모은 뒤 죽은 이주영의 시호를 논의케 했다. 이주영을 황제의 사당에 모시는 방안이 거론되자 사직 유계명劉季明이 비판했다.

"이주영을 선무제의 묘에 배향할 경우 당시에는 공을 세우지 못했고, 효명제 원후의 묘에 배향할 경우 그 모후를 살해했고, 경종 효장제의 묘에 배향할 경우 신하로서 제명에 죽지 못했습니다. 배향할 곳이 없습니다."

대로한 이주세륭이 질타했다.

"너는 응당 죽어 마땅하다!"

유계명이 대꾸했다.

"나는 단지 전례를 좇아 말했을 뿐이오. 만일 당신 마음에 들지 않아 나를 죽여 살을 발라낼지라도 어쩔 수 없소!"

결국 이주영을 효문제 탁발굉의 사당에 배향하기로 결정했다. 동시에 수양산에 그만을 위한 사당을 지었으나 사당이 완성된 지 얼마 안 돼 큰불이 나 재가 되고 말았다.

이주씨 일족은 권력을 장악한 후 멋대로 생사여탈권을 행사하고 관작을 주는 등 전횡을 일삼았다. 이주천광은 관우關右, 이주조는 병주와 분주, 이주중원爾朱仲遠은 서주와 연주를 점거했다. 이주세륭은 조정을 장악했다. 이들의 탐학은 끝이 없었다. 북위의 백성들 모두 계호인 이들에게 이를 갈았다. 다만 이들의 세력이 강성한 까닭에 감히 대항하지 못했을 뿐이다.

전에 이주영에게 자립하여 황제를 칭할 것을 권한 고환은 이주조를 속여 신임을 얻은 후 갈영이 이끌던 투항병 수만 명의 지휘권을 손에 넣었다. 그는 이주조의 세력에서 벗어나 군벌로 성장했다. 얼마 후 그는 이주씨가 효장제를 살해한 것을 공개적으로 비판하면서 군사를 일으켰다. 북위 중흥中興 2년 (532년) 초, 고환의 군사가 이주씨의 군사를 광하廣河에서 대파했다. 이때 이주씨 내부에서 갈등이 빚어졌다. 이주세륭과 이주조가 권력 다툼을 벌인 게 근본 원인이었다. 이들은 고환의 군사가 몰려오자 마지막에 다시 힘을 합쳤다. 각자 군사를 이끌고 업성에서 회합했다. 20만 대군을 집결시킨 이들은 원수洹水를 끼고 진을 친 뒤 고환과의 결전에 대비했다.

고환은 전마가 불과 2천 필에 불과했고 병사 또한 3만 명에 지나지 않았다. 그러나 장병들 모두 필사의 각오를 다지고 있었다. 싸움이 벌어지자 고환의 휘하 고오조高敖曹 등이 분전해 마침내 이주씨 일족이 이끄는 20만 대군을 대파했다. 이주도율爾朱度律과 이주천광 등이 황급히 잔병을 이끌고 낙양으로 달아났다. 대도독 곡사춘斛斯椿이 급히 말을 달려 돌아온 뒤 이주씨 일족을 도륙코자 했다. 이해 4월 곡사춘 등이 이끄는 군사가 하교를 점령한 뒤 낙양에 머물던 이주씨 일당을 도륙했다. 이주천광과 이주도율이 군사를 이끌고 진공했으나 연일 비가 내리는 바람에 활이 풀어지고, 병사들의 피로가 극에 달했다. 이들은 결국 서쪽으로 퇴각했다. 이주세륭과 이주언백은 포로로 잡혀 창려문 밖에서 참수됐다. 수급은 고환이 있는 곳으로 보내졌다. 얼마 후 이주천광과 이주도율도 포획돼 참수됐다. 마지막으로 남아 있던 이주조는 잔병을 이끌고 옛 터전인 수용군으로 퇴각했다.

북위의 승상이 된 고환이 여러 차례 영을 내려 토벌에 나서고자 했으나 네

번에 걸쳐 출병이 도중에 계속 중지됐다. 이주조는 더 이상 내습이 없을 것으로 판단해 크게 방심했다. 당시 북위는 고환에 의해 옹립된 평양왕 원수元修가 보위에 앉아 있었다. 그가 북위의 마지막 황제인 효무제孝武帝다.

효무제 영희永熙 2년(533년) 초, 고환은 이주조가 새해 초에 큰 연회를 열어 빈객들을 모아 놓고 회의를 열 것을 미리 예상했다. 연회가 열리자 곧 도독 두태竇泰에게 명해 정병을 이끌고 이들을 급습케 했다. 두태가 밤낮으로 3백 리를 달려가는 사이 고환은 대군을 이끌고 그 뒤를 따랐다. 두태가 이끄는 정병이 급습하자 날마다 연회에 취해 있던 이주조의 병사들이 혼비백산해 사방으로 도주했다. 당시 이주조는 비록 산속으로 들어가 숨기는 했으나 더 이상의 활로가 없었다. 그는 좌우에게 명해 자신의 목을 갖고 가 투항토록 했으나 좌우가 이를 받아들이지 않았다. 그는 먼저 자신이 타고 다니던 백마를 죽인 뒤 나무에 끈을 매달고 자진했다. 이에 이주씨 일족의 주요 구성원 모두 서쪽으로 달아났다. 이주조를 비롯한 이주씨 일족의 발호는 동탁 사후 동탁을 추모하며 장안 정권을 세웠던 이각과 곽사의 행보와 사뭇 닮아 있다. 조조가 한헌제를 모시고 허창으로 가면서 이각과 곽사 모두 패사했듯이 이들 이주씨 일족 역시 황제를 옆에 끼고 천하를 호령하는 계책을 구사하지 못해 이내 궤멸하고 말았다. 당시 조조의 역할을 수행한 인물이 바로 고환이었다. 북위가 패망하는 과정 역시 후한이 패망할 당시의 모습과 흡사하다. "역사는 돌고 돈다"는 얘기가 회자되는 것도 이와 무관치 않을 것이다.

제8장

북위의
쇠락과
동서 분열

> 혼전의 와중에 우문태가 말에서 떨어졌다.
> 동위의 대군이 몰려와 모두가 사방으로 도주할 때
> 도독 이목이 말에서 내려 땅바닥에 누워 있는
> 우문태를 치며 짐짓 큰 소리로 욕했다.
> "이 바보 같은 놈아, 너희들의 왕이 어디로 도주했기에
> 너는 여기에 있는 것인가?"
> 동위 군사들은 이목이 떠드는 소리를 듣고는
> 우문태를 하찮은 인물로 생각해 그대로 지나쳤다.

위진남북조 시대의 간웅, 고환

『자치통감』 권152에 따르면 북위의 권신 이주영이 전횡할 당시 도독 고환은 이주영에게 황제를 칭할 것을 권한 바 있다. 당시 많은 사람이 이에 동조했다. 『주서』「하발악전」의 내용도 이와 유사하다. 그러나 이와 반대로 『북제서』와 『위서』에 나오는 고환에 관한 기록인 「신무기神武紀」에는 이주영이 보위를 찬탈하려고 하자 고환이 만류했다는 식으로 기록돼 있다. 『주서』와 『자치통감』은 고환이 이주영과 한패가 되어 보위를 찬탈하려 했다고 기록한 데 반해 『북제서』와 『위서』는 정반대로 고환을 북위의 황실을 지키려는 충신으로 묘사해 놓았다. 왜 이런 차이가 나는 것일까?

『위서』의 저자는 위수魏收이다. 그는 본래 북위가 패망한 뒤 성립한 북제의 신하이다. 북제의 황제들 모두 흉포하고 황음했다. 고환을 미화하지 않을 경우 고환이 군사를 일으켜 이주씨를 친 배경을 설명할 길이 없게 된다. 위수 본인 역시 자신과 어떤 관계를 맺고 있는지에 따라 선악과 시비를 가렸다. 그는 이런 얘기를 한 바 있다.

"선양하면 가히 하늘로 승천할 수 있고, 깎아내리면 가히 땅속으로 들어가

게 할 수 있다!"

『위서』가 만들어진 후 논란이 끊이지 않았고 후세 사가들이 이를 '예사穢史 (더러운 사서)'로 부르게 되었다.

『북제서』의 저자는 이백약李百藥이다. 그의 부친 이덕림李德林은 북제의 고관을 지내다가 수나라에서 벼슬을 지냈다. 그는 자신이 몸담았던 북제를 높이려는 마음이 있었다. 『북제서』는 이덕림이 편찬해 놓은 기초 위에 완성된 것이다.

『주서』와 『자치통감』은 각각 당대의 영호덕분令狐德棻과 북송의 사마광이 주도적으로 편찬한 것이다. 기본적으로 객관적인 입장에 서 있었던 까닭에 여러 사서를 두루 살펴 역사적 사실에 가까운 것을 택했다. 그러나 역사는 쓰는 사람에 따라 분식이 더해질 수밖에 없다. 사서를 읽을 때 종합적으로 판단해 그 이면에 있는 진실을 찾아내지 않으면 안되는 이유다.

고환은 자가 하륙혼賀六渾으로 발해의 수현修縣(하북성 경현) 사람이다. 중국 사가들은 그를 한족으로 보고 있으나 북연을 세운 고운과 마찬가지로 고구려 출신일 공산이 크다. '발해' 자체가 고구려의 '요동'과 접경한 '요서' 일대를 지칭하는 말이다. 그의 6대조 고은高隱은 일찍이 서진에서 태수를 지낸 바 있다. 이후 3명의 선조는 모용씨의 연나라에서 벼슬을 살았다. 증조부 고호高湖는 모용보가 패망할 당시 북위에 투항했다. 그의 조부 고밀高謐은 관직이 시어사에 이르렀으나 법을 어겨 삭방의 변경으로 유배됐다. 부친 고수생高樹生 때 이미 가세가 크게 기운 데다 고수생은 집안을 돌보지 않은 한량이었다. 고환은 어린 시절 극히 어려운 환경에서 생장한 게 확실하다.

그는 어렸을 때부터 변방의 군영에서 생장했다. 주위는 모두 선비족 군인이었다. 그는 종일 창과 봉을 갖고 놀았다. 결혼할 때 선비족 여인들이 흔히 그랬듯이 부인이 혼수로 갖고 온 말을 타고 변진의 대오로 들어간 뒤 말을 타는 재주를 인정받아 이내 대주隊主(분대장)가 되었다. 당시 그 누구도 파락호 같은 그에게 관심을 기울인 사람은 없었다. 오직 진장 단장段長만이 고환의 면상과 자질이 범상치 않은 것을 보고 이같이 말했다.

"그대는 세상을 구할 만한 재능이 있으니 이처럼 헛되이 살아서는 안 되네. 나는 나이가 들어 그대가 성장하는 모습을 보지 못할 걸세. 훗날 부디 내 자식과 손자를 잘 돌봐 주게!"

이 몇 마디 말은 고환에게 커다란 자극이 되었다. 고환은 이 말을 평생 가슴에 담아 두었다. 그는 북위의 실권을 장악한 뒤 단장을 사공으로 추증하고, 그의 아들 단녕段寧을 발탁했다.

고환은 6진에서 기의했다. 6진은 장성을 따라 축조한 6개의 군진을 말한다. 서쪽에서 동쪽에 이르기까지 옥야沃野(내몽골 오원), 회삭懷朔(내몽골 고양), 무천武川(내몽골 무천), 무명撫冥(내몽골 사왕자기), 유현柔玄(내몽골 고양), 회황懷荒(하북성 장북) 등이 있었다. 북위는 유연 등의 침입을 막기 위해 선비족 군사를 장기간에 걸쳐 이런 곳에 주둔시켰다. 6진에 거주하는 한족과 여타 민족은 모두 내지에서 죄를 범하거나 유배를 당해 온 관민들이었다. 북위는 초기만 해도 변장邊將에 대한 대우가 괜찮았다. 그러나 효문제가 낙양으로 천도해 급속히 한화하는 과정에서 왕공과 사대부들이 청류를 자처하면서 변경의 군민을 천시 내지 멸시하기 시작했다. 전처럼 군공을 세워 관직으로 나아갈 기회도 사라졌다. 북위가 남조와 마찬가지로 문벌과 학문에 대한 재능에 따라 사람을 뽑아 쓴 결과다.

북위 효명제 정광 4년(523년), 유연이 남침할 당시 회황의 군민들은 먹을 양식이 없자 진장에게 창고를 열어 곡식을 풀 것을 요구했다. 밥을 배불리 먹은 후에야 열심히 싸울 수 있다는 이유였다. 그러나 진장은 이를 받아들이지 않았다. 군민들이 진장을 죽이고 일시에 일어났다. 이로써 일순 6진이 혼란에 휩싸였다.

북위의 조정은 크게 놀라 유연과 합세해 이들을 진압한 뒤 포로가 된 20만 명의 군민을 전부 하북 일대로 이주시켰다. 하북은 해마다 한발과 홍수가 그치지 않는 척박한 곳이었다. 거기에 수십만 명의 포로가 일거에 몰려오자 반란이 밀물처럼 일어났다. 이들이 두락주^{杜洛周}와 선우수례^{鮮于修禮}, 갈영^{葛榮} 등
이 이끄는 반군과 서로 세력을 다투면서 하북 일대는 일대 아수라장이 되었
다. 이들 모두 결국은 북위의 권신 이주영이 이끄는 군사에 의해 평정됐다. 고
환은 포로가 된 후 이주영의 신임을 얻어 위대장^{衛隊長}(친위도독)이 되었다. 이
주영이 한창 세를 떨칠 때 문득 좌우에 물었다.

"내가 어느 날 죽게 되면 누가 능히 우리 군사를 통수할 수 있는가?"

주변 사람이 모두 입을 모아 대답했다.

"이주조입니다."

이주영의 생각은 달랐다. 그가 말했다.

"이주조는 비록 용맹하고 싸움을 잘하기는 하나 지휘할 수 있는 병사는 겨
우 3천 명 안팎에 그친다. 숫자가 더 많아지면 그는 진법을 어지럽게 만들 뿐
이다. 나를 대신해 군사를 지휘할 수 있는 사람은 오직 고환뿐이다."

이주영은 고환에 대한 의구심을 떨칠 길이 없자 이주조에게 방비를 엄히
할 것을 주문하면서 고환을 멀리 떨어진 진주자사에 임명했다. 얼마 후 이주
영이 효장제에게 암살을 당하자 이주씨 일족이 분분히 사방에서 기병했다.
고환은 정세를 유심히 살피면서 이주씨 휘하에 있는 군사들의 속셈을 타진했
다. 당시 6진에서 반기를 들었다가 투항한 병사들은 대부분 선비족 출신이었
다. 그밖에도 한족과 흉노족, 고거족, 저족, 강족 등이 있었다. 이들은 하북으
로 강제 이주된 뒤 이주씨의 계호 군사들로부터 능욕을 당하고는 모두 26차
례에 걸쳐 들고 일어났으나 매번 패해 무참히 살해됐다. 이들은 절반 가까이
죽임을 당했는데도 반란을 그치지 않았다. 효장제를 목 졸라 죽인 뒤 북위
조정을 손에 넣은 이주조는 이들로 인해 골머리가 아픈 나머지 고환에게 자
문을 구했다. 고환이 회답했다.

"6진의 투항병들이 반란을 그치지 않고 있으나 이들을 모두 제거할 수는
없는 일입니다. 대왕은 심복을 보내 이들을 다스리게 하십시오. 그러고도 다
시 반란이 일어나면 그 책임을 장령에게 물으십시오. 매번 병사들을 도륙할

수는 없습니다."

이주조가 크게 기뻐하며 누구를 보내는 게 좋을지를 물었다. 함께 술을 마시던 하발윤賀拔允이 재빨리 고환을 천거했다. 고환은 짐짓 대로한 척하며 앞니가 빠질 정도로 하발윤을 가격해 그의 입술 주위를 온통 피투성이로 만들고는 이같이 욕했다.

"태원왕이 살아 있었을 때는 뭐라고 말해도 됐다. 그러나 지금 태원왕이 죽어 천하가 모두 이주조 왕의 명을 들으며 행하고 있다. 너는 도대체 어떤 자인가? 대왕이 말씀을 하기도 전에 주둥이를 놀리는 것인가?"

이주조는 이 말에 크게 감동을 받고는 고환의 충성심이 높다고 생각했다. 이에 곧 그에게 6진의 투항병을 총괄케 하자 고환은 내심 떨듯이 기뻐했다. 그는 늘 직접 군사를 지휘하고자 했던 차에 하발윤이 구실을 만들어 줬고, 공교롭게도 이주조 역시 크게 취해 곧바로 그런 명을 내린 것이다. 이주조는 술이 깬 후 후회했으나 이미 고환은 그의 영채를 빠져나가 이같이 명을 내린 뒤였다.

"나는 지금 명을 받고 6진의 병사를 총관하게 되었다. 모두 분수汾水의 동쪽으로 가 나의 명을 받도록 하라!"

그는 곧 양곡천陽曲川으로 달려가 커다란 영채를 차렸다. 6진의 병사들은 모두 이주씨 휘하의 계호 병사들에게 핍박을 받은 까닭에 곧바로 고환이 있는 곳으로 달려갔다.

얼마 후 고환이 이주조에게 상서해 산서 일대에 서리와 한재가 너무 심해 병사들이 먹을 양식이 없으니 산동으로 이동해 군량 문제를 해결하는 것을 허락해 달라고 청했다. 이주조의 통제권에서 벗어나기 위한 계책이었다. 이주조 군중의 장사 모용소종慕容紹宗이 상서문을 보고는 이같이 권했다.

"불가합니다. 지금 사방에서 반란이 일어나 딴 뜻을 품고 있습니다. 고환의 웅재는 세상을 뒤덮을 만한데 게다가 밖에서 군사까지 거느리게 되면 이는 교룡에게 비바람을 안겨 주는 것과 같습니다. 두 번 다시 그를 통제할 수 없게 됩니다."

이주조는 무부武夫의 용력勇力만 있을 뿐 계책이 없었다. 이주조가 자신과 고환은 한 형제나 다름없다고 말하자 모용소종이 다시 간했다.

"친형제조차 믿을 수 없는데 하물며 의형제의 경우야 더 말할 게 있겠습니까?"

이주조가 대로해 모용소종을 감옥에 가둔 뒤 고환에게 산동으로 이동하는 것을 허락했다.

고환은 진양에서 산동으로 가던 중 대소 수레에 많은 재물을 싣고 낙양에서 산서로 가는 이주영의 부인 북향장공주 일행과 만났다. 그는 곧 군사를 보내 말 3백 필을 전부 빼앗았다. 이주조는 형수가 울며 호소하자 크게 화를 내며 곧 모용소종을 석방한 뒤 대책을 상의했다. 모용소종이 말했다.

"고환은 지금 멀리 가지 못했습니다!"

이주조가 친히 군사를 이끌고 급히 그 뒤를 쫓았다. 양원襄垣에서 마침내 뒤따라 잡을 수 있게 되었으나 마침 장수漳水가 급격히 불어나기 시작했다. 고환이 장하를 사이에 두고 이주조에게 절하며 사례했다.

"제가 장공주의 말을 빌린 것은 산동의 도적을 평정하기 위한 것입니다. 대왕이 장공주의 참언을 믿고 저를 죽일 경우 휘하의 군사들이 반기를 들고 도주할까 두렵습니다."

이주조는 담대하기만 할 뿐 도무지 머리가 없는 자였다. 급히 말을 몰아 장하를 건넌 그는 고환과 함께 장막 안에 좌정한 뒤 패도를 끌러 주며 고환에게 자신의 목을 치게 했다. 죽음을 두려워하지 않는다는 표시였다. 고환이 통곡을 하며 그간 이주씨가 베푼 은혜와 자신의 충심 등에 관해 절절히 얘기했다. 이에 두 사람은 취하도록 마시며 얘기를 나눈 뒤 백마를 죽여 맹서했다. 밤에 고환의 매형 위경尉景이 장사들을 매복시켜 이주조를 죽이려 하자 고환이 급히 제지했다.

"지금 이주조를 죽이면 그의 당우가 곧바로 보복하려 들 것이오. 우리는 마필도 적고 병사들이 굶주려 있어 그들을 대적할 수 없소. 만일 영웅이 기회를 틈타 일어나면 장차 큰 화를 입게 되오. 이주조는 흉포한 데다 머리가 없으니 오히려 그를 놓아두는 게 낫소."

다음 날 새벽 이주조가 자신의 영채로 돌아가면서 고환에게 함께 장수를 건너 자신의 대영으로 돌아가 주연을 즐길 것을 청했다. 당시 그가 고환의 목을 치려고 그런 제안을 했는지 여부는 알 길이 없다. 다만 전후 맥락에 비춰 그 경우 고환은 황천으로 갈 공산이 매우 컸다. 당시 고환도 이주조를 흉내 내 담대한 모습을 보여 주고자 했으나 부장 손등孫騰에 의해 저지됐다. 이주조가 장하를 사이에 두고 욕을 했으나 장하가 범람해 이내 진양으로 돌아올 수밖에 없었다.

고환이 군영으로 돌아왔을 때 병사들을 지휘하는 휘하의 염현孫賢이 짐짓 안부를 물었다. 사실 염현은 이주조가 고환의 군영에 심어 둔 심복이었다. 고환이 자리에 앉은 후 염현의 허리에 차고 있는 보도가 훌륭하다며 한번 보고자 했다. 염현이 칼을 끌러 주자 고환이 단칼에 그를 베어 버렸다.

고환은 산동에 이른 후 군기를 엄숙히 했다. 매번 보리밭을 지날 때 스스로 말에서 내려 고삐를 끌고 갔다. 현지 백성들이 환호하며 그를 높이 받들었다. 이는 삼국 시대 당시 조조를 흉내 낸 것이다. 고환은 휘하의 병사들이 이주씨의 손에 들어간 북위에 얼마나 충성스러운지 알 수 없어 이주씨와 감히 드러내 놓고 갈라서지 못했다. 그는 마침내 한 가지 꾀를 생각해 냈다. 하루는 부하를 시켜 거짓으로 이주조의 군령을 내세웠다. 고환 휘하의 6진 투항병 모두 산서로 돌아간 뒤 이주씨의 군사 부곡이 되어 계호를 치라는 내용이었다. 6진의 투항병들은 줄곧 이주씨의 계호 군사들로부터 크게 업신여김을 받아 온 까닭에 마치 사지로 가는 느낌을 받을 수밖에 없었다.

먼저 1만 명을 선발해 출발을 재촉하자 부장 손등과 위경도 짐짓 병사들을 위하는 척하며 5일의 말미를 얻었다. 병사들이 크게 두려워하자 다시 5일의 말미를 주었다. 마침내 병사들의 공포심이 극에 이르렀다고 판단되었을 때 고환이 1만 명의 선발대와 고별 의식을 갖고 눈물을 비 오듯 흘렸다. 사병들의 울음소리가 천지를 뒤흔들었다. 고환이 탄식하며 이같이 말했다.

"나는 너희들과 마찬가지로 변진 출신이니 한가족이나 마찬가지다. 지금 서쪽으로 가 싸움에 나서면 죽게 될 것이다. 정해진 기일을 어겨 목적지에 도착할지라도 죽게 된다. 이주씨의 부곡이 되어도 죽게 된다. 어찌 해도 죽는 길밖에 없다. 우리는 어떻게 해야 하는가?"

사병들이 입을 모아 대답했다.

"반기를 드는 수밖에 없습니다!"

고환이 짐짓 초조한 모습으로 말했다.

"반기를 드는 게 부득이할지라도 과연 누구를 두목으로 삼을 것인가?"

장병들이 시끄럽게 떠들며 고환을 추대했다. 고환은 부득불 장병들을 위해 죄를 떠안는 모습을 취했다. 주저하는 모습으로 재삼 사양하며 6진의 투항병들을 향해 이같이 말했다.

"전에 갈영 휘하에 백만 명의 무리가 있었으나 군기가 없어 결국 패하고 말았다. 그대들이 나를 수령으로 추대한 뒤 그들과 다른 모습을 보이고, 군령을 어기지 말아야 한다. 그렇지 않다면 나는 그대들과 함께할 수 없다!"

장병들이 입을 모아 맹서했다.

"생사를 모두 맡길 것입니다!"

이에 고환은 소와 양을 잡아 병사들에게 음식을 주어 위로한 뒤 기병했다. 고환은 북위의 종실을 구한다는 명분을 내걸고 발해 태수 원랑元朗을 황제로 삼았다.

북위 중흥中興 2년(532년) 고환의 군사가 처음으로 이주씨의 군사와 접전해 승리했다. 광하廣河 싸움에서 이주조를 대파하고 5천여 명을 포로로 잡았다. 이주조와 이주세륭 등은 이주영 사후 군사를 일으켜 함께 낙양으로 쳐들어가 효장제를 죽이고 절민제를 세웠으나 이들 모두 다른 마음을 품은 까닭에 서로 크게 시기했다. 이 와중에 고환이 반기를 들고 일어나자 다시 힘을 합쳤다. 이에 이주천광은 장안, 이주조는 진양, 이주도율은 낙양, 이주중원은 동군에서 각각 거병했다. 모두 20만 명에 달하는 이주씨의 군사는 업성에서 회합했다. 이들은 원수洹水를 끼고 군진을 펼친 뒤 고환과 결전을 치를 준비를 마쳤다. 배은망덕한 고환과 6진의 병사들을 단번에 도륙할 생각이었다.

고환은 봉륭지封隆之를 보내 업성을 지키게 한 뒤 친히 군사를 이끌고 가 도성의 큰길에 영채를 차렸다. 당시 고환의 군마는 채 2천 필이 안 됐고, 병사 역시 3만 명에 불과했다. 중과부적의 상황에서 고환은 소와 나귀를 하나로 묶어 자기 군사들의 퇴로를 막았다. 한릉 일대에서 둥그런 원진을 펼치자 퇴로가 완전 차단됐다. 상황이 이처럼 불리해지자 모두 필사의 각오를 다졌다. 양측이 교전에 들어가기 직전 이주조가 말을 타고 군진 앞으로 나와 큰 소리로 고환을 욕했다. 이에 고환이 대응했다.

"나는 본래 너희들과 함께 황실을 보필코자 했다. 그러나 지금 황제가 어디에 있는가?"

이주조가 말채찍을 휘두르며 말했다.

"영안왕永安王(효장제로 즉위하기 전 봉호)이 태원왕을 죽인 까닭에 복수를 한 것이다!"

고환이 큰 소리로 꾸짖었다.

"전에 우리는 함께 이주영의 휘하에 있었다. 네가 그에게 반란을 부추긴 사실을 나는 훤히 알고 있다. 하물며 제왕이 대신을 죽인 것을 두고 무슨 보복이란 말인가? 오늘 너와 나의 은의는 모두 끊어졌다!"

말이 끝나자 양군의 접전이 시작됐다. 고환은 중군을 이끌고 적진을 향해 돌진했다. 대장 고오조가 좌군, 고환의 사촌 동생 고악高岳이 우군을 이끌었다. 고환의 중군이 불리해져 후퇴하자 이주조가 물밀듯이 들어갔다. 이때 고악이 5백 명의 기병을 이끌고 돌진하고, 고환의 또 다른 장령 곡률돈斛律敦이 패병을 수습해 다시 깃발을 세우고 북을 치며 이주조의 후면을 공격했다. 대장 고오조는 1천여 명의 기병을 이끌고 적진을 옆에서 찌르고 들어갔다. 결국 이주조의 군사는 사면에서 공격하는 고환의 군대를 이기지 못하고 대패했다. 패퇴하는 도중에 이주조가 모용소종을 향해 가슴을 두드리며 큰 소리로 외쳤다.

"공의 말을 듣지 않아 이 지경에 이르게 됐소!"

이주씨가 사방으로 도주할 때 수서양단의 모습을 보이던 대도독 곡사춘 등이 먼저 낙양으로 돌아와 이주씨 일당을 도륙했다. 이주세륭과 이주도율, 이주천광 모두 포로로 잡혔다가 목이 달아났다.

이주씨가 세운 절민제가 사람을 보내 고환을 위로했다. 고환은 자신이 세운 안정왕安定王 원랑이 황통에서 거리가 먼 것을 깨닫고 곧 휘하 위란근魏蘭根을 보내 절민제의 사람됨을 알아보게 했다. 위란근이 보니 절민제의 정신과 풍채가 뛰어나 장차 통제하기가 어려울 것 같았다. 고건高乾 형제와 기타 수하들 역시 고환에게 절민제는 이주씨가 옹립해 명분이 바르지 못하다며 그를 폐할 것을 건의했다. 고환은 절민제 원공을 한 사묘에 감금한 뒤 이리저리 사람을 물색한 끝에 평양왕 원수元修를 찾아냈다. 그가 바로 효무제다. 당시 평양왕 원수는 자신과 막역한 산기시랑 왕사정王思政이 있는 곳에 몸을 숨기고 있었다. 그는 돌연 왕사정이 고환의 군사를 이끌고 찾아오자 크게 놀라 물었다.

"너는 나를 팔아넘길 심산인가?"

"그렇지 않습니다."

"나의 목숨을 보호할 수 있단 말인가?"

"세상일이 변화무쌍하니 꼭 그렇다고 말할 수는 없습니다."

원수는 4백여 명의 기병에 둘러싸여 고환의 영채가 있는 곳으로 갔다. 고환이 절을 한 뒤 전후 사정을 얘기하며 눈물을 흘리자 원수는 이때 비로소 고환이 자신을 죽이려는 게 아니라 황제로 옹립하려는 것을 알게 되었다. 안정왕 원랑은 이미 선위의 뜻을 밝힌 조서를 고환에게 넘겨준 상태였다. 원수가 엉겁결에 보위에 오른 배경이다.

효무제 원수가 보위에 오른 지 한 달이 지난 태창太昌 원년(532년) 5월, 북위 조정이 절민제 원공을 독살했다. 당시 원공의 나이는 35세였다. 동시에 일시 보위에 올랐던 안정왕 원랑을 비롯해 동해왕 원엽도 마저 제거했다. 얼마 후 다시 효무제의 숙부인 여남왕 원열元悅도 제거했다. 황통에 너무 가까웠기 때문이다.

고환의 딸이 효무제의 황후로 발탁된 지 1년 뒤인 영희永熙 2년(533년), 이주씨 일족 중 최후까지 살아남았던 이주조가 옛 본거지인 수용군에서 패한 뒤 자진했다. 이주조 휘하의 대장 모용소종은 이주조의 처자와 나머지 무리를 이끌고 귀항했다. 고환이 그의 충의를 높이 사 두텁게 대우했다. 고환은 각자 주인을 위해 일하는 도리를 잘 알고 있었다. 전에 모용소종이 이주조에게 자신을 제거하는 계책을 진언한 것을 전혀 개의치 않은 이유다. 이 또한 조조의 행보와 닮았다. 조조도 자신을 죽이려 한 가후를 너그러이 받아들인 바 있다.

동위와 서위로 나뉘다

원래 절민제 밑에 있다가 먼저 낙양으로 돌아온 뒤 이주씨 일족을 도륙한 곡사춘은 고환의 위세가 날로 강대해지는 것을 보고는 크게 불만을 품었다. 그는 곧 남양왕 원보거元寶炬를 비롯해 무위장군 원비元毗, 산기시랑 왕사정 등과 함께 효무제에게 고환 제거를 권했다.

곡사춘은 시위 인원을 증원하면서 수백 명의 효용한 무사를 뽑아 효무제의 근위군으로 삼았다. 효무제는 누차 수렵을 구실로 내세워 곡사춘에게 군사를 이끌게 한 뒤 밖으로 나가 서로 은밀히 모의했다. 동시에 사람을 보내 밖에서 군사를 이끌고 있는 하발악賀拔岳과 하발승賀拔勝 형제와 연락해 안팎에서 호응하기로 밀약했다.

북위의 사공 고건은 본래 고환의 일당이다. 효무제는 고건을 매수하기 위해 화림원에서 연회가 열린 틈을 이용해 돌연 고건과 형제의 맹약을 맺자고 제의했다. 고건은 별 생각 없이 맹서하며 감히 두 마음을 품지 않겠다는 뜻을 밝혔다. 그러나 그는 효무제가 무장 시위를 강화하며 하발악 등과 자주 교신하는 것을 보고는 곧 변이 일어날 것을 알고 은밀히 고환에게 변란을 대비하라고 일렀다. 고환이 고건을 병주 쪽으로 불러 상의하자 고건은 고환에게 자립할 것을 권했다.

아직 시기가 무르익지 않았다고 판단한 고환은 짐짓 크게 두려워하는 모습을 보이며 이를 거절했다. 고환의 마음을 얻지 못해 진퇴양난에 빠진 고건은 곧 은밀히 고환에게 밖으로 보내 줄 것을 청해 서주자사로 나갔다. 효무제는 고건이 외임으로 나갈 경우 밀모가 누설될 것을 우려해 미리 고환에게 조서를 보내 고건과 자신은 맹서를 한 바 있고 태도가 일정하지 아니한 자라고 알렸다. 고환은 고건이 효무제와 맹서한 사실을 알고 크게 화가 나 곧 효무제에게 고건이 자신에게 자립을 권한 사실을 고했다. 얼마 후 고환과 효무제가 한자리에 모여 고건을 부른 뒤 질문했다. 어렸을 때부터 뛰어난 지략을 자랑한 고건도 달리 할 말이 없었다.

"폐하가 다른 생각을 품고는 오히려 신더러 반복무상하다고 하니 군주가 죄를 주려고 하는데 무슨 할 말이 있겠습니까!"

효무제는 고건을 사사한 뒤 사람을 보내 고건의 동생 고오조도 주살케 했다. 고오조는 칙령을 빼앗은 뒤 10여 명의 휘하를 이끌고 진양으로 도주해 고환에게 투항했다. 고환이 그의 머리를 감싸 안고 통곡하며 이같이 말했다.

"천자가 고사공高司空(고건)을 잘못하여 죽였소!"

고건의 또 다른 동생 고행밀高行密도 고환에게 투항했다. 황제의 손을 빌려 고건을 죽인 뒤 다시 두 동생의 존경과 신뢰를 받게 되었으니 고환의 수단이 굉장히 뛰어났음을 알 수 있다.

이듬해인 영희 3년(534년), 효무제가 친히 군사를 이끌고 가 진양의 고환을 치려고 했다. 계엄을 선포한 뒤 겉으로는 남쪽의 양국梁國을 친다고 내세웠다. 곡사춘과 함께 하남의 모든 주에서 병마를 징발한 뒤 낙양 근교에서 대대적인 열병 의식을 가졌다. 고환을 현혹할 속셈으로 밀조를 고환에게 보내 속히 군사를 이끌고 가 관서의 우문태宇文泰와 하발승을 치게 했다.

고환은 곧바로 답서를 보냈다. 휘하의 22만 명의 병사가 다섯 갈래로 나뉘어 출발해 황제의 남정을 도울 것이니 조정의 간녕한 자들을 제거해야 한다는 내용이었다. 이는 군사를 이끌고 낙양으로 올라가 효무제의 군사와 다투겠다는 뜻이었다. 상황이 이렇게 되자 효무제는 부득불 자신의 속셈을 드러내 보이지 않을 수 없었다. 그는 곧 중서사인 온자승을 시켜 역사상 매우 유명한 서신을 써서 고환에게 보내게 했다. 온자승은 전에 효장제를 부추겨 이주영을 주살하는 내용의 조서를 작성한 바 있다. 그의 문재는 북조 제일로 평가받고 있다. 고환은 훗날 그를 오히려 발탁했다. 이는 삼국 시대 당시 조조가 자신의 집안을 신랄하게 비판한 격문을 쓴 진림陳琳을 높이 평가한 것에 비유할 만하다. 고환 사후 그의 아들 고징高澄은 온자승이 반란군과 접선할까 우려해 고환의 뛰어난 무공을 칭송하는 비문인 신무비神武碑를 쓰게 한 후 진양의 감옥에 가뒀다. 이후 급식을 끊어 온자승으로 하여금 자신의 솜옷에 있는 면화를 먹다 굶어 죽게 만들었다. 당시 온자승이 쓴 조서의 내용은 다음과 같다.

"짐은 조금도 노력하지 않고 앉은 채 천자의 자리에 앉게 되었소. 나를 낳은 사람은 부모이고, 귀하게 만든 자는 고왕高王(고환)이라고 할 만하오. 짐은 어리석어 간녕한 자가 누구를 가르치는지 모르겠소. 최근 고건의 죽음이 어찌 짐 혼자만의 뜻이겠소? 왕에게 황제 폐립을 논의하는 자들이야말로 간녕한 자들이 아니겠소? 작년에 봉륭지가 반기를 들고, 올해 손등이 도주했는데도 처벌하지 않고 있으니 누구인들 왕을 의심하지 않겠소? 왕이 만일 진심으로 충성을 다할 양이면 어찌하여 이 두 사람의 목을 보내지 않는 것이오? 왕은 비록 서쪽으로 간다고 말했으나 사방에서 한꺼번에 진군하니 혹시 남쪽으로 낙양을 도모하거나, 동쪽으로 강좌江左(회하 일대)를 틀어쥐려는 것은 아닌지 사람들이 모두 의심하고 있소. 옛사람이 이르기를, '월나라 사람이 나를 쏘려고 해 웃으며 가르쳤고, 나의 형이 나를 쏘려고 해 눈물로 가르쳤'고 했소. 짐은 왕을 친애하니 그 정은 마치 형제와 같소. 붓을 내던지며 가슴을 쓸어 만지니 나도 모르는 사이 한숨만 나올 뿐이오."

조서에는 대의를 밝히며 겉으로는 자신을 낮추면서도 속으로는 상대방을 위협하는 취지가 선명히 드러나 있었다. 그럼에도 고환은 조금도 동요하지 않고 상서하여 곡사춘 등을 간녕한 자로 지목하면서 전진을 멈추지 않았다. 효무제 원수의 측근인 중군장군 왕사정이 일단 고환의 예봉을 피하기 위해 관중으로 가 우문태宇文泰에게 의탁할 것을 권했다. 동군태수 배협裴俠이 왕사정을 힐난했다.

"우문태는 3군이 따르고 있고, 형승지形勝地인 관중을 점거한 채 병권을 잡고 있습니다. 그에게 의지하면 끓는 물을 피해 불 속으로 뛰어드는 격입니다."

왕사정도 배협의 말이 일리가 있다고 생각했다. 어찌해야 좋은지를 묻자 배협이 대답했다.

"고환과 싸우는 것은 현재의 우려이고, 우문태가 있는 곳으로 가는 것은 장래의 우려입니다. 일단 관우 일대에 군사를 주둔시키고 국면을 관찰한 후 다시 결정하는 게 좋을 것입니다."

이에 효무제가 우문태를 관서대행대關西大行臺, 상서좌복야에 임명한 뒤 공주를 보내 처로 삼게 했다. 또 조명을 내려 고환의 죄상을 열거했다. 이로써 효무제와 고환은 공개적으로 갈라서게 됐다.

고환은 자신의 군대에게 이같이 말했다.

"과인은 대의를 내세워 주상을 받들었지만 곡사춘의 참언으로 인해 충성이 역모로 바뀌었다. 지금 남정에 나선 것은 곡사춘을 주살하려는 것일 뿐이다!"

그러고는 고오조를 선봉으로 내세워 호호탕탕하게 진격했다.

영희 3년(534년) 7월, 효무제가 친히 10만 명의 군사를 이끌고 가 하교에 영채를 차린 뒤 곡사춘을 선봉으로 삼아 북망산의 북쪽에 진을 쳤다. 곡사춘이 2천 명의 군사를 이끌고 밤에 황하를 건너가 고환의 군대를 급습하는 방안을 제시했다. 효무제가 고개를 끄덕이자 황문시랑 양관楊寬이 간했다.

"지금 병권을 다른 사람에게 넘기면 변이 날까 두렵습니다. 곡사춘이 도하한 후 기습에 성공해 고환을 토벌할지라도 이는 또 하나의 고환을 만드는 것입니다."

그 말에 효무제가 곧 곡사춘의 출병을 저지시켰다. 곡사춘이 탄식했다.

"황상이 나의 계책을 사용하지 않으니 이는 하늘이 위나라 황실을 돕지 않는 것이다!"

당시 관중 부근에 있던 우문태도 이 소식을 듣고 좌우에게 이같이 말했다.

"고환이 수일 안에 8~9백 리를 행군해 피로한 군사로 적들을 맞아 싸우려 한다. 이는 병가에서 극히 꺼리는 것이다. 기습을 가할 수 있는 절호의 기회다. 그런데도 지금 친정에 나선 황상이 강을 건너 결전을 치를 생각을 하지 않고 오히려 강변을 따라 지키려고만 하니 이는 큰 실책이다. 더구나 황하는 강변이 만 리에 달하니 한 곳이 돌파당하면 틀림없이 패하고 말 것이다."

양군이 접전을 벌이기 직전 효무제 휘하의 가현지賈顯智와 전호田怙 등은 이미 은밀히 고환과 교신해 투항하기로 약정했다. 덕분에 고환이 급속히 군사를 이끌고 황하를 넘었다. 효무제가 황망히 중신들을 모아 놓고 대책을 논의했으나 양국이나 하발승, 우문태 등에게 의탁하자는 견해를 비롯해 낙구洛口를 지키며 결전을 벌이자는 견해에 이르기까지 중구난방이었다. 이사이 곡사춘과 권력 다툼을 벌인 대신 원빈지元斌之는 효무제가 있는 곳으로 가 고환의 군사가 쳐들어온다고 속였다. 효무제가 크게 놀라 사람을 곡사춘에게 보내 환군을 명하는 한편 몇 명의 왕들을 시켜 5천 명의 군사를 이끌고 도주할 준비를 하게 했다. 사람들 모두 효무제가 서쪽으로 도주할 준비를 하는 것을 은밀히 알아채고는 절반가량이 밤에 황급히 달아났다. 유독 무위장군 독고신獨孤信만이 혼자서 황제를 따랐다. 효문제가 탄식했다.

"장군은 부모와 처자를 버리고 나를 수종하고 있으니 '세상이 어지러워야 충신을 안다'는 말은 바로 이를 두고 하는 말이오!"

훗날 독고신 자신은 비록 우문태에게 해를 당했으나 후대의 영광은 비교할 데가 없을 정도로 휘황했다. 장녀는 북주北周의 명경황후, 7녀는 수문제의 황후, 4녀는 당나라의 원정황후가 되었다. 북주와 수, 당 등 세 왕조에 걸쳐 천자가 모두 그의 외손이었다. 아들들 역시 높은 자리에 올라 가문의 위세가 혁혁했다.

당시 고오조는 친형 고건의 죽음을 보복할 생각으로 굳세고 날쌘 기병을 이끌고 효무제를 쫓아 섬서까지 갔으나 결국 추격에 실패했다. 공교롭게도 효무제는 도중에 기갈이 심해 장안의 동양역東陽驛으로 갔다가 군사를 이끌고 마중을 나온 우문태를 만나게 됐다.

고환은 진양에서 출병한 이래 효무제에게 40여 차례에 걸쳐 표문을 올렸으나 아무런 회답을 받지 못했다. 그는 친히 군사를 이끌고 효무제의 뒤를 쫓았다. 자신의 기병을 정당화하려는 속셈이었으나 결국 이루지 못했다. 고환은 낙양으로 돌아온 후 청하왕의 세자 원선견元善見을 황제로 삼았다. 그가 효정제孝靜帝이다. 당시 그의 나이는 열한 살에 불과했다. 이는 청하왕 원단元亶이 황제가 될 야심을 품고 있다는 사실을 간취한 결과다. 고환은 훗날 원단을 제어하기 어려울 것으로 생각해 원단의 아들을 택한 것이다. 고환은 효무제 옹립의 실패를 반복하고 싶지 않았다. 이로써 북위는 마침내 효정제 원선견과 효무제 원수 등 두 명의 황제가 동시에 존재하는 이른바 동위東魏와 서위西魏로 나뉘게 되었다.

동위와 서위의 다섯 번에 걸친 충돌

북위의 황제 효무제는 관중을 장악하고 있는 군벌 우문태에게 몸을 맡김으로써 서위의 황제로 격하됐다. 효무제가 우문태의 소굴로 들어간 것은 호랑이 굴을 빠져나와 여우 굴로 들어간 것이나 다름없었다. 사서는 효무제가 사촌 여동생 세 명을 명의상 공주로 봉한 뒤 사실상 비빈으로 두었다고 기록해 놓았다. 그중 하나가 평원공주 원명월元明月로 효무제가 가장 총애한 여인이기도 했다. 우문태는 서위의 원씨 왕들을 부추겨 평원공주를 효무제 신변에서 떼어 놓은 뒤 살해했다.

효무제가 이를 크게 한스럽게 여겼다. 그는 비분을 이기지 못해 불시에 궁내에서 활을 쏘는가 하면 칼을 뽑아 문득 탁자를 베며 불평을 서슴없이 내뱉었다. 그 말속에 우문태에 대한 원한이 서려 있었다. 효무제 주변은 온통 우문태가 보낸 자들이었다. 결국 우문태는 효무제의 술에 독약을 풀게 했다. 독살당할 당시 효무제 원수의 나이는 25세였다. 우문태는 평원공주의 친오빠인 원보거元寶炬를 황제로 삼았다. 그가 바로 서위의 문제文帝이다.

우문태는 자가 흑달黑獺로 선비족 무인 집안 출신이다. 그의 부친 우문굉宇文肱은 일찍이 6진의 반란군 중 하나인 선우수례 휘하의 장령으로 있었다. 부친 우문굉이 당하唐河의 싸움에서 전사하자 우문태는 갈영의 휘하로 들어갔다. 이주영은 갈영을 격파할 때 우문태의 무용을 높이 사 장령으로 발탁했다.

우문태는 고환이 이주씨를 멸한 후 하발악의 부탁을 받고 병주로 가 군대의 허실을 심사하는 역할을 맡게 됐다. 고환은 우문태가 8척에 달하는 장신에 상모가 비상한 것을 보고 이내 자신의 휘하에 두고자 했다. 우문태가 하발악에게 돌아가 복명하겠다고 간곡히 청하자 고환은 한참 주저하다가 이를 허락했다. 그러나 이내 다시 후회가 돼 사람을 보내 그를 죽이려 했다. 후환을 미리 없애고자 한 것이다. 관중 입구까지 쫓아갔으나 결국 잡지 못했다. 항우가 유방을 죽이지 못하고, 조조가 유비를 놓아주고, 환현桓玄이 유유劉裕를 용납한 것처럼 이는 호랑이를 길러 우환을 키운 것이나 다름없었다. 실제로 고환이 세운 동위는 우문태가 세운 서위에 의해 패망했다.

고환은 효정제 원선견을 옹립한 후 낙양이 서쪽으로는 서위의 도성인 장안에서 가까운 데다 남쪽으로는 남조의 양나라와 근접해 있는 것을 크게 꺼려 이내 업성으로 천도했다. 업성 천도의 명이 내린 지 3일 만에 40만 호에 달하는 백성들 모두 매우 딱한 모습으로 길에 올랐다. 이때 고환은 이주영의 측근으로 있었던 사마자여司馬子如를 상서좌복야, 고륭지高隆之를 상서우복야, 고악高岳을 시중, 손등孫騰을 업성유수로 삼아 함께 조정 업무를 관장했다.

동위 효정제 천평天平 3년(536년) 고환이 대군을 이끌고 가 부교 3개를 만들었다. 포판蒲坂(산서성 영제현)에서 황하를 도하하기 위한 것이었다. 이는 동위와 서위가 맞붙는 제1차 회전인 이른바 소관지전小關之戰의 서막에 해당한다. 당시 우문태는 확실히 뛰어난 병략가임을 입증했다. 그는 제장들에게 이같이 말했다.

"고환은 삼면이 우리 군사에 의해 포위돼 있다. 그는 부교를 만들면서 황하를 건너 진격하겠다고 떠벌리고 있으나 이는 우리의 시선을 끌어들이려는 것에 불과하다. 그의 속셈은 두태竇泰를 시켜 서쪽에서 진격해 우리를 협격하려는 데 있다. 두태는 고환의 효장驍將이다. 그는 여러 번 승리를 거둬 장병 모두 교만해 있다. 우리가 기병으로 두태를 치면 싸우지 않고도 고환을 물리칠 수 있다."

그러나 제장들은 달리 생각했다. 고환의 군사가 눈앞에 다가와 있는 상황에서 두태의 군사를 깨뜨리지 못하면 전군이 몰살을 당할 수 있었다. 우문태의 족질인 우문심宇文深은 우문태와 같은 생각을 갖고 있었다.

"우리가 고환의 군사와 접전을 벌일 때 두태가 협격을 가할 공산이 큽니다. 그 경우 패할 수밖에 없습니다. 먼저 정예 기병을 선발해 곧바로 소관小關(동관의 왼편) 쪽으로 나아가면 성질이 급한 두태가 틀림없이 싸움에 임할 것입니다. 이때 고환은 신중을 기해 관망하는 모습을 보일 것입니다. 두태를 친후 다시 돌아와 고환을 치면 가히 깨뜨릴 수 있습니다."

과연 서위의 군사가 소관 쪽으로 나가자 두태가 황급히 군사를 이끌고 영격에 나섰다. 우문태가 도중에 마목택馬牧澤에 있다가 문득 뛰쳐나가 두태의군사를 대파했다. 동위의 군사가 거의 섬멸되자 두태는 자진했다. 당시 황하의 얼음이 매우 얇았던 탓에 고환은 부교를 철거한 뒤 회군할 수밖에 없었다. 서위의 군사가 그 뒤를 급격히 추격했다. 고환의 후군대장 설고연薛孤延이열다섯 자루의 칼을 바꿔 사용하는 분전 덕분에 고환은 간신히 강을 건널수 있었다. 제1차 접전인 소관지전은 동위의 패배로 끝났다. 그러나 고오조가이끄는 동위의 군사는 나름대로 승리를 거뒀다. 그가 군사를 이끌고 상산에서 진격하는 동안 별다른 걸림돌이 없었다. 그는 상락에 맹공을 가할 당시 앞장서 지휘하다가 무수히 유시를 맞았다. 세 곳은 관통상이었다. 그러나 그는곧바로 말 위에 올라 순시하며 병사들의 사기를 북돋았다. 상락성을 함몰시킨 뒤 장막 안에서 치료를 받던 그는 자신이 이내 죽을 거라고 생각하여 이같이 탄식했다.

"단지 유감인 것은 동생 고계식高季式이 자사가 되는 것을 보지 못하고 죽는 것이다!"

고환은 이 얘기를 전해 듣고 곧 고계식을 병주자사에 임명했다. 이때 고오조는 요양을 잘한 덕분에 결국 살아났다. 그는 효무제와 고환 두 사람을 위해동시에 계책을 낸 고건의 세 번째 동생이다. 원래 이름은 고앙高昂이나 세상에는 그의 자인 '오조'가 널리 알려졌다. 용의 눈썹과 표범의 수염을 한 그는 웅위한 용모를 자랑했다. 어렸을 때부터 검객들을 모아 사방으로 돌아다니며약탈을 벌였다. 북송대 설화집인 『태평광기太平廣記』에 그가 쓴 시 3수가 수록돼 있다. 그중 「정행시征行詩」에 이런 구절이 나온다.

용은 천 마리 양에게 씨 뿌리고, 샘은 백 잔의 술 만드네 龍種千口羊, 泉連百壺酒

아침마다 산 둘러싸고 사냥하며, 밤마다 새 신부 맞이하네 朝朝圍山獵, 夜夜迎新婦

　그의 방탕한 젊은 시절을 연상시키는 구절이다. 이주영은 고오조의 영민함과 용맹함을 꺼린 까닭에 한번은 그를 유인해 낙양에 묶어 두기도 했다. 효장제는 이주영을 제거한 후 고씨 형제가 무략에 뛰어나다는 얘기를 듣고는 황하 강변까지 나가 이들의 귀향을 환송하면서 무리를 모으도록 격려했다. 고오조는 강개한 의기를 참지 못해 길을 떠나기에 앞서 칼춤을 추며 사력을 다할 뜻을 드러냈다.

　효장제가 이주씨의 핍박을 받을 당시 그는 고환에게 몸을 맡긴 후 이주씨를 대파했다. 이후 효장제가 그의 친형 고건을 살해한 뒤 사람을 보내 그를 죽이려 하자 그는 황급히 10기를 이끌고 고환이 진수하고 있는 진양으로 도주했다. 고환은 그를 대장으로 삼아 남정북벌에 적극 활용해 커다란 승리를 거뒀다. 소관지전 직후 고오조는 철군한 뒤 군사대도독에 임명됐다. 76명의 도독을 총지휘하는 자리였다.

　당시 고환 휘하는 선비족 장령 위주로 구성돼 있었다. 이들 모두 한족을 경멸했다. 그러나 한족으로 구성된 부대를 지휘하는 고오조에 대해서만큼은 예외였다. 『북제서』「고양열전」에 따르면 이주조를 칠 당시 고환이 선비족과 한족의 혼성 부대를 편성할 것을 권하자 고오조가 반대했다.

　"제가 이끌고 있는 군사는 훈련이 잘돼 있어 결코 선비족 군사에 뒤지지 않습니다. 지금 혼성 부대를 편성할 경우 오히려 협조가 안 돼 부작용을 낳을 수 있습니다. 굳이 그럴 필요는 없습니다!"

　사서는 이 얘기를 듣고 고환이 더 이상 권하지 않았다고 기록해 놓았다. 「고양열전」에는 이런 일화도 나온다. 고환은 휘하 대장들에게 호령을 내릴 때 늘 선비어로 말했으나 곁에 고오조가 있으면 반드시 한어로 바꿔 말했다고 한다. 고오조는 한족 출신으로서 나름 적잖은 자부심을 지니고 있었던 것으로 보인다. 일부 중국 사가는 이를 근거로 고환까지 선비화된 한족으로 간주하고 있으나 이는 지나치다. 사서의 기록에 비춰 볼 때 고환은 선비족이 확실하다. 그가 한족이었다면 선비족 장병들이 그의 명을 고분고분 들었을 리 만무하다. 선비족 장령 유귀劉貴가 고오조와 불화했던 것도 이런 맥락에서 이해할 수 있다. 한번은 두 사람이 같은 자리에서 군사 문제를 논의하게 되었다. 어떤 사람이 황하를 정비하는 과정에서 여러 명이 물에 빠져 죽었다고 보고하자 유귀가 고의로 이같이 말했다.

"한 푼의 가치도 없는 한인들은 죽게 놓아두어라!"

대로한 고오조가 곧바로 칼을 뽑아 유귀를 베려고 하자 유귀가 황급히 군영으로 돌아갔다. 고오조가 북을 치며 휘하들을 모은 뒤 치려고 했으나 사람들이 간곡히 만류해 겨우 진정시켰다. 한번은 고오조가 북예주자사 정엄조鄭儼祖와 주사위 놀이에 가까운 악삭희握槊戱를 즐길 때 유귀가 사람을 정엄조에게 보내 급히 군사 문제를 상의코자 했다. 이에 정엄조가 귀대하려고 하자 고오조가 그를 저지하면서 유귀의 사자를 나무칼을 찬 채 한쪽 구석에 서 있도록 했다. 유귀의 사자가 발을 구르며 소리쳤다.

"나무칼을 채우기는 쉽지만 벗기기는 어려울 것이다!"

얘기를 들은 고오조가 수종하는 자의 손에서 칼을 빼앗아 들고는 사자가 있는 곳으로 가 그의 목에 칼을 쓱 대며 이같이 말했다.

"어려울 게 뭐 있단 말인가?"

그러고는 목을 쳐 땅에 떨어뜨렸다. 유귀가 이 얘기를 듣고 다시는 아는 체하지 않았다.

또 고오조가 대승상부로 가 고환을 배견할 때 문을 지키는 호위 군사들이 그를 저지한 적이 있었다. 화가 난 고오조가 말을 매어 둔 곳으로 가 활을 잡아당겨 이들을 쏘아 죽였다. 고환은 이 얘기를 듣고도 아무런 죄도 묻지 않았다. 고오조에 대한 신임이 얼마나 큰지를 보여 주는 대목이다.

고환도 선비족과 한족 사병 간의 갈등에 대해 잘 알고 있었다. 그는 선비족에게 이같이 말했다.

"한인은 너희들의 노복이다. 남자는 너희를 위해 경작하고, 여자는 너희를 위해 옷을 만든다. 곡식과 비단을 세금으로 내 너희들을 따뜻하게 먹이고 있다. 왜 그들을 업신여기는 것인가?"

또 휘하의 한족 사병에게는 이같이 말했다.

"선비족은 너희들이 고용한 용병이다. 너희들이 제공하는 옷과 음식을 얻는 대신 너희를 위해 도적들을 막아 주고 있다. 너희들을 안녕하게 만드는데 저들을 왜 그처럼 원망하는 것인가?"

한번은 고환이 출정하려고 하자 한족 대신 두필杜弼이 먼저 내부의 도적부터 소탕할 것을 권했다. 고환이 내부의 도적이 누구인지를 묻자 두필이 백성을 약탈하는 선비 귀족이라고 말했다. 대답이 궁해진 고환이 곧 병사들에게 하령해 활과 칼로 무장한 채 두필을 둘러싸고 간단히 진법을 펼치게 했다. 일개 서생에 지나지 않는 두필은 이런 진세를 본 적이 없는 까닭에 크게 놀라 식은땀을 흘렸다. 이를 보고 고환이 두필에게 말했다.

"비록 활을 쏘지 않고, 창으로 찌르지 않고, 칼로 내려치지 않았으나 그대는 크게 놀라 실성하다시피 했다. 비록 일부가 약탈하는 행위를 했을지라도 저들이 전장에서 거둔 전공과 어찌 비교할 수 있겠는가?"

이에 두필이 꿇어앉아 머리를 조아리며 사과했다. 그는 단 한 번의 조치로 간관의 입을 틀어막고 선비족 군사들의 환심을 샀다.

효정제 천평 4년(537년), 고환이 군사 20만 명을 이끌고 호구壺口에서 포진蒲津을 향해 나아갔다. 제2차 회전인 이른바 하원지전河苑之戰의 시작이었다. 당시 우문태는 커다란 가뭄으로 인해 식량이 크게 모자랐다. 1만 명이 안 되는 군사를 이끌고 항농恒農의 곡식 창고에서 50여 일 동안 휴식을 취했으나 허기에 지친 군사들은 거의 피골이 상접해 있었다. 고환이 황하를 건넜다는 소식을 듣자 황급히 관중으로 들어가 대책을 강구했다.

고오조는 3만 명의 군사를 이끌고 가 항농을 겹겹이 포위했다. 고환의 참모가 말했다.

"서위의 군사들이 해를 이어 기황에 시달리고 있습니다. 그래서 섬주로 나와 곡식을 탈취코자 하는 것입니다. 지금 고오조가 이미 항농의 곡식 창고를 포위하고 있으나 이를 운반할 수는 없는 일입니다. 가장 좋은 방안은 여러 길로 나눠 진격하면서 적들과 접전을 피한 채 보리가 익는 가을까지 기다리는 것입니다. 그러면 서위 군민 태반이 아사할 것입니다. 우문태는 죽지 않을지라도 투항할 수밖에 없습니다. 황하를 넘지 않는 게 가장 좋은 방안입니다."

대장 후경侯景도 간했다.

"수십만 명의 아군이 일거에 밀어닥쳤다가 만일 승리하지 못할 경우 일시에 집결하기가 어렵습니다. 군사를 나눠 서로 이어 가면서 전진하느니만 못합니다. 전군이 승리하면 후군은 전력을 다해 공격하고, 전군이 패하면 후군이 접응해 적을 영격하면 됩니다."

고환은 이 두 가지 건의를 모두 듣지 않고 포진에서 황하를 건너 진격했다.

우문태가 위수 남쪽 하안에 도착했을 때에는 징병한 병마가 모두 도착하지 않은 상태였다. 휘하 제장들이 중과부적을 우려해 먼저 고환의 군사가 서쪽으로 간 뒤 출병할 것을 건의했다. 우문태가 거절했다.

"고환이 장안에 이르면 민심이 모두 그에게 기울 것이다. 지금 그가 먼 길을 와 피로한 틈을 타 공격하는 것이 좋다."

이에 부교를 설치해 위하를 넘은 뒤 사흘분의 식량만은 휴대토록 명했다. 고환의 군사들과 60리 떨어진 곳에 영채를 차린 뒤 휘하 장령 달해무達奚武에게 명해 동위 군사로 위장한 3명의 기병을 이끌고 저녁에 고환의 영내로 들어가 구령 등을 정탐케 했다. 이들은 고환의 영채를 소상히 정탐한 뒤 영채로 돌아와 결과를 보고했다. 당시 고환은 우문태의 병사가 가까운 곳에 영채를 차린 것을 알고 군사를 이끌고 가 결전코자 했다. 우문태 휘하의 이필李弼은 중과부적의 상황에서 평지에 진을 치는 것은 승산이 없다고 생각해 십 리 밖의 위수가 휘어 도는 소택지에 매복하는 방안을 제시했다. 이곳은 갈대가 무성해 매복하기에 적당했다. 우문태가 이를 받아들였다.

고환 휘하의 도독 곡률강거斛律羌擧가 권했다.

"우문태는 결사전을 펼치고자 마치 미친개처럼 달려들 것입니다. 위수가 휘어 도는 소택지에 갈대가 무성하고 진창이 펼쳐져 있어 병사들이 전력을 다해 싸우기가 어렵습니다. 은밀히 정병을 보내 장안을 엄습해 적들의 소굴을 뒤엎느니만 못합니다. 이리하면 우문태는 틀림없이 사로잡을 수 있습니다."

고환이 갈대가 무성하다는 말을 듣고 문득 계책을 냈다.

"불을 질러 적을 소살하는 게 어떻소?"

그 계책에 후경이 바보 같은 답변으로 대꾸했다.

"우문태를 생포해 백성들에게 보여 주어야 하는데 만일 숯처럼 타 버리면 누가 우리의 대승을 믿겠습니까?"

고환이 주저하는 사이 대장 팽락彭樂이 속히 싸울 것을 청했다.

"우리 군사의 숫자가 압도적으로 많습니다. 백 명이 한 명을 잡는데 무엇이 두려워 싸우지 않는 것입니까?"

이에 고환이 진격을 명했다. 양측의 군사가 막 교전하려는 순간 우문태가 직접 북을 치며 매복한 군사들에게 급습 신호를 보냈다. 이필이 이끄는 철갑의 기병이 측면에서 뛰쳐나와 돌진하자 동위 군사가 양분됐다. 이필의 동생 이표李標는 단신이었다. 그는 매번 말을 몰아 적진으로 뛰어들 때마다 말 등에 몸을 숨겨 좌충우돌하며 적을 베었다. 마치 말이 사람도 태우지 않은 채 종횡무진 하는 듯했다. 동위 군사들이 사방으로 피했다. 우문태가 멀리서 이를 바라보며 찬탄했다.

"담략이 이와 같으니 8척 거한을 찾을 필요가 있겠는가!"

정로장군 경귀耿貴도 무예가 절륜했다. 매번 적진으로 뛰어들 때마다 갑옷과 도포가 온통 적들의 선혈로 붉게 물들었다. 우문태가 말했다.

"그의 갑옷을 보면 곧 무수한 적을 죽인 것을 알 수 있다. 수급을 논할 필요가 있겠는가?"

고환의 장령들도 머저리는 아니었다. 대장 팽락은 서위 군중 깊숙이 뛰어들어 분투하다가 창에 찔려 창자가 밖으로 튀어나오자 이를 손으로 잡아 다시 뱃속에 집어넣은 뒤 창을 꼬나들고 싸웠다. 고환은 대오가 어지러운 모습을 보고 일단 퇴각했다가 다시 출격코자 했다. 잠시 후 점명관點名官(병사 확인 담당관)이 와 보고했다.

"모든 영채가 텅 비어 있고, 병사들이 사방으로 흩어져 응답하는 자가 없습니다."

고환이 다시 머뭇거렸다. 대장 곡률금斛律金이 권했다.

"군심이 이산됐으니 다시 모으기가 어렵습니다. 즉각 황하 이동으로 넘어가야 합니다!"

고환이 탄식하며 움직이지 않자 곡률금이 채찍으로 말을 후려쳤다. 강변에 도착했으나 배를 찾지 못했다. 한참을 헤맨 끝에야 낭패한 모습으로 간신히 도하했다. 두 번째 접전인 하원지전에서 고환은 갑사 8만 명, 갑옷을 포함한 군 장비 18만 점을 잃었다. 고오조가 패전 소식을 듣고는 항농의 포위를 풀고 낙양으로 퇴각했다. 서위의 우문태는 이때의 승리로 군량을 넉넉히 확보할 수 있게 되었다.

이듬해인 동위 원상元象 원년(538년), 고환의 휘하 대장 후경이 군사를 이끌고 가 낙양의 금용성을 탈취한 뒤 낙양의 민가와 관청, 사찰 등을 불태웠다. 이때 서위 문제 원보거를 이끌고 낙양으로 와 선제의 능묘에 제사를 지낸 우문태는 이 소식을 듣고는 곧 군진 앞에서 고환의 대장 막다루대문莫多婁貸文의 목을 베었다. 후경이 밤을 새워 포위망을 돌파해 빠져나가자 우문태가 그 뒤를 황급히 쫓았다.

후경은 북쪽으로 하교, 남쪽으로 북망산을 사이에 대고 군진을 펼친 뒤 우문태의 대군과 교전했다. 혼전의 와중에 우문태의 말이 유시를 맞고 크게 날뛰며 우문태를 땅에 떨어뜨렸다. 동위의 대군이 몰려오자 좌우가 모두 사방으로 도주했다. 이때 도독 이목李穆이 말에서 내려 말채찍으로 땅바닥에 누워 있는 우문태를 치며 짐짓 큰 소리로 욕했다.

"이 바보 같은 놈아, 너희들의 왕이 어디로 도주했기에 너는 여기에 있는 것인가?"

추격해 오던 동위 군사들은 이목이 떠드는 소리를 듣고는 우문태를 하찮은 인물로 생각해 그대로 지나쳤다. 이목은 우문태를 부축해 말에 오른 뒤 함께 도주했다. 이때 서위의 후군이 몰려와 후경의 군사를 반격하자 후경의 군사가 패주했다. 마침 서위의 정예병은 고오조를 포위 공격해 섬멸했다. 고오조는 간신히 단기로 하양의 남쪽 성으로 도주했다. 그곳을 지키는 수장은 고환의 당숙 고영락高永樂이었다. 평소 고오조와 사이가 좋지 않았던 그는 성문을 열어 주지 않았다. 고오조는 성벽 위를 향해 소리치며 밧줄을 내려 주길 요구했으나 아무 응답도 없었다. 그는 칼을 뽑아 성문을 내리쳤다. 구멍을 뚫어 들어갈 심산이었다. 그러나 성문은 견고했다. 서위의 군사들이 몰려오자 고오조는 몸을 돌려 성난 목소리로 크게 외쳤다.

"오너라, 너를 개국공으로 만들어 주겠다!"

당시 서위는 고오조의 머리를 얻은 자에게 개국공에 봉하겠다는 상을 내걸었다. 고오조의 머리를 얻은 자는 서위에서 비단 1만 필을 매년 일정량씩 나눠 받았는데 우문태가 세운 북주가 망할 때까지 그 상을 다 지급받지 못했다. 고환은 고오조가 죽었다는 소식을 듣고 크게 비통해하며 고영락에게 2백 대의 곤장 형을 내린 뒤 고오조를 태사, 대사마, 태위에 추증했다.

이것이 제3차 회전인 하교지전河橋之戰이다. 하교지전은 동위와 서위 모두 수십여 회에 걸친 회전에서 사력을 다했다. 누가 승리했고, 누가 패했다고 말하기가 어려웠다. 서위의 독고신과 조귀趙貴 등은 혼전 중에 우문태와 서위의 효문제 원보거의 종적을 알 길이 없게 되자 군사를 버리고 먼저 귀환했다. 다른 장령 역시 이들과 함께 도주했다. 우문태도 이 모습을 보고 영채를 불사르고 황급히 달아났다.

문인 출신인 왕사정이 말에서 내려 손에 창을 들고 좌충우돌하며 열심히 싸웠으나 종자들 모두 전사하고 자신 역시 몸에 중상을 입고 혼절했다. 날이

어두워져 동위 군사들이 물러간 후 간신히 목숨을 구할 수 있었다. 왕사정은 매번 싸울 때마다 낡아빠진 옷과 갑옷을 입은 까닭에 적군은 그가 장수라는 사실을 몰랐다. 당시 그는 시체 더미 속에 쓰러져 있다가 그의 하인이 그를 우연히 찾아낸 후 말에 태워 영채로 돌아온 덕분에 살아남았다.

평동장군 채우蔡佑도 하마해 보병들과 함께 싸웠다. 좌우가 속히 말에 올라타 도주할 것을 권하자 그가 크게 화를 냈다.

"우문태 승상이 나를 자식처럼 총애하고 있는데 내가 어찌 죽음을 두려워하겠는가?"

그러고는 십여 명의 병사들과 함께 일제히 소리치며 동위의 군사들을 향해 돌진했다. 동위의 병사들이 그를 여러 겹 둘러쌌으나 그의 용맹을 두려워해 감히 접근하지 못했다. 채우가 활을 당겨 사방으로 화살을 날렸다. 동위의 병사 중 몸에 두꺼운 갑옷을 입고 손에 긴 칼을 든 한 병사가 채우를 향해 달려들었다. 거리가 30보가량 되었을 때 좌우가 속히 화살을 날릴 것을 권하자 채우가 말했다.

"나의 생명은 모두 이 화살에 달려 있다. 어찌 함부로 쏠 수 있겠는가?"

거리가 10보가량 되었을 때 화살을 날려 병사를 사살했다. 그를 포위한 동위의 병사들이 이 광경을 보고 사방으로 흩어졌다. 채우도 결국 좌우와 함께 귀영할 수 있었다.

하교지전은 이처럼 치열한 접전 양상으로 치러진 까닭에 어느 쪽도 승리를 얘기하기가 어려웠다. 다만 고환의 경우 뛰어난 무용을 자랑하던 대장 고오조를 잃은 까닭에 그 손실이 적지 않았다고 할 수 있다.

동위 무정武定 원년(543년) 동위와 서위의 제4차 회전인 이른바 망산지전邙山之戰이 벌어졌다. 당초 이 회전은 고오조의 형 고중밀高仲密이 북예주를 들어 서위에 투항한 데서 비롯되었으나 고환의 아들 고징高澄이 탐욕스럽게 여색을 밝히면서 더욱 격렬해졌다. 고징은 14세 때 부친 고환이 총애하는 희첩 정대거鄭大車와 통간했다가 부친에 의해 거의 죽을 뻔했다. 당시 사마자여가 중간에 개입해 이를 고발한 노비를 죽여 입을 틀어막음으로써 부자가 다시 화해할 수 있었다. 후에 고징은 뛰어난 미모를 지닌 고중밀의 처 이씨를 보고는 이내 음심을 참지 못해 곧바로 달려들어 강간하려고 했다. 이씨가 반항하자 이씨의 옷을 마구 찢었다. 간신히 몸을 빼낸 이씨가 고중밀에게 달려가 눈물을 흘리며 호소했다. 공교롭게도 이때 고중밀은 북예주자사에 임명됐다. 고중밀은 부임하자마자 곧바로 북예주를 들어 서위에 투항했다. 이로써 동위의 전략적 요충지인 호뢰관이 서위의 수중에 떨어졌다.

얼마 후 우문태는 군사를 이끌고 가 고중밀과 접응한 뒤 낙양에 이르러 하교 남성河橋 南城을 포위했다. 고환도 친히 10만 명의 군사를 이끌고 황하 북안에서 도하한 뒤 망산을 배경으로 진을 쳤다. 우문태는 치중을 남겨 두고 나서 야음을 이용해 망산에 올라가 사방을 관찰한 뒤 고환의 영채를 습격할 계획이었다. 그러나 서위의 군사가 동위 영채에서 40리 앞까지 진격했을 때 동위의 정찰 기병이 이를 발견하고 곧바로 고환에게 알렸다. 고환은 군진을 정비한 뒤 서위 군사를 맞았다. 여명이 밝아올 무렵 양측의 군사가 정면으로 충돌했다. 고환의 휘하 대장 팽락이 수천 명의 기병을 이끌고 서위의 북군을 향해 돌진했다. 그 속도가 매우 빨라 곧바로 서위의 영채에 이르렀다.

이를 본 한 병사가 고환에게 팽락이 반기를 들어 적에게 투항했다고 고했다. 고환이 대로했다. 그러나 얼마 후 팽락의 사자가 급히 달려와 첩보를 알렸다. 서위의 임도왕 원간元柬을 포함해 5명의 왕과 참모 등 모두 48명을 포로로 잡았다는 내용이었다. 고환이 크게 기뻐하며 곧바로 진격령을 내려 이내 3만여 명에 달하는 수급을 얻었다.

고환이 팽락을 시켜 우문태를 추격하자 곤경에 처한 우문태가 황급히 도주하면서 말 위에서 팽락을 향해 애원했다.

"당신은 팽락 장군이 아니오? 오늘 장군이 나를 죽이면 내일 장군은 무슨 쓸모가 있겠소? 왜 곧바로 귀영하여 내가 버리고 간 금은보화를 취하지 않는 것이오?"

이 말이 일리가 있다고 생각한 팽락은 곧 추격을 포기하고 우문태가 버리고 간 영채로 돌아가 금은보화를 큰 자루에 쓸어 담은 뒤 고환에게 이를 보고하였다.

소위 '완구玩寇(도적을 갖고 놂)'와 '양구養寇(도적을 의도적으로 양성함)'는 당나라 장령들이 처음으로 만들어 낸 것이 아니다. 당초 춘추 시대 말기 월나라 구천이 공신인 문종을 주살하고, 한고조 유방이 대장 한신을 제거하는 토사구팽을 행한 후 무인들이 가장 두려워한 것이 바로 이것이었다. 이후 당, 원, 명 때 제장들은 적을 놓아주거나 살려 보내는 장기적인 보신책을 강구했다. 그래야 자리와 권한을 높이고 토사구팽과 조진궁장鳥盡弓藏의 화를 면할 수 있었다. 조진궁장은 새 사냥이 끝나면 활을 창고에 방치한다는 뜻으로 토사구팽과 같은 뜻이다. 당시 팽락은 크고 작은 자루에 가득 찬 금은보화를 고환 앞에 자랑스럽게 내보이며 이같이 보고했다.

"흑달黑獺(우문태의 자)이 요행히 빠져나갔으나 이미 크게 놀라 간담이 무너져 내렸을 것입니다!"

고환은 팽락이 대승을 거둔 사실에 크게 기뻐하면서도 그가 우문태를 살려 보낸 것에 격분한 나머지 그를 땅에 엎드리게 한 뒤 그의 머리를 잡고 땅바닥에 여러 번 부딪쳤다. 이를 갈며 칼을 뽑아 든 뒤 당장 그의 목을 베려 했으나 거듭 생각한 끝에 결국 시행하지 않았다. 얼굴이 피투성이가 된 팽락이 군사 5천 명을 주면 다시 우문태를 추격하겠다고 애원하자 고환이 소리쳤다.

"사람을 놓아 보낸 주제에 다시 무엇을 추격하겠다고 말하는 것인가?"

이어 사람을 시켜 3천 필의 비단을 팽락의 등 위에 실어 주면서 전승의 포상으로 삼았다.

다음 날 양측이 다시 접전을 벌였다. 우문태의 군사가 협격을 가하자 고환이 대패해 보병이 전부 포로로 잡혔다. 당시 고환이 탄 말이 화살에 맞고 쓰러지자 휘하의 혁련양순赫連陽順이 급히 자신의 말을 고환에게 내줬다. 덕분에 고환은 휘하의 7명을 이끌고 간신히 도주했다. 추병이 쫓아오자 고환의 측근도독 위홍경尉興慶이 말했다.

"대왕은 빨리 이곳을 떠나십시오. 저에게 화살 1백 개가 있으니 족히 적 1백 명을 사살하며 대왕을 피신시킬 수 있습니다."

고환이 감동했다.

"우리를 모두 생환하게 해 준다면 그대를 회주자사에 봉하겠소. 만약 그대가 전사하면 그대의 아들을 자사에 임명할 것이오!"

우홍경이 대답했다.

"저의 아들은 너무 어립니다. 저의 형을 자사에 임명해 주십시오."

고환이 이를 허락했다. 위홍경이 혼자 남아 적을 저지했으나 화살이 다 떨어진 뒤 결국 서위의 병사들에 의해 피살됐다. 당시 동위의 투항병들이 공을 세울 요량으로 고환이 도주한 방향을 고했다. 우문태가 도독 하발승에게 명해 3천 명의 결사대를 이끌고 급히 그 뒤를 추격하게 했다.

하발승이 정신없이 도주하는 고환을 발견하고 곧바로 창을 꼬나들고 13명의 기병과 함께 그 뒤를 급히 쫓았다. 여러 차례 창끝이 고환에게 닿을 뻔했다. 하발승이 소리쳤다.

"하륙혼賀六渾(고환의 선비어 이름), 나 하발파호賀拔破胡가 오늘 반드시 너를 잡고 말 것이다!"

하발파호의 '파호'는 하발승의 자로 공교롭게도 오랑캐를 무찌른다는 뜻이다. 당시 고환은 힘이 다한 데다 너무 놀란 나머지 심장병이 발작해 말 위에서 죽을 뻔했다. 그의 수종들이 곁에서 화살을 날리자 하발승이 탄 말이 쓰러졌다. 하발승이 다른 말을 타고 추격했을 때 고환의 그림자는 이미 보이지 않았다. 하발승이 탄식했다.

"오늘 깜박해 활을 들고 오지 않았으니 이 또한 하늘의 뜻이란 말인가!"

고환은 업성으로 돌아온 뒤 동위에 남아 있던 하발승의 자식을 모두 죽여 버렸다. 하발승은 이 소식을 접한 후 이내 화를 참지 못해 숨을 거뒀다. 우문태가 눈물을 흘리며 말했다.

"제장들은 적을 만나면 모두 다급한 신색을 보이는데 유독 하발공만은 평시와 같았다. 실로 큰 용기를 지닌 인물이었다!"

이후 서위의 조귀 등 5명의 장수가 이끄는 군사가 패퇴하면서 전장의 형세가 일변했다. 동위의 병사들이 다시 전열을 정비해 진격하자 우문태가 직접 출격했으나 이기지 못하고 오히려 황급히 퇴각했다. 독고신 등이 패잔병을 모아 동위의 추격병을 습격한 덕분에 우문태는 간신히 목숨을 구해 위하渭河의 상류에 주둔할 수 있었다.

고환이 군사를 이끌고 섬주로 진격했다. 휘하의 봉자회封子繪가 여세를 몰아 서위를 완전히 토벌할 것을 권했으나 여타 장수들은 의지와 기개가 다해 감히 다시 싸우려 하지 않았다. 이때 우문태는 이미 힘을 소진해 고환의 군사가 밀어붙였으면 틀림없이 패망하고 말았을 것이다. 고환은 제장들의 투지가 쇠약한 것을 보고 이내 환군할 것을 명했다. 북중국을 다시 통일할 수 있는 절호의 기회를 놓친 셈이다.

당시 위문태를 위해 줄곧 항농의 곡식 창고를 지키고 있던 왕사정은 패배 소식을 접하고는 도주하기는커녕 오히려 성문을 크게 연 뒤 옷을 벗고 성루 위에 눕는 등 담략을 과시하면서 장병들을 격려했다. 며칠 후 성 아래에 당도한 동위의 군사들은 성문이 크게 열려 있는 것을 보고 크게 놀랐다. 이들은 왕사정의 명성을 익히 알고 있었던 탓에 겁을 먹은 나머지 이내 싸우지도 않은 채 황급히 퇴각했다. 이른바 공성계가 먹힌 것이다. 제갈량의 공성계는 『삼국지연의』의 창작이나 왕사정의 공성계는 엄연히 사서에 게재된 사실史實이다.

동위의 군사가 북예주와 낙주를 다시 회복하자 고환 휘하의 대장 후경侯景은 고중밀의 처 이씨를 생포해 업성으로 데려왔다. 고건과 고오조 모두 고환의 공신이었다. 고계식 역시 형 고중밀이 반기를 들었다는 얘기를 듣자마자 곧바로 자수한 덕분에 연좌되지 않고 고중밀의 일족만이 도살됐다. 당시 고환의 아들 고징은 죽을죄에 처한 고중밀의 처 이씨를 찾아가 물었다.

"오늘은 과연 어떠한가?"

이씨가 입을 다물었다. 이에 이씨를 첩으로 삼았다. 동위와 서위의 군사 수십만 명이 목숨을 잃게 된 망산지전은 한 여인으로 인해 촉발된 것이다. 당시 사람들은 고징에게 손가락질을 했다. 더 황당한 것은 이후의 일이다. 훗날 고징이 가노에 의해 척살되고 그의 동생 고양高洋이 보위를 찬탈해 북제北齊를 세웠다. 그가 바로 북제의 현조顯祖 문선제文宣帝이다. 이때 고징이 고중밀로부터 탈취한 이씨는 고징의 모친인 누태후婁太后의 여관인 창의昌儀가 되었다. 북제의 문선제 고양이 죽자 유가의 왕도를 신봉한 태자 고은高殷이 뒤를 이었다. 이때 한족 대신 양암楊愔과 정이鄭頤 등은 고양의 동생 고연高演과 고담高湛이 찬위할 것을 우려해 은밀히 두 사람을 자사로 내보낼 생각으로 이를 고은의 모친인 이태후李太后에게 밀신을 통해 알렸다. 이태후는 창의 이씨와 같은 집안이라고 생각해 양암 등이 보낸 밀신을 이씨에게 보여 주었다. 양암과 정이의 부인을 포함해 창의 이씨는 오히려 태황태후 누씨에게 충성한 까닭에 이를 즉시 누씨에게 밀고했다.

누씨는 자신의 두 아들인 고연과 고담을 총애한 까닭에 곧 두 아들과 함께 밀모해 양암 등의 한족 대신을 제거한 뒤 고은을 폐했다. 고은은 이내 자립을 선언했으나 얼마 후 고연이 보낸 자객에 의해 암살됐다. 고연은 2년 동안 보위에 앉아 있었으나 사냥을 나갔다가 말이 놀라 날뛰는 바람에 땅에 떨어져 늑골을 다친 후유증으로 이내 사망했다. 그 뒤를 동생 고담이 이어받았다.

고담은 지나칠 정도로 주색을 밝혔다. 그는 자신의 형수인, 고징과 고양, 고연의 황후와 모두 간통했다. 이어 고징의 장자인 하남왕 고효유高孝瑜를 독살하고, 고징의 셋째 아들인 고효완高孝琬은 대퇴부를 절단해 죽여 버렸다. 고담이 죽자 그의 아들 고위高緯가 보위에 오른 후 다시 고징의 넷째 아들인 난릉왕 고장공高長恭을 죽였다. 북제는 그의 치세 때 패망했다.

그 배경을 살펴보면 고징에서 비롯된 것이다. 만일 고징이 고중밀의 처 이씨를 탈취하지 않았다면 이씨는 태황태후 누씨의 여관이 되지 않았을 것이다. 고양의 태자 고은도 양암 등의 보필을 배경으로 후덕한 정사를 베풀며 북위를 통일할 수 있었다. 고중밀의 처 이씨가 이를 누설하는 바람에 양암 등이 횡사하고, 후덕한 고은도 폐위돼 죽임을 당하고, 고담과 고위의 흉포한 행보로 제나라도 이내 패망하고 말았다. 그야말로 소설 같은 얘기가 빚어진 셈이다.

동위 무정 4년(546년) 10월, 동위와 서위의 다섯 번째이자 마지막 회전인 이른바 옥벽지전玉璧之戰이 벌어졌다. 나이 50세를 넘긴 고환이 생전에 북위를 통일할 생각으로 친히 10만 대군을 이끌고 분하分河 하류에 있는 서위의 요충지 옥벽玉璧(산서성 직현)을 겹겹이 포위했다. 성을 지키는 서위의 장수는 위효관韋孝寬이었다. 옥벽성 안에는 병사가 수천 명밖에 없었다. 동위의 10만 대군이 밤낮으로 맹공을 퍼부었으나 위효관은 전혀 동요하지 않고 병사들을 독려했다. 고환은 서위 군사들이 분하에서 물을 떠다 먹는 것을 알고 곧 사람을 보내 하루 만에 물길을 바꿔 버렸다. 이어 성의 남쪽에 토산을 쌓았다. 토산 위에서 입성할 속셈이었다. 위효관은 성루 위에 있는 두 개의 정자를 새끼줄로 연결해 토산보다 더 높은 나무다리를 만든 뒤 돌과 불화살 등을 날려 접근을 막았다. 고환이 사람을 시켜 위효관에게 큰 소리로 말했다.

"네가 아무리 하늘에 닿는 누대 위에 올라갈지라도 나는 땅을 파 입성한 뒤 네 머리를 취할 것이다!"

실제로 고환의 군사들은 땅굴을 파 곧바로 성안으로 들어갈 생각이었다. 위효관은 곧 성안에 커다란 도랑을 만들어 이를 차단했다. 고환이 뾰족한 쇠덩어리로 만든 거대한 공성 기구를 이용해 성문을 부수려고 하자 위효관은 커다란 마포를 무수히 덧대 봉제한 거대한 휘장을 만든 뒤 병사들로 하여금 양쪽 끝을 잡아 위에서 내려뜨리게 했다. 그러자 공성 기구의 효력이 대거 상쇄됐다. 동위의 군사들이 기다란 장대 끝에 송진과 기름을 발라 불을 붙인 뒤 휘장을 불태우려 하자 위효관 역시 기다란 장대에 예리한 칼을 매달아 적의 장대를 잘라 버렸다.

여러 방법이 모두 실패하자 고환은 병사들을 시켜 사방의 성벽 밑에 20개의 땅굴을 파고 거대한 기둥을 세운 뒤 불을 붙여 태우게 했다. 땅굴 속의 기둥이 불에 타 내려 앉으면 성벽이 무너지는 것을 이용하려는 속셈이었다. 위효관이 무너져 내린 성벽에 나무 목책을 세우고 뒤에 쇠뇌를 배치해 동위 군사의 진입을 저지했다. 얼마 후 위효관이 다시 사람을 시켜 토산의 고지를 점령했다.

고환이 참군 조정組斑을 시켜 위효관의 투항을 설득케 했다. 조정이 성 밖에서 큰 소리로 말했다.

"그대가 고성孤城을 지키고 있으나 사방에서 구원하러 오는 자가 없으니 결국 버티지 못할 것이다. 하루 속히 투항하느니만 못하다!"

위효관이 회답했다.

"우리의 성지는 엄하고 튼튼한 데다 군량 역시 충분하다. 공성하는 자만 피곤하고 지키는 자는 여유가 있다. 내가 염려하는 것은 당신들이 철군하지 않는 것이다. 관서의 사나이인 나 위효관은 절대 투항하지 않을 것이다!"

조정이 성안을 향해 외쳤다.

"성안에서 위효관의 목을 베는 자에게는 태위의 벼슬과 개국공의 관작을 내릴 것이다. 또한 부상으로 비단 1만 필을 내릴 것이다!"

그러고는 성안을 향해 현상의 내역을 담은 격문을 화살을 이용해 쏘아 보냈다. 이를 읽은 위효관이 격문 뒤에 친필로 이같이 쓴 뒤 쏘아 보냈다.

"고환의 목을 베는 자에게 이와 똑같은 상을 내릴 것이다!"

동위는 옥벽성을 50여 일 동안 공격했으나 아무런 성과도 거두지 못한 채 오히려 반격을 받아 죽거나 병사한 숫자가 7만여 명에 달했다. 대부분이 땅굴에 매몰돼 죽었다. 화가 난 고환이 이내 발병해 자리에 누웠다. 하루는 밤에 커다란 별이 영채 한가운데로 떨어졌다. 당시 사람들은 운석을 장군의 별이 떨어지는 것으로 생각했다. 고환이 크게 놀라 포위를 풀고 달아났다. 고환이 철군하는 도중 위효관이 커다란 쇠뇌로 고환을 사살했다는 소문이 나돌았다. 이 소식을 들은 서위는 사방으로 군사를 보내 이같이 큰 소리로 떠들었다.

"쇠뇌 한 방에 폭도가 죽었다!"

고환은 군심을 안정시키기 위해 중병인 몸에도 불구하고 제장들을 소집해 밖에서 주연을 베풀고 자신의 건재를 드러냈다. 이어 곡률금에게 칙륵 지역의 민요를 부르게 했다.

"칙륵의 내가 음산 아래를 흐르니, 하늘은 커다란 집을 닮아 사방을 바구니처럼 감쌌네! 하늘은 푸르고 들은 넓고 아득하니, 바람 불자 풀이 엎드려 마치 소와 양 같다네!"

고환은 친히 화답하여 노래를 부르면서 감상에 젖어 눈물을 흘렸다.

동위 효정제 무정 5년(547년) 정월 초하루, 공교롭게도 일식이 일어났다. 거의 죽게 된 고환이 탄식했다.

"일식이 나로 인한 것인가? 죽은들 무슨 원한이 있겠는가?"

그는 아직 숨이 붙어 있는 동안 자신의 일생을 회고했다. 고환은 고약孤弱한 출신으로 난세를 만나 동정서벌을 하며 평생을 전장에서 살았다. 그가 슬픔과 기쁨, 걱정을 얼마나 했는지 알 길이 없으나 6진의 일개 병졸에서 문득 동위의 제왕 노릇까지 하게 되었으니 인생을 헛 산 것은 아닐 것이다. 『북사』는 이같이 기록해 놓았다.

"신무神武(고환의 시호)는 성정이 깊고 치밀하면서도 고아했다. 늘 삼가며 의젓해 사람들이 예측하기가 어려웠다. 임기응변이 필요한 시기에 구사하는 변화는 신과 같았다. 군국의 대략을 홀로 가슴에 품고 있어 문무 관원들은 이를 예측하지 못했다. 군사를 통솔할 때 법령이 엄숙했고, 적을 만나서는 승리를 거뒀으니 그 계책이 무궁했다. 참모의 건의를 잘 받아들여 결단하고 형세를 밝게 살폈으니 함부로 속이거나 범할 수 없었다. 사람을 잘 헤아리며 선비를 좋아했고, 공을 세운 신하들을 크게 아꼈다. 늘 검소함을 추구해 칼과 안장에는 금옥의 장식을 달지 않았다. 술을 잘 마시지 않는 데다 대임을 맡은 이후로는 3잔을 넘기지 않았다. 집에 머물 때도 마치 관청에 머물 때처럼 어질게 용서하며 선비를 애호했다. 남쪽으로 양나라와 친교를 맺고, 북쪽으로 유연을 품고, 토욕혼 등을 감싸 그 힘을 이용했으니 그가 구사한 규율과 대략은 원대했다."

이는 비록 사실을 미화한 찬사이기는 하나 기본 내용만큼은 타당하다. 이 날 고환은 집에서 숨을 거뒀다. 당시 그의 나이는 52세였다.

고환이 죽은 뒤 장자 고징이 그 뒤를 이어 대임을 맡았으나 이내 집안의 노비에게 척살을 당해 횡사했다. 차자인 고양이 뒤를 이었다. 고양은 비록 명민하기는 했으나 외모만큼은 매우 추해 많은 사람들이 크게 놀랐다.

고환이 죽은 지 3년이 지난 무정 8년(550년) 5월, 고양은 동위의 마지막 황제인 효정제 원선견을 폐한 뒤 제나라를 세웠다. 사가들은 이를 북제^{北齊}라고 부른다. 북제는 마지막 황제인 후주^{後主} 고위^{高緯}에 이르기까지 28년 동안 존속하다가 우문태의 자손에 의해 패망했다.

제9장

양무제의
인신공양과
패망

> 후경은 제장들이 순종하는 모습에 신이 나 스스로
> '우주대장군, 도독육합제군사'를 칭했다.
> 동서남북 사방에 상하의 두 방향을 합친 육합은
> 천하보다 더 넓은 우주를 의미한다.
> 우주의 총사령관을 자칭한 것은 중국 역사상 처음 있는 일이었다.

'황제 보살'로 불린 양무제

남조 양무제 소연^{蕭衍}은 양나라를 세운 지 2년 뒤인 천감^{天監} 3년(504년) 6월
8일, 친히 중운전에서 불경을 강설했다. 이때 문득 대화상 지공^{志公}이 일어나
춤을 추며 노래를 불렀다. 그는 잠시 슬피 눈물을 흘리다가 5언시를 지었다.

즐거워라 30여 년의 세월, 슬퍼라 재위 50년의 참변 樂哉三十餘, 悲哉五十裏

다만 83세에 변란을 보았으니, 후경이 반기를 들었네 但看八十三, 子地妖災起

간녕한 신하가 속이자, 도적 신하가 군자를 멸하네 佞臣作欺妄, 賊臣滅君子

내 말을 안 믿으면, 용의 해에 반란이 일어나리니 若不信吾語, 龍時侯賊起

순식간의 병란으로 인해, 비원을 품고 세상 못 보리 且至馬中間, 銜悲不見喜

당시 양무제를 비롯해 군신들과 승도들 모두 구름 속에 노닐고 있어 지공
이 홀연히 발광한 것으로 생각했다. 그러나 40여 년 뒤 그의 예언이 그대로 실
현됐다. '즐거워라 30여 년의 세월'은 소연이 황제가 되었을 때의 나이가 38세
였음을 지적한 것이다. '슬퍼라 재위 50년의 참변'은 소연 본인이 보위에 48년

제나라의 폭군 소보권을 제거하고 황위에 오른 양무제 소연은 용병에 능할 뿐 아니라 법제를 재정비하고, 유학儒學을 중흥시키는 등 내치에 힘을 기울여 백성을 위한 정책을 펼쳤다.

동안 재위하다 후경侯景에 의해 비명횡사한 것을 말한다. '다만 83세' 운운 구절은 소연이 83세 때 후경이 땅을 들어 투항을 청하자 그 땅을 그에게 속하도록 조치한 사실을 언급한 것이다. '간녕한 신하' 운운 구절은 간신 주이지朱異之의 말을 듣고 후경의 투항을 받아 준 사실을 말한다. '용의 해' 운운 구절은 용의 해인 무진년에 후경이 반란을 일으켜 마침내 양무제를 아사케 만든 것을 뜻한다. 이는 『수서』 「오행지」에 나온 것이나 지공이 지은 5언시는 내용에 비춰 후대인들이 만들어 낸 게 틀림없다.

남조 제나라의 동혼후 소보권의 치세인 영원 3년(501년) 3월 소연은 친형 소의가 소보권에게 죽임을 당하자 분연히 거병해 마침내 건강성을 함락시키고 화제和帝 소보융蕭寶融을 옹립한 뒤 연호를 중흥中興으로 바꿨다. 이는 새 왕조 창업의 준비 작업이었다. 이듬해인 중흥 2년(502년) 3월 소연은 소보융으로부터 선양 받고 양나라를 창건했다. 당시 그의 나이 38세였다. 이후 86세에 대성臺城의 깊은 궁궐 내에서 아사할 때까지 스스로의 힘으로 나라를 얻었다가 스스로의 잘못으로 나라를 잃게 됐다. 이는 중국 역사상 매우 희귀한 경우에 속한다. 비록 그의 사후 자손들이 세 번에 걸쳐 황제를 칭했으나 모두 단명에 그친 까닭에 그의 죽음으로 인해 양나라도 사실상 패망했다고 보아야 한다. 실제로 소절蕭詧은 작은 성의 성주에 지나지 않은 데다 서위가 세운 꼭두각시 황제에 불과했다.

소연은 남난릉南蘭陵 사람으로, 자가 숙달叔達이며 어렸을 때의 자는 연아

練兒였다. 사서에는 전한 제국의 명재상인 소하의 후예로 기록돼 있으나 이는 사가가 제왕을 미화하기 위해 견강부회한 것에 지나지 않는다. 양무제 소연은 선양을 받은 후 제나라의 마지막 황제인 화제 소보융을 파릉왕에 봉했다. 당시 제나라의 종실은 소연이 손을 쓸 필요도 없을 정도로 이미 소멸해 있었다. 제명제 소란과 동혼후 소보권이 이미 제나라 제고제 소도성과 제무제 소색의 후손을 말끔히 청소한 탓이다. 소연도 양나라를 세우기 전에 제화제 소보융의 명으로 먼저 상동왕 소보질蕭寶晊 형제를 제거했다. 이어 제명제 소란의 나머지 후손을 정리했다. 게다가 나라를 세울 당시 38세의 장년이었던 까닭에 늘그막에 나라를 세운 남조 송나라의 유유와 제나라의 소도성처럼 급할 필요가 없었다. 그는 우선 소보융을 남해군에 안치했다. 그러나 덕이 결여된 그의 책심 참모 심약沈約이 권했다.

"허명을 좇다가 실질적인 화를 입을 수는 없습니다."

이에 소연은 측근 정백금鄭伯禽을 고숙으로 보내 15세의 소보융에게 커다란 금덩이를 건넨 뒤 이내 자진을 종용토록 했다. 소보융은 비록 나이는 어렸으나 풍채는 여전히 제왕의 모습을 하고 있었다. 그가 분명한 어조로 말했다.

"죽는 마당에 금은 필요 없소. 맑은 술이면 족하오!"

정백금이 크게 기뻐하며 곧 큰 항아리에 담긴 미주를 갖다 주었다. 소보융이 즐거운 표정으로 술을 정신없이 퍼마셨다. 이내 대취해 인사불성이 되자 정백금이 소보융의 목을 졸라 죽였다. 비록 제명제 소란의 지족을 제거하기는 했으나 소연은 제나라 왕실에 그리 잔인했던 것만은 아니다. 소도성의 지족인 소자각蕭子恪 형제 10여 명은 모두 한가한 직책의 관직을 얻어 잘 살았다. 사실 소연과 남조 제나라는 같은 성씨이다. 단지 파계가 다를 뿐이었다. 소연의 부친 소순蕭順은 제고제 소도성의 족제에 해당한다.

남제 때 소연은 경릉왕 소자량蕭子良이 가까이한, 이른바 '서저8우西邸八友'의 일원이었다. 소연을 비롯해 범운范雲과 소침蕭琛, 임방任昉, 왕융王融, 사조謝朓, 심약沈約, 육수陸倕 등이 그들이다. 소연의 문학적 교양은 확실히 뛰어난 바가 있었다. 이들 8인은 변려문의 기본 틀을 만들어 남조에서 풍미한 이른바 영명체의 전범으로 통한다.

그는 무공 면에서도 뛰어난 바가 있었다. 북위의 효문제 탁발굉도 그를 두고 이같이 말했다.

"소연은 용병에 능하다. 그와 교전하지 마라!"

다만 그는 만년에 이르러 흐리멍덩해져 대세를 그르쳤다. 80여 세의 늙은 양무제에게서 젊은 날 양양에서 떨치고 일어날 때의 모습은 찾을 길이 없었다.

대내적인 측면에서 볼 때 당시 소연은 명문사족들을 예우하는 다양한 종류의 조령을 내렸다. 족보를 함부로 날조하는 일을 엄히 방지하기 위한 것이었다. 동시에 능력 있는 가난하고 문벌이 없는 집안 출신을 과감히 중용했다. 초기의 범운과 심약, 서면徐勉을 비롯해 중후기의 주이朱異, 유약庾藥 등이 바로 그들이다. 불과 7천여 명밖에 안 되는 군사를 이끌고 국경 지대를 횡행한 대장 진경지도 한미한 가문 출신이다. 용인 면에서 소연은 매우 수완 있는 정치가였다.

대외적인 측면에서 볼 때도 탁월한 바가 있었다. 양나라를 세운 지 4년이 지난 천감 5년(506년) 여섯 번째 동생인 임천왕 소굉蕭宏이 회수 남쪽에서 북위와 대치했을 때 양나라 군사의 무기와 군용이 매우 엄정해 북위의 군사들이 크게 놀랐다. 키가 8척에 미려한 수염을 지닌 소굉은 독실하면서도 너그러웠다. 다만 그는 전략에는 밝지 못해 싸우는 즉시 패했다.

천감 6년(507년) 대장 양경종梁景宗 등이 종리鍾離에서 북위의 군사를 대파했다. 물에 빠져 죽은 북위의 병사가 10여만 명에 달했고, 포로로 잡힌 병사도 5만여 명이나 되었다. 양나라의 승리는 소연이 직접 화공계를 구사한 덕분이었다. 그의 군사 전략이 간단치 않았음을 알 수 있다.

양무제는 보통普通 7년(526년)에 6진의 병사들이 들고 일어나자 이를 틈타 북쪽으로 영역을 확장했다. 이듬해에 양나라 장수 진경지가 와양渦陽에서 북위 군사를 대파했다. 다시 2년 뒤인 대통大通 3년(529년), 양무제는 진경지에게 명해 양나라로 망명했다가 위왕으로 책봉된 북위의 원호元顥를 호송케 했다. 이때 진경지는 7천 명의 군사를 이끌고 원호를 호송하면서 47전 전승을 거둔 것은 물론 32개 성을 손에 넣고 낙양에 이르렀다. 1백여 년 동안 남조의 군사가 낙양까지 진공한 것은 전례 없는 일이었다. 그러나 원호가 자립해 황제를 칭한 지 얼마 안 돼 진경지와 원호 모두 이주영이 이끄는 북위의 군사에게 대패했다. 원호는 피살되고 진경지는 홀로 건강으로 황급히 달아났다. 양나라의 빛나는 승리는 잠시에 지나지 않았다.

북위는 고환이 효무제 원수를 쫓아낸 이후 동위와 서위로 나뉘었다. 동위는 서위를 견제하기 위해 남조의 양나라에 우호적인 몸짓을 보였다. 이로 인해 두 나라 사이에 사절이 끊이지 않았다. 다만 후경이 동위에 반기를 든 이후 양무제 소연이 후경을 받아들이면서 두 나라 사이의 우호 관계가 끝나고 말았다.

남조 여러 왕조의 쇠약은 북위의 변란 과정과 닮았다. 모두 군벌 출신의 발호로 인한 것이었다. 서진 이후 사가士家 또는 병호兵戶는 부자가 대를 이어 군직을 이어받았다. 이들은 병역 의무뿐만 아니라 조정에서 분배한 토지를 경작하며 각종 잡세를 부담해야만 했다. 생활이 극히 곤궁해 어떤 면에서는 노비보다 못했다. 게다가 전쟁이 끊임없이 이어지는 바람에 병력 자원은 갈수록 줄어들었다. 반면 세가世家와 방진方鎭(지역 군진)은 자신의 이익을 극대화하기 위해 은밀히 사람들을 끌어들인 까닭에 그 규모가 날로 커져 갔다.

남조의 여러 왕조는 징병을 위해 부득불 새로운 방안을 강구하지 않으면 안 되었다. 농촌의 자경농 가운데 이른바 노호䕬戶와 역문役門을 징발한 게 그 것이다. 이들 모두 하급 군관 밑에 배속돼 궂은 일을 도맡았다. 일종의 사역병에 해당했다. 군관은 이들에 대한 처벌권도 갖고 있었다. 탐욕이 많고 포학한 장령들이 군량 등을 빼돌리는 바람에 이들의 도주가 그치지 않았다. 더구나 탈영병에 대한 형벌이 매우 가혹해 농촌의 자경농은 잇달아 파산하는 지경에 이르게 되었다. 이런 악순환으로 인해 경제는 더욱 피폐해지고, 호강한 세력에 의해 공전公田이 사전私田으로 바뀌는 등 토지 겸병이 횡행하고, 기본적

양무제의 불사 귀의. 집권 후기의 양무제는 '황제 보살', '영불황제(佞佛皇帝)'로 불릴 정도로 불교를 깊이 숭상하여 과도한 사찰 건립과 사신 행위로 국력을 약화시켰다. 이는 결국 후경의 난을 초래하여 양나라는 파국을 맞이하였다.

인 세역^{稅役} 이외에 수많은 종류의 요역과 잡세가 가중됐다. 결국 병사들의 사기가 날로 떨어지고, 전투력 역시 약화될 수밖에 없었다. 양무제의 치세 말년에 이르러서는 서민들 모두 고통을 참지 못해 반란을 꾀하는 지경에 이르게 되었다. 그러나 가장 치명적인 것은 양무제 소연 자신이 불교에 지나치게 심취한 나머지 정사를 제대로 돌보지 않은 데 있다. 후대인이 그를 두고 이른바 '영불황제^{佞佛皇帝}'로 부른 이유다. 부처에게 아첨하는 황제라는 뜻이다. 그의 치세 말년에 건강에는 굉장한 규모를 자랑하는 사찰이 5백여 곳이나 있었다. 승려만도 10여만 명에 달했다. 지방 단위 군현의 경우는 그 수를 헤아릴 수조차 없었다. 시인 묵객들이 크게 떠들어 댄 '남조의 480개 사찰'은 조금도 과장된 것이 아니다.

양무제는 귀하기로는 만민의 위에 있는 황제에 해당했으나 직접 불경을 강해하는 것을 즐겼을 뿐만 아니라 3번에 걸쳐 이른바 '사신^{捨身}'을 행했다. 사신은 사찰의 노비가 되어 밥을 짓고 물을 긷는 등 온몸을 바쳐 부처를 공양하는 것을 말한다. 횟수를 거듭할수록 사신의 기간도 길어졌다. 황제가 사신을 행하자 대신들은 재산을 사찰에 갖다 바치고 양무제를 다시 환속시키는 이른바 '속신^{贖身}'을 행해야만 했다. 세 번째 '속신' 당시에는 3억여만 전에 달하는 돈을 갖다 바쳐야 했다. 사실 이는 양무제가 사찰을 대신해 재물을 긁어모은 것이나 다름없었다.

황제와 대신의 사신과 속신 행보로 인해 남조의 백성들 역시 자비를 입에 달고 살며 더욱 나약해졌다. 설상가상으로 양나라의 장정들은 병역과 요역을 피할 요량으로 출가해 승려가 됐다. 남북이 대치하는 상황에서 북쪽은 강성한 데 반해 남쪽 양나라는 상하 모두 불교에 탐닉한 것이다. 이처럼 황제와 신하들 모두 현허^{玄虛}(오묘한 공허함)를 떠벌이면서 사치의 극을 달리자 일반 백성들은 가혹한 세금과 굶주림으로 인해 헤어나기 어려운 구렁에 굴러 떨어졌다. 겉으로 드러난 화려한 번영 속에는 이미 거대한 위기가 차곡차곡 쌓여 가고 있었던 것이다.

호랑이를 방으로 끌어들이다

양무제 중대동中大同 2년(547년) 정월, 소연은 문득 꿈속에서 중원의 관원들이 모두 땅을 들어 투항하자 조정 백관들이 이를 칭송하는 모습을 보았다. 실현되기 어려운 바람이 꿈으로 나타났을 것이다. 그는 이를 대길의 조짐으로 해석했다. 다음 날 아침 소연은 중서사인 주이를 보고 이같이 말했다.

"나는 별로 꿈을 잘 꾸지 않는 사람이다. 그러나 꿈을 꾸기만 하면 그 꿈이 반드시 현실로 나타났다!"

주이가 곧 사람들을 이끌고 와 축하했다.

"이는 불가에서 말하는 이른바 우주가 하나로 합치는 범아일여梵我一如 조짐입니다!"

주이는 전당錢唐 사람으로 어렸을 때부터 무리를 지어 도박하는 것을 즐겼다. 청년 시절 문득 학문에 뜻을 두고 경서와 사서 등을 익히며 잡기에도 두루 통했다. 소연이 황제를 칭한 후 그는 『효경』과 『주역』 등을 강론한 덕분에 쾌속 승진했다. 이는 그가 아첨에 뛰어난 재주를 발휘한 사실과 무관치 않았다. 한미한 가문 출신인 그는 사방에서 뇌물을 받아 거대한 저택을 짓고 살았다. 그러나 그는 비록 날마다 양무제와 함께 불교 교리를 얘기하면서도 다른 사람을 위해 희사한 적이 없었다. 주방에서 진귀한 음식이 썩어나는데도 빈궁한 사람을 구제할 생각을 하지 않을 정도로 매우 인색했다.

마침 동위의 권신 고환이 병사한 후 하남 일대를 장악하고 있던 동위의 사도 후경과 고환의 아들 고징 사이에 갈등이 빚어졌다. 불안해진 후경이 마침내 반기를 들고 서위에 투항했다. 당시 서위의 권신 우문태는 입으로만 후경을 태부, 하남도행대, 상곡공에 임명하고 전혀 움직일 생각을 하지 않았다. 파병은 물론 식량조차 보내 주지 않자 우문태에게 실망한 후경은 곧 양무제에게 이같이 상서했다.

"신은 전에 위나라 승상 고환과 더불어 모든 힘을 다해 사직을 구했습니다. 지금 그의 아들 고징과 사이가 벌어져 함곡관 이동과 하구 이서 지역을 포함해 예주와 광주, 영주, 형주, 양주, 연주, 남연주, 제주, 동예주, 낙양, 북형주, 북양주 등 13개 주를 들어 귀부하고자 합니다. 황하 이남은 신이 모두 관할하고 있으니 이는 손을 뒤집는 것처럼 쉬운 일입니다."

자신과 뜻을 같이하는 자사들이 황하 이남의 땅을 다스리고 있다고 과장한 것이다. 그러나 사실 그의 반란에 동조한 사람은 영주자사 사마세운^{司馬世}^雲밖에 없었다. 그가 장악하고 있던 지역은 서연주 이서의 몇 개 군밖에 되지 않았다. 서연주 이동의 모든 군은 성을 엄히 지키면서 고씨에게 충성을 바치고 있었다. 후경의 '13개 주' 운운은 허풍에 지나지 않았다.

양무제도 처음에는 머뭇거렸다. 그는 이같이 중얼거렸다.

"우리나라는 금구무결^{金甌無缺}(완벽한 금제 술잔으로 방어가 탄탄한 국토를 상징함)이다. 지금 홀연히 후경의 땅을 받아들이면 어찌 이게 합당하겠는가? 만일 소요가 일어난다면 후회해도 이미 늦을 것이다!"

그러자 양무제의 심기를 헤아린 주이가 곁에서 사주했다.

"폐하가 천하를 다스리자 남북이 모두 추앙하고 있습니다. 지금 후경이 위나라의 땅을 반이나 떼어 귀부 뜻을 표하니 실로 이는 하늘의 뜻입니다. 만일 이를 받아들이지 않는다면 이와 유사한 일이 사라질까 우려됩니다. 원컨대 폐하는 전혀 의심치 마십시오!"

나이가 들면 상서로운 조짐과 아부 등에 혹하기 마련이다. 소연이 크게 기뻐하며 후경을 받아들인 뒤 하남왕, 대장군에 봉하면서 하남과 하북의 군사 지휘를 맡겼다. 동시에 양나라 조정은 사주자사 양아인^{羊鴉仁} 등을 시켜 군사 3만 명과 함께 많은 군량과 무기를 싣고 현호^{懸瓠}로 가 후경을 돕게 했다.

후경은 자가 만경^{萬景}으로 본래 북위 회삭진 출신으로 갈족이다. 6진의 난이 일어날 당시 그는 고환과 함께 앞뒤로 이주영에게 귀부했다. 그는 비록 고환과 같이 근무하기는 했으나 갈족의 지족인 계호 출신 이주영과 심정적으로 더 가까웠다. 고환이 이주영의 당질인 이주조를 멸한 후에야 후경이 진심으로 고환에게 귀부한 이유가 여기에 있다. 당시 고환도 비록 표면적으로는 후경에게 하남에 대한 지배권을 허용했으나 속으로는 적잖은 제약과 견제를 가했다. 후경을 동위의 권력 중심인 업성에서 멀리 떨어진 곳에 배치한 게 그렇다. 고환은 후경을 반만 믿었던 것이다. 표면상 10만 명의 군사와 동위 땅의 절반이 후경의 관할하에 있었으나 사실 그가 장악한 군사는 수만 명에 지나지 않았다. 이런 배경 때문에 그가 반기를 들었을 때 서연주 이동의 많은 자사들이 성문을 굳게 닫고 고씨에게 충성을 바쳤다. 심지어 서연주 이서 지역의 백성조차 그를 지지하지 않았다. 그러나 그의 모략은 탁월한 바가 있었다. 그는 하남으로 가기 전에 고환에게 이같이 말했다.

"제가 먼 곳에서 적들을 막다 보면 간사한 자들이 거짓 조서를 보낼지도 모르니 대왕은 서신을 보낼 때 특정한 표기를 덧붙여 주시기 바랍니다."

고환이 이에 동의했다. 이로 인해 고환은 후경에게 서신을 보낼 때마다 두 사람만이 알 수 있는 특정한 표기를 덧붙였다. 이런 사실을 고환의 자제를 포함해 주변 사람 모두 전혀 알지 못했다. 『자치통감』을 비롯한 『북제서』 등의 기록에 따르면 고환은 임종 전에 병상 앞에서 구환을 하고 있던 세자 고징에게 이같이 물었다.

"내가 비록 병이 들었다고는 하나 너의 얼굴이 지나치게 걱정스런 모습을 띠고 있다. 왜 그런가?"

고징이 머리를 숙이고 대답을 하지 않자 고환이 다시 물었다.

"너는 내가 죽은 뒤 후경이 반기를 드는 것을 걱정하는 것이냐?"

고징이 황망히 대답했다.

"그렇습니다!"

고환이 말했다.

"후경은 하남 일대를 장악한 지 14년이 되어 늘 발호할 뜻을 지니고 있다. 내가 살아 있는 동안은 그가 감히 반기를 들 생각을 하지 못할 것이나 내가 죽은 후에는 네가 그를 제어하기 힘들 것이다. 지금 주변이 안정되지 못했으니 내가 죽은 후 곧바로 발상하지 않도록 하라. 만일 후경이 반기를 들면 그를 대적할 수 있는 사람은 오직 모용소종밖에 없다. 내가 그를 높이 발탁하지 않은 것은 장차 너에게 그 공을 돌리려고 그런 것이다. 네가 그를 발탁하면 그는 사력을 다해 도울 것이다!"

고환의 심모원려가 약여하게 드러나는 대목이다. 모용소종은 비록 이주영의 사촌 형제이기는 했으나 매우 충직했다. 그의 이런 성품 때문에 고환은 교묘한 방법을 동원해 그를 고징의 사람으로 '주조'해 내려고 한 것이다.

고환이 죽자 고징은 발상을 미룬 채 고환의 명의로 후경에게 서신을 보내 속히 상경해 직무를 보고하도록 했다. 사서는 당시 조서를 접수한 후경이 특정한 표기가 없는 것을 발견하고 명을 받아들이지 않았다며 이를 대서해 놓았다. 그러나 이는 너무 순진한 해석이다.

고환처럼 교묘한 인물이 임종 전에 이런 사실을 고징에게 알려 주지 않았을 리 없다. 또한 고환이 중병이 든 사실은 이미 널리 알려진 일이었다. 실상은 후경이 문득 상경하라는 내용의 조서를 받고는 내심 직위 박탈이 이뤄질 것을 예상해 반기를 들었다고 보는 게 타당하다. 서신에 특정한 표기가 있었는지 여부는 그리 중요한 일이 아니라는 것이다.

고징은 후경이 명을 받들지 않았다는 얘기를 듣고는 곧 후경에게 서신을 보내 해직을 권했다. 후경의 모사 왕위王偉가 후경을 대신해 회신을 보냈다. 이들이 주고받은 서신은 중국 역사상 매우 유명한 서신 응답에 해당한다. 고징이 보낸 서신의 내용은 대략 이러했다.

"선왕先王(고환)은 사도司徒(후경)와 순경과 역경을 함께 헤쳐 나왔으니 그 정은 마치 세한歲寒에도 도타울 정도였고, 진진지호秦晉之好(춘추 시대 진목공과 진문공의 우호)와 같았소. 그런데 오히려 부장행가負杖行歌(지팡이를 짚고 곡을 하는 초상이 남) 상황에서 낭고반서狼顧反噬(뒤를 잘 돌아보는 이리처럼 경계하며 은혜를 잊고 주인을 해침)하여 충신의 길을 걷지 않고, 오히려 반기를 들었소. 힘과 세가 자강자보自强自保에 부족한데도 오합지졸을 모았으니 이는 누란의 위기를 자초한 것이오. 서쪽으로 우문씨, 남쪽으로 소씨에게 도움을 청했으니 이는 마음에 깊은 의심을 품고 구멍에서 머리를 내밀고 나갈까 말까 망설이는 쥐처럼 일을 행하는 것이오. 이로써 보면 일은 이미 끝난 것이나 다름없소. 무릇 밝은 자는 거위취안去危就安(위험을 버리고 안전한 곳으로 감)하고, 지혜로운 자는 전화위복하는 법이오. 차라리 세상 사람이 나를 버릴지라도 나는 세상 사람을 버릴 수 없소. 응당 선한 길을 좇아 미혹된 길에서 속히 빠져나오도록 하시오.

만약 명을 좇아 내조하면 곧바로 그대가 평생 예주를 다스리도록 조치할 것이오. 그리되면 자리를 보전할 수 있고, 물러나도 공명에 손상되는 일이 없을 것이오. 그대의 권속 역시 아무 우환이 없을 것이니 그대가 총애하는 처자 또한 곧바로 송환해 화목하게 모여 살 수 있도록 해 주겠소. 그러나 그대가 남쪽을 향해 칭신하면 위명이 순식간에 떨어지고, 영토 또한 스스로 지킬 수 없으니 공연히 배신자의 오명만 얻고, 집안에 역적질의 화가 닥쳐 종사가 끊기게 될 뿐이오. 이리하면 하늘을 이고 땅을 밟고 살면서 어찌 부끄럽지 않을 수 있겠소?"

후경은 글의 행간마다 회유하며 협박하는 취지가 완연한 고징의 서신을 일소에 붙였다. 후경의 모사 왕위는 당대의 문사였다. 곧바로 붓을 든 왕위는 후경을 대신해 이런 회신을 보냈다.

"저는 시골의 포의에 지나지 않았으나 나라를 위해 오랫동안 위난을 무릅쓰고 헌신한 덕분에 오늘날 부귀한 지위에 이르러 영화를 누리게 되었습니다. 그러나 지금 지적한 바대로 저는 자강자보에 부족해 누란의 위기에 처해 있습니다. 그럼에도 양나라는 저에게 호피를 입히고, 좋은 작위를 내리면서 따뜻이 맞이했습니다. 군주는 거위취안을 말했으나 지금이야말로 안전한 길로 돌아갔고, 전화위복을 말했으나 이미 위기를 벗어났습니다. 제가 미혹된 길로 가고 있다고 비웃었으나 이는 군주의 어리석음을 비웃은 것이나 다름없습니다.

초한전 때 항우가 왕릉王陵을 부르기 위해 그의 모친을 붙잡아 두었으나 그의 모친은 끝내 이를 거부했고, 유방의 부친을 삶아 죽이겠다고 위협하자 유방은 오히려 국물 한 그릇을 청했습니다. 저의 처자와 권속을 죽일지라도 그 허물은 군주에게 있는 것이지 저에게 있는 게 아닙니다. 전에 군주와 맹약하며 금슬의 우의로 섬겼는데 마침내 간사한 자들이 끼어들어 이간함으로써 원수가 되고 말았습니다. 지금 무현닉시撫弦搦矢(활시위를 당기며 화살을 쥠)한 까닭에 저도 모르는 사이 마음 아파 급히 비단을 찢어 회신을 보내니 다른 어떤 것을 능히 쓸 수 있겠습니까?"

이렇게 후경을 설득하는 데 실패하자 이내 교전이 시작됐다.

동위 효정제 무정武定 5년(547년) 6월, 고징이 원주元柱 등에게 명해 수만 명의 군사를 이끌고 급속히 행진해 후경을 기습케 했다. 양측은 영천의 북쪽에서 맞붙었는데 결과는 동위의 대패였다. 그러나 후경은 승세를 이어 진격하지 않고 오히려 영천으로 물러났다. 이는 양나라 장수 양아인 등의 접응을 기다리고자 한 것이다.

이사이 동위의 장수 한궤韓軌 등이 마침내 후경을 포위했다. 양나라 군사가 아직 오지 않은 상황에서 동위의 대군이 몰려오자 후경은 크게 불안해했다. 그는 곧 사자를 시켜 지도를 들고 서위로 가게 했다. 동형과 노량, 장사, 북형주 등 네 개 성을 서위에 할양하면서 내심 서위가 구원에 나서줄 것을 기대한 것이다.

서위는 매우 신중했다. 전에 동위와 다섯 차례에 걸친 접전으로 인해 비록 여러 번 승리를 거두기는 했으나 그 손실이 막대했다. 서위의 신료들이 우문태에게 권했다.

"후경은 어렸을 때부터 병법을 터득해 그 간사함을 예측하기 어렵습니다. 그에게 높은 작위를 내리고 시변을 관망하느니만 못합니다. 급히 파병해서는 안 됩니다."

당시 서주의 형주자사 왕사정은 공을 세우고자 하는 마음이 간절한 나머지 이같이 외쳤다.

"만일 이 기회를 틈타 진격해 취하지 않으면 후회해도 소용없을 것입니다!"

그러고는 급히 1만여 기의 보기를 이끌고 노양관에서 양적陽翟을 향해 달려갔다. 우문태가 이 소식을 듣고는 급히 이필李弼과 조귀趙貴 등에게 1만여명의 병력을 이끌고 영천으로 가게 했다. 이때 후경을 대장군 겸 상서령에 임명했다. 왕사정은 우문태에게 독살을 당한 북위 효무제 원수의 측근이었다. 그는 줄곧 대공을 세워 우문태의 신임을 얻고자 했기에 참지 못하고 곧바로 출병한 것이다.

후경은 4개의 성을 서위에 베어 주면서 양무제가 화를 낼까 우려한 나머지 곧 사자를 보내 이는 적을 꾀기 위한 계책에 불과하고, 예주 이동의 광대한 땅은 여전히 자신의 통제하에 있다고 설득했다. 양무제는 단순히 이해의 차원을 넘어 '대장은 밖에 있을 때 스스로 전제專制하는 것이다'라는 병서의 구절을 인용하며 후경을 크게 칭송했다. 당시 영천을 포위하고 있는 동위의 대장 한궤는 서위에서 이필과 조귀 등을 시켜 대군을 이끌고 가 포위를 풀게 했다는 보고를 접하고는 내심 이들을 대적하기 어렵다고 생각해 이내 업성으로 철군했다. 포위가 풀리자 후경은 접견하는 자리에서 곧바로 서위의 장수 이필과 조귀를 나포한 뒤 그들의 군사를 병탄하려 했다. 그러나 양측이 접전하는 일은 빚어지지 않았다. 서위의 장수 이필은 양나라 장수 양아인의 군사가 이미 여수汝水에 이르렀다는 소식을 접하고는 이내 접전을 피하기 위해 곧바로 장안으로 철군했다. 왕사정은 후경이 서위의 군사와 충돌하는 것을 피한 까닭에 영천을 무난히 점령했다.

후경은 곧 서위로 사람을 보내 구원을 청했다. 우문태가 이에 응하려고 하자 대행대좌승大行臺左丞 왕열王悅이 만류했다.

"후경과 고환은 같은 고향인 데다 군신 간의 의리도 있었습니다. 그러나 후경은 고환이 죽자마자 반란을 일으켜 평소 품고 있던 야심을 여지없이 드러냈습니다. 그는 끝내 다른 사람 밑에 있지 않을 것입니다. 후경이 이미 고씨를 배반한 마당에 그가 앞으로 우리에게 충성할 것을 보증할 수 있겠습니까? 구원군을 보내 그의 세력을 키워 장차 웃음거리가 될까 두렵습니다."

우문태는 왕열의 말이 일리 있다고 생각해 곧 후경에게 장안으로 입조할 것을 요구했다. 우문태의 속셈을 읽은 후경은 표면상 주변에 포진한 서위 군영에 금은과 군량 등을 보내면서 직접 찾아가 주연을 베풀어 주었다. 그러면서 암암리에 서위의 군사를 급습하는 방안을 차분히 진행시켰다.

서위의 왕사정은 후경이 움직이기 전에 은밀히 서위의 제장들을 불러 엄밀히 단속한 뒤 사람들을 각지로 파견해 후경이 점거하고 있던 7개 주, 12개 진을 접수했다. 후경이 크게 놀라 급히 사자를 우문태에게 보내 이같이 말했다.

"저는 한때 고징과 함께 일한 것을 수치스럽게 생각하고 있습니다. 어찌 제가 그대와 어깨를 나란히 하여 조정에 설 수 있겠습니까!"

우문태는 서신을 받고는 일소에 붙인 뒤 하남의 대부분을 서위의 소유로 삼고는 원래 후경에게 부여한 관직을 모두 왕사정에게 돌렸다. 얼마 후 양나라 장수 양아인이 현호성에 이르러 후경과 만났다. 양무제 태청太淸 원년(547년) 9월 양무제가 조명을 내려 동위 토벌을 명하면서 조카 정양후 소연명蕭淵明에게 명해 손자 소회리蕭會理와 함께 제장들을 나눠 지휘케 했다. 소회리는 계책도 없고 나약한 데다 스스로 왕손임을 내세워 소연명에게 불복했다. 소연명의 보고서가 주이朱異에게 보내진 지 얼마 지나지 않아 양나라 조정이 소회리를 소환하면서 소연명에게 통수권을 일임했다.

양나라 군사는 한산寒山(강소성 서주 동남쪽)에 이른 후 양무제의 명을 좇아 제방을 쌓아 물을 막은 뒤 팽성 안으로 흘려 보내려 했다. 팽성을 점거해 후경과 기각지세掎角之勢를 이룰 심산이었다. 양나라 장수 양간羊侃이 군사를 시켜 20일 만에 제방을 쌓은 뒤 소연명에게 팽성에 수공을 가할 것을 권했다. 그러나 소연명은 이를 듣지 않은 채 동위의 장수 왕칙王則이 철통 수비를 하고 있는 성을 포위하는 계책을 고집했다.

소연명은 겁이 많은 데다 지모가 없었다. 제장들이 매번 그에게 계책을 올려도 오직 "그대들은 기회를 보아 가히 움직일 수 있을 것이오!"라고 말할 뿐이었다.

동위의 고징은 팽성이 위급하다는 소식을 듣고 당숙 고악高岳과 대장 팽락彭樂을 시켜 구하고자 했다. 모용소종도 고악 및 팽락과 함께 보내 후경과 양나라 군사를 일거에 토벌할 심산이었다. 후경은 동위의 제장들을 훤히 알고 있었던 까닭에 안중에도 두지 않았다.

당초 한궤가 병사들을 이끌고 왔을 때 후경은 이를 일소에 붙였다.

"오직 돼지 창자나 입에 물 줄 아는 어린애가 죽으려고 왔구나!"

고악이 왔다는 보고를 접하고도 전혀 움직일 생각을 하지 않았다. 그러나 모용소종이 왔다는 소식을 듣고는 말안장을 두드리며 두려워하는 기색을 보였다. 그는 이같이 중얼거렸다.

"누가 선비족 어린애인 고징에게 모용소종을 보내도록 일러 주었단 말인가? 그게 사실이라면 고환은 필시 아직 죽지 않은 게 확실하다!"

얼마 후 모용소종이 10만 명의 동위 군사를 이끌고 와 탁타현槖駝峴에 영채를 차렸다. 양나라 장수 양간이 소연명에게 동위 군사가 먼 길을 오느라 지쳐 있을 터이니 반격에 나설 것을 권했다. 그러나 소연명은 듣지 않았다. 다음 날 양간이 소연명에게 전 군사를 이끌고 나가 싸울 것을 권했으나 이 또한 듣지 않았다. 양간은 일이 어그러질 것을 알고 곧 휘하 군사를 이끌고 제방 위에 영채를 차렸다. 양나라 군사가 전멸 당하는 것을 피하기 위한 것이었다.

모용소종이 군사를 정돈한 뒤 마침내 보기 1만여 명을 이끌고 양나라 동주자사 곽봉郭鳳이 이끄는 군영을 엄습했다. 당시 술에 취해 있던 소연명은 제장들에게 명해 곽봉을 구하게 했으나 제장들은 감히 출전하지 않았다. 다만 북연주자사 호귀손胡貴孫만이 휘하 군사를 이끌고 출격해 동위 군사 2백여 명을 베었을 뿐이다. 양나라 장령들은 보루의 성벽 위에서 이를 관전하며 서로 이같이 말했다.

"적들의 기세가 이와 같으니 싸웠다가는 반드시 패할 것이다. 속히 철군하느니만 못하다."

싸우기도 전에 일부 양나라 부대는 서둘러 철군했다. 당시 양나라 군사는 모두 14~15만 명이나 되었다. 숫자 면에서 동위 군사를 압도하고 있었음에도 이런 일이 빚어진 것이다.

당시 곽봉 등이 군영을 굳게 지킨 데다 호귀손 등이 출격한 덕분에 동위 군사의 공격은 실패로 끝났다. 모용소종은 철군을 준비했다. 그는 군심을 안심시키기 위해 도주하기 전에 휘하 군사들에게 큰 소리로 말했다.

"내가 먼저 짐짓 퇴각하는 모습을 보여 적들이 쳐들어오도록 유인할 것이다. 너희들은 기회를 보아 그들의 배후를 격살하라!"

동위의 병사들은 모용소종이 무략에 뛰어나다는 명성을 익히 알고 있기에 이 말을 그대로 믿었다. 후경은 동위의 전법戰法을 잘 아는 까닭에 양나라 군사에게 추격할 때 2리를 넘지 않도록 경고했다. 그러나 대승을 거둔 양나라 군사는 동위 군사를 추격해 격살한 뒤 말 등을 노획할 생각뿐이었다.

장수가 달아나면 병사들의 사기가 떨어지는 게 상식이다. 양나라 군사가 승승장구했을 경우 동위 군사를 궤멸시킬 수도 있었다. 모용소종은 상대편의 계략을 미리 알아채고 이를 역이용할 줄 알았다. 실제로 돌연 말머리를 돌린 뒤 분주히 도주하는 동위 군사를 지휘해 양나라 군사를 맞받아쳤다. 양나라 군사는 동위의 유병지계誘兵之計에 걸린 것으로 오인해 커다란 혼란에 빠졌다. 수만 명이 피살되고 소연명은 물론 앞서 대승을 거둔 호귀손도 포로로 잡혔다. 단지 제방 위로 군영을 옮긴 양간만이 군진을 유지한 채 서서히 철군했다.

소연은 낮잠을 자다 깬 뒤 주이로부터 한산 전투에 관한 보고를 받고는 크게 놀라 거의 침상 아래로 떨어질 뻔했다. 그가 탄식했다.

"내가 진晉나라의 전철을 밟아서는 안 되지 않는가!"

동위는 대승을 거둔 뒤 여세를 몰아 진격하면서 군사 두필杜弼을 시켜 격문을 띄웠다. 동위의 국위를 선양하고 후경의 반역을 폭로하면서 양무제를 성토하는 내용이었다. 골자는 대략 이와 같다.

"저 양나라 주인은 이제 늙어빠져 혼몽한 지경에 이르렀다. 정치가 혼란해 백성들이 유랑하고 예악이 무너졌다. 재앙이 머리 위에 떨어지고 원망하는 소리가 발밑에서 일어나니 사람마다 고통스러워하고 집집마다 난리가 일어날까 우려한다. 권력을 경박한 자손에게 맡기자 붕당이 결성돼 어지럽고 병권은 밖에 있는 장수가 쥐고 있으니 필시 그 화가 골육에 미칠 것이다. 건강의 궁궐 내에 형극荊棘(나무의 가시로 황폐함을 지칭함)이 자라고, 미록麋鹿(크고 작은 사슴)이 고소관에서 뛰어놀고 있다……."

공교롭게도 두필의 격문은 예언의 성격을 띠고 있었다. 이후에 진행된 일이 이를 뒷받침한다.

모용소종은 양나라 군사를 대파한 후 10만 명의 정병을 이끌고 후경을 향해 진격했다. 당시 후경은 여전히 4만 명의 정병을 이끌고 있었다. 그는 이들을 이끌고 수천 필의 말과 수천 량의 치중을 와양渦陽으로 옮겼다. 곧 사람을 모용소종에게 보내 그 의도를 물었다.

"그대가 여기까지 이르렀으니 군사를 이끌고 손님을 보내려는 것인가, 아니면 한번 자웅을 겨룰 심산인가?"

모용소종이 회답했다.

"공과 승부를 겨루고자 하오!"

모용소종은 바람을 등지고 군진을 펼친 뒤 진공 채비를 마쳤다. 후경 역시 뛰어난 전략가였다. 후경은 급히 명을 내려 병영 문을 닫게 했다. 이어 큰 바람이 지나간 후 병영 문을 열고 출격케 했다. 모용소종은 비록 양나라 군사에게 대승을 거두기는 했으나 후경에게도 승리를 거두리라는 확신은 없었다. 그가 좌우에 말했다.

"후경은 꾀가 많은 자로 상대방의 배후를 습격하는 데 능하다!"

말이 끝나기도 전에 후경이 전방에 배치한 수천 명의 결사대가 동위 군사의 영문을 향해 돌격해 들어왔다. 이들 모두 짧은 갑옷을 입고 손에는 단도를 들고 있었다. 기이한 것은 모두 동위 병사들과 격투를 벌이는 대신 칼을 휘둘러 말과 사람의 다리를 마구 쳐 댔다. 마치 보리 밑동을 베는 듯했다.

동위 군사들이 크게 동요해 무너지기 시작했다. 모용소종도 말 위에서 떨어져 거의 포로로 잡힐 뻔했다. 결국 모용소종은 황급히 잔병을 이끌고 초성譙城(하남성 상구 부근)까지 퇴각했다. 당시 초성을 지키고 있던 동위의 장수 곡률광斛律光과 장시현張侍顯은 이 모습을 보고 모용소종을 크게 원망했다. 모용소종이 화를 내며 말했다.

"나는 오랫동안 작전을 지휘해 왔으나 후경과 같은 난적을 만난 적은 없소. 내 말을 못 믿겠으면 한번 직접 대적해 보시오!"

곡률광과 장시현이 군사를 이끌고 가 후경을 영격했다. 그러나 이내 곡률광은 전마가 쓰러지는 바람에 거의 사살될 뻔했고, 장시현은 산 채로 잡혔다. 후경은 장시현을 죽이는 것이 별 도움이 되지 않는다고 생각해 몽둥이로 곤장을 친 후 내보냈다. 두 사람은 이후 모용소종을 감히 원망하지 못했다.

이후 양측은 몇 달 동안 대치했다. 후경 쪽도 후방의 지원이 원활하지 못하자 대장 사마세운이 휘하 병사를 이끌고 모용소종에게 투항했다. 얼마 후 후경 측의 군량이 바닥나자 형세가 불리하게 돌아갔다.

양무제 태청 2년(548년) 초 후경이 군사를 이끌고 포위를 돌파하고자 했다. 모용소종은 5천 명의 철기로 후경의 군사를 협공하려 했다. 양측은 접전하기 전에 먼저 심리전을 전개했다. 후경이 병사들을 향해 이같이 큰 소리로 말했다.

"업성에 있는 너희 가족들 모두 고징에 의해 살해되었다!"

모용소종이 이 소문을 듣고 멀리서 큰 소리로 말했다.

"북방에 있는 너희 가족들은 조금도 해를 입지 않았다. 만일 북쪽으로 돌아가면 관훈官勳 또한 이전과 똑같을 것이다!"

모용소종은 자신의 말을 믿게 하기 위해 곧 말에서 내린 뒤 검을 뽑아 북두칠성을 향해 맹서했다.

"만일 내 말이 거짓이라면 하늘이 나를 죽일 것이다!"

후경이 이끄는 군사는 모두 동위의 군사였다. 모두 남쪽으로 내려가 투항하는 것을 원치 않았다. 이들은 모용소종이 하는 말을 듣고는 이내 싸울 마음이 없어져 분분히 손에 들고 있던 무기를 내려놓았다. 후경의 유인책에 넘어갔던 동위의 장령 폭현暴顯 등도 기회를 틈타 휘하를 이끌고 모용소종에게 투항했다. 사서의 기록이다.

"후경의 군사가 크게 무너졌다. 군사들이 다퉈 와수渦水를 건너자 물이 흐르지 못할 지경이 되었다!"

쌍방이 싸우기도 전에 후경의 군사는 이미 패하고 만 셈이다. 대세가 이미 기울어지자 후경은 심복 몇 명과 함께 황급히 남쪽으로 도주했다. 회수를 건넌 후 군사를 점검하니 겨우 보기 8백여 명에 지나지 않았다. 10만 명의 군사 중 대부분이 전사하거나 투항한 결과였다.

이때 모용소종의 추격이 점점 가까이 다가오자 후경이 사자를 모용소종에게 보냈다.

"내가 포로가 되면 그대가 고씨에게 뭐라고 말한들 무슨 소용이 있겠는가?"

이 말이 모용소종을 크게 동요시켰다. 그는 본래 고씨의 직계가 아닌 까닭에 크게 탄식하면서 추병을 불러들였다. 전에 고환의 대장 팽락이 서위의 우문태를 살려 보낸 적이 있다. 적을 키워 자신의 세력 확장 자산으로 삼는 것은 난세의 무신들이 흔히 이용하는 보신의 수단이다. 그러나 속셈이 들통날 경우 그 결과는 끔찍하다.

후경이 패한 후 하남을 지키고 있던 양나라 군사 모두 크게 두려워했다. 양아인은 현호성을 버렸고, 양사달羊思達은 항성項城을 포기했다. 모두 싸우기도 전에 놀란 토끼처럼 도주했다. 동위는 이전의 땅을 거의 모두 수복했다.

모용소종은 자가 조등祖騰으로 전연의 명장 모용각의 후예이다. 동위 효정제 무정 7년(549년) 5월 모용소종 등이 이끄는 동위의 군사들이 영천을 포위

공격했다. 성을 지키던 서위의 장수는 명장 왕사정이었다. 오랫동안 성을 함락시키지 못하자 동위의 군사가 마침내 유수의 둑을 무너뜨려 성안으로 흘려 보냈다. 성벽의 일부가 무너지자 왕사정은 돌과 화살을 무릅쓰고 솥을 매달아 취사하는 등 장병들과 고락을 함께했다. 우문태가 급히 대규모 지원군을 파견했으나 이들 모두 유수가 범람하는 바람에 앞으로 나아가지 못했다.

영천이 막 함락되려고 할 즈음 모용소종은 연이어 악몽을 꾼 까닭에 유풍생劉豊生 및 모용영진慕容永珍과 함께 배에 올랐다. 마음을 안정시키는 한편 영천성 일대를 둘러볼 생각이었다. 그는 병사들에게 명해 성을 내려다보며 화살을 난사케 했다. 이때 홀연히 폭풍이 몰아쳐 거대한 누선이 단번에 성벽 있는 쪽으로 밀려갔다. 그러자 서위의 병사들이 긴 갈고리를 이용해 배를 끌어당기면서 화살을 일제히 쏘아 댔다. 모용소종은 급한 나머지 이내 물속으로 뛰어들었다. 수영이 서투른 그는 이내 탁류 속에 모습을 감췄다. 당시 그의 나이 49세였다. 유풍생은 간신히 헤엄쳐 토산에 올랐으나 몇 걸음 못 가 무수히 화살을 맞고 고슴도치가 되고 말았다. 모용영진은 포로로 잡혔다.

성을 지키던 서위의 대장 왕사정을 비롯한 동위의 장수들은 모두 북위 때 모용영진과 함께 일을 했던 사람들이었다. 왕사정이 모용영진에게 말했다.

"이 성이 무너지는 것은 경각에 달렸다. 나는 실로 경을 죽이는 것이 무익하다는 것을 잘 안다. 그러나 신하로서 목숨을 다해 지켜야만 한다!"

그는 눈물을 흘리며 모용영진을 참할 것을 명했다. 이어 모용소종과 유풍생의 시신을 수습해 함께 매장해 주었다.

고징은 모용소종이 죽었다는 소식을 듣고 직접 11만 대군을 이끌고 공성에 나섰다. 1년여 동안 굳건히 버틴 영천성은 마침내 함몰되고 말았다. 8천여 명의 병사들이 전사하고 왕사정은 포로로 잡혔다. 왕사정은 결코 굴하지 않았다. 고징도 그의 충성을 높이 사 예로써 대했다. 왕사정은 이후 동위가 북제로 바뀐 뒤 병사했다.

모용소종은 용력도 있고 지모도 있었다. 용모 또한 뛰어났다. 이처럼 탁월한 장수가 공성 과정에서 탁류에 휩쓸려 죽는 식으로 허망한 죽음을 당한 것은 역대 전쟁사에서 매우 드문 일에 속한다.

제국을 얻고, 또 제국을 잃다

후경이 패주했을 당시 양나라는 먼저 파양왕 소범蕭範을 남예주자사로 삼았으나 소범은 계속 미적거리며 부임하지 않았다. 당시 양나라의 남예주에는 보루를 지키던 하급장교 유신무劉神茂가 있었다. 그는 줄곧 감주사監州事(대리자사) 위암韋黯과 사이가 좋지 않았다. 후경이 패주해 이곳으로 왔다는 소식을 듣자 유신무는 크게 기뻐하며 곧바로 그를 찾아가 장차 수양壽陽(안휘성 수현)을 거점으로 삼아 후일을 도모할 것을 권했다. 위암이 후경을 맞이할 생각을 하지 않자 유신무는 옛 친구 서사옥徐思玉을 시켜 연이어 위협을 가했다.

"후경은 조정의 손님인데 당신이 영접하지 않으면 하남왕에 봉해진 그는 끝내 성 밖에서 피살되고 당신 또한 화를 면치 못할 것이다!"

위암이 크게 두려워하며 황급히 성 밖으로 나가 후경을 영접했다. 후경은 입성하자마자 휘하를 시켜 사방의 문을 지키게 한 뒤 위암을 잡아들이고 목을 베었다. 덕분에 병졸 하나 잃지 않고 견고한 수양성을 손에 넣었다.

양나라 조정은 후경이 패했다는 소식을 접할 당시 후경의 생사를 알 수 없어 크게 우려했다. 이때 태자첨사 하경용河敬容이 은밀히 태자에게 말했다.

"후경이 죽었다면 조정의 복입니다. 이런 난신은 끝내 나라를 뒤엎고 말 것입니다."

얼마 후 하경용는 다시 학사 오자吳攻에게 말했다.

"서진은 공허한 현학을 좇다가 중원을 오랑캐에게 빼앗기고 말았소. 지금 태자가 노장老莊을 좋아하며 청담을 즐기니 강남이 다시 오랑캐로 인해 어지러워질까 걱정이오."

이때 후경이 사람을 보내 패전 소식을 전하면서 짐짓 봉작에 대한 강등을 청했다. 양나라 조정은 이를 불허했다. 후경이 다시 사람을 보내 군수 물자를 요구하자 이를 받아들였다. 양무제는 후경이 패한 것을 크게 애석해하며 남예주목에 임명하고, 파양왕 소범을 합주자사로 바꿔 임명했다. 대신 소개蕭介 등이 반대했으나 듣지 않았다.

양무제가 이처럼 후경을 후대한 데에는 그가 늙어 혼몽해지고, 간신을 신임한 것 이외에도 다른 이유가 있다. 후경이 패망했을 당시 군사도 얼마 안 되는 등 도무지 무슨 변란을 일으킬 상황이 아니었다. 게다가 후경을 잘 대해줄 경우 향후 이를 적극적인 선전 도구로 활용해 더 많은 북쪽 군사의 투항을 기대할 수 있었다. 그러나 고금을 막론하고 아무리 치밀한 계산을 할지라도 인간의 셈법은 하늘의 셈법을 이기지 못하는 법이다. '인산불여천산人算不如天算' 성어가 나온 이유다. 총명했던 양무제 소연이 후경에게 농락당한 배경이 여기에 있다.

당시 동위의 고징은 잃어버린 땅을 수복한 뒤 양나라에 여러 차례 사자를 보내 옛날의 우호 관계를 수복코자 했으나 별다른 성과를 거두지 못했다. 이에 고징은 포로로 잡은 뒤 후대해 온 양무제의 조카 소연명에게 양국이 다시 우호 관계를 맺으면 소연명을 비롯해 후경의 권속을 모두 양나라로 보내주겠다고 약속했다. 소연명이 급히 숙부인 양무제에게 서신을 보내 자신이 후대 받고 있다는 사실과 더불어 고징의 뜻을 간곡히 전했다.

양무제가 서신을 받고는 눈물을 흘리며 급히 대신들을 불러 이 문제를 상의했다. 주이를 비롯한 중신들 모두 동위와 다시 우호 관계를 맺을 것을 청했다. 그러나 유독 사농경 부기傅岐만이 반대 의사를 표했다.

"고징이 승리를 거뒀는데도 어찌하여 화호를 청했겠습니까? 이는 간계를 숨기고 있는 것입니다. 만일 그와 강화하게 되면 후경이 의심하며 반드시 틈을 보아 화를 일으킬 것입니다."

양무제는 조카를 구할 생각이 간절해 부기의 말을 받아들이지 않았다.

후경이 수양에 있는 동안 마침 양나라의 답신을 갖고 가는 동위의 사자를 붙잡아 전모를 알게 됐다. 후경이 양무제에게 서신을 보내 동위와 화해하는 것을 강력히 반대했다. 고징이 우연히 승리한 것에 불과하므로 그와 화해하는 것은 불가하고 자칫 백성들의 마음을 상하게 할 수 있다는 게 요지였다. 후경은 동시에 양무제의 총신 주이에게도 서신과 함께 3백 냥에 달하는 황금을 보냈다. 그러나 주이는 황금을 챙긴 뒤 아무 회답도 하지 않았다.

얼마 후 고환의 장례식이 열리자 양무제가 사자를 보내 조의를 표했다. 후경이 급히 상주했다.

"지금 폐하가 고씨와 화해하고자 하니 신은 장차 어디에 몸을 두어야 합니까?"

양무제가 후경을 달래기 위해 회신을 보내며 이같이 덧붙였다.

"짐은 천하의 주인으로서 어찌 작은 일일지라도 신의를 잃을 수 있겠는가!"

그럼에도 후경은 주의를 게을리하지 않았다. 그는 곧 동위의 국서를 위조한 뒤 가짜 동위 사자를 양무제에게 보내 동위가 소연명을 송환하는 대신 후경을 송환받는 새 방안에 동의했다고 전했다. 양무제는 조카를 구하려는 마음이 앞서 이 요구에 응했다. 이때 다시 부기가 나서 간했다.

"후경이 궁지에 몰려 귀의했는데 그를 버리는 것은 상서롭지 못합니다. 하물며 그는 백전 용장인데 무슨 방법으로 그를 나포할 수 있겠습니까?"

그러나 주이 등이 양무제의 의견에 찬동하며 나섰다.

"후경은 패장에 불과합니다. 사자에게 조명을 들려 보내는 것만으로도 곧바로 잡아들일 수 있습니다."

양무제는 후경이 보낸 가짜 동위 사자에게 정양왕 소연명이 아침에 당도하면 저녁에 곧바로 후경을 송환하겠다는 내용의 회답을 전했다. 후경은 자신이 보낸 사자를 통해 이 서신을 손에 넣고는 크게 노했다. 곧 좌우에 말했다.

"나는 본래 소연이라는 늙은이가 흑심이 가득 찬 인물이라는 것을 알고 있었다!"

이에 후경은 모사 왕위 등의 계책을 좇아 반란 준비를 치밀하게 진행시켜 나갔다. 그는 관할하의 장정을 군사로 충원한 데 이어 사방에서 약탈한 백성들의 자녀를 이들에게 나눠 줘 첩이나 노비로 삼게 했다. 이어 곧 사자를 양무제에게 보내 군량과 군복, 무기를 만들 장인 등을 요구했다. 양나라 조정은 이를 거절할 수 없었다. 이때 후경 휘하의 관원이 장차 화가 미칠 것을 두려워한 나머지 건강으로 도주해 후경의 반란 준비 소식을 양무제에게 보고했다. 그러나 양나라 조정은 이에 대해 어떤 대비책도 강구하지 않았다.

후경은 다시 상서해 왕씨와 사씨 등 명문 대족의 딸을 처로 맞게 해 줄 것을 청했다. 양무제는 이를 완곡히 거절하는 답서를 보냈다.

"왕씨와 사씨는 명문가로 그대의 짝이 아니오. 주이나 장관張綰 이하의 대족 가문의 딸을 맞아들이는 게 좋을 것이오."

후경이 크게 화를 냈다.

"두고 봐라, 내가 반드시 강남을 장악한 뒤 이들의 딸을 모두 병사에게 나눠 줘 노복으로 삼도록 할 것이다!"

당초 후경이 모용소종에게 패해 황급히 달아나고 있을 때 어떤 사람이 작은 성 위에서 그를 보고 크게 비웃으며 이같이 노래했다.

"그대는 땅이 평평하지 못하다고 말하나, 나는 땅에 구덩이가 있다고 말하네! 아래에는 크게 피폐한 나귀가 있으니, 한 걸음 옮길 때마다 휘황한 등불이 밝혀지네!"

대로한 후경은 뒤에 추병이 쫓아오는 것도 아랑곳하지 않고 좌우에 명해 이 작은 성에 맹공을 퍼붓게 했다. 자신을 놀린 자를 반드시 요절낸 뒤 달아나도 달아나겠다는 편집적인 심리였다.

이때 파양왕 소범이 누차 조정에 밀계를 올려 먼저 후경의 조반造反에 대한 확증을 잡을 것을 요구했으나 이들 밀계 모두 주이의 손에 들어갔다.

"파양왕은 어찌하여 후경과 같은 일개 객인을 용납하지 못하게 하는 것인가?"

이후에도 여러 차례 밀계를 올렸으나 모두 주이의 손에 넘어가 아무 성과도 거두지 못했다. 당시 후경은 회하 일대를 지키고 있던 양나라 장수 양아인에게 사자를 밀파해 함께 거병할 것을 권했다. 그러나 양아인은 사자를 체포해 건강으로 압송했다. 그러자 후경이 양무제에게 상주해 양아인을 살해할 것을 요구하면서 둔병을 위해 강서를 떼어 주지 않을 경우 민월閩越(복건 일대)을 치겠다고 위협했다.

이런 거만한 상주문을 받았으면 응당 조치를 취하는 게 옳았다. 그러나 불경을 너무 많이 읽은 양무제는 후경에게 오히려 사과의 뜻을 전했다.

"빈궁한 집도 5명 내지 10명의 빈객을 맞아들여 사람들을 기쁘게 만든다. 짐에게 그대는 단 한 명의 빈객에 해당한다. 원망의 말을 듣는 것은 짐의 실책이다."

이어 비단과 전포를 가득 보내 후경을 위로했다. 줄곧 조반을 준비해 온 후경은 양나라 조정에서 내응할 사람을 찾던 중 마침내 임하왕 소정덕蕭正德을 찾아냈다.

소정덕은 양무제 소연의 여섯 번째 동생인 소굉蕭宏의 3남이다. 당초 소연은 아들이 없어 소정덕을 양자로 맞아들였다. 소연이 보위에 오르자 그는 자신이 황태자가 될 것으로 생각했다. 그러나 얼마 후 소연이 아들을 낳은 후 태자로 봉했다. 그가 바로 『문선文選』을 편찬한 소명태자 소통蕭統이다. 이에 소정덕은 서풍후西豊侯에 봉해졌다.

보통 6년(525년) 분을 참지 못한 소정덕이 마침내 반기를 든 뒤 동위에 투항했다. 그러나 동위가 그를 박하게 대하자 이듬해에 다시 양나라로 돌아왔다. 양무제는 나라를 팔아먹은 소정덕을 자신의 조카라는 이유로 울면서 용서한 뒤 다시 임하왕에 봉했다. 그럼에도 소정덕은 계속 분수에 맞지 않는 생각을 품었다. 은밀히 결사대를 조직하고, 군량을 비롯한 군자금을 쌓아 두고, 국가에 변란이 일어나길 기다린 게 그 증거다. 그는 후경으로부터 자신을 옹립하겠다는 내용의 서신을 받고는 뛸듯이 기뻐하며 곧바로 응답했다.

"오늘 내가 내응하고, 공이 외응하면 어떤 어려움이 있겠소! 천기를 다루는 일은 빠를수록 좋으니 바로 오늘이 그 시점이오!"

양무제 태청 3년(549년) 9월, 후경이 수양에서 반기를 들었다. 주이 등의 간녕한 자들이 탐오한 모습을 보이며 황제의 이목을 가리고 농권한다는 게 이유였다. 양무제는 후경이 거병했다는 소식을 듣고는 웃으며 말했다.

"이 절뚝발이 도적이 또 무슨 일을 할 수 있다는 것인가? 내가 채찍을 한번 휘둘러 혼내면 된다!"

양나라 조정은 합주자사 남양왕 소범을 남도도독, 북서주자사 소정표蕭正表를 북도도독, 사주자사 유중례柳仲禮를 서도도덕, 통산기상시 배지고裴之高를 동도도독으로 삼은 뒤 종실인 소릉왕 소륜蕭綸을 시켜 지절독제로군持節督諸路軍이 되어 후경 토벌을 총지휘케 했다. 이 소식을 들은 후경이 책사 왕위에게 계책을 물었다. 왕위가 대답했다.

"소릉왕 소륜이 대군을 이끌고 수양성을 공격하니 중과부적인 우리는 필시 곤경에 처할 수밖에 없습니다. 회남을 버리고 동쪽으로 나아가느니만 못합니다. 경기병을 이끌고 건강을 습격하면서 소정덕이 안에서 응하고 대왕이 밖에서 치면 천하의 향방은 이내 정해질 것입니다."

후경이 이를 좇았다. 어린 외숙 왕현귀王顯貴를 시켜 수양성을 지키게 한 뒤 짐짓 수렵을 떠나는 것처럼 가장하며 군사를 이끌고 성 밖으로 나갔다. 이런 성동격서 수법으로 초성譙城(안휘성 척현)의 항복을 이끌어 내고 역양歷陽(안휘성 화현)을 함몰시켰다. 역양 태수 장철莊鐵은 투항 후 후경에게 독한 계책을 올렸다.

"나라가 오랫동안 태평했던 까닭에 사람들이 전투를 익히지 못했습니다. 대왕이 거병했다는 소식에 안팎이 진동하고 있습니다. 마땅히 이 기회를 틈타 건강으로 돌진해야 합니다. 그리하면 가히 병사들의 칼에 피를 묻히지 않고 대공을 세울 수 있을 것입니다. 만일 조정이 허약한 병사일지라도 천 명을 보내 채석을 지키게 되면 설령 대왕이 정병 1백만 명을 이끌지라도 도강에 성공할 수 없습니다."

당시 도관상서 양간은 양무제에게 급히 2천 명의 병사를 채석으로 보내 후경의 전진을 막고, 소릉왕 소륜이 수양성에 급공을 가해 후경의 소굴을 점거하면 후경은 이내 진퇴양난에 빠져 자멸할 것이라고 주장했다. 그러자 주이가 결사적으로 반대했다.

"후경은 틀림없이 도강할 뜻이 없을 것입니다."

양무제는 주이의 말을 좇았다. 노장군 양간이 장탄식을 했다.

"오늘 이로써 패하게 됐다!"

이 와중에 양나라 조정은 임하왕 소정덕을 평북장군에 임명한 뒤 경사의 모든 군사를 지휘해 장강 변의 단양군에 영채를 차리게 했다. 소정덕은 수십 척의 거선을 준비한 뒤 갈대를 실어 나른다는 구실하에 후경의 대군을 은밀히 도강시키기 위한 준비에 들어갔다. 후경은 도강하기 전에 채석을 양나라 군사가 지키고 있지나 않을까 크게 우려했다. 공교롭게도 채석을 지키던 양나라 장수 왕질王質은 교대 날짜를 잘못 계산해 이미 군사를 이끌고 떠나 버린 뒤였다. 후경이 크게 기뻐하며 소리쳤다.

"만사가 크게 길하다!"

그 후 곧바로 도강해 채석을 점거했다. 이때 후경의 군마는 겨우 몇 필에 지나지 않았고, 병사들 또한 8천 명에 불과했다. 후경이 이미 도강했다는 소식이 들려오자 건강의 조정이 크게 놀라 곧바로 계엄을 선포했다. 태자 소강蕭綱도 군복으로 갈아입고 친히 군사를 지휘했다. 그러나 태자 소강의 두 아들이 건강성의 몇 개 관문을 지키는 와중에 소정덕은 여전히 주작문을 지키고 있었다.

후경은 고숙姑熟과 자호慈湖(안휘성 당척)에서 아무 방해 없이 전진을 계속했다. 얼마 후 건강성 밖의 판교에 이르자 곧 참모 서사옥을 양무제에게 사자로 보냈다.

양무제가 서사옥을 소견하자 서사옥은 긴요한 사항을 보고하겠다는 핑계로 좌우를 물리쳐 줄 것을 청했다. 중서사인 고선보高善寶가 큰 소리로 말했다.

"서사옥은 도적 집단에서 온 자입니다. 그 속셈을 알 수 없는데 어떻게 단독 면담을 허락해 줄 수 있겠습니까?"

주이가 반박했다.

"서사옥과 같은 자들이 자객이라도 된단 말이오!"

서사옥은 주이를 쳐다보지도 않은 채 후경의 상주문을 올리며 큰 소리로 말했다.

"후경은 주이 등과 같은 자들이 황상의 이목을 가리고 농권하는 것을 원통히 여겨 군사들을 이끌고 입조코자 하는 것입니다. 황상의 좌우를 물리시기 바랍니다!"

당시 건강성 안은 공과 사가 뒤섞이고 무질서가 판을 치는 등 극도로 혼란스러웠다. 군사들이 다투어 무기고로 달려가 무기와 갑옷을 챙겼다. 다행히 양간이 몇 명의 병사를 베어 군기를 잡음으로써 점차 안정되기 시작했다.

양나라는 건국 후 40여 년이 흐르는 동안 대략 별다른 일이 없어 태평했다. 공경을 위시해 일반 사대부에 이르기까지 병갑兵甲을 거의 본 적이 없기에 도적들이 몰려왔다는 소식에 크게 놀랐다. 대다수 장병들이 모두 수양성 공격에 동원된 까닭에 성안에서 진법과 전쟁을 아는 사람은 오직 양간밖에 없었다.

양간은 자가 조흔祖忻으로 태산泰山(산동성 태안) 출신이다. 조부와 부친은 유유가 세운 송나라 때 설안군薛安郡을 지키다 북위에 투항한 까닭에 부득불 북위에서 벼슬을 살게 되었다. 다만 이들은 사적으로 늘 자제에게 틈을 보아 남쪽으로 내려갈 것을 권했다. 양간은 북위의 태산 태수로 있을 때 군사를 이끌고 양나라에 투항했다. 당시 고환의 명을 받은 추병이 쫓아오자 밤낮으로 싸우면서 도주하느라 큰 고생을 겪었다. 그러나 막상 변경에 이르렀을 때 남아 있는 휘하 병사는 약 1만여 명가량뿐이었고, 병사들의 가족이 모두 북쪽에 있었던 까닭에 양간은 병사들과 눈물을 흘리며 작별했다.

당시 후경이 이끄는 군사의 행군 속도가 매우 빨라 이내 주작항朱雀桁의 남쪽에 이르게 되었다. 주작항은 진회하秦淮河에 걸쳐 있는 매우 유명한 커다란 부교를 말한다. 태자 소강은 주작문을 지키던 소정덕에게 선양문을 지키게 한 뒤 동궁학사 유신庾信으로 하여금 주작문을 지키게 했다. 이어 자신은 궁내의 문무 관원 3천 명을 이끌고 주작항의 북쪽에 영채를 차렸다. 후경의 군사가 다가오자 태자 소강은 유신에게 명해 부교를 끊게 했다. 소정덕은 후경의 군사가 도하하지 못할까 우려해 황급히 태자에게 말했다.

"백성들이 부교가 끊어지는 것을 보면 틀림없이 크게 놀라 사방으로 달아날 것입니다. 조용히 적군을 기다리며 시변을 관찰하느니만 못합니다."

태자 소강은 소정덕이 후경과 내통하고 있다는 사실을 전혀 알지 못한 까닭에 이를 좇았다. 후경의 군사가 마침내 쇄도하자 유신은 황급히 병사들에게 명해 부교를 지탱하고 있는 배를 끊어 내게 했다. 그의 명을 받은 양나라 군사들은 겨우 배 한 척을 끊어 내는 순간 후경의 군사들이 마구 몰려오자 황급히 주작문 뒤편으로 몸을 숨겼다. 당시 유신은 이처럼 위급한 순간에 한가하게 군영에서 사탕수수 껍질을 씹고 있었다. 그는 밖에서 시끄러운 소리가 나는데도 적군이 쇄도하고 있는 것을 전혀 눈치채지 못했다. 그가 사탕수수를 씹는 와중에 화살이 날아와 중문의 기둥에 꽂히자 크게 놀라 먹고 있던 사탕수수를 떨어뜨렸다. 그제야 유신은 비명을 지르며 군영을 버린 채 정신없이 도주했다.

소정덕의 무리인 심자목沈子睦은 황급히 배 한 척을 찾아 주작항을 보수한 뒤 후경의 군사와 함께 도하했다. 소정덕은 선양문을 활짝 열고 장후교 위에서 후경을 영접했다. 인사를 나눈 두 사람은 곧바로 병사를 합친 뒤 건강성의 외성을 점거했다. 석두성을 지키던 서풍공 소대춘蕭大春은 성을 버리고 경구로 도주했다. 백하白下를 지키던 사희謝禧와 원정元貞도 이내 성을 버리고 달아났다.

후경은 대성臺城의 사방에 군사를 배치한 뒤 흑색의 깃발을 꽂고 일제히 공격을 가했다. 이들은 횃불을 내던지며 성문을 불태우려 했다. 양간 등이 병사들과 함께 커다란 통에 물을 길어다 불을 끄는 등 결사적으로 막아 낸 덕분에 대성을 간신히 지킬 수 있었다.

후경은 대성을 일거에 함락하지 못하게 되자 곧 병사들을 시켜 사방에 불을 지르게 했다. 태자궁과 사림관, 황제의 마구간, 태부사 등 외성의 건물이 일시에 전소했다. 후경은 군사의 사기를 돋우기 위해 동궁 소속 여관들을 장병들에게 하사했다.

잠시 휴식을 취한 뒤 후경의 군사는 목려木驢(나귀 모양의 공성 도구) 수레를 만들어 성을 공격했다. 양나라 군사들이 성벽 위에서 커다란 돌을 떨어뜨려 이들을 물리쳤다. 잠시 물러난 후경이 병사들을 시켜 돌덩이가 떨어져도 부서지지 않도록 끝을 뾰족하게 만든 목려를 다시 만들어 공격을 가했다. 그러자 양간이 병사들에게 들기름을 잔뜩 바른 횃불을 목려 위로 내던지게 했다. 이에 목려 안에 있던 후경의 병사들이 모두 불에 타 죽었다.

대로한 후경이 또다시 높이 10여 장에 달하는 사다리차를 만들게 했다. 성벽 위에 있는 양간의 군사들을 내려다보며 쇠뇌와 화살을 난사할 요량이었다. 양간은 전투 경험이 많은 까닭에 멀리서 사다리차가 점차 그 모습을 드러내자 이같이 말했다.

"수레가 높고 참호는 비어 있으니 성에 근접하면 반드시 뒤집히고 말 것이다. 가만히 누워서 이 광경을 보는 것도 괜찮을 것이다!"

과연 이들 사다리차는 모두 얼마 안 가 꽹음을 내며 무너져 내렸다. 수많은 궁사들이 깔려 죽었다. 후경은 대성을 일거에 점령하기가 어렵다는 사실을 알고 장기간에 걸친 포위 작전에 들어갔다. 대성을 외부와 완전히 차단해 스스로 무너지길 기다릴 심산이었다.

주이 등은 후경이 주춤하는 모습을 보고는 마치 난쟁이가 생색을 내듯 속히 출격할 것을 주장했다. 양간이 반대했다.

"지금 출병하는 병사가 적으면 적을 깨뜨리기에 부족하고 공연히 병사들의 예기만 꺾을 뿐이오. 출병하는 병사가 많으면 문은 좁고 다리는 작아 퇴각할 때 병사들이 크게 다치거나 죽을 수 있소!"

그러나 주이는 이를 듣지 않은 채 곧 1천여 명의 군사를 이끌고 출격했다. 양견의 예견대로 싸우기도 전에 다투어 다리를 건너려다가 물에 빠져 죽은 군사가 7~8백 명에 달했다.

후경은 성을 지키는 장수가 양간이라는 것을 알고 곧 그의 아들 양탐^{羊眈}을 체포한 뒤 사람을 시켜 양탐을 성 아래로 끌고 가 양간을 불러내게 했다. 양간이 이를 보고 성 위에서 이같이 외쳤다.

"나는 온 집안을 기울여 주군에게 보답하지 못하는 것이 한인데 어찌 자식 하나를 애석해할 것인가? 일찍 죽이는 게 오히려 다행이다!"

후경의 군사들은 며칠 동안 양탐을 성 밖에 묶어 놓고 형을 집행하는 채비를 갖추면서 교묘한 심리전을 펼쳤다. 양간이 성벽 위로 올라가 자식을 바라보면서 한 맺힌 목소리로 말했다.

"너는 아직도 죽지 않았는가? 어찌하여 아직도 살아 있는 것인가!"

말을 마치고는 활을 들어 쏘았다. 양간이 이렇게 나오자 후경의 군사들은 어찌할 바를 몰라 황급히 양탐을 데리고 철수했다. 후경도 양간의 충의에 탄복해 양탐을 죽이지 않았다. 당시 후경에게 투항한 뒤 속히 건강을 급습할 것을 건의했던 장철은 상황이 이상하게 돌아가자 후경이 이내 패할까 크게 두려워한 나머지 모친을 맞이해 온다는 핑계를 대고 좌우 십여 명과 함께 역양으로 달려갔다. 역양을 지키고 있던 후경 휘하의 두 명의 장수에게 후경이 이미 피살됐다고 속이자 이들은 곧바로 역양을 버리고 수양으로 달아났다. 장철은 입성한 후 모친과 함께 멀리 심양으로 달아났다.

후경은 대성 공략이 여의치 않자 크게 초조해했다. 양무제 태청 2년(548년) 12월, 후경이 소정덕을 황제로 삼은 뒤 연호를 정평^{正平}으로 바꿨다. 소정덕은 곧 세자 소견리^{蕭見理}를 황태자로 올리고, 자신의 딸을 후경에게 보내 첩으로 삼게 했다. 이어 집안의 금은재보를 모두 털어 후경 휘하 장병들에게 상으로 내렸다. 소견리는 후에 군도들에 의해 부교 위에서 재물이 겁략당하는 과정에서 유시를 맞고 죽었다.

얼마 후 후경은 동부東府를 쳐 양나라 장수 동포후 소추蕭推의 목을 베고, 양나라 군사 3천여 명의 수급을 얻었다. 그는 시체를 대성 밖에 쌓고 이같이 외쳤다.

"만일 일찍 항복하지 않으면 이같이 될 것이다!"

후경은 건강에 막 도착했을 때만 해도 민심을 사기 위해 호령이 엄정했다. 그러나 오랜 시간이 지나도록 대성을 공략하지 못하게 되자 군심이 흩어질 것을 우려해 곧 병사들을 사방으로 풀어 금은보화와 백성의 자녀들을 멋대로 약탈하게 했다. 얼마 후 양식마저 떨어지자 이들은 사방에서 식량을 탈취했다. 이로 인해 건강성 주변의 백성들은 끼니를 잇지 못해 태반이 아사하고 나머지 사람들 역시 인육을 먹는 참혹한 지경에 이르게 되었다.

후경은 조급한 나머지 대성의 동쪽과 서쪽에 토산을 쌓고, 백성들을 동원해 흙을 나르게 했다. 속도를 내기 위해 노약자의 목을 사정없이 베었다. 성안의 병사들과 백성들 역시 이에 대응하여 토산을 쌓았다. 태자를 제외하고 공경을 비롯한 모든 사람들이 흙을 날랐다. 하루는 큰 비가 내려 성안의 토산이 무너졌다. 후경의 군사가 몰려들자 양간이 병사들에게 횃불을 던지게 해 이들의 진격을 가까스로 막았다. 이때 후경은 명을 내려 양나라 군민 중 노비가 된 자를 모두 양민으로 면천시켜 주었다. 주이 집안의 가노가 탈주해 오자 후경은 곧 그를 재상에 해당하는 '의동삼사'에 임명한 뒤 주이가 건강에 갖고 있던 재산을 모두 상으로 내려 주었다. 이 노복은 좋은 말 위에 올라 비단옷을 입은 채 성 아래를 돌아다니며 주이를 크게 욕했다.

"주씨 늙은이는 황제를 50년 동안 모셔 겨우 중령군의 관직밖에 얻지 못했으나 나는 투항하자마자 곧바로 의동삼사의 벼슬에 올랐다!"

그러자 3일 내에 대성에서 빠져나와 후경에게 투항한 노복의 수가 수천 명에 달했다. 후경이 이들을 후하게 대하며 군대에 배속하자 이들 모두 은혜에 감복한 나머지 사력을 다해 싸웠다.

이때 형주자사로 있던 양무제의 일곱 번째 아들인 상동왕 소역蕭繹이 건강의 대성이 위험하다는 소식을 듣고 상주자사 하동왕 소예蕭譽와 옹주자사 악양왕 소절蕭詧에게 격문을 보내 황실을 위해 충성을 다할 것을 촉구했다. 강주자사 당양공 소대심蕭大心과 영주자사 남평왕 소각蕭恪 등도 이에 동참했다. 양나라 종실이 분분히 군사를 이끌고 나서자 후경은 책사 왕위의 권고를 좇아 투항 권유문을 화살에 매달아 성안으로 무수히 쏘아 보냈다. 그 내용 중에는 확실히 양무제의 어지러운 행보를 지적한 통렬한 내용이 제법 많았다. 골자는 대략 이렇다.

"양나라는 최근 수년 동안 권신들이 전횡하며 백성들의 고혈을 짜 사복을 채우고 있다. 그렇지 않다고 생각하면 한번 주위를 살펴보라! 황실의 수많은 지원池苑과 왕공의 제택第宅, 승려의 사탑 등이 그것이다. 일반 관원에 이르기까지 이들은 미희를 옆에 끼고 수천 명의 종복을 부리며 밭을 갈지도, 직물을 짜지도 않으면서 호의호식하고 있다. 백성들로부터 빼앗지 않았다면 어찌 이런 호사를 누릴 수 있었겠는가? 지금 성안에서는 사방에서 원군이 오기를 바라고 있으나 내가 보건대 모든 왕후와 장수들은 오로지 자신의 몸을 보전하는 데 급급할 뿐이다. 그 누가 사력을 다해 나와 승부를 겨루고자 할 것인가?"

확실히 양나라의 소씨 황실은 부자 형제가 서로를 해치는 무리였다. 양무제 본인은 흉포한 군주가 아니라 할지라도 조카 소정덕은 양나라를 배반하고 적국에 투항했다. 그런데도 양무제는 그가 다시 돌아오자 눈물을 흘리며 왕에 봉했다. 양무제의 아들들 역시 이와 별반 다르지 않았다. 소륜은 패륜적인 데다 무식하기까지 했다. 소역은 성패의 상황을 관망하는 모습을 보여 속마음을 헤아릴 길이 없었다. 소기蕭紀와 소범, 소예, 소절 등도 부황이 위기에 처했다는 소식을 듣고 겉으로는 구원에 나서는 듯한 모습을 보이면서 내심 미적거리며 관망하는 자세를 취했다. 이들의 유일한 목적은 적들이 골육을 차례로 제거한 틈을 노려 홀로 지존의 자리에 오르는 것이었다.

양무제의 자식들 중 충성스런 인물은 이후 간문제簡文帝로 즉위한 태자 소강밖에 없었다. 후대의 사가들은 소씨 집안의 불충불의한 모습을 두고 대략 양무제 소연의 책임이 큰 것으로 보았다. 자비가 지나친 나머지 잘 가르치고 타일러서 잘못을 깨닫게 하는 일을 소홀히 했다는 것이다.

사실 양무제 소연의 자식들은 개별적으로 보면 나름 문장 등에서 탁월한 면이 있었다. 그러나 그들이 배우고 익힌 것은 궁중의 음란과 사치였고, 살생을 금한 불가의 뜬구름 잡는 얘기뿐이었다. 충효인의에 관한 도덕 교육이 소홀한 나머지 양나라가 쇠망했다는 이들의 지적은 나름 일리가 있다. 당시 후경은 동위의 효정제 원선견과 고징 등의 고씨 일족에게 사자를 보내 자신은 동위를 위해 영토를 확장하고 있고, 고씨 형제들을 조만간 돌려보내겠다고 주장했다. 이때 마침 희귀한 사건이 빚어졌다.

양나라 백마장군 진경지의 아들 진흔陳昕은 전에 후경의 포로가 된 후 범도봉范桃棒이 이끄는 군영에 수감돼 있었다. 진흔은 구변이 좋았다. 충의를 내세워 범도봉을 설득한 그는 후경의 휘하 대장 송자선宋子仙 등을 치고 양나라에 투항할 것을 권유했다. 범도봉이 그의 계책을 좇아 은밀히 밤에 진흔과 함께 성안으로 들어갔다. 양무제가 크게 기뻐하며 곧바로 범도봉에게 은권銀卷 (죽을죄를 사면받는 증서)을 하사하며 하남왕에 봉하고자 했다. 주이 등이 찬동했으나 태자 소강은 머뭇거렸다. 범도봉이 혹여 거짓 투항한 것이 아닌지 우려한 것이다. 논의가 길어지면서 결론을 내리지 못했다. 사태가 긴박하게 전개되고 있는 이때 범도봉이 사람을 보내 이같이 약속했다.

"나는 곧바로 5백 명의 사람을 이끌고 투항할 것이오. 성 아래에 이르러 일제히 갑옷을 벗을 터이니 이는 조정이 용납해 줄 것을 바란다는 뜻이오. 일이 끝나면 반드시 후경을 격파토록 하겠소!"

태자 소강은 이 얘기를 듣고 더욱 의심하며 받아들이지 않자 오히려 주이가 가슴을 치며 통곡했다.

"양나라의 사직은 이로써 끝났다!"

기회는 찰나에 사라지고, 때는 두 번 오지 않는 법이다. 범도봉의 부하가 이내 이 사실을 후경에게 밀고했다. 후경이 곧바로 범도봉을 죽였다. 진흔도 범도봉이 죽은 줄도 모르고 출성해 영접하려다가 후경에게 잡혀 목숨을 잃었다.

당초 명을 받고 후경을 치기 위해 출격했던 소릉왕 소륜은 후경이 이미 채석을 건너 대성을 포위했다는 소식을 듣고는 급히 경구로 회군했다. 그는 3만 명의 정병을 이끌고 경구에서 서쪽 건강을 향해 올라갔다. 후경이 이 소식을 듣고 황급히 군사를 강승江乘(강소성 구용 이북)으로 보내 이들을 영격케 했다.

마침 종산鍾山을 지나던 소륜 등은 후경의 군사를 피해 종산 위에 영채를 차렸다. 후경이 크게 두려워하며 황급히 이전에 약탈했던 보물과 미녀들을 석두성으로 옮겼다. 유사시 배를 타고 도주할 심산이었다. 양측의 첫 접전에서 후경의 군사가 대패했다. 그러나 소륜은 머뭇거리며 공격을 멈춘 채 대치 상태에 들어갔다.

후경이 짐짓 후퇴하는 척하자 이를 사실로 믿은 안남후 소준蕭駿은 황급히 병사를 이끌고 그 뒤를 쫓다가 후경의 반격에 걸려 대패했다. 후경의 군사가 승세를 몰아 공격하자 양나라 군사가 사방으로 궤주했다. 많은 종실과 장령들이 포로로 잡혔다. 소륜은 겨우 1천 명의 잔병을 이끌고 간신히 사지에서 빠져나왔다. 이날 저녁 양나라 파양왕 소범의 세자 소사蕭嗣가 다른 방면에서 올라온 원군과 함께 도착해 채주에 영채를 차렸다. 후경이 곧 남쪽 강안에 사는 백성들을 모두 강북으로 옮긴 뒤 가옥 등을 모조리 불태워 버렸다. 며칠 후 상동왕 소역이 세자 소방蕭方을 보내 이들을 돕게 했다. 경릉 태수 왕승변王僧辯도 수군 1만 명과 함께 식량을 가득 싣고 한천漢川에서 출발해 동쪽으로 내려와 합류했다.

양나라 입장에서 볼 때 불행한 것은 군사를 지휘하던 양간이 과로한 나머지 대성 안에서 몸져누운 후 이내 숨을 거둔 점이다. 당시 그의 나이 54세였다. 양간은 젊었을 때 커다란 돌덩이를 들어 멀리 내던질 정도로 용력이 뛰어났다. 그는 음률에도 밝아 「채련采蓮」과 「도가棹歌」를 손수 짓기도 했다. 그러나 그는 지나치게 사치했다. 하루도 빠지지 않고 빈객들을 불러들여 연회를 베풀며 호의호식했다. 그럼에도 그는 매우 너그러우면서도 국량이 커 작은 일에 연연하지 않았다. 한번은 하속이 잘못해 그가 보유한 70척의 큰 배를 모두 불태운 적이 있었다. 이 소식을 들은 그는 조금도 개의치 않았다. 실수로 불을 낸 하속이 크게 두려워해 도주하자 양간이 그를 부른 뒤 이를 불문에 부친 채 전과 다름없이 대했다.

양간이 사망할 당시 각지에서 분분히 근왕의 군사가 몰려왔다. 형주자사 위찬韋粲은 5천 명의 정병을 이끌고 와 강주자사 당양공 소대심과 함께 남주로 갔다. 위찬의 사촌 동생인 사주자사 유중례도 보기 1만여 명을 이끌고 횡강橫江에 이르렀다. 서예주자사 배지고와 선맹장군 이효흠李孝欽, 남릉 태수 진문철陳文徹과 사주자사를 지낸 양아인은 자신들이 이끌고 온 군사를 모두 합쳐 신정新亭에 주둔했다. 이들은 위찬의 건의를 좇아 유중례를 대도독으로 삼고 근왕군을 총지휘케 했다.

양무제 태청 3년(549년) 초 유중례가 대본영을 신정에서 대항大桁으로 옮겼다. 이때 짙은 안개로 인해 위찬이 이끄는 군사가 길을 잃고 청당靑塘으로 갔다가 후경의 군사들로부터 공격을 받게 됐다. 이 공격으로 위찬과 그의 자제 여러 명이 분전하다 죽고, 함께 사망한 그의 일가친척도 수백 명이나 되었다. 당시 유중례는 마침 밥을 먹다가 이 소식을 듣게 되었다. 수저를 내던지고 황급히 갑옷을 걸친 그는 친히 1백여 기를 이끌고 사촌 형인 위찬의 구원에 나섰다. 결국 청당에서 후경의 군사를 대파하고 수백 명의 수급을 얻었다. 후경의 군사 중 물에 빠져 죽은 자도 1천여 명에 달했다.

교전 당시 유중례의 긴 창이 거의 후경의 목을 찌를 뻔했다. 그 순간 후경 휘하의 지백인支伯仁이 갑자기 뛰쳐나와 칼로 유중례의 어깨를 쳤다. 그러자 전마가 크게 놀라 날뛰는 바람에 유중례가 진흙이 가득 찬 늪 속으로 떨어지고 말았다. 후경의 군사 수백 명이 그를 둘러싸고 창을 들어 찌르려고 할 때 마침 양나라 장수가 당도하여 그는 간신히 목숨을 구할 수 있었다.

이후 간담이 떨어진 후경은 감히 남쪽 강안에 오르려고 하지 않았으나 유중례 역시 다시는 감히 출전을 입에 올리지 않았다. 용맹을 떨치던 유중례는 이후 완전히 다른 사람이 된 듯했다.

유중례가 분투할 당시 패주하던 소릉왕 소륜은 이내 잔병을 수습한 뒤 소대련蕭大連과 소재성蕭在成 등 종실들과 합세해 대항의 남쪽에 주둔했다. 이들은 여전히 유중례를 대도독으로 삼았다. 양간이 병사한 후 문신의 우두머리 격인 주이도 이내 두려움 속에 숨을 거뒀다. 당시 그의 나이 67세였다. 많은 사람들이 그에게 원한을 품었으나 양무제는 크게 애통해하며 상서우복야에 추증했다. 이후 주이의 자식들 모두 성이 함락되는 와중에 몰살했다.

당시 대성에 있던 양나라 군민들은 얼마나 많은 근왕군이 몰려왔는지 알길이 없다가 이때에 이르러 비로소 소식을 접하고는 크게 환호했다. 그러나 이는 너무 때 이른 환호였다.

파양왕 소범의 세자 소사와 소릉왕 소륜의 아들 영안후 소확蕭確, 다시 양나라에 투항한 장철, 양아인, 이천사李遷仕, 번문교樊文皎, 유중례의 동생 유경계柳敬禮 등이 일제히 회수를 건너 동부東府에 맹공을 가했다. 이들이 동부의 사방에 둘러친 목책을 불태우자 후경의 군사들이 황급히 철군했다. 이천사와 번문교가 5천 명의 정병을 이끌고 급히 이들을 추격했다. 그러나 남쪽 병사들은 북쪽 병사들과 달리 승세를 탈 때는 용맹하나 교전을 하는 데는 겁을 먹는 약점이 있었다. 후경 휘하의 장수 송자선이 병마를 매복시켜 놓았다가 홀연히 이들을 덮치자 남쪽 병사들이 우왕좌왕했다. 이 와중에 번문교가 전사하고 이천사는 간신히 사지에서 빠져나왔으나 5천 명의 정병 모두 몰살을 당했다.

이후 건강성 밖에 진을 치고 있던 근왕군이 크게 동요했다. 유중례는 일개 자사로 있다가 대도독에 천거된 자에 불과했다. 그는 사촌형 위찬을 구하려다 어깨에 칼을 맞고 거의 죽게 된 상황에 몰린 후 다시는 군사를 이끌고 출격하려 하지 않았다. 매일 장막 안에서 술을 마시며 장수들을 능멸할 뿐이었다.

소릉왕 소륜이 찾아와도 매번 핑계를 대며 만나 주지 않았다. 이에 소륜과 임성왕 소대련 등은 이를 갈며 분개했다. 이때 소대련은 영안후 소확과도 갈등을 빚었다. 이로 인해 병사들의 사기가 크게 떨어졌다. 이들이 처음 건강에 이르렀을 때 백성들이 모두 몰려나와 환영했다. 이들이 회수를 도하한 후 도적으로 돌변하리라고는 아무도 생각하지 못했기 때문에 이들의 약탈 행보에 백성들이 크게 실망한 것은 말할 것도 없다. 이런 모습으로 3개월이 흐르는 사이 대성의 군민들은 날이 갈수록 더욱 깊은 절망감에 빠질 수밖에 없었다. 당초 전쟁이 일어날 당시 사람들은 나름 식량을 비축해 두었다. 대략 쌀 40만 곡斛(1곡은 10말)에 달했다. 덕양당에 비축한 전백錢帛도 50억 전에 달했으나 정작 중요한 땔감과 식염 등은 조금도 비축하지 못했다.

포위한 날이 길어지자 필수품은 금방 바닥나 버렸다. 대성 내의 백성들은 상서성을 허물어 비싼 목재들을 땔감으로 쓸 수밖에 없었다. 또 각종 돗자리 등을 풀어 헤쳐 말먹이로 사용했다. 이마저도 동이 나자 부득불 말에게 밥을 먹였다. 병사들은 식량이 떨어지자 갑옷을 삶아 먹거나, 쥐를 잡아먹거나, 새를 포획해 배를 채울 수밖에 없었다. 마지막에는 말을 잡아먹거나 죽은 사람의 고기를 먹었다. 후경도 그다지 상황이 좋지 못했다. 군량이 떨어진 후 사방을 노략질해도 더 이상 찾아낼 게 없었다. 더구나 형주를 포함한 각지의 근왕군이 몰려온다는 소식을 듣고는 수심을 감출 길이 없었다. 책사 왕위가 말했다.

"동성東城에 쌀이 있다고 하니 가히 1년은 버틸 수 있습니다. 단지 지금 양나라 군사가 식량을 얻는 길을 차단하고 있으니 짐짓 강화를 구하는 척하며 군사를 쉬게 한 뒤 저들이 경계를 느슨히 하는 틈을 타 돌연 습격하면 될 것입니다."

후경은 양나라 조정의 군신이 이미 여러 번 속은 까닭에 통하지 않을 것으로 생각했으나 달리 도리가 없어 이를 시험해 보기로 했다. 후경의 사자가 찾아가자 양무제가 대로했다.

"강화는 죽음만도 못하다!"

태자 소강이 간했다.

"후경은 이미 성을 포위한 지 오래되었습니다. 근왕군 또한 저들과 싸울 생각을 하지 않으니 잠시 제의를 받아들여 후일을 도모하는 게 나을 듯합니다."

양무제가 한참 생각하다가 한숨을 내쉬며 말했다.

"네가 의도한 바대로 해 봐라. 그러나 후대인에게 웃음거리가 될 일은 하지 말도록 하라!"

태자 소강은 전에 범도봉이 진심으로 투항코자 했을 때는 끝까지 의심하며 이를 받아들이지 않더니 이번에는 오히려 후경의 제의를 단박에 받아들였다. 하늘이 양나라를 망하게 하려는 것으로 해석할 수밖에 없다. 양나라 조정은 후경의 제의를 받아들였을 뿐만 아니라 태자 소강의 아들 소대관蕭大款을 시중의 신분으로 후경의 군영에 인질로 보냈다. 게다가 후경을 대승상, 하남왕에 봉하고 강서의 4개 주를 떼어 주기로 했다. 양측은 서화문 밖에 제단을 쌓고 이를 맹서했다.

강화 의식이 끝났는데도 후경의 군사는 전혀 철군할 뜻을 보이지 않았다. 생각이 바뀐 것이다. 이들은 휴식을 취하며 무기를 정비했다. 양나라 조정이 이를 질책하자 후경이 변명했다.

"배가 없어 철군을 못하고 있습니다. 게다가 남쪽의 양나라 군사가 추격해 올까 두렵습니다."

이어 소대관을 돌려보내면서 대신 선성왕을 인질로 보내 퇴각을 보장해 달라고 청했다. 당시 남강왕 소회리와 상담후 소퇴蕭退, 서창후의 세자 소욱蕭彧 등 3인이 3만 명의 군사를 이끌고 근왕에 나서 마앙주에 주둔해 있었다. 후경은 양나라 군사가 백하白下에서 습격을 가할 것을 우려해 곧바로 이들 양나라 군사가 남쪽 강 언덕 쪽으로 물러나 줄 것을 요구했다. 태자 소강이 이를 받아들여 소회리 등에게 속히 백하에서 강담원^{江潭苑}으로 물러날 것을 명했다.

후경은 다시 사람을 태자 소강에게 보내 자신의 근거지인 수양성이 이미 점거되었으니 초주와 광릉^{廣陵}을 수양 대신 떼어 주면 경구에서 강을 넘어 철군하겠다고 유인했다. 태자 소강은 이 또한 허락했다. 그럼에도 후경은 철수를 끝내 미루면서 이같이 변명했다.

"영안후 소확과 직각장군 조위^{趙威}가 '천자가 비록 너와 강화하기는 했으나 우리는 반드시 너를 멸하고 말 것이다'라고 말하며 저를 매도했습니다. 황상이 소확과 조위를 소환하면 저희는 즉각 포위를 풀고 퇴각하겠습니다!"

이 또한 결국 허락을 받아냈다. 양무제는 소확과 조위를 소환한 뒤 소확은 광주자사, 조위는 우이태수에 임명했다. 나아가 소확이 재차 후경을 자극하지 못하도록 이부상서 장관^{張縮}을 소확의 군영으로 보내 함께 입조케 했다. 소확이 누차 고사하며 입조하지 않으려 했으나 양무제는 이를 허락하지 않았다.

소확은 먼저 조위를 입성케 한 후 자신은 기회를 틈타 남쪽 형주로 달아나 소역에게 몸을 맡길 생각을 했다. 소릉왕 소륜은 줄곧 후경과 싸워 왔으나 이때에 이르러 둘째 아들 소확을 장중^{帳中}으로 부른 뒤 눈물을 흘리며 입조를 권했다. 당시 소확의 입조를 재촉한 사자도 장막 안에 있었다. 소확이 간청했다.

"후경이 강화를 한 후에도 오랫동안 포위를 풀지 않으니 그 뜻은 명확합니다. 지금 나를 부르는 것이 무슨 도움이 되겠소!"

사자가 말했다.

"칙명이 그러하니 거절할 수 없소."

소확이 오랫동안 머리를 흔들며 거부하자 화가 난 소륜이 곁에 있던 초주자사 조백초^{趙伯超}에게 말했다.

"당신이 나를 대신해 이 사람을 죽이시오. 그러면 사자가 가히 그의 수급을 갖고 가 복명할 수 있을 것이오!"

그제야 소확이 부득불 내분을 우려해 눈물을 흘리며 입성했다.

당시 대성 안에는 먹을 것이 바닥났다. 수라를 전담하고 있는 어주御廚도 마찬가지였다. 소릉왕 소륜은 사자가 소확을 이끌고 입성하는 길에 수백 개의 계란을 갖고 가게 했다. 양무제가 손으로 이를 어루만지며 울음을 참지 못했다.

양무제 부자의 지나친 자비심으로 인해 후경은 소리도 안 나게 동부의 양식을 전부 석두성으로 옮길 수 있게 됐다. 당시 상동왕 소역이 서쪽 협구에 주둔하며 나오지 않자 후경의 책사 왕위가 후경에게 속히 진격할 것을 권했다. 소정덕 역시 속히 황제의 자리에 오를 생각으로 후경을 재촉했다.

"대공을 세울 수 있는 절호의 기회가 왔는데 어찌 이를 흘려버릴 수 있겠소!"

후경이 크게 웃었다. 두 사람의 생각이 완전히 일치했다.

후경이 진공하기 직전 왕위가 다시 양무제의 실책 열 가지를 조목별로 거론한 격문을 썼다.

"폐하가 허탄한 것을 높이면서 선비들을 배척하니 이는 전한 말기 신나라를 세운 왕망王莽의 법입니다. 철로 화폐를 주조하면서 그 무게가 수시로 변하니 이는 후한 초기 촉나라에 점거했던 공손술公孫述의 제도입니다. 함부로 관직을 남발한 것은 갱시제更始帝와 조왕 사마륜司馬倫의 행위입니다. 뇌물이 성행하고, 환관이 발호하고, 승려들이 배를 불리고, 황태자는 주옥과 주색을 탐하고, 상동왕 소역은 방종합니다. 남강왕 소회리와 정양왕 소기蕭祗 등은 목후이관沐候而冠한 자들입니다. 그러니 누가 근왕에 나서고자 하겠습니까? 오늘의 거사가 어찌 죄가 될 수 있겠습니까……."

양무제는 이 격문을 보고 크게 노하면서도 일면 크게 부끄러웠다. 양나라 조정은 태극전 앞에서 하늘에 고하는 의식을 갖고 후경이 맹세를 어긴 것을 성토했다. 당초 대성 안에는 10여만 명의 주민과 2만여 명의 병사가 있었다. 그러나 이때에 이르러 열에 아홉이 죽어 거리는 시체로 가득 찼다. 마지막 희망은 근왕군이 후경을 공격해 포위를 푸는 길뿐이었다.

여기에는 유중례의 책임이 컸다. 그는 근왕군과 함께 후경의 군사에게 협격을 가할 생각은 하지 않고 매일 기첩들을 불러 음주가무를 즐겼다. 제장들이 연일 싸울 것을 청했으나 그는 받아들이지 않았다. 안남후 소준이 소릉왕 소륜에게 권했다.

"상황이 이처럼 위급해졌는데도 도독이 구할 생각을 하지 않습니다. 만일 불행한 일이 생기면 전하는 세상에 어찌 얼굴을 들고 다닐 수 있겠습니까? 지금 군사를 세 갈래로 나눠 적이 방심한 틈을 타면 가히 성공할 수 있습니다!"

그러나 소륜이 받아들이지 않았다. 양무제 소연의 여섯 번째 아들인 소륜은 부황에 대한 충성심이 대단했으나 용단할 줄 아는 지모가 없었다.

하루는 대관으로 있던 유중례의 부친 유진柳津은 성루에 올라가 큰 소리로 외쳤다.

"너의 군주와 부친이 큰 환난에 처해 있는데도 너는 진력할 생각을 하지 않는다. 후세인들이 너를 뭐라고 하겠는가?"

그럼에도 유중례는 못 들은 척했다. 양무제가 유진을 불러 큰 소리로 외친 이유를 묻자 유진이 이같이 대답했다.

"폐하에게는 소릉왕이 있고, 신에게는 유중례가 있습니다. 그가 불효불충하니 어찌 적을 평정할 수 있겠습니까?"

남강왕 소회리는 양아인 및 조백초 등과 함께 동부성의 북쪽으로 진군하면서 야음을 틈타 은밀히 도하해 후경의 군사를 엄습하기로 약속했다. 그러나 양아인이 이끄는 군사가 새벽이 되도록 도착하지 않아 마침내 후경의 군사가 양나라 군사의 이상한 움직임을 눈치채게 됐다. 후경 휘하의 송자선이 출격해 이들을 대파했다. 한산과 현무호의 싸움 당시 먼저 도주하는 바람에 스스로 무너진 바 있는 조백초는 이번에도 군사들이 진을 치기도 전에 먼저 달아났다. 적의 손에 죽거나 물속에 빠져 죽은 양나라 군사가 5천여 명이 넘었다. 후경이 병사들에게 명해 죽은 양나라 군사의 목을 베어 대성의 아래에 쌓게 했다. 공포심을 안겨 주려는 심산이었다.

이해 3월 중순, 때가 무르익었다고 판단한 후경이 현무호를 굴착해 물을 성안으로 흘려 보냈다. 이어 대성에 대한 총공격을 명했다. 태양문을 지키는 장수는 소릉왕의 세자 소견^{蕭堅}이었다. 그는 동생 소확처럼 용맹한 인물이 아니었다. 초서와 예서에 뛰어난 재주를 보였으나 사람이 편파적이고 용렬했다. 그는 병사들이 공을 세워도 상을 내릴 줄 몰랐고, 질병이 나도는데도 전혀 구휼할 생각을 하지 않았다. 이에 병사들이 모두 원한을 품었다.

소견 휘하의 두 아전이 적과 내통한 뒤 밤에 성의 서북루에서 밧줄을 늘어뜨려 후경 군사의 입성을 도왔다. 이들은 이에 앞서 소견을 미리 토막 내버렸다. 영안후 소확은 눈앞에서 친형 소견의 머리가 성벽 위에서 아래로 떨어지는 것을 보고는 이를 갈며 군사를 이끌고 와 분투했다. 그러나 중과부적으로 인해 후경의 군사들이 꾸역꾸역 성안으로 밀려 들어왔다. 소확은 당할 길이 없자 황급히 내궁으로 달려가서 양무제 소연의 침궁으로 뛰어들어 황급히 보고했다.

"성이 무너지기 시작했습니다!"

양무제가 누운 채로 물었다.

"아직 싸울 수 있는가?"

"불가합니다!"

이때 양무제가 이같이 탄식했다.

"내가 얻고, 내가 잃었다. 또다시 무슨 한이 있겠는가!"

양무제가 언급한 이 두 구절은 오랫동안 궁지에 몰린 제왕이 내뱉은 소쇄^{瀟灑}하면서도 호걸스러운 말로 여겨졌다. 말 그대로 스스로 얻은 것을 잃은들 무슨 한이 남을 턱이 없다. 그러나 강동의 수많은 백성은 어찌 되는 것인가? 무책임하기 짝이 없는 말이다. 백성들의 남은 한은 참으로 클 수밖에 없다. 사서에 기록돼 있는 양무제의 '자아득지^{自我得之}, 자아실지^{自我失之}, 역부하한^{亦復何恨}' 언급은 속세를 떠난 도인이라면 모를까 보위에 앉아 있는 제왕이 할 말은 아니다.

당시 양무제는 소확에게 이같이 말했다.

"너는 빨리 달려가 부친에게 고하도록 해라. 나와 태자는 괘념치 마라!"

소확이 눈물을 흘리며 밖으로 빠져나왔다. 얼마 후 왕위가 후경의 명을 받들고 와 문덕전에서 양무제를 알현했다.

"무리를 이끌고 입조해 황제를 경동하도록 만들었습니다. 명을 받들어 대죄코자 합니다."

"후경은 지금 어디에 있는가? 짐이 한번 소견코자 한다."

황제의 위엄은 전혀 변하지 않았다. 곧 후경이 입조해 태극전 동당에서 양무제를 알현했다.

"갑사 5백 명을 이끌고 스스로 지키고자 합니다!"

그가 계상^{稽顙}(머리를 땅에 대고 조아림)의 예를 마치자 전의관이 그를 안내해 삼공의 자리에 앉혔다. 양무제의 안색은 전혀 변하지 않았다. 그가 물었다.

"경은 군중에 오랫동안 있었으니 매우 고생이 많았소!"

황제의 위엄에 후경이 감히 쳐다보지 못하고 얼굴에는 식은땀이 가득했다. 지방의 일개 병사 출신인 그는 천자와 대면한 적이 없었다. 양무제가 다시 그의 관향과 가속 등을 물었으나 후경은 황공해 제대로 대답하지 못했다. 마지막으로 양무제가 물었다.

"당초 그대가 장강을 넘을 때 사람이 얼마나 되었소?"

후경이 비로소 고개를 들고 대답했다.

"1천 명이었습니다."

"대성을 포위했을 때는 얼마나 되었소?"

"10만 명입니다."

"지금은 얼마나 많소?"

"솔토지내^{率土之內}(제왕이 다스리는 영토)가 막비기유^{莫非己有}(자신의 무리가 아닌 자가 없음)입니다!"

그때에 이르러 후경은 홀연 자신의 건강의 진정한 주인이 되었다고 생각해 목소리를 높이며 패만한 언사를 서슴거리지 않은 것이다. 그 후 양무제가 고개를 숙이고 더 이상 말하지 않았다. 얼마 후 후경은 다시 태자 소강을 알현했다. 소강도 전혀 두려운 기색이 없었다. 후경이 절을 올리자 태자 소강은 그와 몇 마디 얘기를 나눴다. 후경은 고개를 숙인 채 더듬거리며 제대로 대답하지 못했다.

출궁 후 후경이 가까운 좌우에게 말했다.

"나는 늘 말을 타고 전장에서 활과 칼날이 오가는 사이를 누비고 다니면서도 의기가 평안해 조금도 두려움을 느끼지 못했다. 그러나 지금 소공蕭公(양무제)을 보면서 스스로 두려움을 느끼게 되었다. 이것이 어찌 이른바 범하기 어려운 천자의 위세가 아니겠는가! 나는 두 번 다시 그를 만나지 않을 것이다."

후경은 사람을 보내 양무제와 태자의 시위를 모두 몰아낸 뒤 군사를 풀어 대대적으로 약탈했다. 이로 인해 황궁이 텅 비었다. 이어 조명을 빌려 대사령을 발표하고 스스로 대도독중외대군사, 녹상서사가 되었다. 휘하 장수들에 대한 배치가 끝난 뒤 그는 태자의 아들 석성공 소대관을 시켜 양무제의 명의로 건강성 밖에 포진한 근왕군을 해산시켰다. 이때 유중례가 종실과 대장들을 소집해 상의했다. 소릉왕 소륜이 힐책했다.

"오늘의 일은 장군으로 인한 것이오!"

그에 유중례가 아무 말도 하지 않았다. 배지고와 왕승변이 진언했다.

"장군은 백만 대군을 보유하고도 궁궐을 적들에게 빼앗겼으니 응당 사력을 다해 결전해야 할 터이니 무슨 말이 필요하겠소!"

이때도 유중례는 입을 다물고 한마디도 하지 않았다. 이로 인해 모든 군사가 이내 해산했다. 소륜과 소대련, 소방, 소사 등의 종실 모두 각자 군사를 이끌고 자신의 영지로 황급히 돌아갔다. 유중례와 양아인, 왕승변, 조백초는 영채의 문을 열고 항복했다. 그러자 이를 탄식하지 않는 병사가 없었다. 이치 상이들이 영채의 문을 열고 항복한 것은 아직 후경이 보위를 찬탈하지 않았기 때문이다.

훗날 북주에서 벼슬을 살게 된 양나라 대신 유신은 이같이 격분했다.

"삼국 시대 손책이 천하를 삼분할 당시 인재는 한 무리에 지나지 않았다. 항우가 강동의 자제를 이끌 당시에는 겨우 8천 명에 불과했다. 그럼에도 천하를 나눠 가졌다. 어찌 백만 대군을 이끌고 하루아침에 초목이 쓰러지듯 권갑券甲(갑옷을 말아 둔다는 뜻으로 정전을 의미)할 수 있는가?"

유중례 등은 대성으로 들어가 먼저 후경에게 절을 올린 뒤 양무제를 알현했다. 이미 마음의 동요가 없는 양무제는 아랑곳하지 않았으나 오히려 유진이 유중례를 보고는 통곡하며 꾸짖었다.

"너는 내 자식이 아니니, 볼 필요도 없다!"

후경은 유중례의 동생 유경례와 양아인을 대성 안에 머물게 한 뒤 유중례를 사주, 왕승변을 경릉으로 보냈다. 왕승변의 부친 왕신념王神念은 북위에 있다가 양나라에 투항한 선비족으로 원래의 성은 오환烏丸이다. 후경 또한 선비화된 갈족이었다. 두 사람이 선비어로 몇 마디 나눈 뒤 왕승변이 경릉으로 갔다. 후경이 볼 때 양무제 부자는 모두 자신의 손안에 있었다. 천자를 끼고 제후들을 호령하는 것은 여반장이었다. 당시 그는 대성 내의 시체들을 모두 화장하고 이 와중에 기아로 인해 병이 든 자들도 산 채로 불 속에 집어던졌다.

양무제는 황궁에 갇힌 일개 죄수와 다름없었다. 내심 크게 불만을 품은 그는 여러 차례에 걸쳐 후경이 보내 온 관원 임명 문서에 어새 날인을 거부했다. 화가 난 후경은 점차 양무제에게 공급하는 음식의 양을 줄였다.

양무제 태청 3년(549년) 5월 병진일, 노환으로 자리에 누운 양무제가 목이 말라 꿀물을 마시고 싶어 사람을 불렀으나 대답하는 자가 아무도 없었다. 처량하고 황망한 상황에서 연이어 '허허' 두 마디를 내지르고는 이내 숨을 거뒀다. 당시 그의 나이 86세였다. 후대인들은 당시 그가 마지막으로 내뱉은 '허허'의 뜻을 제대로 이해할 수 없었다. 임종 직전의 냉소, 분노를 머금은 고함 등 여러 해석이 나왔으나 대략 먹고 싶은 것을 먹지 못해 허탈한 심경으로 내뱉은 말로 해석하는 게 타당할 것이다. 『양서梁書』 「무제기」의 사관은 양무제의 삶을 이같이 요약해 놓았다.

"양무제는 어렸을 때부터 매우 효성스러웠다. 6세 때 황태후가 붕어하자 3일 동안 입에 물을 대지도 않았다. 어려서부터 밤늦게까지 촛불을 켜고 열심히 공부한 까닭에 유학과 현학에 조예가 깊었다. 저서도 『제지효경의制旨孝經義』, 『주역강소周易講疏』, 『육십사괘六十四卦』, 『문언文言』 등 2백여 권에 달했다. 조신들이 경전에 대해 질문을 하면 막힘없이 해석해 주었다. 국학을 진흥시켜 많은 생원들을 배출할 요량으로 5관五館을 세우고 오경박사를 두었다.

불도를 독실하게 믿어 『열반』과 『대품大品』, 『정품淨品』 등 수백 권을 지었다. 한가할 때는 중운전이나 동태사로 가 강설했다. 고승을 비롯한 많은 청중이 몰렸으니 매번 1만여 명이 넘었다. 또한 『통사通史』를 지어 서문을 붙였으니 대략 6백 권에 달했다. 시문과 문장에도 밝아 수많은 시부를 지었다. 여러 유형의 문집이 모두 120권에 달했다.

서법에서 초서와 예서에 뛰어났고, 기사騎射 등 무예에도 뛰어났다. 정사도 게을리하지 않았다. 겨울에는 사경까지 촛불을 켜고 상주문을 세밀히 검토한 까닭에 손이 트게 되었으나 매번 백성의 삶을 애틋하게 여겨 눈물을 흘린 연후에 비답을 내렸다. 하루에 한 끼 식사만 했고, 수라에는 생선과 고기가 없었다. 오로지 콩국과 현미 등 거친 음식뿐이었다. 몸에는 포의를 걸치고 지냈고 한 번 사용한 관은 3년, 한 번 입은 옷은 2년이나 갔다. 검소한 것이 모두 이와 같았다. 후비를 비롯한 후궁에게도 옷이 땅에 끌리거나 비단 수를 놓는 등의 일을 하지 못하게 했다.

술도 마시지 않았고, 가무음곡을 즐기지도 않았다. 종묘제와 불가의 법사法事 등이 아니면 연회를 베풀지 않았다. 성정이 단정한 까닭에 비록 작은 전각의 어두운 방에서 지낼지언정 늘 의관을 바로 했다. 더운 여름날에도 일찍이 웃통을 벗거나 소매를 걷어 올린 적이 없다. 사람을 대할 때는 환관을 볼 때조차 마치 큰손님을 대하듯했다. 고금의 제왕을 보건대 양무제처럼 검소하고 공손하며 엄숙한 모습을 하고, 예능은 물론 두루 해박했던 제왕은 찾아보

양자화楊子華의 『북제교서도北齊校書圖』. 남북조 시대 사대부들의 생활 방식을 묘사하고 있다.

기 힘들다."

　개인 차원에서 보면 양무제는 확실히 고행승처럼 구도자의 삶을 산 게 확실하다. 그러나 그는 제왕이었다. 고행승의 삶은 별 의미가 없다. 더구나 그는 만년에 이르러 간신을 총임하고, 대규모 불사를 일으키는 등 백성들에게 커다란 고통을 안겨 주었다. 사직이 무너진 것은 전적으로 그의 책임이었다. 위진 시대 이후 황제와 사대부가 노장학과 불교 등 어느 하나에 탐닉할 경우 이내 커다란 위기에 봉착했다. 문인 사대부가 날마다 청담을 즐기고, 황제가 부처에게 복을 비는 데 심취할 경우 국력은 서서히 고갈될 수밖에 없다. 그 경우 하층의 서리들이 잔혹하게 법을 적용해 백성들은 도탄에 빠지고 병사들은 피폐해진다. 이러고도 패망하지 않는 게 오히려 이상한 일이다. 불행하게도 양무제가 바로 이 경우에 속한다. 제왕이 부처와 노장에 빠져 나라를 망친 대표적인 반면교사에 해당한다.

　양무제가 죽은 지 한 달이 되도록 후경은 발상을 허락하지 않았다. 태자 소강이 보위를 이었다. 그가 간문제이다. 후경은 조당에 군사를 주둔시킨 채 병사를 나눠 궁궐을 지켰다. 이에 앞서 후경과 밀약을 했던 임하왕 소정덕은 대성을 함락시킨 뒤 친히 군사를 이끌고 궁궐에 난입해 숙부인 양무제 소연과 사촌 동생인 태자 소강을 제거하려 했다. 그러나 후경은 입성 후 곧바로 그를 대사마에 임명했다. 양무제가 죽은 뒤에는 소강을 옹립했다.

대로한 소정덕은 급히 사람을 파양왕 소범에게 보내 밀신을 전하고자 했다. 함께 군사를 이끌고 입성하자는 내용이었다. 그러나 사자는 이내 후경의 군사에게 체포됐다. 후경은 곧 사람을 보내 소정덕을 새끼줄로 목 졸라 죽였다.

후경은 용장이 아쉬웠던 까닭에 입성 직후 늘 영안후 소확에게 자신을 수행케 했다. 소륜은 은밀히 사람을 보내 아들 소확을 부른 뒤 기회를 보아 건강성을 탈출할 것을 권했다. 소확이 대답했다.

"후경은 가볍고 방정맞은 사람이니 필부 한 사람만으로도 능히 제거할 수 있습니다. 제 손으로 그를 제거코자 하나 아직 기회를 잡지 못했습니다. 저에 대해서는 추호도 염려치 마십시오!"

며칠 후 후경이 군사를 이끌고 종산으로 수렵을 떠났다. 소확이 짐짓 새를 잡는 시늉을 하다가 홀연히 화살을 후경을 향해 날리고자 했다. 그러나 너무 세게 활을 당긴 바람에 활이 부러져 화살이 땅에 떨어지고 말았다. 소확은 결국 후경의 종자들에게 발각돼 이내 격살되고 말았다.

우주 총사령관에 오른 후경

양무제가 아사한 지 얼마 안 된 태청 3년(549년) 8월, 양나라의 서강독 진패선陳霸先이 후경에게 투항하려 한 광주자사 원경중元景仲을 습격해 살해한 뒤 종실인 정곡후 소발蕭勃을 광주자사로 삼았다. 이는 남조 최후의 왕조인 진陳나라가 역사 무대에 등장하는 계기로 작용했다. 당시 휘하에 대군을 거느리고도 건강성이 무너지는 것을 방관했던 상동왕 소역은 계속 후경 토벌을 결심하지 못하고 있었다. 그는 자신의 세자 소방蕭方이 조카인 하동왕 소예에게 습살襲殺을 당하자 곧 휘하의 경릉 태수 왕승변과 신주자사 포천鮑泉에게 명해 서로 합력해 상주의 하동왕 소예를 치게 했다.

원래 소방은 소역의 아들이기는 했으나 전혀 부왕의 총애를 입지 못했다. 소방의 생모는 소역의 정비인 서소패徐昭佩였다. 서씨는 남조 송나라의 명신인 서효사의 손녀로 양무제 천감 16년(517년) 소역에게 시집왔다. 서씨를 맞아들이는 날 큰 바람이 불어 집의 기둥이 부러졌다. 얼마 후 다시 싸라기눈이 뒤섞인 비가 휘몰아쳐 장막이 온통 하얗게 변했다. 소역을 비롯한 주변 사람 모두 이를 상서롭지 못한 조짐으로 보았다. 화촉이 동방을 밝히는 밤에 보니 과연 서씨는 추녀인 데다 투기가 극심했다. 양가 규수의 모습은 전혀 없고 음탕하기 짝이 없었다. 술을 좋아하는 서씨는 매번 소역의 몸 위에 음식물을 토해 내곤 했다. 서씨는 투기 또한 심해 새로 들어온 첩이 임신을 할 때마다 직접 칼을 들고 가 해치곤 했다. 서진의 진혜제 황후 가남풍에 비견할 만했다.

사서의 기록에 따르면 그녀의 정부로 이름을 남긴 사람은 모두 3명이다. 화상 지원智遠과 소역의 근신인 기계강曁季江, 흰 얼굴을 한 하미賈微가 그들이다. 중년이 된 후 서씨의 성욕은 더욱 증대했다. 날마다 기계강을 안으로 불러들여 시중을 들게 했다. 이로 인해 용자가 뛰어났던 기계강 등은 이같이 탄식했다.

"백직柏直의 개는 비록 늙었어도 여전히 사냥에 나설 수 있고, 소율양蕭溧陽의 말은 비록 늙었어도 여전히 준마이다. 그러나 서낭徐娘은 늙었는데도 오히려 더 다정하다!"

여기서 한창때를 넘긴 중년 여인을 뜻하는 서낭반로徐娘半老의 고사가 나왔다. 서씨는 추녀인데도 불구하고 남편 소역을 얕보았다. 후에 소역의 총희 왕씨가 다시 소방제蕭方諸를 낳았으나 얼마 후 폭사했다. 소역은 서씨의 소행이라는 것을 알고 더욱 분노했다. 소방이 죽은 후 소역은 더 이상 서씨를 보고 싶지 않아 곧 자진케 만들었다. 서씨는 우물 속으로 뛰어들어 자진했다. 소연은 그 시체를 서씨의 친정으로 보내면서 출처出妻임을 분명히 했다. 이어 스스로 '금루자金樓子'를 짓고 사람을 시켜 이를 돌아가며 부르게 했다. 그는 서씨의 비행을 팻말에 적어 전각 앞에 걸어 놓았다. 중국 역사상 남편이 부인을 비판한 최초의 대자보에 해당한다.

당시 왕승변은 왕부로 들어가 소역에게 아직 경릉의 부중이 모두 모이지 않아 며칠 뒤 출발하겠다는 뜻을 밝혔다. 이에 소역이 진노했다.

"그대는 출전을 두려워하는 것인가, 아니면 나의 명을 거역하는 것인가, 그도 아니면 적들과 내통코자 하는 것인가? 오늘 이 자리에서 죽고 말 것이다!"

그러고는 검을 뽑아 휘둘렀다. 왼쪽 허벅지에 칼을 맞은 왕승변이 이내 혼절했다가 깨어 보니 감옥이었다. 왕승변의 모친이 이 소식을 듣고 맨발로 달려와 통곡하며 변명했다. 소역이 양약을 보내 치료해 줌으로써 왕승변은 가까스로 목숨을 구했다. 신주자사 포천은 여러 차례 하동왕 소예를 깨뜨린 뒤 마침내 장사長沙에서 하동왕을 포위했다.

하동왕 소예가 곧 자신의 동생 악양왕 소절에게 구원을 청했다. 소절은 곧 전국 시대 당시 손빈이 위나라를 포위하여 조나라를 구한 위위구조圍魏救趙를 흉내 내 친히 2만여 명의 군사를 이끌고 강릉을 쳤다. 위기를 느낀 소역이 황급히 감옥에 갇혀 있는 왕승변에게 계책을 물었다. 왕승변이 계책을 자세히 일러 주자 소역이 크게 기뻐하며 그를 풀어준 뒤 성중도독에 임명했다.

마침 큰비가 내리는 바람에 악양왕 소절의 군사가 손해를 보게 되었다. 이 때 소역의 군사가 문득 그의 본거지인 양양을 급습했다. 소절은 크게 놀라 곧바로 양양을 향해 밤낮으로 달려갔다. 너무 급하게 회군한 나머지 군량과 금은, 비단, 철갑 등 버리고 간 물건이 매우 많았다. 세력 면에서 숙부인 소역에 대적할 수 없다는 것을 깨달은 소절은 곧 왕비와 세자를 서위에 인질로 보내며 구원을 청했다. 마침 우문태는 강한江漢 일대를 경략할 참이어서 이를 곧바로 받아들였다. 그는 대장 양충楊忠에게 명해 형주 일대 15주의 군사를 총지휘해 양나라 땅으로 출격케 했다. 양충은 소역의 명을 받고 경릉을 지키며 소절을 위협하는 유중례와 대치했다.

소릉왕 소륜은 소역이 조카인 소예와 소절 형제와 다투는 것을 보고 크게 못마땅해 곧 서신을 보내 화해할 것을 종용했다. 그러나 소역은 소예가 서위의 군사를 양나라 땅으로 끌어들인 일을 지적하면서 이들 두 조카를 반드시 토벌하겠다고 답했다. 소륜이 답서를 보고는 눈물을 흐리며 탄식했다.

"천하의 일이 이 지경에 이르게 되었다. 소예가 패하면 나 또한 끝나고 말 것이다."

사실 소역은 소예를 토벌한 뒤 소륜까지 깨뜨릴 공산이 컸다.

양나라 간문제 대보大寶 원년(550년) 5월 왕승변이 포천과 함께 장사를 함락시키고 하동왕 소예를 생포해 곧바로 참수한 뒤 수급을 강릉으로 보냈다. 소역이 크게 기뻐하며 곧바로 왕승변을 좌위장군에 임명하고 시중을 겸하게 했다. 당초 소역과 소예 등의 종실이 다투는 동안 후경 역시 바쁜 움직임을 보였다. 그의 부하들이 연이어 오흥吳興과 회계, 신안信安 등지를 깨뜨리고 이른바 삼오三吳 일대를 석권했다. 동위는 사주를 손에 넣어 회남 일대를 장악했다. 서위의 양충은 안륙安陸 싸움에서 유중례를 대파해 수많은 포로를 잡고 한동漢東(한수 동쪽) 일대를 손에 넣었다.

이때 군내의 호걸들과 손을 잡은 시흥 태수 진패선은 수천 명의 군사를 이끌고 대유령大庾嶺을 넘어 후경을 토벌코자 했다. 후경에 의해 광주자사에 임명된 정곡후 소발이 남강南康의 토호 채로양蔡路養 등을 보내 이들의 진격을 막았다. 대보 원년(550년) 2월 진패선의 군사가 대유령에 이르자 양측 군사가 접전을 벌이게 됐다. 진패선이 채로양 등이 이끄는 2만 명의 군사를 격파하고 남강으로 진격한 뒤 곧바로 소역에게 상서하며 신복했다. 소역이 크게 기뻐하며 곧 진패선을 명위장군, 교주자사에 임명했다.

이때 서위의 대장 양충이 승리의 여세를 몰아 석성石城에 이른 뒤 강릉을 향해 계속 전진했다. 상동왕 소역이 크게 두려워한 나머지 아들 소방략蕭方略을 인질로 보내며 강화를 청했다. 안륙을 경계로 삼아 서위에 부용하며 화목한 이웃으로 살아간다는 조건이었다. 양충이 크게 만족하며 많은 답례품을 수레에 가득 싣고 철군했다.

당시 소역은 조카 소절이 서위의 군사를 끌어들인 것을 원망했으나 사실 그 또한 양나라를 부용국으로 만드는 일을 한 셈이다. 이보다 한 해 앞선 태청 3년(549년)에도 파양왕 소범이 후경을 칠 생각으로 자신의 두 아들을 인질로 보내면서 동위의 군사를 끌어들이려 했으나 결국 동위의 속임수에 넘어가 동위의 원군을 단 한 명도 구경하지 못했다.

진패선이 명위장군에 임명된 지 두 달 뒤인 대보 원년(550년) 4월 후경이 겨우 14세에 지나지 않는 간문제의 딸 율양공주를 맞아들여 부인으로 삼았다. 후경은 크게 기뻐한 나머지 간문제 소강을 현무호 남쪽의 낙유원樂遊園으로 데리고 간 뒤 군신들을 모두 불러 놓고는 사흘 동안 연회를 베풀었다. 도중에 간문제가 환궁하자 후경은 율양공주와 함께 어상에 앉은 뒤 좌우에 벌려 앉은 군신들과 함께 호쾌하게 술을 마셨다. 이로부터 한 달 뒤인 대보 원년 5월, 후경이 장인인 간문제와 함께 서주로 갔다. 철기 수천 기가 이들을 호위했다. 간문제는 주악을 들으면서 마치 죄수처럼 이리저리 끌려다니는 자신의 처량한 신세를 생각하니 절로 비통한 마음이 들어 눈물을 줄줄 흘렸다. 몇 잔의 술을 마신 후 간문제가 후경에게 춤을 출 것을 명하자 후경이 간문제에게 함께 춤을 출 것을 권했다. 장인과 사위가 함께 춤을 추는 과정에서 후경이 갈족과 선비족처럼 한쪽 발로 껑충껑충 뛰며 춤을 추면 간문제도 이를 흉내 냈다. 대취한 간문제가 어상에서 후경을 끌어안고 말했다.

"나는 줄곧 승상의 좋은 점을 생각하고 있소!"

후경도 장인을 끌어안으며 말했다.

"폐하가 그러하지 않았다면 신이 어떻게 여기에 있겠습니까?"

두 사람은 서로 꼭 껴안고 눈물을 흘렸다. 겉으로 볼 때 취중의 두 사람은 부자·형제보다 더 다정해 보였다. 그러나 두 사람은 서로 이를 갈며 상대방을 원수로 여기고 있었다. 당시 상동왕 소역은 휘하 장수 왕승변이 장사를 점령하자 비로소 부황인 양무제의 부음을 알리는 발상을 했다. 동시에 간문제의 황위를 인정하지 않고 대외적으로 부황의 연호인 '태청'을 계속 사용했다. 이때에 이르러 소역은 마침내 후경 토벌을 결심한 것이다. 그는 사방으로 격문을 보냈다. 이에 시종 파촉 지역을 지키며 추이를 지켜보던 소역의 동생인 무릉왕 소기蕭紀가 서서히 움직이기 시작했다. 그는 소역의 부름을 좇아 곧 세자 소원조蕭圓照에게 병사 3만 명을 이끌고 출정케 했다. 소역은 내심 소기가 출병해 승리를 거둔 후 자신과 보위를 다툴 것을 크게 두려워했다. 이에 곧 조카 소원조를 신주자사로 삼아 백제白帝에 머물며 동쪽으로 내려오지 못하도록 조치했다.

소릉왕 소륜도 군사를 정비한 뒤 후경 토벌 대열에 합류코자 했다. 소역이 이 소문을 듣고 크게 꺼린 나머지 곧 왕승변 등을 보내 적장 임약任約과 대적케 했다. 소륜의 합류를 차단하기 위한 것이었다. 앵무주에서 왕승변과 소륜의 군사가 만났다. 소륜 휘하의 장수들이 다투어 출전할 것을 청했으나 소륜은 형 소역과 다투는 것을 꺼린 나머지 배를 타고 달아났다. 이로 인해 영주는 왕승변이 점거하였다. 소륜은 달아나는 도중에 우군인 배지고에게 약탈을 당했다. 궁지에 몰리게 된 소륜은 곧 사람을 동위 후신인 북제의 고씨에게 보내 강화를 청했다. 북제가 소륜을 양왕에 봉했다. 당시 서위의 우문태는 양나라의 악양왕 소절이 가장 믿을 만하다고 생각해 사자를 보내 소절을 양왕에 봉했다. 이로써 소절의 영지는 서위의 부용이 되었다. 양왕 소절은 곧 장안으로 가 서위의 문제 원보거를 조현했다. 이로써 강남의 양나라는 후경의 반란 이후 피폐를 면하지 못하게 됐다. 백성들은 가뭄과 메뚜기 재해 등의 천재가 겹치자 사방으로 흩어져 초근목피로 생을 이어 갔다. 부자들도 먹을 것이 없어 비단옷을 입고 보옥을 껴안은 채 목숨이 끊어지길 기다릴 수밖에 없었다. 강남에 동진이 들어선 이래 지금의 강소성과 절강성 일대인 삼오三吳의 땅이 가장 번성했으나 이때에 이르러 천 리에 걸쳐 인적이 끊어진 황폐한 땅으로 변하고 만 것이다. 후경의 군사들조차 백성들로부터 약탈할 물건이 없게 되자 백성을 잡아 식용으로 먹거나 북쪽에 노비로 팔아먹었다.

후경도 잔학하기 그지없었다. 그는 석두성 내에 커다란 돌절구를 갖다 놓고 범법한 자들을 그 안에 넣고서 쇠로 된 절구 공이를 이용해 천천히 빻아

육장ﾞ戮場을 만들었다. 평시에도 제장들에게 이같이 경계했다.

"목책을 부수고 성을 평정하면 반드시 사람들을 도륙해야 한다. 이로써 천하에 나의 위엄을 확실히 알릴 수 있기 때문이다!"

후경의 군사들이 성을 함락시킨 후에는 반드시 집을 불태워 완전히 폐허로 만든 이유가 여기에 있다. 이로 인해 백성들은 비록 죽을지언정 끝내 이들에게 귀부하지 않았다.

후경의 장수 우경于慶이 예장을 공격할 당시 양나라 장수 후진侯瑱은 얼마 동안 저항하다가 힘이 부쳐 이내 성문을 열고 투항했다. 후경은 그가 건강으로 압송되자 자신과 동성인 점을 높이 사 후하게 대해 주었다. 이어 그의 처자와 동생을 인질로 삼은 뒤 그를 상주자사에 임명하면서 우경과 합세해 주변 지역을 공략케 했다. 후경은 갈족이고, 후진은 한족인 까닭에 두 사람의 후씨가 다른 성씨인 것은 말할 것도 없다.

후경은 제장들이 순종하는 모습에 신이 나 스스로 '우주대장군, 도독육합제군사都督六合諸軍事'를 칭했다. 동서남북 사방에 상하의 두 방향을 합친 육합은 천하보다 더 넓은 우주를 의미한다. 우주의 총사령관을 자청한 것은 중국 역사상 처음 있는 일이었다. 당시 간문제 소강은 어새를 찍고 수결을 쓰는 과정에서 이 칭호를 보고 깜짝 놀랐다.

"장군이 언제 '우주'의 호칭을 갖게 된 것이오?"

마계馬季의 유명한 상성相聲(민간 곡예 만담)에 나오는 '우주패향연宇宙牌香烟'이 나오기 1,400년 전에 이미 후경이 '우주'의 호칭을 사용한 셈이다.

후경의 장수들이 사방으로 출격하는 바람에 건강이 비게 되자 양무제의 손자인 남강왕 소회리는 곧 경성에 있는 유경례와 서향후 소권蕭勸 등과 함께 비밀리에 거사를 꾸몄다. 먼저 후경의 책사인 왕위를 죽이고 소의리蕭義理를 성 밖으로 내보내 장려長盪에서 군사를 모을 심산이었다. 소의리가 출성한 뒤 곧바로 1천여 명의 패잔병을 모았다. 이때 황제의 꿈을 꾸다 횡사한 임하왕 소정덕의 조카인 소분蕭賁이 이들의 밀모를 눈치채고 곧바로 이 사실을 왕위에게 알렸다. 왕위가 급히 군사를 이끌고 가 소회리와 유경례 등을 체포한 뒤 곧바로 목을 베었다. 소회리의 동생 소의리는 도주하던 중 잡혀 참수 당했다. 소회리 형제는 모두 종실의 준재들이었다. 사망 당시 겨우 20세를 갓 넘었을 뿐이다.

유중례의 친동생인 유경례는 당초 형을 따라 입성해 후경을 보기 직전 형에게 이같이 권한 바 있다.

"후경과 만났을 때 내가 그를 붙잡고 있을 터이니 형님이 칼을 뽑아 그를 죽이십시오. 그러면 저는 죽어도 한이 없습니다!"

후경과 유중례가 술을 마실 때 유경례가 계속 눈짓을 보냈으나 겁이 많은 유중례는 끝내 결단하지 못했다. 결국 이로 인해 유경례는 이때에 이르러 해를 입고 만 셈이다. 당시 이를 밀고한 종실 소분 등은 후경에게 후씨 성을 하사받았다. 당당한 황족이 권신의 성씨를 받은 것은 이것이 처음일 것이다.

소회리의 음모 사건 직후 후경은 간문제 소강도 사전에 이 사실을 알고 있었던 것으로 의심해 이내 장인인 간문제를 제거할 마음을 품었다. 간문제도 자신의 목숨이 얼마 남지 않은 것을 알고 자신의 침전을 지키는 근신에게 이같이 말했다.

"방연龐涓이 이곳에서 죽을 것이다!"

전국 시대 당시 위나라 출신 방연은 제나라 출신 손빈孫臏과 함께 병법을 공부했다. 먼저 위나라 장수가 된 그는 손빈을 위나라로 불러들여 월형刖刑을 가했다. 훗날 우여곡절 끝에 제나라로 간 손빈은 대장 전기田忌를 도와 위나라를 토벌하고 조나라를 구했다. 이 와중에 방연은 손빈의 계책에 걸려 마릉馬陵에서 죽임을 당했다. 당시 손빈은 껍질을 벗긴 나무 위에 '방연이 이곳에서 죽을 것이다!'라고 새겨 넣은 바 있다. 간문제는 이 고사를 인용해 자신이 조만간 후경의 독수에 걸려 죽을 것임을 예고한 셈이다.

간문제 대보 2년(551년) 4월 후경의 장수 임약이 주변 지역의 공략에 실패하자 급히 건강에 구원을 청했다. 후경이 군사를 이끌고 서쪽으로 올라갔다.

이때 그는 왕위에게 건강을 지키게 하면서 간문제 소강의 태자인 소대기蕭大器를 인질로 끌고 갔다. 서양西陽의 싸움에서 양나라 장수 서문성徐文盛이 후경의 군사를 대파했다. 후경의 장수 고적식화庫狄式和는 사살됐다.

후경은 패배에도 불구하고 전혀 동요하지 않았다. 그는 강하江夏가 비어 있다는 얘기를 듣고 곧 임약과 송자선에게 명해 정예 기병 4백 기를 이끌고 가 강하를 급습케 했다. 강하를 지키고 있던 영주자사는 상동왕 소역의 아들인 소방제로 겨우 15세에 불과했다. 매일 음주와 도박으로 날을 지새우는 그는 일이 없을 때는 부수인 포천鮑泉에게 바닥에 엎드려 말 시늉을 하게 한 뒤 그 위에 올라타 대청을 이리저리 돌아다니는 것을 즐겼다. 후경의 군사가 들이닥쳤을 때 소방제는 포천의 배 위에 올라가 오색실로 포천의 수염을 땋고 있었다. 밖에서 시끄러운 소리가 나자 포천은 급히 상 아래로 숨었고, 소방제는 크게 놀라 방 안으로 뛰어들어온 송자선을 향해 절을 했다. 송자선은 상 아래를 내려 보다가 오색의 수염을 지닌 자가 밖을 내다보는 것을 보고는 요괴로 생각해 황급히 뛰쳐나갔다. 놀란 가슴이 진정되자 송자선은 곧 두 사람을 건강으로 압송했다. 서양의 싸움에서 승리를 거뒀던 서문성의 병사들은 강하가 적의 손에 떨어졌다는 소식을 듣고는 크게 두려워한 나머지 사방으로 도주했다. 서문성은 일부 좌우와 함께 강릉으로 돌아올 수밖에 없었다.

비록 강하를 손에 넣기는 했으나 후경의 세력은 이미 급격히 하강 곡선을 그리고 있었다. 상동왕 소역은 자신이 총애하는 아들 소방제가 생포됐다는 소식을 듣고 부친 양무제가 죽었을 때보다 더 비통해했다. 그는 왕승변을 대도독으로 삼은 뒤 파주자사 순우량淳于量, 정주자사 두감杜崱, 선주자사 왕림王琳, 침주자사 배지횡裵之橫 등과 함께 동쪽으로 올라가 후경을 치게 했다. 왕승변은 파릉巴陵(호남성 악양)에 이르렀을 때 영주가 이미 함락된 사실을 알게 됐다. 이들은 파릉에 머물렀다. 소역이 왕승변에게 서신을 보내며 이같이 당부했다.

"적들은 승세를 잇기 위해 반드시 서쪽으로 내려올 것이오. 멀리 가서 싸울 필요도 없소. 단지 파릉을 굳게 지키며 적이 피로해질 때까지 기다리는 이일 대로以逸待勞의 계책을 구사하면 승리하지 못할까 염려할 일이 없을 것이오."

소역은 이어 밖에 주둔하고 있는 두 명의 장수에게 각기 병사를 이끌고 다른 길을 이용해 파릉으로 나아간 뒤 왕승변의 군사와 합세할 것을 명했다. 당시 후경도 송자선에게 1만 명의 군사를 이끌고 선봉에 서 파릉으로 돌진하고, 임약에게는 강릉을 칠 것을 명했다. 후경 자신은 대군을 이끌고 송자선의 뒤를 이어 파릉으로 나아갔다. 그 기세가 매우 맹렬했다.

왕승변이 좌우에 말했다.

"성을 고수하면서 깃발을 누이고 북소리를 그쳐 마치 사람이 없는 듯이 하라!"

후경은 먼저 선발대에게 도강한 뒤 파릉의 성 아래까지 나아가게 했다. 이들이 성을 향해 이같이 외쳤다.

"성안의 누가 주장主將인가?"

"왕장군이다!"

"왜 속히 투항하지 않는 것인가?"

왕승변이 직접 대답했다.

"만일 대군이 직접 형주로 나아가면 이 성은 장애가 되지 않을 것이다!"

후경의 선발대가 급히 돌아가 그대로 보고했다. 얼마 후 몇 명의 기병이 명사 한 명을 호위해 성 아래로 왔다. 성 위의 병사들이 자세히 보니 강하성이 함몰될 당시 생포된 양나라 조정 관원 왕순王珣이었다. 그의 동생 왕림王琳은 마침 왕승변을 도와 성을 지키고 있었다. 왕순은 강요에 못 이겨 온 것이었다. 왕림이 이 소식을 듣고 급히 성 위로 올라가 왕순을 향해 큰 소리로 말했다.

"형은 왕명을 받고 도적 토벌에 나섰다가 포로가 되어 죽지 못했는데도 부끄러워하기는커녕 오히려 도적을 위해 유세에 나선 것이오!"

말을 끝내자마자 형 왕순을 향해 화살을 날렸다. 이에 왕순이 크게 부끄러워하며 물러났다.

얼마 후 후경이 대군을 이끌고 나타나 맹공을 퍼부었으나 파릉을 지키는 양나라 군사의 사기가 매우 높아 고전하였다. 결국 후경은 죽거나 다친 병사가 매우 많아지자 이내 공성을 멈출 수밖에 없었다. 왕승변이 승세를 잇기 위해 곧바로 병사를 내보내 이들을 치게 했다. 양나라 군사가 10여 차례의 싸움에서 모두 승리하자 후경이 직접 갑옷을 입은 채 손에 칼을 빼어 들고 독전했으나 패하였다. 당시 왕승변은 가마 위에 올라 의장대의 고취 소리에 맞춰 조용히 성을 순시했다. 후경은 멀리서 이를 바라보며 왕승변의 용맹과 지략에 경탄하지 않을 수 없었다.

며칠 후 날씨가 점차 무더워지기 시작했다. 강남의 6월은 무더운 데다 습기가 많았다. 후경의 군사는 주야로 달려와 쉬지도 못한 채 파릉에 맹공을 가한 까닭에 사상자가 매우 많았다. 게다가 군량도 이내 바닥을 드러내기 시작했다. 뜨거운 날씨로 인해 시체가 급속히 부패하면서 질병이 나돌았다. 병사하는 사람이 공성 중에 죽은 사람보다 많았다. 이때 상동왕 소역이 진주를 지키고 있던 장수 호승우胡僧佑에게 명해 군사를 이끌고 가 왕승변을 돕게 했다. 호승우가 출진하기 직전 소역이 당부했다.

"도적들이 우리와 수전을 벌이고자 하면 커다란 함선을 동원하시오. 그러면 반드시 승리할 것이오. 그러나 육상에서 교전하게 된다면 전혀 괘념치 말고 곧바로 배를 몰아 파릉으로 향하도록 하시오."

후경이 이 소식을 듣고는 곧 임약에게 명해 5천 명의 정병을 이끌고 가 호승우에게 반격했다. 호승우는 이들과의 접전을 피하기 위해 샛길을 이용해 황급히 전진했다. 임약은 호승우가 겁을 먹은 것으로 생각해 말채찍을 휘두르며 추격했다. 마침내 천구芊口에서 호승우 군사를 따라잡게 되었다. 임약이 칼을 빼어 들고 호승우를 향해 고함을 쳤다.

"속히 투항해라! 네가 달아난들 어디로 가겠느냐?"

호승우는 아랑곳하지 않고 계속 앞으로 질주했다. 호승우가 군사를 이끌고 적사정赤沙亭에 이르러 신주자사 육법화陸法和와 합세했다. 육법화는 점복에 능했다. 그는 장병들이 승패의 조짐을 물었을 때 이번 출정에서 대공을 세울 수 있다고 말했다. 이는 심리적으로 양나라 군사를 크게 고무시켰다.

임약이 5천 명의 정병을 이끌고 마치 무인지경을 지나듯 적사정까지 돌진해 왔다가 매복해 있던 호승우와 육법화의 군사에게 횡격을 당했다. 1천여 명이 죽고, 3천여 명이 도주하다 강물에 빠져 죽었다. 임약 본인도 생포돼 강릉으로 압송됐다. 소역은 임약이 용장인 것을 알고 이내 설득해 휘하에 두었다. 파릉성을 포위하고 있던 후경은 임약이 패했다는 소식을 듣고는 크게 놀라곧 영채를 불태운 뒤 어둠을 이용해 퇴각했다. 후경은 퇴각 도중 정화丁和와 송자선에게 2만 명의 군사를 이끌고 가 영성郢城을 지키게 했다. 또 지화인文化仁에게는 노산魯山, 범희영范希榮은 강주, 임연화任延和는 진주 등을 지키게 했다. 후경 자신은 수천 명의 군사와 함께 배에 올라 강을 따라 내려갔다.

후경이 황급히 도주하는 모습을 보이자 강하를 지키던 정화는 대로한 나머지 포로로 잡고 있던 소역의 아들 소방제와 포천 등을 강변으로 끌고 나와 큰 돌을 이용해 쳐 죽인 뒤 시체를 강에 내던졌다. 소방제는 비록 15세에 불과했으나 매우 총명하고 박학해『노자』와『역경』등에 밝았다. 풍채와 언변도 매우 뛰어났으나 횡사하고 만 것이다.

소역은 비통해할 여유가 없었다. 그는 곧 왕승변과 호승우, 육법화 등의 공을 높이 사 관작을 올려 주었다. 육법화는 군사를 이끌고 협구峽口로 가 주둔했다. 이는 촉 땅에서 내려온 무릉왕 소기의 진입을 막기 위한 것이었다. 왕승변 등은 여세를 몰아 곧바로 상산象山을 함몰시키고 지화인을 생포한 뒤 강하성에서 송자선 등을 포위했다. 더 이상 버틸 길이 없게 된 송자선이 왕승변에게 성을 바치는 대신 휘하 장수 몇 명을 풀어줘 건강으로 돌아갈 수 있도록 해 줄 것을 청했다. 왕승변은 거짓으로 이에 응하여 1백여 척의 배를 준비시켰다. 송자선 등이 이를 믿고 어수선히 배에 올랐다. 막 떠나려 할 즈음 양나라 수군이 홀연히 나타나 이들을 포위해 공격했다. 송자선의 군사는 제대로 반격도 못한 채 대부분 사살되거나 익사했다. 송자선과 정화는 포로로 잡혔다. 이들은 모두 강릉으로 압송돼 곧바로 참수됐다.

후경도 도주하는 도중 크게 낭패를 보았다. 양나라 예주자사 순랑苟朗이 홀연히 유수濡須에서 나타나 후경의 군사를 요격했다. 후군의 선대가 침몰하자 앞과 뒤가 서로 이어지지 못해 이내 대패하고 말았다. 간문제 소강의 태자 소대기는 화살이 빗발치듯 날아오고 불이 치솟는 와중에 종자들이 속히 어지러운 틈을 타 달아날 것을 권하자 이같이 대답했다.

"나라가 패망하는 상황에서는 생을 도모하지 않는 법이다. 주상이 몽진하는 상황에서 신하된 자가 어찌 달아날 수 있겠는가? 만일 내가 달아나면 이는 도적을 피하는 것이 아니라 곧 부황을 배반하는 짓이다!"

결국 그는 후경의 뒤를 쫓아 도주했다. 당시 진패선은 남강에서 출진했다. 본래 공강贛江에는 거센 여울이 매우 많아 수군이 도강하기가 쉽지 않았다. 게다가 폭우로 인해 강물이 크게 불어나 있었다. 그러나 진패선은 바람을 이용해 일거에 서창西昌에 이르렀다. 얼마 후 파릉에 도착한 그는 30만 석의 군량을 왕승변에게 보냈다. 군량과 군사가 충분히 확보되자 양나라 군사는 우경과 범희영, 임연화 등이 이끄는 후경의 군사를 잇달아 격파한 뒤 심양에 영채를 차렸다.

후경이 건강에 돌아오자마자 휘하 장수들이 패했다는 보고가 계속 이어졌다. 얼마 후 투항했던 후진이 다시 배신해 우경을 쳤다는 사실을 알게 됐다. 대로한 후경은 곧바로 건강에 인질로 잡아 두었던 후진의 아들과 형제를 도륙했다. 당초 후경은 건강을 접수한 후 형주와 양주 일대를 모두 취한 뒤 점차적으로 중원을 도모해 마침내 칭제코자 했다. 그러나 파릉의 패배로 인해 이런 구상이 일거에 무너지게 된 것이다. 그는 답답하고 괴로운 심경에 매일 술을 마시며 간문제의 딸인 율양공주를 껴안고 심사를 달랬다.

후경의 책사 왕위는 매번 후경을 위해 충간을 했다. 후경은 이를 모두 율양공주에게 털어놓았다. 하루 종일 율양공주와 함께 지내지 말라는 충고도 전해 주었다. 화가 난 율양공주도 후경 앞에서 왕위를 헐뜯었다. 사태가 불리하게 돌아갈 것을 우려한 왕위가 문득 후경에게 간문제를 제거하고 자립할 것을 권했다. 파릉의 패배 이후 오랫동안 버티기 힘들 것으로 생각한 후경도 속히 보위에 오르고자 했다. 왕위가 계책을 냈다.

"자고로 새 왕조가 들어서기 위해서는 먼저 폐립을 행해야 합니다. 그래야 우리의 위권威權을 보여 줄 수 있고, 양나라에 대한 백성들의 헛된 기대를 끊을 수 있습니다."

후경이 이를 좇았다. 그는 선위의 조서를 작성한 뒤 간문제에게 서명할 것을 강요했다. 이에 요절한 소명태자의 손자인 예장왕 소동蕭棟이 뒤를 이었다. 간문제 대보 2년(551년) 8월의 일이다. 연호는 천정天正으로 바뀌었다. 당시 예장왕 소동은 줄곧 건강의 모처에 갇혀 지냈다. 왕비와 함께 밭에서 채소를 캐어 먹고 지내던 중 어느 날 갑자기 군사들이 닥쳐 가마에 태워 황급히 달려갔다. 소동은 살해되는 것으로 생각해 영문도 모른 채 눈물을 흘리며 가마에 올랐다. 이때 후경은 후환을 없애기 위해 곧바로 건강성 내에 있는 태자 소대기와 심양왕 소대심蕭大心, 서양왕 소대균蕭大鈞 등 20여 명의 종실 자제를 도륙했다. 이어 경구와 영군, 회계, 고숙 등지의 장수에게 명해 현지의 종실을 모두 제거케 했다. 당초 태자 소대기는 사실상의 죄수 생활을 하면서도 신색이 편안했다. 후경의 무리에게 화를 낸 적도 없다. 좌우에서 '거드름' 피우지 말 것을 권하자 이같이 말했다.

"도적들이 예의를 두려워할 줄 알면 내가 설령 저들을 업신여기고 혼을 낼지라도 반드시 나를 죽이려 들지는 않을 것이다. 만일 운명이 그렇다면 내가 하루에 백 번 절을 할지라도 결코 살아남지 못할 것이다."

소대기는 이어 이같이 덧붙였다.

"나는 틀림없이 도적들이 패망하기 전에 죽을 것이다. 여러 숙부들이 도적들을 멸하기 전에 도적들은 먼저 나부터 죽일 것이다. 만일 그렇지 않다면 도적들은 나를 제거하는 것으로 부귀를 누리고자 할 것이다."

과연 후경의 군사들이 몰려왔을 때 태자 소대기의 안색은 평소와 같았다.

그가 조용히 말했다.

"이 일이 있을 것을 오래전에 알았다. 다만 이처럼 늦은 것이 한탄스러울 뿐이다!"

망나니가 허리띠를 이용해 죽이려 하자 소대기가 그것으로는 목을 조르기에 부족하다며 상 위에 드리워진 휘장의 끈을 사용할 것을 권했다. 망나니가 이를 좇았다. 당시 그의 나이 28세였다. 후경의 당우인 태위 곽원건^{郭元建}은 후경이 간문제를 폐했다는 소식을 듣자마자 진군^{秦郡}에서 급히 말을 몰아 건강으로 달려와서는 후경에게 이같이 말했다.

"우리가 천자를 옆에 끼고 제후들을 호령해도 걱정해야 하는 상황에서 어찌하여 천자를 폐립하는 조치를 취한 것이오? 주상은 선제 양무제의 태자인데다 별다른 과실도 없었소. 어째서 돌연 이런 하책을 쓴 것이오?"

후경이 어찌 대답해야 좋을지 몰라 사실대로 말했다.

"왕위가 나에게 이같이 하라고 가르쳤소!"

후경은 생각 끝에 간문제를 복위시킨 뒤 소동을 황태손으로 삼고자 했다. 왕위가 강력 반대했다.

"폐립의 대사를 어떻게 다시 뒤집을 수 있습니까?"

후경은 결국 이를 좇았다. 그는 왕위의 사주대로 간문제 소강을 제거코자 했다. 백성들의 희망을 끊기 위한 것이었다. 결국 예장왕 소동의 천정 원년(551년) 겨울 11월의 어느 날 밤, 왕위는 좌위장군 팽준^{彭雋} 및 왕수^{王修}와 함께 술을 들고 영복성^{永福省}에 유폐되어 있는 간문제를 찾아갔다.

"후승상이 폐하가 오랫동안 갇혀 있어 울적해할 것을 걱정해 신들에게 명해 술잔을 올려 장수를 빌도록 했습니다."

이들의 속셈을 훤히 알고 있던 간문제가 웃으며 말했다.

"나는 이미 보위를 넘겨주었는데 어찌하여 나를 '폐하'라고 칭하는 것이오. 장수를 비는 뜻으로 술을 올렸으니 내가 이 잔을 비우도록 하겠소!"

팽준이 비파를 타고, 왕위 등이 노래를 부르며 간문제와 대취하도록 술을 마셨다. 간문제는 이내 죽을 것을 알고 미친듯이 퍼마시고 이같이 말했다.

"실로 쾌락이 이 지경에 이르게 되리라고는 알지 못했다!"

간문제가 취해 쓰러지자 시군弑君을 주도한 왕위는 팽준을 시켜 2백여 근이 넘는 커다란 흙 가마니를 간문제의 머리 위에 덮어 압살케 했다. 왕수가 사람을 시켜 문짝을 떼어내 관으로 삼은 뒤 건강성 북쪽의 술 창고 지하에 파묻게 했다. 당시 간문제는 유폐되어 있는 동안 목숨을 부지하기가 어렵다고 생각했다. 그는 종이를 찾을 길이 없자 붓으로 벽이나 판자에 시와 글을 수백 편 써 놓았다. 그 내용이 모두 쓸쓸하고 슬펐다. 왕위가 사람을 시켜 이를 모두 긁어내거나 뜯어내게 했다. 이 와중에 몇 편의 글이 지금까지 전해지고 있다.

> 아련히 안개 흩어지니, 쏴쏴 바람은 송백 사이로 恍惚煙霞散, 颼飀松柏陰
>
> 깊은 산 백양 고목, 들길엔 짙게 드린 황색 연기 幽山白楊古, 野路黃塵深
>
> 끝내 백년 기약하지 못하면, 신선 되는 길 있다네 終無千月命, 要用九丹金
>
> 궁궐은 잡초에 묻혔으나, 하늘은 내 마음 안다네 闕裏長蕪沒, 蒼天空照心

후경에게도 나쁜 소식이 계속 전해졌다. 동도행대, 사공으로 있는 유신무劉神茂가 여러 장수들과 함께 반기를 들고 상동왕 소역에게 귀부했다. 유신무는 후경이 모용소종에게 대패했을 때 수양성을 탈취해 근거지로 삼을 것을 권한 장본인이다. 이후에 투항한 역양 태수 장철도 후경에게 건강성을 습격할 것을 권한 바 있다. 두 사람이야말로 양나라 멸망의 도화선이 된 인물이다. 장철의 경우는 이미 후진에 의해 예장에서 살해됐다. 후경은 유신무 등이 반기를 들었다는 얘기를 듣고 급히 휘하 장수 사답인謝答仁과 이준李遵을 보내 이들을 토벌케 했다.

예장왕 소동의 천정 원년(551년) 11월 후경은 더 이상 시간을 늦출 수 없어 스스로 구석九錫을 내린 뒤 얼마 지나지 않아 다시 예장왕 소동으로부터 보위를 넘겨받았다. 그리고 연호를 태시太始로 바꿨다. 소동은 폐위된 후 두 명의 동생과 함께 밀실에 유폐됐다. 후경이 태극전에서 보위에 오를 당시 수만 명의 무리가 환호했다. 당초 후경이 모용소종에게 대패했을 당시 그를 따르는 무리는 겨우 8백여 기에 지나지 않았다. 그러던 것이 이때에 이르러 수만 명에 달하게 된 것이다. 그는 건강성을 점령한 후 남쪽에서 노비로 있던 북방 출신들을 모두 석방시켰다. 이들이 대략 2만여 명에 달했다. 여기에 그에 의해 해방된 노비들을 더해야 한다. 이들 모두 그의 심복이 되었다. 후경이 보위에 오른 뒤 군신들을 모아 조회를 열었다. 첫날 조회에서 왕위가 천자의 사당인 7묘七廟를 세울 것을 건의했다. 후경이 멍한 표정으로 물었다.

"7묘가 무엇이오?"

왕위가 풀이했다.

"무릇 천자의 자리에 오르면 반드시 종묘를 세운 뒤 7대 선조의 위패를 모셔야 합니다."

후경은 귀를 잡고 턱을 쓰다듬으며 반나절을 보낸 뒤 이같이 말했다.

"나는 단지 부친의 이름이 후표侯標라는 사실만 알고 있소. 더구나 그의 위패는 멀리 삭주에 있소. 그가 어떻게 이처럼 먼 강남까지 와 제사를 받을 수 있겠소?"

사람들이 모두 크게 웃었다. 이들 모두 후경이 농담을 하는 것으로 생각했다. 그러나 이는 농담이 아니었다. 당시 후경을 오랫동안 수종한 한 노병이 후경 조부의 선비식 이름이 을우주乙羽周라는 사실을 알고 있었다. 결국 왕위가 나머지 조상의 이름을 임의로 만들어 위패에 금칠을 한 뒤 종묘에 모셨다.

후경은 막상 황제의 자리에 올랐으나 조금도 즐겁지 않았다. 그는 금은 장식이 달린 어복을 싫어하고 흰색 관과 푸른 도포를 좋아했다. 또한 거대한 용상 위에 늘 의자를 놓고, 장화를 신은 채 다리를 세우고 앉았다. 한족의 궤좌跪坐(무릎을 꿇고 앉음)에 익숙하지 않았던 탓이다. 당시의 궤좌는 현대 일본인들이 앉는 모습과 같다. 그의 취미는 호적胡笛이나 우각牛角을 부는 것이었다.

어떤 때는 홀로 궐내에서 말을 타고 내달리기도 했다. 그는 늘 화림원으로 가 새총으로 새를 잡는 것을 즐겼다. 책사 왕위는 후경에게 가벼이 출궁하지 말 것을 간했다. 이는 후경을 짜증나게 만들었다.

"황제가 돼서 뭐가 좋다는 것인가? 죄수와 다를 바가 없지 않은가!"

전에 승상으로 있을 때는 서주에서 승상부의 문을 활짝 열어젖힌 채 존비를 가리지 않고 모든 사람을 인견했다. 그러나 입궁한 후에는 옛 친구가 아니면 그를 만날 수 없었다. 이에 제장들이 원망을 품게 됐다. 이듬해인 후경 태시 2년(552년) 3월 상동왕 소역이 왕승변 등에게 명해 대군을 이끌고 가 후경을 치게 했다. 각지에서 모인 군사들이 일제히 심양을 출발했다. 군사를 태운 배가 수백 리에 달했다. 당시 강남에서 출발한 진패선은 갑사 3만 명과 함께 배 2천 척에 나눠 탄 뒤 백모만白茅灣에서 왕승변과 군사를 합쳤다. 이들은 함께 맹서문을 읽는 도중 북받치는 의기를 못 이겨 눈물을 흘렸다. 이들 중 후진이 이끄는 부대가 먼저 중요한 군사적 거점인 남릉南陵과 작두鵲頭의 두 보루를 손에 넣었다. 얼마 후 양나라 군사가 일제히 진격하자 후경의 휘하 장수 후자감侯子鑑은 두려운 나머지 황급히 달아났다. 당시 후경은 장령 사답인에게 명해 동양東陽의 유신무를 치게 했다. 부근의 양나라 장수가 구원하러 오려고 하자 유신무는 공을 독차지할 생각으로 이를 허락하지 않고 영채를 회수 하류 쪽으로 옮겼다. 평지에서 사답인과 결전을 벌일 심산이었다. 그러나 후경의 군사는 야전에서 독보적이었다.

쌍방의 첫 교전에서 유신무가 대패했다. 유신무는 성문을 열고 사답인에게 투항했다가 건강으로 압송됐다. 후경이 그를 보고는 이를 갈았다. 결국 그는 마치 양고기를 저미듯이 발가락부터 시작해 머리에 이르기까지 차례로 마디마디 끊어지는 참형을 당했다. 유신무는 지방의 보루를 지키는 하급 장교에서 출발해 후경에게 건강을 접수할 것을 건의해 마침내 삼공의 하나인 사공의 자리까지 올라갔으나 최후는 비참했다. 그는 후경에게 등을 돌린 후 다시 새로운 주인인 소역의 눈에 들기 위해 대공을 세우려다 오히려 참화를 당한 셈이다. 당시 왕승변의 군사는 계속 승리를 거뒀다. 그가 무호無湖에 이르자 후경의 휘하 장수 장묵張墨은 싸울 생각도 하지 않은 채 성을 버리고 황급히 도주했다. 후경이 이 소식을 듣고 크게 두려워한 나머지 곧 조서를 내려 상동왕 소역 등을 사면했다. 이 얘기를 들은 사람들이 모두 비웃었다. 이 와중에 후경의 휘하 장수 후자감은 고숙에서 양나라 군사와 맞서 분전했다. 후경도 방심하지 않았다. 그는 다시 2천여 명의 군사를 급히 원군으로 파견하면서 직접 고숙으로 가 독전할 생각을 품고 먼저 사람을 보내 후자감에게 당부했다.

"양나라 군사는 수전에 능하니 싸우지 마시오. 그러나 보기를 동원한 육전이라면 능히 적을 깨뜨릴 수 있소. 반드시 강안에 영채를 차려 적의 전함을 유인해야 하오!"

후자감이 이를 좇았다. 왕승변 등은 조급해하지 않았다. 무호 부근의 강상에서 10여 일 동안 정박했다. 이른바 이정제정以靜制靜(차분함으로 차분함을 제압함)의 계책이었다. 후자감이 크게 기뻐하며 후경에게 보고했다.

"양나라 군사가 우리를 크게 두려워하고 있습니다. 대략 배를 타고 도주할 심산인 듯합니다. 만일 적들이 상륙하지 않으면 그냥 달아나도록 놓아둘 생각입니다."

후경은 승리를 거두고 싶은 생각이 간절해 후자감에게 배에 올라 추격할 것을 명했다. 왕승변의 수군이 천천히 배를 몰아 고숙에 이르자 후자감이 1만여 명의 보기를 이끌고 먼저 강안에 올라가 도전했다. 이때 그는 1천 척의 크고 작은 배에 군사를 실어 놓고 승리 후의 추격전에 대비했다. 왕승변이 깃발을 흔들자 양나라 군사를 태운 수천 척의 작은 배들이 일제히 후퇴했다. 다만 커다란 함선만이 양쪽 강안에 정박했다. 후자감의 군사들은 양나라 군사들이 달아나는 것으로 착각해 배에 오른 뒤 맹렬히 노를 저어 양나라 군사가 있는 쪽으로 나아갔다. 이때 양나라 군사의 거함이 닻을 내려 이들의 퇴로를 차단했다. 양측이 강상에서 정면으로 맞붙었다. 결국 수전에 능한 양나라 군사들이 대승을 거두고 후경의 수군 수천 명을 수장시켰다. 후자감은 간신히 몸을 빼내 건강으로 도주한 뒤 패잔병을 모아 동부를 배경으로 저항했다. 양나라 군사는 밀물이 몰려오는 시기를 틈타 회하로 들어간 까닭에 순식간에 건강 교외의 선령사禪靈寺에 이르렀다. 후경은 후자감이 패했다는 소식을 듣고 크게 두려워했다. 오랫동안 누워 있다 일어난 뒤 이같이 탄식했다.

"후자감이 할아버지뻘인 나를 해쳤다!"

그는 곧 작은 배들을 모조리 그러모아 석두성을 둘러싸게 한 뒤 침몰시켜 회수의 입구를 막아버렸다. 이어 회수 연안에 성을 쌓아 석두성에서 곧바로 주작항主作桁까지 연결시켰다. 10여 리 내에 크고 작은 누대와 보루가 빽빽이 들어섰다. 당시 진패선은 군사를 이끌고 회수 북안으로 들어가 주둔한 뒤 석두성 서쪽에 있는 낙성산落星山에 목책을 세웠다. 이에 양나라 군사도 모두 곧바로 석두성 서북쪽으로 진출할 수 있도록 부대별로 영채를 세운 뒤 8개의 보루를 축조했다.

후경의 태시 2년(552년) 3월 19일, 후경이 1만여 명의 군사와 철기 8백여 기를 이끌고 서주의 서쪽에 포진했다. 양나라 군사와 최후의 결전을 치를 심산이었다. 진패선이 군사를 나눠 적을 유인하는 계책을 건의했다. '중衆'으로 '과寡'를 깨뜨리려는 심산이었다. '중과부적'을 계산에 넣지 못한 후경이 마침내 군사를 이끌고 곧바로 양나라 장수 왕승지王僧志의 군영으로 돌진했다. 이는 돌파구를 마련하려는 심산에서 나온 것이었다. 후경의 군사가 결사적으로 싸우자 왕승지의 군사가 크게 동요했다. 바로 이때 진패선이 궁수 2천여 명을 왕승지 군의 뒤에 배치한 뒤 일제히 쇠뇌를 쏘게 했다. 후경의 군사들이 낙엽처럼 쓰러졌다. 후경은 겨우 1백여 기를 이끌고 좌충우돌하며 사지를 빠져나가기 위해 안간힘을 썼으나 진패선의 군진은 전혀 미동도 하지 않았다. 당시 석두성을 지키고 있던 후경의 휘하 장수 노휘盧暉는 이미 대세가 기울어진 것을 보고는 이내 성문을 열고 투항했다. 후경이 대성까지 도주했으나 감히 입궁할 수 없었다. 그가 말 위에서 왕위를 부른 뒤 욕을 해 댔다.

"네가 나를 황제로 만들어 준다고 꾀어 마침내 오늘 나를 죽게 만들었다!"

왕위가 황공한 나머지 대꾸하지 못하고 황급히 궁전 안으로 몸을 숨겼다. 후경이 가죽 부대를 이용해 강동에서 얻은 두 아들을 감싼 뒤 동양東陽으로 가 사답인에게 몸을 맡기고자 했다. 왕위가 이 모습을 보고는 황급히 뛰어나와 간했다.

"자고로 도주하는 천자가 어디에 있습니까? 궁중에 위사들이 있으니 아직 결전을 치를 만합니다. 이곳을 버리고 대체 어디로 가려는 것입니까?"

후경이 길게 탄식했다.

"나는 옛날 하발승을 대파하고, 갈영을 깨뜨려 하삭河朔 일대에 명성을 떨쳤다. 이후 장강을 건너 대성을 평정하고, 유중례를 항복시켰으니 이는 손을 뒤집듯이 쉬운 일이었다. 그러나 오늘의 형세는 하늘이 나를 망하게 하려는 것이다!"

이 말을 마치고는 웅장하게 서 있는 궁궐을 올려다보며 눈물을 비 오듯 흘렸다. 그는 방세귀房世貴 등 측근과 함께 1백여 기를 이끌고 동쪽으로 도주했다. 왕위와 후자감 등도 각기 도주했다. 왕승변은 대성에 입성한 후 병사들의 노략질을 통제하지 않았다. 이로 인해 석두성에서 동성에 이르기까지 백성들의 호곡이 진동했다. 밤에 병사의 실수로 인해 태극전을 비롯해 동서의 모든 전당이 불에 탔다. 당시 후경은 가흥嘉興까지 도주했다. 아직 1만여 명의 군사를 이끌고 있던 사답인이 그를 영접했다. 그러나 후경에게 투항했던 양나라 대신 조백초는 대세가 뒤바뀐 것을 보고는 다시 후경을 배신해 후경에게 속히 오군吳郡으로 돌아가라고 위협했다. 부근에 있던 후진이 이 소식을 듣고는 이를 갈며 급히 병사들을 이끌고 후경의 뒤를 쫓았다. 이들은 송강松江에서 후경 일행을 따라잡을 수 있었다. 당시 후경에게는 수천 명의 병사와 2백여 척의 배가 남아 있었다. 그러나 그의 군사는 이미 패망의 상황에 처해 있었던 까닭에 후진의 군사가 들이닥치자 일거에 흩어졌다. 후경의 측근들이 포로로 잡혔다. 커다란 흙 가마니로 간문제 소강을 압살한 팽준도 그 안에 있었다. 후진은 자신의 형제와 자식 등이 학살당한 것을 보복하기 위해 팽준을 꽁꽁 묶어 두고 칼로 그의 배를 가른 뒤 내장을 꺼냈다. 팽준의 생명력은 대단했다. 반나절이 지나 팽준이 자신의 창자를 끌어당겨 뱃속으로 집어넣자 후진이 그의 목을 베어 버렸다. 이때에 이르러 후경의 신변에는 겨우 수십 명만이 남게 되었다. 이들은 배 한 척에 오른 뒤 수로를 따라 미친 듯이 도주했다. 도중에 후경은 자신의 두 아들을 다른 사람들과 함께 부대 속에 넣어 물에 빠뜨렸다. 장애가 될 만한 것을 미리 제거한 것이다. 정신없이 도주하는 와중에 후경이 배 안에서 코를 골고 잘 때였다. 당시 그를 수행한 자 중에 양곤羊鶤과 왕원례王元禮, 사위유謝威蕤 등이 있었다. 후경은 양간의 어린 딸을 첩으로 삼은 바 있었다. 양곤은 양간의 아들이었다. 평소 후경은 양곤을 크게 후대했다. 사위유는 사답인의 동생이다. 이들 세 사람이 서로 상의한 끝에 후경을 죽여 목숨을 보전하기로 결정했다.

원래 후경이 탄 배는 바다를 향해 나아가는 중이었다. 도중에 후경이 갑판 위로 올라가 소변을 보다가 문득 배가 호두주胡豆洲로 돌아가고 있는 것을 눈치챘다. 그가 급히 선부에게 방향을 틀도록 했다. 그러자 양곤이 칼을 뽑아 선부를 위협하며 경구 방향으로 나아갈 것을 명했다. 양곤이 후경을 향해 말했다.

"나는 그대를 위해 헌신했음에도 마침내 이 지경에 이르게 됐다. 결국 아무 성과도 얻지 못하게 되었으니 너의 수급을 얻어 부귀를 취하고자 한다!"

후경이 대답하기도 전에 세 사람이 그의 몸을 향해 칼을 휘둘렀다. 후경은 이들이 자신을 배신하리라고는 생각지도 못했다. 그가 급히 물속으로 뛰어들려고 하자 양곤이 칼을 휘두르며 막아섰다. 후경이 황급한 나머지 선창으로 돌아가 칼로 배 밑바닥을 뚫을 때 양곤이 긴 창을 들고 갑판 위에서 그를 찔렀다. 결국 후경은 죽고 말았다. 그 후 시체를 여러 조각으로 나누었다. 이는 시체가 부패하면 식별하기가 어려워질까 염려했기 때문이다. 양나라 군사는 시체 뱃속에 소금을 가득 채워 급히 건강으로 보냈다. 후경의 수급은 왕승변의 확인을 거쳐 강릉의 소역에게 보내졌다. 동시에 사위유를 시켜 후경의 두 손을 북제로 보냈다. 이는 소역이 북제를 향해 칭신한 데 따른 것이었다.

양나라 군사들은 후경의 시체를 건강성 안으로 갖고 온 뒤 푯말을 꽂아 거리에 세워두었다. 백성들이 곧바로 몰려와 다투어 시체를 먹었다. 뼈까지도 순식간에 사라졌다. 후경에게 보내진 간문제의 딸 율양공주 역시 이를 먹었다. 얼마 후 율양공주가 낳은 후경의 자식도 거리에서 기름에 튀겨지는 팽살을 당했다.

후경이 강남에서 곤경에 처해 있을 당시 동위의 고징은 동위에 있는 후경의 다섯 아들을 모두 잡아들인 뒤 큰아들부터 학살했다. 먼저 그의 얼굴 껍질을 벗겨 내고 큰 솥에 넣은 뒤 미지근한 기름을 부어 서서히 튀겨 냈다. 채 열 살이 되지 않은 나머지 4명의 아들은 모두 잠실蠶室에서 거세했다. 잠실은 궁형에 처할 죄인을 가두던 감옥을 말한다. 바람이 전혀 통하지 않는 밀실로 되어 있는 까닭에 이런 명칭이 붙은 것이다. 이후 고징의 아들 고양高洋이 보위에 오른 뒤 어느 날 저녁 꿈속에서 미후獼猴(원숭이)가 자신의 상 위에 앉아 있는 것을 보았다. '후猴'와 '후侯'는 발음이 같다. 불길한 생각이 든 고양은 다음 날 새벽 거세당한 후경의 네 아들을 모두 감옥에서 끄집어 낸 뒤 커다란 솥에 집어넣고 기름을 부어 하나하나 튀겨 죽였다.

후경은 걸출한 무장이자 음모꾼이었다. 그는 5년여 동안 동위를 배반한 후 양나라를 뒤엎고 황제의 자리에 올랐으나 결국 자신은 물론 일족이 도륙을 당하는 화를 입었다. 양나라 천감 3년(504년) 화상 지공志公이 예언한 것이 그대로 맞아떨어진 셈이다. 왕승변이 건강성에 입성할 당시 왕극王克 등의 양나라 대신들이 길에서 절을 하며 영접했다. 그러나 당대의 명족인 왕씨 집안 출신인 그는 한때 후경을 모신 일 등으로 인해 세인들의 조소를 면하기 어려웠다. 그가 크게 탄식했다.

"백세百世에 걸친 왕씨 세족의 명성이 하루아침에 땅에 떨어졌구나!"

당시 소역은 후경의 책사였던 왕위와 품계략品季略, 주석진周石珍 등을 강릉의 저자에서 참수했다. 반복무상한 모습을 보인 조백초 등은 감옥에서 아사했다. 다만 사답인과 임약은 특사했다. 사답인은 간문제에게 예를 표했고, 임약은 군사에 능한 게 이유였다. 소역은 왕승변을 사도, 진위장군에 임명하고 장녕공에 봉했다. 또 진패선을 정로장군, 개부의동삼사開府儀同三司에 임명하고 장성현후에 봉했다.

무너진 강남정삭의 신화

상동왕 소역은 양무제 때 형주자사로 있으면서 형주와 옹주, 상주, 사주, 영주郢州, 영주寧州, 양남, 양북, 진주 등 9개 주의 군사를 총지휘하는 자리에 있었다. 관할 구역이 매우 넓어 지금의 호북과 강서 일대를 포함해 남쪽으로 호남에서 운남, 북쪽으로 양양, 서쪽으로 섬서 남쪽의 한중에 걸쳐 있었다. 그의 동생인 소기蕭紀가 관할하는 촉 땅을 제외하면 가히 장강 상류 일대를 모두 관할하고 있었다고 해도 과언이 아니다. 게다가 그는 수많은 병사와 군량, 무기 등을 보유하고 있었다. 후경이 대성을 포위했을 당시 각지에서 파견한 근왕군이 20~30만 명에 달했으나 소역은 겨우 1만여 명만을 보냈을 뿐이다. 그는 내심 후경이 부황인 양무제와 셋째 형인 간문제 소강을 제거해 주기를 바랐을 공산이 크다. 이 경우 경쟁자는 여섯 번째 형인 소릉왕 소륜밖에 남지 않게 된다. 공교롭게도 소릉왕은 동서로 분주히 쫓겨 다니는 와중에 서위의 군사에게 피살당했다. 후경이 사라진 상황에서 보위를 이을 사람은 소역한 사람밖에 없었다. 왕승변은 건강성에 입성하기 전에 사람을 소역에게 보내 이같이 물었다.

"도적이 평정된 후 조정이 사군嗣君(차기 제왕)을 어찌 예우해야 합니까?"

이는 후경이 폐립한 예장왕 소동을 어떻게 처치해야 좋은지를 물은 것이나 다름없었다. 소역이 곧바로 회답했다.

"건강성의 6개 문 안에서 군대의 위세를 극도로 떨치도록 하시오!"

이는 왕승변에게 예장왕 소동을 제거하라고 명한 것이나 다름없다. 그러나 왕승변은 삼국 시대 당시 위나라의 사마소가 전횡할 때 위나라 황제 조모를 척살한 성제成濟의 전철을 밟고 싶지 않았다. 결국 소역은 자신의 심복인 주매신朱買臣에게 이 임무를 맡겼다. 후경이 달아난 후 예장왕 소동은 그의 두 동생 소교蕭橋 및 소료蕭醪와 함께 갇혀 있던 밀실을 빠져나왔다. 도중에 양나라 장수가 이들을 만나 몸 위에 달려 있던 사슬 등을 풀어 주었다. 두 동생이 크게 기뻐하며 소동에게 말했다.

"오늘 마침내 횡사를 면했습니다!"

소동이 고개를 가로저었다.

"화복은 같이 붙어 다니는 법이다. 나는 아직도 두렵다."

과연 주매신이 곧바로 이들을 찾아내 함께 배 위에 올라가 술을 마셨다. 몇 순배 돌자 주매신이 이내 벌떡 일어나 커다란 술 단지를 들고 와 이들 삼형제의 머리를 사정없이 내리찍은 후 모두 강물에 내던져 익사시켰다. 후경의 난이 평정된 후 중신들이 소역에게 보위에 오를 것을 권했다. 소역이 마침내 꿈에도 그리던 보위에 올라 연호를 승성承聖으로 바꿨다. 그가 바로 양원제梁元帝이다. 그러나 양원제 소역은 비록 황제를 칭하기는 했으나 그가 실질적으로 다스릴 수 있는 영역은 겨우 천 리 정도에 지나지 않았다. 후경의 난으로 인해 많은 지역이 동위와 서위의 땅으로 편입됐고, 나머지 대다수 지역도 사실상 독립한 것이나 다름없는 제후왕의 관할하에 있었다. 민호 역시 3만 호를 넘지 않았다. 이로 인해 소역은 보위에 오른 후 대장 왕림王琳을 크게 의심한 나머지 강릉으로 부른 후 곧바로 체포했다. 이 일로 인해 왕림 휘하의 장령들이 크게 반발해 이내 반기를 들었다. 몇 달에 걸친 전투로 수많은 병사가 사망하자 소역이 왕림을 석방했다. 그제야 싸움이 겨우 그치게 되었다.

소역이 즉위한 해는 승성 원년(552년) 11월이었다. 이보다 일곱 달 앞서 소역의 동생인 익주자사 무릉왕 소기는 스스로 칭제한 후 세자 소원조蕭圓照를 황태자에 봉했다. 그는 예장왕 소동이 사용한 연호인 천정天正을 그대로 이어서 사용했다. 소역이 보위에 오르기 세 달 전인 552년 8월 소기가 군사를 이끌고 동쪽으로 내려왔다. 보고를 접한 소역이 대로했다. 그는 곧 방사를 시켜 소기의 상을 그리게 한 뒤 친히 사지와 몸통 부분에 못을 박았다. 동생의 요절을 기대하며 저주한 것이다. 사실 소기의 출병은 세자인 소원조로 인한 것이었다. 소원조는 후경이 이미 죽었다는 사실을 알고도 부친에게 이같이 보고했다.

"후경이 아직 평정되지 않았으니 의당 급히 토벌에 나서야 합니다. 듣건대 백부 소역이 이끄는 군사가 후경의 군사에게 크게 패했다고 합니다!"

소기는 소역이 전사한 것으로 생각해 급히 출병했던 것이다. 양원제 소역은 서위를 교사해 소기의 근거지인 성도를 칠 것을 권유했다. 이때 우문태가 위지형尉遲逈을 시켜 1만 명의 철기를 이끌고 가 촉 땅을 치게 했다. 파군에 도착한 소기는 이 소식을 듣고 급히 회군했다. 그러나 당시 성도는 소기가 대군을 이끌고 출정한 까닭에 몇 안 되는 군사들만이 남아 지키고 있었다. 서위의 병사들이 이내 겹겹이 포위했다. 소기는 파동巴東에 이르러 후경이 이미 평정됐다는 소식을 들었다. 그는 후회스럽기도 하고 화가 나 곧 아들 소원조를 불러 크게 질책했다. 소원조가 말했다.

"후경이 비록 평정되었다고는 하나 소역이 다스리는 강릉은 아직 복종하지 않고 있습니다."

소기가 가만히 생각해 보니 아들의 얘기도 나름 일리가 있었다. 이미 칭제한 이상 남의 밑으로 들어갈 수는 없는 일이었다. 이에 그는 계속 군사를 이끌고 동쪽으로 진격했다. 소기 휘하의 장병들 가족은 모두 촉 땅에 있었다. 이들 모두 가족들의 생사가 염려된 까닭에 회군할 것을 분히 간하자 소기가 대로했다.

"감히 다시 간하는 자는 참수할 것이다!"

사태가 급하게 되자 소역은 후경 휘하에 있다가 투항한 임약과 사답인을 협구峽口로 보내고 육법화와 함께 소기의 진격을 막게 했다. 동시에 친필로 소기에게 서신을 썼다.

"촉 땅으로 돌아가면 모든 이익을 독차지할 수 있도록 하겠다."

그러나 소기는 일곱 번째 형인 소역의 칭제를 인정하지 않았기 때문에 소역의 제안을 거절했다. 쌍방의 전투가 길어지면서 교착 상태가 반복됐다. 소기는 성도가 위급하다는 전보戰報를 받을 때마다 어찌할 바를 몰랐다. 결국 그는 휘하의 악봉업樂奉業을 강릉으로 보내 강화를 청했다. 소기의 심정을 헤아린 악봉업은 강릉에 도착해 소역에게 실정을 고했다.

"촉군은 식량이 떨어진 데다 병사가 대거 전사해 거의 무너질 지경입니다."

이에 소역이 강화를 허락지 않았다. 당초 소기는 촉 땅을 떠나기 전 매번 전투 때마다 금은을 병사들에게 내보이며 회유했다. 그러나 실제로 금은으로 포상한 적이 없어서 원망이 컸다. 휘하 장수 진지조陳智祖가 소기에게 속히 황금을 내어 용사들을 불러 모을 것을 권했으나 소기는 듣지 않고 오히려 화를 냈다. 이로 인해 진지조는 통곡하다 죽음을 맞이하였다. 제장들 모두 유사한 간언을 했으나 소기는 사람들이 오직 돈에만 눈이 멀었다며 병을 핑계로 만나 주지 않았다. 모든 장병들의 마음이 흩어졌다.

양원제 승성 2년(553년) 8월 소역 휘하의 임약과 사답인이 선공을 가해 소기의 군사를 대파하고 협구 부근의 양 언덕에 있는 14개 성을 손에 넣었다. 소역이 번맹樊猛을 시켜 소기를 추격케 했다. 강상에서 소기를 포위했다는 소식을 접한 소역이 급히 번맹에게 밀신을 보냈다.

"소기가 생환하면 당신은 공을 세우지 못한 셈이 된다."

번맹은 소기가 지휘하는 큰 배에 맹공을 가했다. 소기는 배 안에서 상을 사이에 두고 뱅뱅 돌며 번맹의 칼날을 피하는 동시에 황금을 싼 보따리를 번맹에게 내던지며 애걸했다.

"나를 칠부七符(소역의 아명)에게 보내는 것과 이 황금은 서로 맞먹는 것이다!"

번맹이 이 말을 듣고 웃으며 말했다.

"천자는 무슨 이유로 그렇다는 것이오? 그대를 죽이면 금덩이는 말한 대로 내 소유가 될 것이오!"

결국 소기는 번맹이 휘두른 칼에 즉사하고 말았다. 무릉왕 소기 옆에서 울던 다섯 살의 어린 아들 소원만蕭圓滿도 목이 떨어져 나갔다. 소역은 동생 소기가 죽었다는 소식을 듣고 크게 기뻐하며 그의 이름을 황족의 명단에서 삭제하고, 성을 '도철씨饕餮氏'로 바꿔 버렸다. '도철'은 탐욕이 많고 사람을 잡아먹는다는 상상 속의 흉악한 짐승을 말한다. 소역은 이어 조카 소원조와 소원정蕭圓正 형제를 옥에 가둔 뒤 음식을 주지 말게 했다. 이들 형제는 굶주림에 지친 나머지 자신들 팔뚝 위의 살을 씹어 먹다가 13일 만에 아사했다. 성도를 지키던 양나라의 장수들은 소기가 패망했다는 소식을 듣고는 이내 서위에 투항했다. 이에 촉 땅은 다시 서위의 소유가 되었다.

소기의 사망을 계기로 종실 가운데 다시는 소역과 다툴 사람이 없게 되었다. 중신들 모두 강릉에 모여 어느 곳에 도읍할 것인지를 상의했다. 본래 소역은 건강으로 환도할 생각이었으나 영군장군 호승우와 대부경 나한羅漢 등이 간했다.

"건업의 왕기는 이미 쇠한 데다 북쪽에서 적들과 겨우 강 하나만 사이에 두고 있습니다. 만일 예상치 못한 일이 일어나면 후회해도 소용이 없을 것입니다."

다만 상서우복야 왕포王褒 등은 소역을 지지하고 나섰다.

"지금 백성들은 천자의 수레가 건강에 들어가는 모습을 보지 못했습니다. 사람들이 아직 폐하를 제후왕으로 생각하고 있으니 천하인의 중망에 부응해 건강으로 들어가야 합니다."

당시 소역의 군신들 대부분이 형주 출신이었다. 적잖은 사람들이 강릉에 머물기를 바랐다. 소역이 마침내 무당을 불러 점을 치게 했다. 점괘는 건강에 도읍하는 것이 불길한 것으로 나왔다. 사실 소역 본인도 건강이 강릉과 달리

전쟁으로 인해 크게 황폐해 있는 점이 마음에 걸렸기 때문에 결국 도읍을 강릉으로 결정했다. 이는 소역의 몰락을 불러왔다. 건강은 비록 북제北齊와 장강 하나를 사이에 두고 있으나 장강은 예로부터 천험의 경계에 해당한다. 이에 반해 강릉은 북쪽으로 양양에 할거한 조카 소절이 호시탐탐 노리고 있을 뿐만 아니라 서쪽으로 촉 땅이 서위의 손에 넘어간 까닭에 지키기가 어려웠다. 특히 양양과 강릉 간의 거리는 불과 5백 리에 지나지 않았다. 하루 만에 닿을 수 있는 거리였다.

양원제 승성 2년(553년) 10월, 소역이 조명을 내려 왕승변은 건강, 진패선은 경구에 주둔케 했다. 이듬해인 승성 3년(554년) 4월 소역이 서위의 사자를 북제의 사자에 비해 홀대했다는 이유로 서위의 우문태가 대규모 침공을 꾀했다. 이해 11월 우문태가 주국柱國(재상)으로 있는 상산공 우근于謹과 중산공 우문호宇文護, 대장군 양충楊忠에게 명해 5만 명의 군사를 이끌고 장안을 출발해 양나라로 쳐들어가게 했다. 이 소식이 강릉에 전해질 당시 소역은 마침 군신들과 함께 대전에서 『도덕경』을 토론하고 있었다. 군신 모두 이를 반신반의하며 곧바로 계엄을 선포했다. 얼마 후 서위 군사의 움직임이 없는 듯이 보인다는 보고가 올라오자 군신 모두 다시 『도덕경』을 놓고 열띤 토론을 벌였다. 몸에 갑옷을 걸치고 토론을 벌이는 모습은 일대 기관奇觀이었다. 얼마 후 서위의 대군이 쇄도해 왔다. 양원제 소역이 황급히 왕승변을 대도독으로 삼고, 진패선에게 군영을 양주로 옮기게 했다. 소역은 밤에 봉황각에 올라가 천문을 바라보며 탄식했다.

"객성客星(혜성처럼 일시적으로 나타나는 별)이 형초荊楚의 영역으로 들어왔으니 우리가 필히 패하겠구나!"

수종하던 비빈들이 이 말을 듣고 모두 크게 울었다. 다음 날 이른 아침 양원제 소역이 진양문 밖에서 열병했다. 이때 홀연히 광풍과 폭우를 만나 황급히 환궁했다. 서위의 대군은 신속히 한수를 넘어 쳐들어왔다. 우문호와 양충이 정병을 이끌고 먼저 강의 나루터를 점거하며 동쪽 길을 차단했다. 서위의 군사가 순식간에 무녕武寧을 점거했다. 이틀 후에는 서위의 군사가 이미 황화黃華에 이르렀다. 강릉에서 불과 40리밖에 떨어져 있지 않은 곳이었다. 단번에 양나라 군사가 세워 놓은 목책을 돌파했다. 당시 양나라 군사들은 강릉성 주변 60리에 사방으로 목책을 세워 놓고 있었다. 이때 스물다섯 곳의 성루와 수천 호의 민가가 불에 탔다. 소역이 요망탑瞭望塔에 올라가 보니 검은 갑옷을 입은 서위의 군사들이 분분히 도강하는 모습이 눈에 들어왔다. 서위의 장수 우근이 강릉성 주변에 커다란 울타리를 쳤다. 이로써 안팎의 소식이 두절되기 시작했다. 왕포와 호승우, 주매신, 사답인 등이 성문을 열고 출전했으니 모두 패했다. 주매신이 소역을 배알하는 자리에서 검을 어루만지며 큰 소리로 말했다.

"응당 강릉에 정도定都할 것을 주장한 황라한黃羅漢 등의 목을 베어 천하에 사죄해야 합니다!"

소역이 쓴웃음을 지었다.

"강릉 정도는 사실 내 뜻이었소. 황라한 등은 아무 죄가 없소!"

서위의 병사들이 돌진할 당시 양나라의 중병重兵은 모두 밖에 주둔하고 있어 곧바로 구원에 나설 수가 없었다. 양나라 장수 호승우가 날아오는 화살을 무릅쓰고 앞에 나서 독전하자 잠시 서위 병사들이 주춤했다. 이때 홀연 유시가 날아와 호승우의 목덜미에 그대로 꽂혔다. 그가 선 채로 죽자 양나라 군사가 크게 놀랐다. 서위 병사들이 여세를 몰아 목책을 돌파하는 와중에 내부의 적이 강릉성의 서문을 열어 서위 군사들을 맞아들였다. 양나라 군사는 악전고투 끝에 저녁 무렵이 되어서야 간신히 진공을 막아 낼 수 있었다.

소역은 주매신과 사답인, 왕포 등의 호위하에 내성으로 도주했다. 그는 두려운 나머지 곧 조카 소대원蕭大圓과 소대봉蕭大封 두 사람을 사자로 보내 강화를 청했다. 이때 그는 문득 동각東閣의 죽전竹殿에 이르러 중서사인 고선보高善寶에게 고금의 도서 14만 권을 모두 불태우게 했다. 이어 그가 불 속으로 뛰어들려고 하자 궁인들이 좌우에서 만류했다. 죽게 되었을 때 책을 불태운 군주는 소역이 첫 번째 인물에 해당한다. 그는 슬프고 두려운 나머지 칼을 뽑아 마구 기둥을 치며 이같이 소리쳤다.

"문무文武(주문왕과 주무왕)의 도가 오늘 밤 모두 끝나고 말았다!"

그는 어사중승 왕효사王孝祀를 시켜 투항의 표문을 짓게 했다. 사답인과 주매신이 간했다.

"성안의 병사들이 많고 아직 강합니다. 야음을 틈타 포위를 뚫고 도강한 뒤 임약에게 몸을 맡길 만합니다."

소역은 몸이 매우 비대해 말을 탈 수 없었다. 그가 생각 끝에 이같이 말했다.

"이제 일이 끝났다. 한낱 치욕을 더할 뿐이다!"

사답인이 나서 책임지고 소역을 호위해 포위를 돌파하겠다고 장담했다. 소역이 대신 왕포를 돌아보며 묻자 그가 대답했다.

"사답인은 후경의 무리에 있던 자이니 어찌 믿을 수 있겠습니까? 그의 손에 팔려 가느니 차라리 성 밖으로 나가 항복하는 것이 낫습니다."

사답인이 통곡하며 양원제 소역에게 병사를 모아 내성을 굳게 지킬 수 있도록 허락해 줄 것을 청했다. 그러나 왕포가 이 또한 극력 반대하여 결국 사답인이 피를 토하며 물러났다. 당시 강릉의 옥중에는 사형수 수천 명이 있었다. 대신들이 이들을 석방해 결사대를 조직할 것을 권했다. 소역이 듣지 않고 큰 몽둥이로 이들을 모두 살해할 것을 명했다. 서위의 군사를 총지휘하는 우근이 투항을 접수할 뜻을 표하면서 먼저 소역이 태자를 인질로 보낼 것을 요구했다. 소역이 황급히 왕포에게 명해 태자를 데리고 나가 우근과 만나게 했다. 왕포가 강남 최고의 서법 대가라는 얘기를 익히 듣고 있던 우근이 왕포에게 감상용으로 몇 글자를 써 달라고 부탁했다. 왕포가 필묵을 들어 '주국상산공柱國常山公, 가노왕포家奴王褒'의 아홉 글자를 크게 써 주었다. 상산공 우근이 왕포를 가노로 삼았다는 뜻이다.

왕포는 동진의 재상을 지낸 왕도王導의 직계 후손이다. 그런 그가 나라가 망하려고 하자 비굴하게도 노비의 모습을 보인 것이다. 훗날 왕포는 서위 군사의 전리품이 되어 장안으로 끌려간 뒤 황하 강변에서 「도하북渡河北」을 지은 바 있다.

추풍이 나뭇잎에 부니, 차라리 동정호 물결 같아라 秋風吹木葉, 還似洞庭波

상산은 대군에 임해 있고, 정장은 황하를 둘러 있다 常山臨代郡, 亭障繞黃河

이역의 노래에 마음 슬퍼져, 농두가에 애간장 타네 心悲異方樂, 腸斷隴頭歌

황혼에 말을 타고 가다, 북산 언덕에서 길을 잃는다 薄暮臨征馬, 失道北山阿

내용이 처량하기 짝이 없는 이 시는 훗날 두보의 「등고登高」에 나오는 '무변낙목소소하無邊落木蕭蕭下(끝없이 펼쳐진 낙목에선 나뭇잎 우수수 떨어지고)' 구절에 큰 영향을 미쳤다. 후세인들은 '지조 없는 문인'의 대표적인 실례로 왕포를 들고 있다. 주변의 신하들이 모두 떠나자 소역 역시 부득불 투항하기 위해 백마에 소복 차림으로 동쪽 문을 나설 수밖에 없었다. 이때 그는 칼을 휘둘러 문을 때리며 이같이 탄식했다.

"소세성蕭世誠('세성'은 소역의 자)에게 결국 오늘과 같은 날이 오고야 말았구나!"

비대한 몸집의 인물이 백마를 타고 동쪽 문으로 빠져나오자 서위의 군사들은 단박에 양원제라는 것을 알았다. 이들은 그를 곧바로 백마사白馬寺로 압송했다. 도중에 서위 병사들이 소역에게 백마에서 내려와 느리고 둔한 말로 바꿔 타게 했다. 얼마 후 길에서 우근을 만나게 되자 서위 병사들이 소역을 주먹으로 때리고 발로 차 우근에게 절을 하게 했다.

서위로부터 양왕에 봉해진 소절은 자신의 친형을 죽인 일곱 번째 숙부를 보고는 철기를 보내 그를 자신의 영내로 데려오게 한 뒤 검은 마포로 된 장막 속에 가뒀다. 그러고는 주먹과 발로 사정없이 때리면서 마구 욕을 했다. 서위의 병사들이 분분히 다가와 이를 보며 웃었다. 한 병사가 소역에게 물었다.

"너는 왜 책을 불태웠는가?"

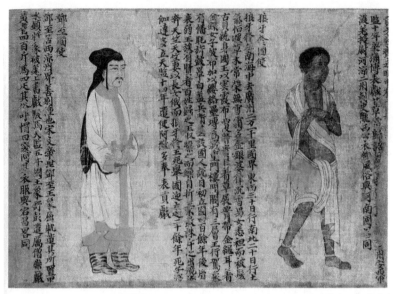
양원제 소역이 그린 『양직공도梁職貢圖』. 돌궐, 위구르, 서역인 등 조공 온 외국인 사절의 모습이 담겨
있다.

소역이 대답했다.

"만권의 독서를 했기에 오늘과 같은 일이 있게 됐다. 그래서 불태운 것이다!"

소역은 진귀한 보물보다 오히려 책을 좋아했다. 훗날 명나라 때 권신 위충
현魏忠賢이 패망하자 그와 측근 한 사람이 조만간 포리捕吏가 올 것을 예상하
고 평소 애지중지하던 보물을 마당에 늘어놓고는 술 한 잔을 걸친 후 모두
부숴 버리고 말았다. 소역의 심리와 닮은 행동이다. 진귀한 보물을 자신이 더
이상 향유할 수 없게 되자 아예 없애 버리고 만 것이다. 당시는 인쇄술이 발
달하지 못해 소역이 소장했던 책 중에는 진귀한 희귀본이 매우 많았다. 그중
에는 왕승변이 건강성에서 갖고 온 양나라 황실 소유의 희귀본도 있었다. 이
들 서적은 모두 손으로 일일이 베껴 쓴 필사본이었다. 이들 귀중한 희귀본이
소역에 의해 일거에 재가 되고 만 셈이다.

양원제 승성 3년(554년) 12월, 서위 조정이 꼭두각시 황제인 양왕 소절에

게 명해 소역을 살해케 했다. 결국 양원제 소역은 자신이 형인 간문제 소강을 죽인 것처럼 조카가 보낸 사람에 의해 커다란 흙 가마니에 눌려 압살을 당했다. 당시 그의 나이 47세였다. 태자 소원량蕭元良과 다른 아들 소방략蕭方略도 동시에 피살됐다. 소역이 피살된 후 승냥이를 안방으로 끌어들인 소절 역시 이내 곤경에 처하게 됐다. 양왕에 봉해진 그가 관할하는 영역은 사방 3백 리에 미치지 못했다. 그의 근거지인 옹주雍州(치소는 양양)는 서위의 땅으로 편입됐다. 서위는 소절에게 강릉의 동성東城에 살게 했다. 위나라 군사는 서성에 주둔했다. 명목은 군사 지원이었으나 사실 감시나 다름없었다. 당시 소절의 휘하 장령 윤덕의尹德毅가 그를 위해 계책을 냈다.

"위나라 도적들이 잔인하기 짝이 없어 백성들을 멋대로 약탈하고 있습니다. 도탄에 빠진 강동의 백성들 모두 전하가 이 지경을 만들었다며 원망하고 있습니다. 전하가 연회를 구실로 우근 등을 끌어들인 뒤 매복한 군사를 이용해 저들의 목을 베면 일거에 위나라 도적들을 물리칠 수 있습니다. 연후에 백성들을 위무하고, 제장들을 받아들이면 일순 대공을 세울 수 있습니다."

사실 윤덕의의 계책은 양나라가 부활할 수 있는 유일한 방안이었다. 소역이 이미 죽은 마당에 소절은 당초의 태자였던 소명태자의 아들로 법통과 혈통 면에서 보위에 가장 가까웠다. 그러나 소절은 원략이 없었다. 그는 서위가 자신을 후대한다는 이유 등을 들어 이를 거절했다. 배덕자가 될 수 없다는 게 이유였다. 그러나 이는 그의 착각으로 서위가 출병한 것은 결코 그를 위한 것이 아니라 양나라의 내분을 틈타 땅을 점령하기 위한 것이었다. 실제로 얼마 후 서위는 그의 근거지인 옹주를 취하고, 강릉의 백성과 재물을 모두 전리품으로 삼았다. 소절은 크게 후회했으나 이미 때가 늦었다. 몇 년 후 양왕 소절은 울민鬱悶(마음이 답답하고 괴로움)으로 인해 병사하고 말았다.

소절은 장병들을 다독이며 은혜를 베풀 줄 알았으나 웅지가 없었다. 음주와 색을 밝히지도 않았고, 검소한 생활을 했으나 일종의 결벽증이 있었다. 그는 기혼녀를 보면 제법 떨어져 있음에도 멀리서 그 냄새를 맡을 수 있다고 말했다. 희첩들과 지낼 때도 몇 날이고 병자처럼 누워 있을 뿐이었다. 게다가 당일 함께 잔 이부자리 등을 모두 내다 버렸다. 이밖에도 그는 다른 사람의 두 발을 보는 것을 극도로 꺼리는 괴벽이 있었다. 이로 인해 그를 메고 가는 가마꾼들은 더운 여름에도 모자를 둘러써 머리털을 감춰야만 했다.

우근은 장안으로 회군하기 전에 어고에 있던 진귀한 보물을 모두 가져갔다. 그중에는 송나라의 혼천의渾天儀와 양나라의 동구표銅晷表(동제 해시계)를 비롯해 직경 4척에 이르는 커다란 옥 등이 있었다. 『주서』의 기록에 따르면 양나라 왕공과 남녀 백성 등 10여만 명이 노비의 신세가 되어 삼군의 장병들에게 하사품으로 수여됐다. 양왕 소절에게는 겨우 3백여 호의 백성이 배분됐다. 서위로 끌려간 백성 중 풍토가 맞지 않아 얼어 죽은 자가 열에 두셋은 되었다.

왕포를 비롯해 『안씨가훈顔氏家訓』을 쓴 안지추顔之推 등도 그나마 명성이 높았던 탓에 장안으로 끌려갈 때 관에서 하사한 늙고 수척한 나귀 등을 타고 갈 수 있었다. 장안에 도착한 후 관직을 얻은 사람은 극히 소수에 지나지 않았다. 12년 후 후주後周의 무제 우문옹宇文邕은 나이 65세가 넘어 관노가 된 자들을 방면했다. 이로부터 다시 7년 후에 우문옹은 관비가 된 강남 출신을 모두 방면해 평민으로 삼았다. 다시 건덕建德 6년(577년)에는 공사노비를 막론하고 강릉에서 끌고 온 포로를 모두 사면했다

강릉에서 포로로 잡혀 온 사람들은 24년 만에 자유인이 된 셈이나 진정한 자유를 향유한 사람은 얼마 되지 않았다. 강남에서 끌려온 대다수 사족은 종신토록 밭을 갈고 말을 기르는 노비의 신세로 살았다. 이로 인해 남조의 문화 역시 크게 피폐해져 강남에 진陳나라가 들어섰을 때는 북조의 북제와 북주 모두 진나라의 문화 수준을 얕보는 지경에 이르게 됐다.

훗날 안지추는 양나라 때의 문화를 이같이 술회한 바 있다.

"양나라의 사대부들은 모두 넓은 옷과 허리띠, 큰 관과 높은 신발 등을 즐겨 착용했다. 밖을 나갈 때는 가마를 타고, 들어올 때는 부축을 받았다. 성곽

과 교외 안에서는 말을 타는 자가 없었다. 후경의 난이 일어난 후 걸음을 걷지 못할 정도로 기력이 약해져 한서寒暑를 견디지 못했다. 문득 앉아서 죽은 자가 많았던 이유다."

양무제 소연은 후경의 투항을 받아들임으로써 이리를 안방으로 끌어들여 나라를 패망으로 이끄는 결과를 낳았다. 양나라가 혼란에 빠진 틈을 타 가장 이득을 많이 본 나라는 서위였다. 옹주와 형주를 비롯해 한중과 촉 땅을 모두 판도에 편입할 수 있었다. 이에 반해 북제는 북부 변경의 거란과 돌궐, 유연, 산호山胡 등과 끊임없이 싸워야 했던 까닭에 손에 넣은 영토가 그리 많지 않았다. 진패선은 오랫동안 한족 사가들에 의해 영웅으로 불렸다. 그러나 당시 그가 건국한 진나라는 서쪽으로 촉과 한중의 땅을 회복하지도 못했고, 북쪽으로 회수와 비수淝水 일대를 상실한 까닭에 판도가 극도로 위축돼 있었다. 진나라는 강남에서 손바닥만 한 땅을 다스리며 간신히 남조의 잔명을 이어간 것에 불과하다.

후경의 난을 거치면서 서위는 막강한 위세를 떨치게 됐다. 영토도 크게 확장되었을 뿐만 아니라 정치와 경제 모두 급속히 성장했다. 서위의 뒤를 이은 북주가 마침내 북제를 멸하고 북중국을 통일할 수 있었던 기초가 바로 이때 마련됐다. 북주의 뒤를 이은 수나라가 들어설 당시 남조의 진나라는 이미 촉 땅 등의 중요한 군사 요충지를 상실한 까닭에 멸망할 수밖에 없었다. 수나라가 천하를 통일하게 된 배경이 여기에 있다.

후경의 난은 결과적으로 남북 통일의 초석을 간 셈이다. 후경은 건강성을 점령한 후 북쪽 출신을 대거 발탁한 것은 물론 남쪽 출신도 크게 활용했다. 남북의 인물이 같은 묘당에서 일을 했음에도 어떤 마찰도 없었다. 소역이 후경을 멸한 후에도 북쪽 출신 모두 여전히 중요한 역할을 수행했다. 임약의 경우는 무릉왕 소기를 토벌하는 데 결정적인 공을 세웠고, 사답인 역시 소역을 보호하기 위해 충성을 다했다.

주목할 것은 후경의 난을 계기로 소륜과 소절, 소역을 비롯해 왕승변, 왕림 등 모두 북조를 향해 스스로 번국으로 칭한 점이다. 이는 분열 시대에는 한족 중심의 강남이 정통성을 잇는다는 이른바 '강남정삭江南正朔'의 신화를 무너뜨린 결정적인 계기로 작용했다. 종전의 정통이 부용으로 전락하고, 비정통이 일약 정통이 되는 사태가 빚어진 것이다. 이는 세도인심世道人心이 과거처럼 호한분치胡漢分治로 상징되는 한족 중심의 폐쇄적인 사고에서 호한융합胡漢融合의 개방적인 사고로 바뀌었음을 의미한다. 수나라와 당나라는 바로 이런 시대적 배경 바탕 위에서 건립된 것이다.

수·당의 '대일통大─統'은 천하 대란과 세변이 만들어 낸 셈이다. 이는 '화'와 '복'이 서로 밀접하게 연결돼 있다는 『도덕경』의 '화복상의禍福相倚' 구절을 징험한 것이기도 하다. 중국의 역사를 한족의 역사로 간주해서는 안 되는 이유가 여기에 있다.

제10장

북제와
북주의
성립과 대치

> 후주 고위는 풍소련의 몸매를 혼자 감상하는 것이 아까워
> 그녀로 하여금 나체로 조당에 누워 있게 하고
> 대신들로 하여금 구경하도록 해 주었다고 한다.
> 여기서 이상은의 '옥체횡진玉體橫陳' 명구가 나왔다.

북제의 성립과 고양의 광기

수천년 동안 한족 사가들은 남북조를 언급할 때 남조를 정통으로 삼았다. 이로 인해 송, 제, 양, 진에 대해서는 지나칠 정도로 매우 자세히 기술해 놓았다. 이와 정반대로 북조의 북위와 동위, 서위, 북제, 북주 등의 제왕 등에 대해서는 흉포하고 음란한 인물로 묘사해 놓은 경우가 많다. 북제의 경우 황실의 성씨는 고씨이다. 중국 사가들은 하나같이 선비화된 한족 출신으로 보고 있다. 그러나 고구려의 성씨인 '고씨'를 쓰고 출신 지역이 '발해'인 점을 감안하면 요동에서 요하를 건너 요서로 넘어간 고구려 출신일 가능성도 배제할 수 없다. 이에 대한 심도 있는 연구가 요구된다. 북제를 창건한 고환高歡은 마치 삼국 시대 위나라의 조조와 마찬가지로 자신의 생전에는 결코 황제를 칭하지 않았다. 그의 사후 아들 고양高洋이 보위에 올라 고환을 신무황제神武皇帝로 추시했다.

원래 고환은 변방을 지키는 진군鎭軍의 하급 소대장 출신이다. 이주씨가 북위를 멸한 후 이주씨를 배반하고 효무제 원수元修를 옹립했다. 얼마 후 군신이 서로 다투는 와중에 효무제가 서쪽으로 도주하자 고환은 효정제 원선견元善見

을 옹립했다. 이로 인해 북위에서는 황제 두 명이 병립하는 상황이 빚어졌다. 효정제 원선견이 동위^{東魏}, 효무제 원수가 서위^{西魏}의 황제로 군림했다. 고환 사후 장자인 고징이 부친의 뒤를 이어 대승상이 되었다. 고징을 비롯해 고환의 아들 네 형제가 삼국 시대 위나라 말기에 사마씨가 그러했듯이 형의 뒤를 이어 동생이 대승상이 되어 사실상 동위를 다스리는 상황이 빚어졌다. 그러나 인품 면에서 고환의 아들 중 여섯 번째 아들인 고연^{高演}이 가장 뛰어났다.

고환의 장자인 고징은 자가 자혜^{子惠}로 풍채가 뛰어났다. 피부색이 백옥처럼 하얀 백부선비^{白部鮮卑}의 혈통으로 실제로 그의 모친 누씨^{婁氏}는 전형적인 선비족이었다. 고징이 열두 살이 되었을 때 고환이 동위 효정제의 여동생 풍익장공주를 며느리로 맞아들였다. 당시 고환이 비록 동위의 조정을 장악하기는 했으나 사실 훈구 세력의 입김이 매우 강했다. 따라서 이들을 어떤 식으로든 소탕할 필요가 있었다. 동위 효정제 무정^{武定} 2년(544년) 고환이 고징을 대장군, 영중서감, 섭이부상서^{攝吏部尙書}에 임명했다. 당시 고징은 비록 24세에 불과했으나 과단성이 있었다. 한번은 고환의 친구 손등^{孫騰}이 고징을 보고도 인사를 하지 않았다. 그러자 고징이 큰 소리로 좌우에 명해 손등을 밖으로 끌고 나가 곧바로 목을 치게 했다. 또 한번은 사마자여^{司馬子如}가 뇌물을 크게 밝히는 것을 보고 고징이 휘하에 명해 그를 감옥에 넣게 했다. 사마자여는 크게 놀라 하룻밤 사이에 백발이 되고 말았다. 고환도 옛 친구들에게 이같이 말했다.

"공들은 되도록 내 아들을 피하도록 하시오."

고징이 성장해 대관이 되었으니 응당 그의 체면을 살려 주라고 주문한 것이나 다름없다. 고환이 병사하자 고징이 은밀히 발상을 미뤘다. 고징의 예상대로 동위의 사도 후경이 고환의 사망 소식을 듣고 하남에서 반기를 들었다. 이를 틈타 고징이 한궤^{韓軌}에게 명해 그를 토벌케 했다. 만반의 조치를 취한 그는 급히 진양^{晉陽}으로 돌아온 뒤 비로소 발상했다. 동위의 효정제는 그를 사지절, 대승상, 도독중외제군사, 녹상서사, 대행대^{大行臺} 등에 임명했다. 고환

은 생전에 효정제 원선견에게 예를 다했다. 그러나 고징은 원선견을 안중에
두지도 않았다. 그는 효정제를 감시할 요량으로 측근인 최계서崔季舒를 중서
시랑으로 삼았다. 어느 날 효정제와 고징이 함께 업성 동쪽에서 사냥을 할 때
였다. 효정제가 급히 말을 몰아 달려가려고 하자 감위도독이 뒤에서 황급히
외쳤다.

"천자는 빨리 달려 나가지 마시오! 대장군이 싫어합니다."

사냥이 끝난 후 연회 자리에서 고징이 큰 잔에 술을 가득 부은 후 효정제
의 코앞에 들이밀었다.

"신 고징은 폐하가 이 술을 다 마실 것을 청합니다."

효정제가 대꾸했다.

"자고로 망하지 않는 나라는 없소. 그러나 짐이 이렇게 살아간들 무슨 의
미가 있겠소!"

체면을 크게 상했다고 생각한 고징이 크게 화를 내며 마구 욕을 해 댔다.

"짐, 짐, 무슨 개똥 같은 짐인가! 감히 내 앞에서 그런 소리를 하는 것인가?"

말을 끝내고는 자리에서 벌떡 일어나 최계서에게 명해 황제를 주먹으로
세 번 때리도록 했다. 수하를 시켜 황제를 때린 것은 중국 역사상 전무후무
한 일이었다.

고징은 비록 제멋대로인 모습을 보이기는 했으나 확실히 재간이 뛰어난 인
물이었다. 후경을 일거에 물리친 게 그 증거다. 그는 친히 군사를 이끌고 출정
해 서위의 명장 왕사정을 생포한 적도 있다. 현량한 자들을 과감히 발탁한 것
도 평가할 만하다. 그가 단기간 내에 강회 이북의 23개 주를 손에 넣은 배경
이 여기에 있다.

동위 효정제 무정 7년(549년) 5월, 고징이 상국이 되어 제왕齊王에 봉해졌
다. 찬배불명贊拜不名과 입조불추入朝不趨, 검리상전劍履上殿 등의 특권이 부여됐
다. 이는 찬위의 준비 단계에 해당했다. 다음 단계는 보위를 선양 받는 것이
다. 그러나 공교롭게도 고징은 이해 9월 피살되고 말았다. 『북제서』 「문선제

기」와 『자치통감』의 기록에 따르면 고징은 난경蘭京이라는 주방장의 손에 죽었다. 난경은 원래 양나라 대장 난흠蘭欽의 아들이다. 동위와 양나라의 교전 중에 포로가 돼 동위로 끌려온 뒤 고징의 부중에 배속돼 주방의 노비로 일하게 됐다. 난흠은 누차 사람을 보내 많은 금을 주고 아들 난경을 데려오고자 했다. 그러나 고징은 이를 받아들이지 않았다. 이에 원한을 품은 그는 자신과 주방에서 일하게 된 여섯 명의 사부와 함께 기회를 틈타 고징을 척살하는 계책을 세웠다. 사건이 빚어진 당일 저녁 고징은 마침 진원강陳元康과 최계서, 양음楊愔 등과 함께 동백당東柏堂에 모여 임금의 자리를 물려받는 일을 숙의하고 있었다. 난경이 고기를 담은 쟁반을 들고 안으로 들어갔을 때 고징이 갑자기 고기를 집어 입에 넣으면서 옆 사람에게 말했다.

"어제 밤 꿈속에서 이자가 칼로 나를 찌르는 거야. 그래서 내가 곧바로 그를 죽여 버렸지!"

너무 놀라 움찔한 난경이 곧 주방으로 돌아가 잘 드는 칼을 쟁반 밑에 넣고 몇 명의 무리와 함께 다시 방 안으로 들어갔다. 그러자 고징이 크게 화를 냈다.

"내가 부르지도 않았는데 네가 어찌 감히 들어오는 것인가!"

이에 난경이 칼을 뽑아 들고 큰 소리로 말했다.

"너를 죽이려고 왔다!"

고징은 황급히 앉아 있던 상 아래로 들어가다가 칼을 맞고 발에 커다란 상처를 입었다. 당시 진원강은 난경을 막아서다가 가슴에 칼을 관통당해 죽었다. 최계서는 변소에 숨어 있다가 달아났고, 양음도 황급히 도주하는 바람에 목숨을 구했다. 그러나 고징은 결국 목숨을 잃었다. 당시 그의 나이 29세였다.

고징이 죽은 곳은 그의 왕부王府가 아니었다. 당시 그는 북성北城의 동백당에 거주하고 있었다. 이는 원옥의元玉儀라는 미희로 인한 것이었다. 원옥의는 동위 고양왕 원빈元斌의 이복 여동생이었다. 원래는 손등의 가기家妓로 있다가 고징의 눈에 띄어 곧바로 낭야공주에 봉해졌다. 고징은 수시로 동백당을 오간 까닭에 그의 시위는 모두 밖에 있었다. 그는 결국 색을 밝히다 죽은 셈이다. 후대인들은 고징이 동생 고양이 보낸 자객에 의해 모살된 것으로 생각해 난경과 주방 노비들이 고징을 척살했다는 식의 얘기를 만들어 낸 듯하다.

고양은 고환의 둘째 아들로 자는 자진子進이고 고징보다 여덟 살 어렸다. 고징과 고양은 비록 친형제이지만 고양의 모습은 고징과 천양지차가 있었다. 고양은 얼굴도 검고 몸에 물고기 비늘과 같은 무늬가 있고, 복사뼈가 두 개였다. 사서는 이를 제왕의 표징으로 삼고 있으나 현재의 기준에서 보면 일종의 기형 내지 추남의 모습에 지나지 않는다. 그럼에도 고환은 그를 매우 중시했다. 한번은 고환이 자식들의 지혜를 알아볼 생각으로 각각 마구 뒤엉킨 실을 놓고 실마리를 풀어 보게 했다. 모두 실마리를 찾아내기 위해 고민했으나 오직 고양만이 문득 칼을 뽑아 이를 단번에 잘라 버리면서 이같이 말했다.

"어지러운 것은 응당 모두 베어 버려야 한다!"

고징이 척살되었을 당시 안팎이 진동했다. 그러나 겨우 21세의 고양은 신색이 평소와 같았다. 그는 난경 등을 체포해 목을 벤 뒤 해골에 옻칠을 했다. 곧이어 형의 뒤를 이어 상국, 제왕에 봉해졌다. 고징이 죽었을 때 효정제 원선견은 내심 크게 기뻐하며 좌우에 이같이 말했다.

"이는 하늘의 뜻이다! 위세와 권위는 응당 나에게 돌아와야 한다."

그러나 얼마 후 고양이 1천여 명에 달하는 종자를 데리고 진양궁으로 들어갔다. 효정제가 급히 계하로 내려가 그를 영접하자 2백여 명의 무사가 계단 위로 올라가 벌려 서며 엄하게 시위했다. 이때 고양 자신은 직접 말하지 않고 수하를 시켜 효정제에게 진양으로 내려갈 뜻을 전한 뒤 건성으로 두 번 절하고 바로 나갔다. 대경실색한 효정제는 고양의 뒷모습을 멍하니 바라보며 이같이 탄식했다.

"이자와는 서로 용납할 수 없을 것이다. 내가 언제 죽을지 모르겠구나!"

고양이 이내 측근인 고덕정高德政과 서지재徐之才, 송경업宋景業 등의 권유를

받아들여 진양에서 업성을 향해 출발했다. 찬위를 위한 본격 행보에 들어간
것이다. 당시 고환의 옛 동료였던 사마자여, 고릉지 등은 고양이 속전속결 식
으로 찬위하는 것을 원하지 않았다. 생모인 누婁태후도 아들 고양에게 이같
이 말한 바 있다.

"너의 부친은 용과 같고, 형은 호랑이와 같았다. 그러나 천위는 결코 함부로
거머쥘 수 있는 게 아니라고 생각해 종신토록 북면하여 사람을 섬겼다. 너는
스스로를 어떤 사람이라고 생각하는가, 감히 요순이 한 일을 행할 수 있는가?"

결국 고양은 머뭇거리며 도중에 다시 진양으로 돌아왔다. 그가 돌연 즐겁
지 않은 모습을 보이자 사람의 속마음을 잘 헤아리는 서지재가 진언했다.

"설령 부형에 미치지 못할지라도 응당 존위에 올라 백성들의 마음을 안정
시켜야 합니다!"

이때 마침 고양은 동상을 주조하는 데 성공했다. 북조의 사람들은 동상을
만들어 점복을 치는 것을 좋아했다. 고양이 크게 기뻐하며 곧바로 말에 올라
업성으로 달려가 보위에 올랐다. 이에 동위는 멸망하고 제나라가 들어섰다.
사가들은 이를 이른바 '북제北齊'라고 부른다. 고양은 선부 고환을 '신무황제',
선형 고징을 문양황제文襄皇帝로 추존한 데 이어 모친 누씨를 황태후로 높였
다. 연호는 천보天保로 바꾸었다. 동위 효정제 무정 8년(550년) 5월의 일이다.
북위가 동위와 서위로 갈라선 지 16년만의 일이다. 서위는 이로부터 7년 뒤
우문씨에 의해 패망하고 북주北周로 바뀌었다. 당시 동위의 효정제 원선견은
중산왕에 봉해졌다가 1년여 뒤 자식들과 함께 독살됐다.

건국 초기 북제의 문선제文宣帝 고양은 쉬지 않고 열심히 일했다. 고구려와
연연蠕蠕(유연), 고막해庫莫奚, 남조의 소역 모두 사자를 보내 조공했다.

천보 3년(552년) 봄, 고양이 친히 군사를 이끌고 가 대군代郡 일대에서 누차
변경을 침공한 고막해를 토벌하여 소와 양 등 10여만 마리를 노획했다. 천보
4년(553년) 겨울에는 다시 북쪽으로 올라가 기주와 정주, 유주, 안주 등 4개
주를 순회하면서 거란을 토벌했다. 고양은 산와 고개를 넘으면서 군사를 지

휘해 거란을 대파하고 10만여 호를 포로로 잡고, 소와 양 등 10만 마리를 노획했다. 당시 그는 주야로 말을 타고 1천여 리를 횡행하는 동안 고기를 씹고 물을 마시면서 군사를 지휘했다.

영주에 도착한 후 25세의 고양은 삼국 시대 조조가 그랬던 것처럼 갈석碣石에 올라 창해滄海(발해만)를 바라보았다. 이해 말에 그가 다시 삭주에서 돌궐을 추격하자 돌궐이 이내 항복했다. 당시 돌궐은 강대한 유목 국가 유연을 막 멸했음에도 고양의 위세를 두려워한 나머지 사자를 보내 조공했다.

천보 5년(554년), 고양이 군사를 이끌고 이석도離石道에서 나와 산호山胡를 쳤다. 수만 명의 수급과 가축 10여만 마리를 노획하고 석루石樓를 평정하자 원근의 산호 모두 크게 두려워해 복속했다. 이해 5월 유연의 잔여 부대가 사주를 침공했다. 고양이 다시 진양에서 출격해 이들을 대파했다. 천보 6년(555년) 여름 고양이 다시 진양에서 출발해 유연의 잔여 부대를 토벌했다. 이해 가을 고양이 친히 5천 명의 경기병을 이끌고 회삭의 진영에서 유연을 추격해 대파했다. 이해 말 고양이 180만 명의 역부를 동원해 장성을 축조했다. 유주의 북하구北夏口에서 시작해 총 9백여 리에 달했다. 이로써 고양은 사방을 모두 정복하고 무위를 떨쳤다.

이후 고양은 자신의 공업을 자긍한 나머지 음란하고 포학한 짓을 행하기 시작했다. 『북제서』에는 이에 관한 기록이 많지 않으나 『북사』에는 매우 상세히 기록돼 있다. 이에 따르면 당시 고양은 밤낮을 가리지 않고 거의 미친 듯이 쾌락을 추구했다. 어떤 때는 벌거벗은 모습으로, 어떤 때는 화장을 한 모습으로, 어떤 때는 산발한 채 호복을 입은 모습으로 나타났다. 손에 커다란 칼을 들고 취한 모습으로 저잣거리를 누빈 적도 있다. 대신의 집을 무시로 드나들면서 미모의 여인을 보면 귀천과 기혼 여부를 막론하고 음행을 일삼았다. 춘하추동과 주야를 가리지 않고 사냥을 다녔다. 어떤 때는 엉덩이를 내놓고 거리를 뛰어다녔다.

음행의 경우도 상상을 초월한다. 시중의 음녀들을 궁중으로 불러들여 옷

고양은 매일 술을 마셨는데, 마시기만 하여 대취하여 마구 살인을 저질렀다. 그때에는 충신이나 시종, 죄수를 가리지 않고 잔인하게 살인하는 것을 즐겨 모두가 그를 두려워했다.

을 모두 벗게 만든 뒤 시종 및 위사들과 집단으로 음행하게 했다. 자신은 밤낮으로 곁에서 이를 지켜보며 즐겼다. 어떤 때는 말을 몰아 거리를 질주하면서 금은과 주옥 등을 마구 뿌려 이를 주워 갖게 했다. 사람들이 몰려들어 시끄럽게 다투는 것을 지켜보며 즐거워했다. 또 한번은 최계서의 등에 업혀 거리에서 즐기다가 우연히 한 부인을 만난 뒤 이같이 물었다.

"황제를 어떻게 생각하는가?"

부인이 직설적으로 대답했다.

"미치광이가 어찌 천자인가!"

격노한 고양이 칼을 뽑아 그 자리에서 목을 베었다. 그는 거의 매일 대취해 있었다. 취하면 서슴없이 사람을 죽였는데 단순히 죽이는 것이 아니라 사지를 해체하거나, 불에 태우거나, 강물에 내던졌다. 그는 한번 취하면 육친을 알지 못했다. 한번은 생모 누태후가 북궁의 작은 평상 위에 앉아 있을 때 고양이 멀리서 보고는 급히 달려 와 머리채를 잡아채어 누태후가 거의 죽을 뻔했다. 술이 깬 후 그가 크게 후회하며 장작더미 위에 올라가 불을 붙이려 했으나 태후의 만류로 그쳤다. 그 뒤 그는 종실인 고귀언高歸彦을 시켜 큰 몽둥이로 자신을 50대 때리게 하면서 이같이 말했다.

"몽둥이로 때려 피가 나지 않으면 너의 목을 벨 것이다!"

몽둥이를 맞은 후 모후 앞에 꿇어앉아 용서를 구했다. 이후 술을 크게 삼갔다. 그러나 10일 후 다시 원래의 모습으로 돌아갔다. 주량은 전보다 몇 배나 더 커졌다. 욕설 또한 더욱 거칠어졌다. 하루는 취해서 장모 집으로 쳐들어간 뒤 마당에서 활을 쏴 장모를 시종하는 자를 쓰러뜨렸다.

"늙은 어미 개 같으니라고! 나는 취했을 때 태후도 알아보지 못했으니 당신은 말할 것도 없다!"

그러고는 말채찍을 휘둘러 장모를 1백여 대나 때렸다.

그는 술에 취하면 늘 황궁의 전각 뒤로 가 날듯이 뛰어다녔다. 삼대三臺의 높이는 27자나 되었고, 마주 선 전각의 거리는 2백여 척에 달했다. 평소 장인들은 전각 위에 올라갈 때 몸에 줄을 맨 후 한 발 한 발 조심스럽게 이동했다. 사서의 기록에 따르면 고양은 흥이 나면 술기운을 빌려 전각의 꼭대기에서 펄쩍 뛰었으나 실족한 적이 한 번도 없었다고 한다.

문무 대신과 그 가족도 고양에 의해 무참히 학살됐다. 대신 고륭지高隆之는 고환의 오랜 친구였다. 고양은 전에 고양지가 자신에게 칭제하지 말 것을 간한 데 앙심을 품었다. 이에 위사들을 시켜 고륭지를 주먹으로 1백여 회나 치게 하여 결국 고륭지는 산 채로 맞아 죽었다. 한번은 대사농 목자용穆子容이 고양을 화나게 만들자 고양은 목자용을 땅에 엎드리게 한 뒤 활을 쏘았다. 3발 모두 명중하지 않자 커다란 말뚝을 항문에 박게 했다. 하루는 고환 때의 대신으로 있다가 병사한 복야 최섬崔暹의 집으로 가 최섬의 부인 이씨에게 물었다.

"당신은 최섬이 생각나오?"

이씨가 대답했다.

"정이 깊었으니 당연히 생각납니다."

고양이 사납게 웃으며 말했다.

"만일 그렇다면 저승으로 가 그를 만나 보는 게 어떻겠소. 내가 그리로 보내 주겠소!"

그러고는 곧바로 칼을 뽑아 이씨의 머리를 벤 뒤 담장 밖으로 내던졌다. 또 한번은 자신의 이복동생인 고유高浟의 집을 방문해 고유의 생모인 이주씨를 보고 큰 소리로 욕했다.

"당신이 총애를 받을 때 내 모친을 업신여긴 걸 기억하는가?"

말을 마친 뒤 그는 곧바로 칼을 뽑아 황태비인 이주씨를 베어 버렸다.

동위의 종실 원앙元昂은 고양 황후 이씨의 매형이다. 고양은 처형 이씨와 통간한 후 원앙을 내궁으로 불러 소리 나는 화살 1백여 발을 쏘아 죽였다. 그러고는 장송하는 날 찾아가 곡을 했다. 삼대전三臺殿에서 그는 친히 톱으로 도독 목숭穆嵩을 썰어서 죽인 적도 있었다. 도독 한철韓哲은 아무 잘못이 없는데도 당직 근무를 서던 중 불순한 눈초리로 고양을 쳐다봤다는 혐의로 단칼에 목이 달아났다. 살인을 유희로 삼는 고양을 위해 대신 양암은 매일 감옥에서 사형수를 끌어낸 후 가마에 태워 고양에게 보냈다. 그 수가 수십 명에서 1백 명에 달했다. 이를 이른바 '공어수供御囚'라고 불렀다. 고양은 공어수로 제공된 제수들을 직접 칼을 뽑아 죽였다.

당시 고양에게는 총애하는 설귀빈薛貴嬪이 있었는데 그녀는 원래 당숙인 고악高岳이 데리고 있던 여인이었다. 한번은 설귀빈이 상 위에서 예쁜 미소를 지으며 머리를 빗었다. 고양은 문득 그녀가 전에 고악 밑에 있었던 것을 상기하고는 크게 화를 냈다. 곧바로 일어나 칼을 뽑아 지체 없이 설귀빈의 목을 벤 뒤 이를 품속에 넣었다. 이어 동산東山으로 가 대신들을 모두 초청한 가운데 큰 연회를 베풀었다. 사람들이 건배를 할 즈음 고양이 문득 품속에서 귀빈의 머리를 뽑아 들어 식탁 위로 내던졌다. 대신들이 크게 놀라 숨을 죽이자 고양이 다시 사람을 불러 설귀빈의 목 없는 시체를 옮겨 오게 한 뒤 이를 식탁 위에 늘어놓고 손으로 직접 사지를 자르고 살을 발라냈다. 이어 설귀빈의 허벅지를 끊어 내 고기 비파를 만든 뒤 이를 연주하며 노래를 불렀다. 모두 공포에 질린 표정으로 이를 지켜봤다. 고양이 연거푸 술잔을 들이켠 뒤 몇 곡을 부르다가 홀연히 눈물을 뚝뚝 흘리며 탄식했다.

"가인은 다시 얻기 어려우니 참으로 애석하고 애석하다!"

이어 좌우에 명해 시신도 없는 입관식을 치른 후 산발한 채 눈물을 흘리며 송장했다.

　고양이 비록 이처럼 혼군의 모습을 보였으나 신하들은 나름 충성을 다했다. 대신 양음 등은 정무에 소홀함이 없었다. 양음은 충신으로 고양의 매부이기도 했다. 고양의 누나는 먼저 동위 효정제에게 시집을 갔다가 다시 양음에게 개가했다. 고양은 늘 대변을 본 후 양음으로 하여금 측간으로 와 자신의 엉덩이를 문지르게 했다. 흥이 나면 말채찍으로 양음을 피가 나도록 때리기도 했다. 한번은 고양이 술에 취해 친히 작은 칼로 양음의 배를 그으며 놀았다. 놀이에 지치자 커다란 관을 준비해 양음을 그 안에 집어넣게 했다. 산 채로 매장할 심산이었다. 양음은 고양이 취해 정신을 잃는 바람에 가까스로 목숨을 건질 수 있었다.

　천보 8년(557년), 고양이 고씨 종실의 부녀를 소집시킨 뒤 동산으로 데리고 가 놀았다. 이때 그는 위사 수백 명을 선발해 그녀들을 윤간케 하면서 이를 보며 즐겼다. 고양의 이복동생 영안왕 고준高浚이 이를 말리자 대로한 고양이 그를 감옥에 집어넣었다. 고양의 다른 동생 상당왕 고환高渙은 웅걸의 자질이 있었다. 고환의 자식들 서열로는 일곱 번째였다. 당시 '고씨를 망하게 하는 자는 검은 옷을 입었다'는 말이 떠돌았는데 이를 들은 고양이 좌우에 물었다.

　"어떤 것을 가장 검다고 하는 것인가?"

　어떤 사람이 대답했다.

　"칠漆보다 검은 것은 없습니다."

　'칠漆'과 '칠七'은 음이 같다. 고양이 일곱 번째 동생인 고환을 잡아다가 세 번째 동생인 고준과 같은 감방에 가둔 뒤 한방에서 음식을 먹고 배설케 했다. 얼마 후 고양이 친히 감옥에 들르자 좌우에서 크게 노래를 불렀다. 고양이 두 동생에게 화답의 노래를 하게 하니 두 사람이 크게 두려워한 나머지 목소리가 떨렸다. 이에 고양이 눈물을 흘리며 방면하려고 하자 수종하던 친동생 장광왕 고담이 평소 고준과 불목했던 탓에 이같이 권했다.

　"맹수를 어찌 굴에서 나오게 할 수 있습니까?"

고양이 이 얘기를 듣고는 일리가 있다고 생각해 좌우의 위사에게 명해 창으로 찔러 죽이게 했다. 그런 다음 불을 질러 태운 뒤 토석으로 채워 넣었다. 두 동생의 비빈은 위사들에게 상으로 내렸다.

천보 10년(559년), 술에 중독된 고양이 여러 날 동안 음식을 먹지 못한 채 날마다 식사 대신 술을 먹었다. 6월의 어느 날 그가 문득 고씨 종실의 사위이면서 동위의 종실이기도 했던 팽성왕 원소元韶를 불렀다.

"후한의 광무제 유수는 무슨 이유로 중흥주가 되었는가?"

원소가 크게 두려워했으나 사실대로 대답했다.

"왕망이 유씨를 모두 제거하지 않았기 때문입니다."

고양이 영악하게 웃으며 고개를 끄덕이더니 즉시 원세철元世哲 등 동위의 황실로 살아남아 있는 25가를 주륙하니 모두 721명에 달했다. 이들 시체는 모두 장수漳水에 내던져 고기밥을 만들었는데 이 때문에 물고기 뱃속에서 손톱 등이 나와 오랫동안 사람들이 물고기를 먹지 않았다. 원소의 경우도 이내 옥에 갇혔다. 그는 굶주림으로 옷소매를 씹어 먹다 목이 메어 죽었다. 이해 11월 술주정이 과도했던 고양이 결국 숨을 거두었다. 당시 31세였다. 시호는 문선文宣, 묘호는 위종威宗이었다. 무성제武成帝 고담高湛 때 묘호가 현조顯祖로 바뀌었다. 고양이 죽자 태자 고은高殷이 즉위했다. 고은은 자가 정도正道로 총명하며 호학했다.

고은이 15세가 되었을 때 고양이 금봉대에서 살인을 즐기던 중 문득 태자 고은에게 직접 칼을 들고 죄수를 살해하게 했다. 고은이 부득불 죄수에게 다가가 전전긍긍하며 칼로 찔렀다. 여러 번 찔렀음에도 머리를 끊어 내지 못하자 고양이 화를 내며 채찍으로 태자를 세 번이나 후려쳤다. 이후 고은은 간헐적인 신경증을 앓게 됐다.

고은이 보위에 오른 지 얼마 안 돼 대신 양음과 연자헌燕子獻 등이 고은의 숙부 상산왕 고연高演이 찬위할 것을 우려해 고은의 숙부에 해당하는 모든 왕들을 경성 밖으로 내보냈다. 고연 등은 누태후의 지지하에 양음 등의 한족 대신들을 제거한 뒤 고은을 폐해 제남왕으로 삼고 스스로 보위에 올랐다. 그가 북제의 효소제孝昭帝이다.

고양은 죽기 전에 고연에게 이같이 말한 바 있다.

"차후 네가 내 아들의 황위를 빼앗을 수 있으면 빼앗도록 하라. 그러나 죽이지는 마라!"

효소제 황건皇建 2년(561년) 진왕秦王 고귀언의 사주하에 고연이 사람을 보내 조카 고은을 죽였다. 당시 고은의 나이는 17세였다.

귀신에 쫓긴 황제

고연은 자가 연안延安으로 고환의 여섯 번째 아들이다. 고양과는 친형제지간이다. 어려서부터 영특해 장차 대성할 조짐을 보였다. 성년이 된 후 신장은 8척, 허리둘레는 10위圍(뼘)에 달했다.

고양이 폭군의 모습을 보일 때 고연은 늘 얼굴에 근심 어린 기색을 보였다. 고양은 동생 고연의 충심을 아는 까닭에 이같이 말했다.

"네가 옆에 있으니 내가 방종하며 즐길 수 있는 게 아닌가?"

그러나 고연이 누차 간하자 고양이 화를 냈다. 한번은 고양이 술에 취해 동위 황실의 미녀들을 고연에게 상으로 주었다. 다음 날 술에서 깬 고양은 고연이 멋대로 미녀들을 취한 것으로 오해해 위사들을 시켜 고연을 쳐 죽이게 했다. 간신히 목숨을 구한 고연은 이후 감히 간하지 않았다.

어린 황제 고은이 보위를 이은 후 한족 대신 양음 등이 고연과 그의 동생 장광왕 고담의 병권을 빼앗고자 했다. 그러나 두 사람이 먼저 손을 써 누태후의 지지하에 먼저 양음 등을 제거했다. 고은이 보위에 오른 지 열 달이 되는 건명乾明 원년(560년) 8월, 누태후가 조명을 내려 고연이 계위할 것을 명했다.

고연이 보위에 올라 연호를 황건皇建으로 바꿨다. 고은은 제남왕에 봉해졌다.

누태후가 방심하지 않고 곧바로 즉위식이 끝난 고연에게 당부했다.

"제남왕이 무슨 일을 꾸미지 못하도록 하라!"

그러나 이것이 결코 고은을 제거하라고 명한 것은 아니었다. 고연은 명군이었다. 그는 고양의 폐정을 모두 바로잡았다. 주색을 밝히지 않고 열심히 정사를 돌보았다. 북제 최고의 명군으로 꼽을 만했다. 그는 효자이기도 했다. 누태후의 병환이 심해지자 수십 일 동안 옷도 갈아입지 않고 탕약을 끓이는 등 정성을 다해 간호했다. 지모가 있는 데다 과단성도 갖췄다. 나라와 백성이 부강해졌을 때 우문씨와 자웅을 겨뤄 고환이 생전에 이루지 못한 과업을 완성시키고자 했다.

고연이 저지른 가장 큰 실수는 조카 고은을 죽인 일이다. 고연이 진양을 순행할 당시 동생 고담이 업성을 지키고 있었다. 점을 치는 자가 업성에 천자의 기운이 있다고 고했다. 당시 대부분의 사람들이 점복을 믿었고 고연도 예외가 아니었다. 그는 조카가 다시 복벽할 것을 우려해 곧 사람을 보내 조카를 독살했다. 고은이 저항하자 병사들이 목을 졸라 죽였다. 고연은 이 일로 인해 크게 후회했다. 이후 그는 문득 정신이 흐릿한 상황에서 죽은 친형 고양과 양음 등의 귀신이 한 맺힌 목소리로 보복을 다짐하는 모습을 보게 됐다. 이로 인해 고연의 몸은 날이 갈수록 수척해졌다. 고연이 무당을 불러 푸닥거리를 행하자 무당이 기름을 끓여 사방에 붓거나 횃불을 들고 귀신을 쫓아내기도 했다. 그러나 아무 효험이 없었다. 이때 속칭 천구식일天狗食日로 불리는 일식이 있었다. 미신을 믿는 고연은 병든 몸에도 불구하고 군사를 이끌고 훈련장으로 나가 강무講武(사냥)했다. 그는 내심 서로를 향해 활을 쏘는 연습을 통해 귀신을 쫓아내고자 한 것이다. 이때 풀숲에서 토끼 한 마리가 문득 나타났다가 재빨리 숨어 버렸다. 고연이 놀란 나머지 말 위에서 떨어져 늑골을 다쳤다. 당시 늑골의 골절은 죽음을 의미했다. 뼈가 폐나 장기를 상하게 해 내부 감염을 야기했기 때문이다. 누태후가 병환을 살펴보다가 문득 손자 고은이 보이지 않자 고연에게 물었다.

"제남왕은 어디에 있는가?"

고연이 부끄럽고 두려워 대답을 못했다. 누태후가 크게 화를 냈다.

"네가 그 애를 죽인 것인가? 나의 말을 듣지 않았으니 너는 죽어도 마땅하다!"

말을 마치고는 누태후가 소매를 뿌리치며 나갔다. 고연은 임종 때까지 환각으로 고통을 받았는데 환각에 빠질 때면 상에서 벌떡 일어나 무릎을 꿇고는 머리를 조아리며 귀신에게 애걸하는 모습을 보였다. 황건 2년(561년) 11월 고연이 병사했다. 당시 28세였다. 그는 죽기 전에 친동생인 장광왕 고담을 불러 보위를 잇게 했다. 이때 그는 친히 몇 글자를 써 주었다.

"나의 처자를 잘 대해 주기 바란다. 앞사람을 닮지 마라."

자신이 조카를 죽인 전례를 좇지 말라고 당부한 것이다.

고담은 고환의 아홉 번째 아들로 누태후 소생이다. 그 역시 몸가짐이 뛰어난 듯 보였으나 사실은 형편없는 자였다. 형인 고연이 중병에 걸렸을 때 그는 족질인 고원해高元海를 비롯해 평진왕인 고귀언 등과 함께 찬위를 밀모했다. 무당이 점을 친 뒤 이같이 고했다.

"거사하는 것은 불리하고, 기다리는 게 길하다!"

얼마 후 과연 고연이 병사하면서 동생 고담에게 보위를 잇게 했다. 고담은 보위에 오르자마자 연호를 태녕太寧으로 바꿨다. 고연의 태자 고백년高百年은 낙릉군왕에 봉해졌다. 고담은 호비斛妃를 황후, 아들 고위高緯를 황태자로 삼았다. 그는 보위에 오른 지 채 석 달도 안 돼 자신의 즉위에 대공을 세운 고귀언을 기주자사에 임명해 밖으로 내쫓았다. 대로한 고귀언이 기주에서 반기를 들자 고담은 대군을 보내 이를 진압한 뒤 고귀언을 업성으로 압송해 저자에서 죽여 버렸다. 그의 자손 15명 역시 모두 기시되었다.

태녕 2년(562년), 고담은 다시 연호를 하청河淸으로 바꿨다. 이해 말에 고담은 둘째 형인 고양의 처 이씨가 머무는 소신궁昭信宮에 뛰어들어 간음을 행하려 했다. 이씨가 저항하자 고담이 패악한 말을 했다.

"만일 따르지 않으면 곧바로 네 아들을 죽여 버리겠다!"

이씨가 할 수 없이 그의 말을 좇아 이내 임신하게 되었다. 당시 이씨 아들 태원왕 고소덕高紹德은 15세였다. 그가 모친 이씨를 배견하려고 하자 이씨가 이를 거절했다. 그러자 고소덕이 전각 밖에서 큰 소리로 외쳤다.

"모후가 회임한 사실을 알고 있습니다. 이 일로 인해 저를 만나려 하지 않는 것입니까?"

이씨는 크게 부끄럽고 두려워한 나머지 이내 유산하고 말았다. 고담이 이 소식을 듣고 달려와 보니 사산한 자식은 딸이었다. 고담이 대로했다.

"네가 내 딸을 죽였으니 나는 곧 네 아들을 죽여 버리겠다!"

고담은 곧 위사를 시켜 조카 고소덕을 끌고 와 마당에 무릎을 꿇게 한 뒤 이씨가 보는 앞에서 칼로 고소덕의 목을 쳤다. 이때 그는 고소덕에게 이같이 말했다.

"당초 너의 부친이 나를 칠 때 너는 왜 이를 말리지 않았는가?"

아들의 죽음에 이씨가 통곡하자 고담이 더욱 화를 내며 손으로 이씨의 옷을 찢고 발로 마구 찼다. 이씨가 고통으로 거의 숨이 넘어갈 지경이 되자 고담은 좌우를 시켜 이씨를 비단 주머니에 넣어 궁궐의 하수구에 버리게 했다. 거의 죽게 된 이씨는 간신히 살아난 뒤 이내 묘승사妙勝寺로 보내져 비구니가 되었다.

하청 3년(564년) 7월, 흰 무지개가 해를 관통하고 적성赤星 현상이 나타났다. 고담은 여섯 번째 형인 고연의 옛 태자인 조카 낙릉왕 고백년을 떠올렸다. 당시 가덕주買德冑라는 유생이 고백년에게 서법을 가르쳐 주고 있었는데 고백년은 무슨 뜻인지도 모르고 몇 개의 '칙敕' 글자를 썼다. '칙' 자는 황제만이 친히 쓸 수 있는 글자였다. 가덕주가 이를 은밀히 고담에게 보여 주었다. 고담은 이를 구실로 조카를 궁으로 불렀다. 열네 살의 어린 소년 고백년은 흉한 일이 있을 것을 예상하고 왕비 곡률씨에게 이별을 고하면서 자신이 지니고 있던 옥결을 쪼개 주었다. 그가 입궁하자 고담이 가덕주로부터 전해 받은 '칙' 자 글자를 보여 준 뒤 곧바로 무사에게 명해 이 어린 조카를 사정없이 주먹으로 때리고 발로 차게 했다. 이어 뒤에 서 있던 위사를 시켜 큰 몽둥이로 후려치 게 했다. 다 죽게 된 고백년이 애원했다.

"숙부, 목숨만 살려 주시면 숙부의 노복으로 지내겠습니다!"

고담이 그 말에도 아랑곳하지 않고 벌떡 일어나 단칼에 조카를 벤 뒤 시 체를 발로 차 연못 속으로 집어넣어 버렸다. 그러고는 혹여 죽지 않고 살아날 까 우려해 다시 시체를 후원으로 옮겨 암장하는 모습을 지켜봤다. 고백년의 왕비 곡률씨는 이 소식을 듣고 통곡하며 음식을 먹지 않았다. 그녀 또한 한 달여만에 옥결을 손에 쥔 채 죽었다.

군신들 중 고담이 총애하는 인물로 시중 화사개和士開가 있었다. 그의 선조 는 원래 서역의 오랑캐 상인으로 후에 임장臨漳에 거류하다가 점차 중원에 정 주하게 되었다. 고담은 광릉왕으로 있을 때 악삭握槊을 매우 좋아했다. 악삭은 장기와 유사한 놀이였다. 악삭에 능한 화사개는 이를 계기로 고담과 친구처럼 지냈다. 그는 호비파胡琵琶에도 능했다. 하루는 화사개가 고담에게 말했다.

"전하는 천인天人이 아니라 천제天帝입니다!"

고담이 크게 기뻐하며 화답했다.

"경은 세인世人이 아니라 세신世神이오!"

고담은 보위에 오른 후 잠시라도 화사개와 떨어져 있지 않았다. 화사개는 지우知遇에 보답하기 위해 고담에게 이같이 권했다.

"자고로 제왕은 모두 언젠가는 죽게 되어 있습니다. 요순은 현군, 걸주는 암군이라고 하나 죽은 후에는 무슨 차이가 있겠습니까? 폐하는 응당 젊었을 때 모든 즐거움을 누리도록 하십시오. 하루의 즐거움은 천년에 해당합니다. 나라의 일은 모두 대신이 처리토록 분부하십시오. 스스로 심신을 피곤하게 만들 이유가 있겠습니까?"

고담이 크게 기뻐했다. 과연 이후 3, 4일 만에 조회를 열어 간단히 서명만

한 뒤 곧바로 후궁으로 들어가 계속 즐기는 식으로 행보했다. 고담의 총애를 입은 화사개가 앞뒤로 받은 포상은 너무 많아 그 수를 헤아릴 수 없었다.

고담이 29세가 되던 하청 4년(565년) 4월, 문득 혜성이 출현했다. 천문을 살펴본 태사관이 이같이 아뢰었다.

"이는 옛것을 버리고 새로운 것을 널리 펴는 상입니다. 주인을 바꾸는 일이 있을 것입니다!"

새 황제의 출현을 언급한 것이다. 당시 북위는 말할 것도 없고 동위의 황족 모두 문선제 고양에 의해 견멸을 당했다. 효소제 고연은 조카 고은을 죽이고, 무성제 고담은 조카 고백년을 죽였다. 천상天象에 응해 보위를 넘겨줄 사람은 태자 고위밖에 없었다. 이에 고담은 태상황으로 물러나면서 연호를 천통天統으로 바꿨다.

고담의 큰형인 고징의 아들 하남왕 고효유高孝瑜가 호황후에게 화사개와 악삭 놀이를 하지 말 것을 간하자 화사개가 틈을 보아 고효유를 헐뜯었다. 어느 날 고담이 고효유를 연회에 불러 큰 잔으로 37잔을 연거푸 들이마시게 한 뒤 사람을 시켜 고효유를 집으로 호송하는 와중에 독주를 부어 넣게 했다. 결국 고효유는 물속에 내던져졌다.

고효유의 세 번째 동생인 하간왕 고효완高孝琬은 고징의 적자이다. 그는 큰형이 독살됐다는 소식을 듣고 한을 품은 나머지 풀로 사람을 만들어 활로 쏘며 울분을 토했다. 이 소식을 접한 화사개가 고담에게 말했다.

"고효완이 풀로 사람을 만들어 놓고 활로 쏘고 있다고 하니 이는 바로 폐하를 쏘는 것입니다."

고담이 사람을 시켜 그를 국문할 때 고효완의 총애를 잃은 희첩까지 나서서 그를 무함했다.

"고효완이 폐하의 그림을 그려 놓고 밤마다 울며 이를 갈았습니다!"

사실 그 그림은 하간왕의 생부인 고징의 그림이었다. 부친을 그리며 매번 눈물을 흘린 것을 이처럼 무함한 것이다. 대로한 고담이 위사들을 시켜 조카를 채찍으로 마구 치게 했다. 고효완은 고담이 술을 마시며 이를 지켜보는 것을 보고는 큰 소리로 외쳤다.

"숙부!"

고담이 더욱 화를 냈다.

"누가 숙부인가? 네가 어찌 감히 나를 숙부라고 부르는 것인가?"

그럼에도 고효완은 고집을 꺾지 않고 고담을 결코 '폐하'라고 부르지 않았다.

"나는 신무황제의 적손이고, 문양황제의 적자입니다. 동시에 위나라 효정제의 생질이기도 합니다. 어째서 숙부라고 부를 수 없다는 것입니까?"

고담이 화를 참지 못해 직접 큰 몽둥이를 들고 조카의 정강이를 마구 내리쳐 조각내 버렸다. 고효완은 그 통증으로 이내 숨을 거뒀다.

북제 고위의 천통 4년(568년) 말 주색을 과도하게 밝힌 태상황 고담이 중병에 걸렸다. 그는 임종 전에 화사개의 손을 잡고 크게 외쳤다.

"부디 나의 기대를 저버리지 마시오!"

말을 마치고 이내 숨을 거뒀을 당시 그의 나이는 32세였다. 고위는 570년부터 연호를 바꿔 무평武平을 사용했다. 이로부터 북제는 고위의 시대로 접어들게 되었다. 그의 치세는 6년여 동안 지속됐다.

무수천자無愁天子와 북제의 패망

당초 고위는 보위에 오른 뒤 매사에 신중했다. 모든 일을 태상황 고담에게 보고해 재가를 받았다. 당시 나이도 어린 데다 일을 처리할 능력이 없기도 했으나 이는 그의 속셈이 간단치 않았음을 보여 준다. 태상황 고담이 죽었을 당시 그는 이미 보위에 4년 동안 앉아 있었던 셈이다. 그는 부황의 죽음을 계기로 그간 감춰 두었던 기질을 멋대로 발산하기 시작했다. 이 때문에 그는 후세인들로부터 혼군昏君의 대표적 실례로 거론된다. 『북제서』 「후주기」에 따르면 고위는 어려서부터 영리했을 뿐만 아니라 학문 또한 깊었다. 그러나 부황이 폭사할 당시 그는 동생 고엄高儼에게 보위를 빼앗길 뻔했다. 고엄은 무성제 고담의 둘째 아들로 고담으로부터 총애를 받았다. 그는 부황인 고담을 대신해 함광전에서 정무를 직접 처리했다. 어린 고엄에게 나이 많은 왕공 대신들이 무릎을 꿇고 절하며 크게 두려워했다.

고담이 아직 죽지 않았을 때 고엄의 복식 등은 황제인 고위와 거의 동일했다. 하루는 고엄이 고위가 있는 곳에 갔다가 진공품인 새 얼음과 조생종 자두를 보고는 크게 화를 냈다.

"내 형에게는 이것이 있는데 나는 어찌하여 없는 것인가?"

이후 고위의 궁 안에서 고엄이 보지 못한 신기한 물건이 있을 경우 해당 관원과 장인은 죄를 얻게 됐다. 고엄은 성질이 사나워 늘 목구멍에 질환이 있었다. 의생이 침을 찔러 목구멍을 치료할 때 고엄은 눈썹 하나 까닥하지 않았다. 그는 늘 부황 고담에게 이같이 말했다.

"저의 형은 겁이 많으니 어찌 신하들을 제어하겠습니까?"

고담은 고위를 폐하고 고엄을 새 황제로 옹립하는 방안을 오랫동안 생각하던 중 사망하였다. 고담의 폭사 후 고엄은 낭야왕에 봉해졌다. 그의 치세 중 북제가 망하는 바람에 시호가 없어 후세 사가에 의해 후주後主로 불린 고위의 총신 화사개는 고엄을 두려워한 나머지 사람들에게 이같이 말했다.

"낭야왕은 눈빛이 크고 아름답다. 몇 보 떨어진 곳에서 사람을 쏘아보면 사람들 모두 크게 놀라 식은땀을 흘린다. 나는 황제 앞에 섰을 때도 이런 느낌을 받은 적이 없다!"

고엄은 화사개를 미워했다. 화사개가 저택을 크게 수리하는 것을 보고는 이같이 풍자했다.

"너희들은 수리가 끝나는 것을 기다리지 못할 것이다. 그는 스스로 이를 끝낼 것이다!"

화사개가 크게 두려워하며 후주 고위 앞에서 그를 헐뜯으며 속히 병권을 거둬들일 것을 권했다. 시중 풍자종馮子琮의 사주를 받고 있던 고엄은 이 소식을 듣자 곧 손을 썼다. 그는 고위 명의의 거짓 조명을 보내 화사개를 어사대로 부른 뒤 목을 베었다. 고엄은 단지 화사개만을 제거할 생각이었으나 수하들이 고위까지 제거할 것을 부추겼다. 고엄이 이내 무리 3천여 명을 이끌고 궁전으로 난입했다. 고위가 이 소식을 듣고는 크게 놀라 울면서 호태후에게 이같이 읍소했다.

"인연이 있으면 다시 볼 수 있지만 그렇지 못하면 영원히 이별하게 될 것입니다!"

이어 그는 급히 대신 곡률광斛律光을 불렀다. 마침 고엄도 사람을 보내 곡률광을 불렀다. 곡률광의 딸은 원래 효소제 고연의 아들인 고백년의 왕비로 남편이 피살된 후 음식을 끊고 죽었다. 이로 인해 곡률광도 화사개를 증오했다. 그는 고엄이 화사개를 죽였다는 소식을 듣고는 크게 웃으며 이같이 말했다.

"용의 자식은 일을 하면 본래 범인들과 같지 않은 법이다!"

곡률광이 후주 고위를 찾아가 건의했다.

"이들은 존비를 가리지 않고 칼을 함부로 휘둘러 사람을 죽이고 있습니다. 폐하가 얼굴을 내밀면 이들은 곧 흩어질 것입니다."

과연 후주 고위가 얼굴을 내밀자 고엄의 무리가 사방으로 도주했다. 곡률광이 고엄을 고위에게 데리고 간 뒤 고위에게 이같이 말했다.

"낭야왕은 나이가 어려 사리를 모른 까닭에 그리된 것입니다! 성인이 되면 이런 일이 없을 것입니다."

고위가 문득 동생 고엄의 패도를 뽑아든 뒤 칼자루를 이용해 동생의 머리를 세게 후려친 뒤 이를 갈며 풀어 주었다. 그러나 후주 고위는 친히 활을 들어 고엄의 도당을 모두 사살한 뒤 시체를 조각내 거리에 내걸었다. 호태후는 큰아들이 둘째 아들을 죽일까 두려워 이내 고엄을 자신의 궁 안에 가두었다. 고엄이 식사를 할 때마다 태후는 독약이 들어갔는지 확인하기 위해 직접 맛을 보았다. 몇 달 후 후주 고위는 호태후가 잠을 자는 틈을 이용해 함께 사냥을 가자며 동생 고엄을 유인했다. 고엄이 형의 속셈을 눈치채지 못하고 대전으로 갔다가 이내 황제의 위사 유도지劉桃枝에게 붙잡혀 끌려간 뒤 목이 잘렸다. 당시 14세였다. 고엄 슬하의 어린 4명의 유복자 모두 태어난 지 몇 달 만에 죽었다.

후주 고위는 이듬해에 대신 곡률광을 주살했다. 곡률광 일족은 곡률금 이래 고씨를 위해 헌신적으로 노력했다. 곡률광은 평생 고씨를 위해 무수히 악역을 맡았다. 고위가 즉위한 것도 그의 노력에 기인한 것이다. 그는 권세를 탐하지 않아 고위의 총신인 목제파穆提婆 및 조정祖珽과 사귈 생각을 하지도 않았다. 그러자 이들 두 사람은 수시로 그를 헐뜯었다. 마침내 이들은 곡률광이 모반할 마음을 품고 있다고 험담하면서 고위를 부추겼다. 고위는 겁이 많아 감히 그를 죽이지 못했다. 이에 조정이 고위에게 계책을 제시했다.

"곡률광에게 말 한 필을 상으로 내리면서 다음 날 함께 동산으로 수렵을 떠나자고 말하십시오. 그러면 그는 틀림없이 와서 사은할 것입니다."

과연 곡률광은 사은하기 위해 양풍당으로 왔다. 이때 고위의 위사인 유도지가 뒤에서 곡률광의 목을 쳤다. 곡률광은 쓰러지지 않은 채 고개를 돌려 말했다.

"유도지는 늘 이런 일만 한다. 나는 죽을지라도 결코 나라와 황제에게 해를 끼치는 일을 하지 않았다!"

유도지가 3명의 역사와 함께 활로 그의 목을 졸라 죽였다. 곡률광의 동생 곡률선斛律羨은 이내 일족을 죽이기 위한 사자가 올 것을 짐작하고 성문을 크게 연 뒤 5명의 아들과 함께 꿇어앉아 기다리다 조서를 받은 뒤 이내 죽음을 맞았다. 당시 북주의 무제 우문옹宇文邕은 곡률광이 일족과 함께 주륙을 당했다는 소식을 듣고는 크게 기뻐하며 대사령을 선포했다.

북제의 후주 고위는 공신들을 제거한 뒤 이내 방향을 황실 일족에 돌렸다. 문양황제 고징에게는 6명의 아들이 있었다. 네 번째 아들은 난릉왕 고장공高

長恭으로 용모가 미려해 마치 부인 같았다. 그러나 일단 전장에 나서면 늘 철면구를 쓰고 적들을 위압했다. 망산邙山의 싸움 때 그는 고담을 도와 대승을 거둔 바 있었다. 장수들이 그의 무용을 기리기 위해 노래를 지어 불렀는데 바로 '난릉왕입진곡蘭陵王入陣曲'이 그것이다. 북제의 모든 백성들이 이를 따라 부르자 그의 명성이 일거에 자자해졌다. 하루는 후주 고위가 그에게 물었다.

"그대는 적과 싸울 때 적진 깊숙이 들어가니 만일 실리하게 되면 후회해도 소용없을 것이오."

난릉왕이 대답했다.

"가사家事(황실의 일)가 친절親切(정겨움)한 까닭에 저도 모르게 곧바로 적진 깊숙이 쳐들어가곤 합니다!"

이는 황실에 충성을 다 바친다는 뜻으로 언급한 것이나 후주 고위는 '가사'라는 말을 꺼림칙하게 생각해 점차 시기하는 마음이 깊어졌다. 이후 고장공은 다행히 횡사를 면했으나 이내 병이 들어 자리에 누운 후 사경을 헤맸다.

무평 4년(573년), 고위가 사람을 시켜 난릉왕 고장공에게 독약을 보냈다. 고장공이 약을 마시기 전에 크게 탄식하며 왕비 정씨에게 말했다.

"나는 충심을 다해 주상을 모셨소. 내가 왜 독살을 당해야만 하는 것이오?"

왕비 정씨가 통곡하며 속히 황제에게 무죄를 탄원하라고 재촉했다. 고장공이 말했다.

"무슨 이유로 용안을 볼 수 있단 말인가!"

그러고는 이내 약을 들이마셨다.

당시 북제의 마지막 황제 후주 고위는 비록 이런 혼군의 모습을 보였을지라도 주변이 조용했으면 능히 선종할 수 있었다. 그러나 불행하게도 이웃한 북주에 당대의 웅재인 우문옹이 있었다. 우문옹이 즉위할 당시 북제에서는 고연이 조카인 고은을 폐하고 보위에 올랐다. 매년 겨울이면 북주의 사람들이 양국의 경계에 있는 하천의 얼음을 깼다. 북제의 군사가 내침하는 것을 막기 위해서였다. 그러나 북제에서 고담이 보위에 오른 후에는 오히려 북제의 사람들이 얼음을 깼다. 북주의 군사가 내침할 것을 두려워한 것이다. 후주 고위가 대장 곡률광과 난릉왕 고장공을 죽인 후 다시 용맹을 떨친 황족 고사호高思好를 죽이자 북주의 사람들 모두 크게 기뻐하며 일거에 군대를 대폭 늘려 영토를 확장하기 시작했다. 날이 갈수록 북주가 점령한 성의 수가 늘어났다.

북제의 후주 고위는 한장란韓長鸞과 목제파 등을 총애했다. 이들은 매일 연회를 베풀고 칼을 찬 채 말을 몰았다. 길을 가다가 관리들을 보면 마치 잡아먹을 듯이 눈을 부라리며 주먹질을 했다. 특히 선비족 귀족 출신인 한장란은 독서인을 극도로 경멸했다. 그는 늘 관리들을 향해 이같이 욕을 해댔다.

"나는 도저히 이들 한구漢狗(한족 개종자)를 참을 수 없다. 이들은 모두 죽여 없애는 게 옳다!"

북제의 대성인 수양성이 북주의 군사에게 함몰되자 고위가 비로소 크게 두려워하기 시작했다. 목제파가 그에게 권했다.

"설령 우리가 황하 남안을 모두 잃을지라도 여전히 구자龜妓와 같은 나라를 꾸릴 수 있습니다. 인생은 나그네와 같아 행락하기에도 시간이 부족한데 왜 스스로 수심에 잠기는 것입니까?"

좌우의 폐신嬖臣 모두 이구동성으로 부추기자 후주 고위는 크게 기뻐하며 매일 음주가무를 즐겼다. 이덕림李德林이 쓴『북제서』「은행열전恩幸列傳」에는 화사개를 포함해 목제파와 한장란, 고아나굉高阿那肱 등의 행보가 소상히 기록돼 있다. 이에 따르면 당시 왕 등에 봉해져 관부를 연 자가 부기기수로 많아 심지어 페르시아의 개와 말까지도 '의동삼사' 등에 봉해졌다는 풍자가 나돌았다.

후주 고위를 모시는 궁궐의 노비 역시 군군郡君에 봉해졌다. 궁궐에서 호의호식하는 자가 무려 5백여 명에 달했다. 이들 한 사람의 비용이 베 1만 필에 달했고 경대 하나의 비용이 황금 1천 냥이나 되었다. 옷도 한 번 입으면 곧바로 버렸다. 동시에 토목공사가 대대적으로 벌여져 진양에만 12개의 원院이 만들어졌다. 서산에 조성된 대불의 경우는 이를 밝히기 위해 하룻밤에 기름

1만 동이를 태웠고, 그 비용은 억만 전에 달했다. 게다가 암말과 숫말의 교합을 위한 장막을 만든 후 10여 종의 말 사료를 준비해 놓고 후주 고위는 이를 친히 관람했다.

『안씨가훈』의 저자 안지추는 양나라가 망한 후 북주에 포로로 끌려갔다가 북제로 도주한 바 있다. 그는 당시 북제의 풍속을 예리한 필치로 상세히 그려 놓았다.

"제나라의 한 대부가 일찍이 나에게 말하기를, '나에게는 17세 된 아들이 있는데 학문이 깊소. 선비어와 비파를 가르치고 있소. 이로써 공경을 섬기면 총애를 받지 못하는 경우가 없으니 매우 중요한 일이오!'라고 했다. 나는 이 말을 듣고 아무 말도 하지 않았다."

당시 한족 사대부는 모두 선비 귀족의 세력가에 올라타 영화를 누렸다. 선비어와 비파 연주는 지금의 영어와 자동차 운전에 비유할 만했다. 세월이 변하고 풍속이 변했으나 사람들이 시류를 좇고자 하는 것은 예나 지금이나 달라진 게 없다.

북제는 동위를 이었다. 북위의 명문 고족은 이미 이주영이 일으킨 '하음河陰의 난' 때 거의 모두 도살됐다. 한족 문벌 또한 북제의 효소제 고연의 치세 때 양음 등 한족 대신이 피살된 후 대부분 사라졌다. 후주 고위의 치세에 이르러서는 조야 모두 '대선비주의'에 입각해 있었다. 권력을 장악한 자들은 과거 6진의 변진을 지키던 하급 군관 출신 선비족들이었다. 이들은 근본적으로 문화를 영위할 교양과 소질이 결여돼 있었고 오직 사람을 도살하는 일에만 능했다. 또한 한화된 북위의 원씨 문벌과 몰락한 한족 사대부들을 사람으로 취급하지 않았다.

어린 후주 고위는 보위를 이을 당시 비록 겁이 많고 웅지도 없었으나 오히려 사람을 식별하는 안목만큼은 탁월한 바가 있었다. 고엄이 거병할 당시 좌우가 그에게 대신들이 모반했다고 잘못 고하자 그가 이같이 말했다.

"이는 틀림없이 인위仁威(고엄의 자)의 소행일 것이다!"

곡률광을 제거한 후 사람들이 고사호高思好를 대장군에 천거했다. 후주 고위가 말했다.

"고사호, 이자는 본성이 모반을 좋아하는 사람이다!"

과연 그의 말과 같았다. 이후 자만에 빠진 고위는 멋대로 방탕한 행각을 벌였다. 그는 '무수無愁'라는 곡을 만든 뒤 친히 비파로 연주하며 노래를 부르기도 했다. 좌우의 측근들이 노래와 춤으로 이에 화답했다. 민간에서 그를 '무수천자無愁天子'로 부른 이유다.

무수천자는 요즘의 행위 예술

후주 고위는 이웃한 북주가 날로 강성해지고 있음에도 명장들을 주살하고 매일 음주가무를 즐기는 등 실정을 거듭하다가 북제를 패망의 길로 이끌었다.

가와 닮았다. 그는 궁궐 내의 화림원에 작은 시골집을 지어 놓고는 머리를 산발한 채 거지처럼 옷을 입고는 구걸하는 놀이를 했다. 또한 시장을 모방해 장을 벌려 놓고는 상점 주인 역할을 하며 부지런히 오가곤 했다. 이밖에도 성지城池를 세우고 위병들에게 강족 병사들처럼 검은 옷을 입게 한 뒤 성을 공격케 했다. 실제로 그는 성 위에서 화살을 날리며 위병들을 쏘아 죽였다.

북제의 역대 제왕을 서로 비교하면 후주 고위는 조부나 숙부들처럼 호색하지는 않았다. 고위의 조부 고환은 출신이 미천했던 까닭에 보위에 오른 후 북위 효장제의 황후인 이주영의 딸을 비롯해 건명제의 황후인 또 다른 이주영의 딸, 광평왕비 정대거鄭大車, 임성왕비 풍씨, 성양왕비 이씨 등 북위 종실의 후비를 모두 거두었다. 고위의 숙부인 문양황제 고징도 14세 때 고환의 비인 정대거와 사통해 거의 폐해질 뻔했다. 그는 공신 고신의 처를 강간하려다가 결국 고신으로 하여금 반기를 든 후 서위로 도주케 만들었다. 고환의 후비인 유연공주도 가까이해 아들을 낳기도 했다. 고위의 숙부인 문선제 고양은 한 술 더 떴다. 그는 칭제 후 고징의 처인 원씨를 강간하면서 이같이 말했다.

"전에 나의 형 고징이 내 마누라에게 손을 댔다. 지금 나는 보복을 하는 것이다!"

그는 또 대신 최수崔修의 부인을 빈으로 맞아들였고, 창녀 설씨도 궁 안으로 불러 빈으로 삼았다. 이후 이들의 과거를 떠올리고는 목을 쳐 버렸다. 그는 술주정이 도를 넘은 나머지 고씨 종족의 여인을 궁 안으로 불러들인 뒤 옷을 벗게 하고는 위사들을 시켜 이들을 윤간케 했다. 고위의 부친 무성제 고담도 고양의 황후 이씨를 겁탈한 뒤 고양의 아들이자 자신의 조카인 고소덕을 잔혹하게 살해했다. 그는 또 북위 효정제와 북제 문선제 고양의 비빈을 위시해 공신의 딸들을 모두 궁 안으로 불러 간음했다.

고위 본인은 모두 3명의 황후를 두었다. 곡률씨, 호씨胡氏, 목씨穆氏가 그들이다. 곡률씨는 부친 곡률광이 모반 혐의로 죽자 이내 폐위됐다. 호씨는 호태후의 친척으로 이후 호태후에 의해 폐위돼 비구니가 되었다. 목씨의 본명은 경소輕霄로 그녀는 원래 곡률황후의 시비였으나 후주 고위의 눈에 띠어 총애를 입고 황후가 되었다.

무성제 고담은 일찍이 고위의 모친인 호황후를 위해 진기한 주옥이 주렁주렁 달린 치마를 만든 바 있다. 그 비용이 거만 전에 달했으나 얼마 후 불에 타 버렸다. 고위도 목황후를 위해 7보로 장식된 수레를 만들었다. 수레에 금은을 가득 싣고 북주로 가 진귀한 주옥을 구하고자 했으나 당시 북주의 사람들은 마침 태후의 상례를 맞아 진귀한 주옥을 팔지 않았다. 이에 더 많은 돈을 들여 다른 곳에서 진귀한 주옥을 사 수레와 치마 등을 제작했다.

여인의 미색은 시간이 지나면 쇠해지고 이에 따라 총애도 식기 마련이다. 시비에서 몸을 일으켜 황후에 자리에 오른 목씨가 자신의 시비를 엄히 방비한 것은 당연한 일이다. 그러나 하늘은 종종 사람을 놀리기 마련이다. 그녀의 시비 풍소련馮小憐은 매우 총명하고 영리했다. 후주 고위의 시중을 들던 중 이내 5월 5일의 꽃 피는 봄날 황제와 함께 무양^{巫襄}으로 갔다가 은총을 입게 됐다. 이후 두 사람의 애정 행각은 거침이 없었다. 심지어 북제가 망하는 그 순간까지 두 사람은 사랑을 불태웠다. 이로 인해 훗날 사가와 시인들은 끊임없이 이를 글로 옮겼다. 대표적인 것이 당 제국 때 이상은^{李商隱}이 쓴 「북제이수^{北齊二首}」이다.

> 한 번 웃음에 서로 몸을 기울여 나라가 망한다니 一笑相傾國便亡
> 어찌 고통을 무릅쓰고 그 상처를 견딜 수 있을까 何勞荊棘始堪傷
> 풍소련의 옥 같은 몸이 밤새 옆으로 누워 있는데 小憐玉體橫陳夜
> 벌써 북주 군사의 진양 입성 보고가 올라 왔다네 已報周師入晉陽

> 묘한 웃음으로 만여 명의 적을 대적할 수 있다니 巧笑知堪敵萬幾
> 나라 기울게 한 것은 사냥 놀이에 빠진 데 있다네 傾城最在著戎衣
> 진양이 이미 함몰돼 뒤돌아볼 일도 없게 됐으니 晉陽已陷休回顧
> 다시 군왕에게 청컨대 사냥 한 번 더하도록 하오 更請君王獵一圍

후주 고위는 풍소련의 몸매를 혼자 감상하는 것이 아까워 그녀로 하여금 나체로 조당에 누워 있게 하고 대신들이 구경할 수 있도록 해 주었다고 한다. 여기서 이상은의 '옥체횡진^{玉體橫陳}' 명구가 나왔다. 사서는 풍소련이 비파를 잘 타고, 가무에도 능한 것으로 기록해 놓았다. 후주 고위는 늘 그녀와 함께한 까닭에 밖으로 나갈 때도 함께 말을 타고, 늘 생사를 함께할 것을 기원했다고 한다. 만일 태평한 세월을 만났다면 두 사람은 모범적인 부부가 됐을 것이다. 그러나 불행히도 북주의 군사가 점점 다가오고 있었다.

후주 고위는 친정을 강행했다. 그러나 잠시도 풍소련을 떼어 놓을 수가 없었다. 결국 그녀와 함께 사방으로 돌아다녔다. 후세의 사가들은 북제가 풍숙비^{馮淑妃}로 망했다고 말했다. 이는 나름 일리가 있는 지적이다. 원래 당시 사람들은 부녀자가 종군하는 것을 상서롭지 못한 것으로 여겼다. 심리적으로 이미 필패의 암시가 깔려 있다고 본 것이다. 후주 고위가 풍소련과 연출한 애정 행각에 비춰 볼 때 나라가 망하지 않는 게 오히려 이상하다. 당시 북주의 군대가 맹렬히 진주를 공격하자 북제의 군사 역시 용감히 대적했다. 마침 부근의 삼퇴三堆에서 수렵을 하던 후주 고위는 이 소식을 듣고는 곧 대군을 이끌고 급히 달려가고자 했다. 이때 수렵에 한창 빠져 있던 풍소련이 고위에게 청했다.

"한 번 더 사냥을 하는 게 어떻습니까?"

고위가 이를 좇았다. 그러나 그가 한 번 더 사냥을 하는 사이 진주는 이미 함락되고 말았다.

당초 북주의 무제 우문옹은 평양성에 이른 북제의 군사 장령들의 지휘가 절도가 있는 데다 기세 또한 성한 것을 보고 크게 놀라 철군할 생각을 품었다. 황제 고위가 친정에 나서면서 일당백의 기세를 보인 북제의 군사는 이내 땅굴을 파 평양성을 공격했다. 성벽이 일부가 무너지자 북제의 장병들이 승세를 이어 가고자 했다. 이때 고위가 홀연 일시 싸움을 멈추는 취지의 글을 보냈다. 이는 풍소련에게 대군의 성지 공격 장면을 구경시켜 주기 위해 행한 일이었다. 당시 풍소련은 마침 화장을 하고 있었다. 그녀가 거울에 비친 자신의 모습을 보고 스스로 가엽게 생각하며 시간을 보내는 사이 북주의 군사가 이미 무너진 성벽을 모두 수리했다. 당시 북주의 무제 우문옹은 친히 대군 8만 명을 이끌고 있었다. 북제와 북주 군사 사이에는 매우 깊은 참호가 있었다. 후주 고위가 좌우에 교전 여부를 묻자 안토근安吐根이라는 총신이 호언했다.

"한 줌도 안 되는 도적들을 곧바로 무찔러 분하汾河에 내던질 것입니다!"

곁에 있던 자들도 이에 동조했다.

"저들도 천자가 이끌고, 우리도 천자가 독전하고 있습니다. 저들이 멀리서 왔는데 당당한 우리 제나라 천자가 어찌 참호를 파 허약함을 보일 수 있겠습니까?"

고위가 이 말을 듣고 나름 일리가 있다고 생각해 곧바로 양측 사이에 있는 참호를 메우게 했다. 그 모습을 본 북주의 무제 우문옹이 크게 기뻐하며 곧바로 병사들을 휘몰아 북제의 군사를 쳤다. 양군이 교전할 때 북제의 군사들은 매우 용맹했다. 후주 고위는 풍소련과 함께 말 위에서 이를 관전했다. 이때 문득 동쪽 진영의 일각에서 퇴각하는 소리가 나자 풍소련이 크게 놀라 소리 쳤다.

"군대가 패했다!"

후주 고위 휘하 장령들이 간했다.

"반진반퇴半進半退는 전투에서 흔히 있는 일입니다. 폐하가 조금이라도 움직이면 병사들이 크게 놀라 다시 맹위를 떨치기 어렵습니다!"

그러나 고위는 이 말을 듣지 않고 곧바로 풍소련을 이끌고 황급히 도주했다. 이에 북제의 군사가 대패해 1만여 명이 목숨을 잃었다. 백 리에 걸쳐 창과 칼, 갑옷 등 북제 군사가 버리고 간 병기가 산처럼 쌓였다. 홍동洪洞에 이른 후 풍소련이 휘장 안에서 화장을 하고 있을 때 종자들이 재차 큰 소리로 북주의 병사들이 다가온다고 외치자 다시 황급히 도주했다. 이때 후주 고위는 문득 기이한 생각을 해 냈다. 태감을 진양으로 보내 황후의 예복을 갖고 오도록 하고 풍소련을 좌황후에 봉한 것이다. 도주하는 도중 풍소련에게 황후의 예복을 입히고는 반복해 바라보며 크게 칭찬한 후 다시 달아나기 시작했다.

가까스로 진양에 도착한 고위는 크게 두려운 나머지 안덕왕 고연종高延宗 등에게 진양을 지키도록 조치한 뒤 자신은 북쪽의 삭주로 가 잠시 병난을 피했다. 진양이 무너지면 이내 돌궐이 있는 곳으로 망명할 생각이었다. 군신들이 분분히 반대하고 나섰으나 듣지 않았다. 안덕왕 고연종도 눈물을 흘리며 간했으나 소용없었다. 고위는 좌우를 시켜 은밀히 호태후와 황태자를 북쪽 삭주로 옮기고 그 역시 야음을 이용해 도주했다. 이때 그는 안덕왕 고연종을 상국, 병주자사에 임명해 진양을 지키며 산서 일대의 군사를 총지휘하게 했다.

고연종이 애절한 어조로 간했다.

"폐하는 사직과 강산을 위해 절대 떠나서는 안 됩니다! 저희들이 폐하를 위해 사력을 다해 싸우면 능히 적들을 물리칠 수 있습니다."

고위의 총신 목제파가 곁에 있다 고연종을 질책했다.

"황상의 생각이 이미 명백히 드러났으니 안덕왕은 더 이상 방해하지 마시오!"

이에 고위와 휘하는 이내 오룡문의 문지기를 베고 밖으로 빠져나와 돌궐이 있는 쪽으로 달아났다. 도중에 수종하던 관원들이 대거 흩어졌다. 누구도 고향을 버리고 돌궐이 있는 곳으로 가려고 하지 않은 것이다. 고위가 도주하던 중 주위를 둘러보니 겨우 10여 기만이 그를 수종할 뿐이었다. 그제야 고위는 어쩔 수 없이 방향을 바꿔 수도인 업성으로 향했다. 고위 휘하의 목제파와 하발복은賀拔伏恩 등은 분분히 북주 군사에게 투항할 것을 권했다. 당시 진양을 지키던 장수들은 일제히 안덕왕 고연종에게 절을 하며 간청했다.

"전하가 보위에 오르지 않으면 저희 군민들은 사력을 다해 싸울 방법이 없습니다."

이에 고연종이 마지 못하여 보위에 올랐다. 576년 12월의 일이었다. 안덕왕이 즉위 직후 이같이 조령을 내렸다.

"무평武平(고위의 연호)은 약했다. 문지기를 베고 달아나 현재 어디로 갔는지 알 길이 없다. 왕공과 경사들이 거듭 간해 지금 보위를 잇게 됐다."

곧바로 연호를 덕창德昌으로 바꿨다. 이 소식을 들은 북제의 백성들이 부르지도 않았는데 제 발로 모여든 뒤 곧바로 진양을 향해 밀물처럼 나아갔다. 고연종은 창고의 보물과 후궁의 미녀를 장병들에게 상으로 내리고, 진양에 머물러 있던 고위의 종친과 내시 등을 제거했다. 그는 친히 병사들을 접견하면서 손을 잡고 이름을 불렀다. 그가 눈물을 흘리며 오열하자 병사들이 감동한 나머지 죽기로 싸울 것을 다짐했다. 진양성 안의 부인과 어린애조차 성벽 위로 올라가 기왓장과 돌을 던지며 결사적으로 싸웠다.

고위는 고연종이 보위를 이었다는 얘기를 듣고 크게 화를 냈다.

"나는 주나라가 병주를 취할 것으로 생각했지만 안덕왕이 병주의 진양성을 소굴로 삼으리라곤 생각지도 못했다!"

측근들이 동조했다.

"폐하의 말씀이 지당합니다."

얼마 후 북주의 무제 우문옹이 친히 군사를 이끌고 진양성을 포위한 뒤 맹공을 가했다. 북주의 군사가 성벽을 개미 떼처럼 기어오르자 사방이 마치 검은 구름이 낀 듯했다. 고연종도 직접 병사들을 이끌고 성의 북쪽에서 적들과 싸웠다. 고연종은 원래 몸이 비대해 평소 사람들이 그를 보고 웃었다. 그러나 그가 말을 타고 창을 휘두르며 싸울 때는 날듯이 민첩했다.

북주의 무제 우문옹은 황혼 무렵 군사를 나눠 동쪽 문을 깨뜨리고 진입한 뒤 사원을 불태웠다. 이때 고연종이 뒤따라 들어와 앞뒤로 협격하자 북주의 군사가 크게 어지러워졌다. 이들이 다투어 성문을 빠져나가려다 무수한 사상자를 낳았고 성문은 이들의 시체로 막혀 버렸다. 이 전투로 북주의 병사 2천여 명이 몰살을 당했다. 북주의 무제 우문옹은 좌우의 시위들이 분투한 덕분에 피살을 면했다. 북제 후주 고위의 총신으로 있다가 얼마 전에 투항했던 하발복은이 휘하 몇 사람과 함께 우문옹을 엄호해 성의 동쪽 갈라진 틈을 통해 성을 빠져나온 덕분이다. 이 와중에 우문옹은 여러 차례 창끝을 피해 간신히 살아남을 수 있었다. 시간은 이미 사경四更(새벽 1시~3시)에 달해 있었다. 고연종은 우문옹이 피살된 것으로 생각해 사람들을 시켜 시체 더미 속에서 그를 찾게 했으나 찾아내지 못했다. 북제의 군사들은 승리를 거둔 후 술을 마시고 서로 크게 축하하며 나태한 모습을 보였다. 이에 고연종도 죽음을 무릅쓴 충용한 군사를 재차 소집할 수 없었다.

북주의 무제 우문옹은 간신히 진양성을 빠져나온 후 기갈이 너무 심한 탓에 이내 도주할 생각을 했다. 제장들 역시 철군을 권했다. 이때 유독 종실인 우문흔宇文忻만이 나서 심기일전해 재차 공성에 나설 것을 권했다. 북주의 제왕齊王으로 있던 우문헌宇文憲도 황급히 철군하다가는 오히려 북제의 군사에게 추격을 당해 죽음을 면치 못할 것을 알고 이에 동조했다. 후주 고위의 총신으로 있다가 투항한 단창段暢 등도 우문옹에게 진양성 안이 텅 비어 있다고 고했다. 이에 마침내 우문옹은 나각을 불어 병사들을 수습한 후 다시 공성 준비에 나섰다.

재차 진양성의 동쪽 성문을 공격한 북주의 군사들은 북제의 군사 대부분이 크게 취해 있었던 까닭에 곧바로 진양성을 함몰시켰다. 고연종은 성의 북쪽으로 달아났다가 이내 포로로 잡혔다. 그는 서기 576년 12월 13일 후주 고위로부터 명을 받아 병주의 수비를 맡았다. 다음 날인 14일 황제를 칭하고, 이어 바로 다음 날인 15일 포로가 된 것이다. 모두 합쳐 이틀 동안 보위에 앉아 있었던 셈이다. 당시 호사가들은 고연종의 연호인 덕창德昌을 '안덕왕이 이틀 동안 황제로 있었다'는 의미로 사용했다. 고연종은 비록 고징의 아들이기는 했으나 줄곧 고양 밑에서 생장하며 커다란 총애를 입었다. 12세 때까지 고양의 배 위에 올라가 말타기 놀이를 했다. 고양은 조카가 자신의 배꼽에 오줌을 누게 할 정도로 총애했다. 고연종은 소년 시절 누대 위에서 대변을 보면서 종복들을 시켜 누대 아래에서 입을 벌리고 이를 받게 했다. 또 돼지 먹이와 인분을 한데 섞어 수하에게 강제로 먹이기도 했다.

북제의 효소제 고연은 보위를 이은 후 이 사실을 알고는 곧바로 고연종이 재직하고 있던 정주로 사람을 보내 채찍으로 1백여 대를 치고, 고연종을 곁에서 부추겼던 9명의 목을 베게 했다. 이를 계기로 자신의 잘못을 크게 깨달은 고연종은 이후 주변국과의 교전에 참전해 누차 큰 공을 세웠다. 그러나 결국 포로의 신세를 면치 못하게 된 것이다. 당시 후주 고위는 업성으로 달아난 뒤 한숨을 돌렸다. 그의 생모인 호태후가 왔을 때는 시큰둥했으나 숙비인 풍소련이 왔을 때는 업성의 북쪽 담장을 뚫고 10리 밖까지 나가 맞이하였다. 북제의 모신 곡률효경斛律孝卿이 고위에게 친히 장병들 앞에 나서 군심을 고취할 것을 권하면서 병사들의 의기를 분발케 하는 내용의 연설문을 작성했다. 연설문 작성을 마친 그는 고위에게 장병들 앞에서 연설할 때 반드시 강개한 나머지 눈물을 흘려 병사들을 크게 감동시킬 것을 권했다. 그러나 고위는 십여만 명의 장병들 앞에서 문득 연설 대목을 잊고는 스스로 크게 웃고 말았다. 이 모습에 좌우의 태감과 측근들 모두 덩달아 크게 웃자 화가 난 장병들은 이내 싸울 마음을 잃어버렸다. 후주 고위가 군신들과 장수들을 주작문에 모아 놓고 대책을 상의했으나 사람마다 견해가 달라 결론이 나지 않았다. 이때 종실인 고려高勵가 권했다.

"지금 반기를 들고 도주한 자들은 모두 귀족과 장령들입니다. 병사들은 아직 이반할 마음이 없습니다. 청컨대 폐하가 명을 내려 5품 이상의 관원 가족을 모두 삼대三臺에 모아 놓은 뒤 패전할 경우 삼대를 불태워 버리겠다고 엄포를 놓아 귀족과 장령들의 역전을 독려하십시오. 그러면 이들 모두 처자를 잃을까 두려워 죽기로 싸울 것입니다. 우리가 비록 패퇴할지라도 주나라 군사들의 자만심을 이용해 재차 성을 배경으로 결전을 벌이면 능히 승리를 거둘 수 있습니다."

고위는 이 계책을 받아들이지 않았다. 이때 궁내의 점복관이 천문에 이상이 생겼다고 고하면서 왕조와 보위가 바뀔 조짐이라고 풀이했다. 고위는 부황인 무성제 고담의 전례를 좇아 태자 고항高恒에게 보위를 물려주고 태상황이 되었다. 고항이 바로 북제의 유주幼主이다. 주목할 것은 고위가 중국 역대 황제 중 처음으로 무상황無上皇이 된 점이다. 무상황은 태황태후처럼 태상황 위에 존재하므로 역사상 무상황이 출현할 가능성은 매우 적다. 황제가 죽을 때까지 재위하는 것이 일반적인 까닭에 태상황조차도 그리 흔히 나타나는 게 아니다. 당연히 무상황은 더욱 보기 어렵다. 고위는 태상황이 된 지 얼마 되지 않아 유주 고항에게 보위를 임성왕 고개高湝에게 물려주도록 했다. 이에 그는 중국 역사상 최초의 무상황이 되었다. 그러나 공교롭게도 그가 무상황에 오른 날이 바로 북제가 멸망한 날이었다.

원래 고위는 심약했던 탓에 북주의 군사들이 이르기도 전에 처자 등을 이끌고 제주로 달아났다. 이때 단지 1백여 기만이 그를 따랐을 뿐이다. 그는 청주에 도착한 후 적국인 남조의 진나라로 달아날 생각을 했다. 당시 그를 수종하던 총신 고아나굉高阿那肱은 그를 산 채로 잡아 북주에 넘겨 공을 세우고자 했다. 이에 북주의 추병이 아주 멀리 있다고 고위를 속여 급히 달아날 필요가 없다고 회유했다.

당시 고위는 후주의 군사가 밀어닥치리라고는 생각지도 못했다. 결국 그는 금을 가득 담은 부대를 말안장에 단단히 맨 뒤 후비 등 10여 명과 함께 미친 듯이 도주했으나 끝내 남등촌南鄧村에서 북주의 추병에게 사로잡혔다. 포로로 잡혀 장안으로 끌려간 고위는 온공溫公에 봉해졌다. 온공 고위는 후주의 무제 우문옹에게 풍소련을 그에게 돌려줄 것을 애원했다. 색을 밝히지 않았던 우문옹은 웃으며 말했다.

"짐은 천하를 마치 짚신처럼 보는 사람이다. 늙은 노파를 공에게 주는 것을 어찌 애석히 여기겠는가?"

이에 풍숙비를 고위에게 내렸다. 이후 포로들을 북주의 태묘에 바치는 행사가 열리자 고위를 비롯해 북제의 군신 수백 명이 포로의 모습으로 태묘 앞에 꿇어 엎드렸다. 이로써 북제의 50개 주와 162개 군, 330만 호가 모두 북주의 판도 안으로 들어갔다. 북주의 무제 우문옹이 크게 연회를 베푼 뒤 고위에게 춤을 출 것을 명했다. 『북제서』와 『자치통감』 등의 사서는 고위가 춤추는 모습을 상세히 묘사해 놓았다. 이에 따르면 고위는 얼굴에 미소를 띠고 날 듯이 뱅뱅 돌며 춤을 췄다. 북주의 군신 모두 절묘한 선비족의 춤사위를 보고 칭찬을 아끼지 않았다.

대개 각 왕조의 마지막 황제는 모두 문예에 뛰어난 면모를 보였다. 고위를 비롯해 남조 최후의 왕조인 진나라의 마지막 황제 진숙보陳叔寶 역시 스스로 곡을 만들었다. 훗날 남당의 이욱李煜도 천고의 사인詞人이었다. 북송의 휘종은 서법 및 그림의 대가였다. 이들 모두 뛰어난 문인의 자질을 지니고 있었으나 나라를 제대로 다스릴 줄 몰랐다. 북제의 후주 고위는 황제가 포로가 된 후 봉잔세작奉盞洗爵(술잔을 받들어 올리고 권함)하는 선례가 되었다. 이후 포로가 된 군왕은 푸른 옷을 입고는 술잔을 씻고 술병을 든 채 술을 권하며, 춤을 추고, 황후의 산개傘蓋를 드는 게 정례로 굳어졌다. 훗날 송나라의 휘종과 흠종 역시 이런 치욕을 당했다. 이로부터 반년 뒤에 고위는 모반을 꾀했다는 참소를 당해 종족 1백여 명을 포함해 30여 명의 직계 모두 독약을 먹고 죽었다. 단지 백치의 병과 장애를 앓고 있는 고위의 동생 고인영高仁英과 고인아高仁雅만이 살아남았다. 이들은 촉 땅의 구석진 곳으로 보내져 여생을 마쳤다. 당시 북주의 무제 우문옹은 풍소련을 황실 귀족인 대왕 우문달宇文達에게 하사했다. 우문달은 과단성이 있고 기사騎射에 능했다. 『주서』에 따르면 그는 매우 검소했다. 희첩 역시 몇 명에 지나지 않았고, 옷도 거칠게 짠 비단옷을 입게 했다. 쌓아 놓은 재산도 없었다.

그의 휘하가 일찍이 그에게 재물을 모을 것을 권하자 이같이 대답했다.

"군자는 도를 행하지 못할까 걱정할 뿐 빈궁한 것은 걱정하지 않는다. 하필 재물로 인해 머리를 아프게 할 일이 있는가?"

그는 공맹의 도를 좇는 정인 군자였다. 후주의 무제 우문옹이 그에게 풍소련을 하사한 것은 대신들에게 그를 본받게 하려는 심산이었다. 그러나 뜻밖에도 우문달 역시 천하절색인 풍소련을 본 후 넋을 잃고 극히 총애했다. 이로 인해 우문달의 왕비 이씨는 거의 질투로 미칠 지경이 되었다. 풍소련은 비록 우문달의 총애를 입었으나 고위를 잊지 못했다. 한번은 비파를 타다가 문득 줄을 끊고 시 한 수를 지었다.

비록 오늘 총애 입으나, 아직 옛 추억 아련하네 雖蒙今日寵, 猶憶昔時憐
그 마음 끊고자, 곧 무릎 위의 비파줄 바라보네 欲知心斷絶, 應看膝上弦

몇 년 후 수문제 양견이 북주 정제靜帝의 보위를 찬탈한 후 우문씨 일족을 주륙했다. 우문달을 죽인 후 풍소련을 우문달의 정비인 이씨의 오빠 이순李詢에게 하사했다. 이순은 풍소련에게 낡은 옷을 입고 방아를 찧게 했다. 얼마 후 이순의 모친이 풍소련을 핍박해 자진케 했다. 당 제국 말기 왕손인 이하^李^賀는 「풍소련」이라는 제목의 시 한 수를 썼다.

강가 멀리서 풍소련 보고, 비파 한 곡 들려 달라네 灣頭見小憐, 請上琵琶弦

망국의 춘풍 한스러워, 지금 왕조는 그 값 얼마인가 破得春風恨, 今朝值幾錢

치마엔 죽엽 띠 둘렀고, 살쩍에선 살구꽃 향내 나네 裙垂竹葉帶, 鬢濕杏花烟

옥체에 황후의 옷 입히자, 풍소련이 말을 급히 모네 玉冷紅絲重, 齊宮妾駕鞭

　후세인들은 풍소련을 크게 매도했다. 그러나 청나라 사람 장문운^{張文運}은 유독 그렇지 않았다. 그는 말하기를, '북제의 고위는 비록 나라를 패망케 했으나 끝내 풍소련의 뜻을 저버리지 않았다. 참으로 생사를 같이하는 좋은 친구는 이와 같은 것이다!'라고 했다. 나름 일리 있는 지적이다. '영웅호색^{英雄好色}'의 속어가 이를 뒷받침한다. 그러나 난세에 이처럼 절도 없는 '영웅호색' 행보를 보이는 것은 패망의 길이다. 양무제가 불교에 심취했다가 패망한 것과 하등 다를 게 없다. '영웅'을 자처하는 자들 모두 경계로 삼을 만한 일이다.

제11장

남북조의
종언과
천하 통일

호랑이도 가끔 개를 낳는다

속어에 '호랑이 자식이 개일리 없다'고 한다. 그러나 사서를 보면 이와 전혀 다른 현상을 볼 수 있다. 부친은 개세蓋世의 영웅인 데 반해 아들은 천하의 망나니인 경우가 그렇다. 전한 제국을 세운 유방의 경우를 보자. 그의 아들 한혜제 유영은 종일 황음한 모습만 보이며 정무를 돌보지 않았다. 삼국 시대 당시 촉나라 유비의 뒤를 이어 42년 동안 재위한 유선의 경우에는 비록 제갈량과 같은 현신이 보좌하기는 했으나 결국 패망을 면치 못했다. 그는 포로가 된 후 즐거워하며 촉 땅을 그리워하지도 않았다. 서진의 무제 사마염은 백치 아들인 혜제 사마충에게 보위를 넘겨주었다. 수문제 양견에게는 황음무도한 아들 수양제 양광이 있었다. 당태종 이세민의 나약한 아들 고종 이치는 결국 측천무후에게 당나라를 빼앗겼다. 명태조 주원장의 경우도 한없이 어질기만 한 태자가 일찍 죽는 바람에 황태손인 건문제 주윤문에게 보위를 넘겼다가 결국 내란이 일어나 연왕 주체가 이를 빼앗았다.

북조는 북주의 무제 우문옹 때에 이르러 하나로 통일됐다. 그의 신무神武는 뛰어난 바가 있었다. 그는 절검을 숭상해 평소 베로 만든 옷과 이불을 사

주무제 우문옹. 그는 밖으로는 북제를 멸망시킨 뒤, 북조를 통일하였고, 안으로는 거대한 권력과 재산을 소유한 도교와 불교를 탄압하여 황권 강화를 도모하였다.

용했다. 금은보옥 장식도 몸에 지니지 않았고 궁궐과 의복 역시 사치를 일절 금했다. 또한 이전의 왕조가 축조한 화려한 궁궐 장식을 모두 떼어내게 했다. 그는 19년의 재위 기간 동안 먼저 몸을 낮추고 인내하여 권신 우문호宇文護의 일족을 주륙했다. 이후 만기를 친재하면서 고씨의 북제를 멸했다. 『주서』「무제기」와 『자치통감』은 우문옹이 늘 아랫사람에게 겸허한 모습을 보이며 자강불식自强不息했다고 극찬해 놓았다.

우문옹은 친정에 나설 때면 걸어서 산곡과 위험한 계곡을 지나는 수고를 아끼지 않았다. 이는 일반인조차 견디기 어려운 일이다. 그러나 주무제 우문옹은 이를 달게 여겼다. 그는 행군 때 병사가 맨발로 걷는 모습을 보고는 친히 자신의 신발을 벗어 신겨 주기도 했다. 적과 대치했을 때도 선봉에 섰다. 여러 번 제왕의 몸으로 적진에 돌진하기도 했다. 제나라를 멸한 후 북쪽으로 돌궐의 항복을 받고, 남쪽으로 진나라를 깨뜨렸다. 당시 북주의 기세를 보면 1~2년 내에 천하를 통일할 듯이 보였다. 그러나 그는 북벌 도중 문득 폭질에 걸려 진중에서 숨을 거뒀다. 당시 그의 나이 36세였다. 때는 선정宣政 원년(578년) 12월이었다. 그의 유조에 따라 태자 우문빈宇文贇이 곧바로 뒤를 이었다. 그가 사서에 이른바 '주천원周天元'으로 기록된 주선제周宣帝이다. 그는 보위에 앉아 있는 몇 달 동안 부황 우문옹이 애써 마련한 산하를 어지럽혔다.

북위를 언급하기 전에 먼저 서위의 역사를 간략히 서술할 필요가 있다. 북위 효무제 원수는 고환에게 쫓겨 우문태가 있는 장안으로 가면서 북위는 동위와 서위로 나뉘었다. 우문태가 서위의 권력을 장악했다. 효무제 원수는 장안으로 간 지 얼마 안 돼 우문태와 갈등을 빚다 이내 독살되고 말았다. 우문태는 효무제 원수를 독살한 후 효문제의 손자인 원보거元寶炬를 보위에 앉혔다. 그가 서위의 문제文帝이다. 문제는 보위에 17년 동안 앉아 있다 궁에서 편히 죽었다. 원보거는 생전에 명목상의 황제였을 뿐 대권은 여전히 우문태의 손에 있었다.

서위의 문제 원보거가 사망한 후 우문태는 태자 원흠元欽을 옹립했다. 그는 우문태에 의해 폐위된 까닭에 사가들은 '폐제廢帝'로 칭한다. 원흠은 보위에 3년 동안 앉아 있다 폐위됐다. 그가 폐위된 후 문제 원보거의 넷째 아들인 원곽元廓이 보위에 올랐다. 그가 서위의 마지막 황제인 공제恭帝이다. 공제 원곽은 3년 동안 보위에 앉아 있다가 서기 556년 우문태가 병사한 후 그의 당질인 우문호가 우문태의 셋째 아들인 우문각宇文覺을 옹립해 주나라를 세우면서 폐위됐다. 사가들은 이를 '북주'로 부른다. 북주가 들어선 지 얼마 안 돼 서위의 공제 원곽은 독살됐다. 20여 년 동안 서위의 황제 자리는 원씨가 맡았으나 사실상의 황제는 우문태였다.

우문태는 서위의 영토를 대대적으로 확장했을 뿐만 아니라 여러 뛰어난 제도를 마련했다. 서위 문제 대통大統 원년(535년)에 시작된 부병제가 대표적인 실례이다. 이는 북위의 제도를 모방한 것이다. 군사를 모두 8부部로 나눈 뒤 각 부마다 주국대장군을 두었다. 이를 이른바 '8주국八柱國'으로 칭했다. 부병은 전문적인 직업 군인으로 구성돼 농지를 개간하는 등의 생산 활동에는 일절 관여하지 않았다. 이는 북주 무제 우문옹 때 병농합일兵農合一로 바뀌었다.

우문태는 6진의 군인 집안 출신이다. 비록 장안에 머물기는 했으나 유학을 신봉했다. 다만 군대의 전투력을 보전하기 위해 한족 병사들의 선비화를 진행했다. 북위의 효문제 탁발굉은 성씨를 탁발씨에서 원씨로 바꾸는 등 한화를 추진했으나 우문태는 정반대로 호화胡化를 추진한 셈이다. 군공을 세운 한족 병사에게 호씨胡氏 성을 하사하고, 선비족 군사 조직을 모방케 한 게 그 증거다. 서위의 황제의 성을 원씨에서 다시 원래의 성인 탁발씨로 바꾼 것도 같은 맥락이다. 이로 인해 탁발씨를 비롯한 99개의 성씨가 원래의 성씨를 되찾았다. 우문태는 공을 세운 36개의 성씨를 최고로 높이고, 나머지 99개 성씨를 그다음으로 놓았다. 모든 장병들이 이들 성씨로 바꿨다. 당시 우문태는 북주의 관제와 의전을 마련해 조정의 권위를 높였다. 주목할 점은 북주의 경우는 북제와 달리 호한융합이 매끄럽게 진행된 점이다. 북제처럼 선비족이 한족을 능멸하는 일이 없었다. 북주가 북중국을 통일한 배경도 이와 무관치 않다고 보아야 한다.

북주의 무제 우문옹이 활약할 당시 그는 자식들과 매우 엄한 약속을 했다. 태자 우문빈이 작은 실수를 저지르기만 해도 몽둥이로 후려치며 이같이 경고했다.

"자고로 폐위된 태자는 무수히 많다. 나의 자식이 대통을 잇지 못하는 일이 있어서야 되겠는가?"

동시에 그는 동궁의 속관들에게 매달 동궁의 동정에 관해 상세히 보고토록 했다. 이로 인해 주색을 극도로 좋아하는 태자 우문빈은 자신의 이런 모습을 철저히 감춰야만 했다. 『주서』「선제기」의 기록에 따르면 우문옹의 장례를 치를 때 주선제 우문빈은 전혀 슬픈 기색을 보이지 않았다. 오히려 다리에 난 상처를 어루만지며 큰 소리로 부황 우문옹의 관을 향해 욕설을 퍼부었다.

"죽는 것이 참으로 늦었다!"

그는 곧바로 부황의 비빈들을 면전에 일렬로 세운 뒤 미색이 뛰어난 자들을 모두 자신의 후궁으로 맞아들였다. 이어 그는 태자 시절부터 줄곧 모사로 활약해 온 이부吏部의 하속 정역鄭譯을 개부의동대장군, 내사중대부內史中大夫에 임명해 조정을 총괄케 했다. 정역은 2년 뒤 우문빈이 죽자 곧바로 양견에게 몸을 맡긴 뒤 거짓 조명으로 양견을 보정대신에 임명했다. 그는 훗날 양견이 북주를 찬탈하는 데 최고의 공훈을 세운 셈이다.

우문빈은 보위를 굳건히 하기 위해 대공을 세워 신망이 높았던 제왕 우문헌을 주살했다. 당초 우문옹은 즉위 초기 권신 우문호의 견제를 받고 종일 입을 다문 채 아무 말도 하지 않았다. 우문빈이 즉위할 당시 우문헌과의 관계는 우문호보다 훨씬 좋았다. 우문헌은 대군을 이끌고 북제 군사와 싸워 마침내 북제의 명장 곡률광과 고장공 등을 격파한 후 그 명성이 더욱 높아졌다. 우문호는 상주문을 올릴 때 누차 우문헌에게 대표 자리를 양보했다. 우문헌은 이복형제인 우문옹을 경외했다. 이로 인해 늘 황제와 권신 사이에 미묘한 긴장 관계가 형성됐다. 북주 무제 우문옹은 그 배경을 익히 알고 있었다. 이에 우문호를 주살한 후 우문헌을 죽이지 않았을 뿐만 아니라 무략이 뛰어난 그에게 선봉대를 맡겨 사방으로 공벌전을 펼치게 했다.

북제를 정벌할 당시 우문헌은 북제의 후주 고위를 패주시켰고, 북제에서 가장 뛰어난 무략을 자랑한 안덕왕 고연종을 비롯해 임성왕 고개와 광녕왕 고효형 등을 생포했다. 가히 북제 평정의 일등공신으로 칭할 만했다. 그는 자신의 명성이 지나치게 높은 것을 알고 이내 병을 칭한 후 밖으로 나오지 않았다.

우문옹 사후 그 뒤를 이은 우문빈은 숙부 우문헌의 공이 너무 높은 것을 크게 꺼렸다. 어느 날 저녁 우문빈이 숙부인 제왕 우문헌을 궁으로 불렀다. 그가 궐문을 들어서는 순간 한 무리의 장사들이 뛰쳐나와 그를 꼼짝 못하게 묶었다. 우문헌은 자신에게 죄가 없음을 누누이 밝혔다. 그러자 곁에서 이를 기록하던 관원이 그에게 권했다.

"지금 여러 정황에 따르면 대왕이 이처럼 말을 많이 하는 게 무슨 소용이 있겠습니까?"

이에 우문헌이 개탄했다.

"나의 자리가 높고 중하니 이런 난을 당하게 된 것이다. 생사는 운명에 달려 있으니 다시 살아날 것을 기대하지 않는다. 다만 노모가 생존해 있으니 봉양할 사람이 없는 게 마음에 걸릴 뿐이다!"

결국 그는 교살당했다. 당시 35세였다. 그의 소생은 모두 6명이었는데 병사한 장자 우문귀宇文貴를 제외한 나머지 5명의 아들은 모두 곧바로 죽임을 당했다.

우문빈은 태자 시절 당대의 대학자들로부터 교육을 받았다. 독서의 양도 꽤 많았다. 그러나 그는 자신의 의도에 따라 배운 것을 멋대로 사용했다. 그가 부황과 정반대로 실용성이 없는 한위漢魏 때의 궁정 예의를 택한 게 그러하다. 그가 죽은 후 장인 양견이 수나라를 수립하는 과정에서 호풍胡風을 한풍漢風으로 바꾼 것도 따지고 보면 그가 절반은 이미 완성해 놓은 것이기도 했다. 그는 부황인 주무제 우문옹의 치세 때 만들어 놓은 형서요제刑書要制에 잔혹한 형벌이 많다는 이유로 곧바로 이를 폐지하였다. 또 민심을 사기 위해 대대적으로 사면을 행했다. 이로 인해 일순 거리에 도적들이 분분히 횡행했다. 남북조의 난세에는 엄격한 법률을 사용해야만 했다. 그러나 어린 우문빈은 이런 이치를 알지 못했다. 책에서 배운 유가의 경전을 좇아 그대로 시행한 것이다. 시사時事에 어두웠다고 볼 수밖에 없다. 게다가 그는 천성이 사치스러운 데다 황음했다. 황당한 것은 신하들을 복종시키기 위해 새로 '형경성제刑經聖制'를 반포한 일이다. 이는 부황이 반포한 '형서요제'의 형벌보다 오히려 더 중했다. 신민들은 조그만 잘못을 저질러도 곧바로 목이 달아났다. 몇 달 후 우문빈은 홀연 부황이 자신을 몽둥이로 친 사실을 떠올리고는 한가할 때 총신인 정역에게 물었다.

"내 다리에 난 상처는 누구로 인한 것인가?"

정역이 곧바로 대답했다.

"모두 왕궤王軌와 우문효백宇文孝伯으로 인한 것입니다."

본래 이들 두 중신은 우문옹의 치세 때 태자 우문빈이 자강자립할 것을 기대하여 성심을 다해 충간을 한 인물이다. 당시 왕궤는 술에 취한 척 가장한 뒤 우문옹의 수염을 어루만지며 이같이 말했다.

"이처럼 좋은 부친에게 좋은 아들이 없으니 참으로 애석하다!"

당시 우문옹도 태자 우문빈이 주색을 너무 밝혀 제왕이 그릇이 될 수 없다는 사실을 알고 있었다. 그러나 차자 역시 재능과 덕이 없었고 다른 아들들은 아직 어린애에 불과했다. 이런 이유로 우문옹은 결국 왕궤의 말을 받아들이지 않았다. 이 일로 인해 원한을 품은 우문빈은 왕궤를 서주로 내보내는 도중에 사람을 시켜 죽여 버렸다. 우문효백은 집에서 사사됐다. 왕궤는 피살되기 직전 조만간 화가 닥칠 것을 알고 가까운 사람에게 이같이 말했다.

"서주는 남조의 진나라와 가깝다. 만일 내가 목숨을 보전하려고 생각하면 이는 여반장이다. 그러나 충의의 길을 저버릴 수는 없다. 하물며 선제인 무제로부터 받은 은총이 태산과 같아 잊을 수 없다. 나는 여기에서 죽는다. 다만 천년 후 나의 일편단심을 알아주기만 바랄 뿐이다!"

원래 부모상을 당하면 3년 동안 음악 등을 멀리하며 거상한다. 그러나 우문빈은 전혀 그렇지 않았다. 그는 매일 궁전에서 가무음곡을 즐겼다. 총신인 정역은 멸망한 북제의 고위가 거느렸던 가무단을 새롭게 편성해 궁 안으로 불러들였다. 이들을 '어룡백희魚龍百戱'로 칭했다. 용춤과 난쟁이 농지거리, 공성전 연기, 코끼리 헤엄치기, 나귀 가죽 베끼기 등 기상천외한 놀이가 모두 포함되어 있었다. 이런 놀이가 밤낮없이 이어졌다. 후궁의 미인들 역시 수를 헤아릴 길이 없을 정도로 많은 위호를 갖게 됐다. 그 수가 너무 많아 주나라의 역사를 기록하는 기거주起居注의 사관들 역시 그 명호를 모두 기록해 놓지 못했다. 우문빈이 한 달 내내 궁 안에서 주색을 밝히며 오락을 즐긴 탓에 환관의 처치를 좇아 국사를 처리해야만 했다.

우문빈은 보위에 오른 지 1년이 채 안 된 시점에 겨우 7세의 어린 태자 우문연宇文衍에게 보위를 물려준 뒤 태상황으로 물러났다. 당시 그의 나이 21세였다. 그는 스스로 '천원황제天元皇帝'를 칭했다. 거주하는 궁전의 명칭 역시 '천대天臺'로 불렀다. 당시 그는 24줄의 면류가 달린 보관을 쓰고, 행차할 때면 기존의 제왕보다 배나 많은 수의 수레와 깃발, 북을 사용했다. 신하들에게 말할 때 사용하는 호칭도 '짐朕' 대신 '천天'을 사용했다. 식사할 때도 『주례周禮』와

『의례儀禮』 등에 기록된 바에 따라 준樽과 이彝, 규珪, 찬瓚 등으로 장식된 식기를 벌려 놓고 음식을 먹었다. 대신들은 반드시 3일 동안 목욕재계한 뒤 비로소 그를 배견할 수 있었다.

북주의 무제 우문옹은 나라에 도움이 되기는커녕 사치와 낭비의 요소가 되는 불상 등을 모두 없애 버렸다. 그러나 우문빈은 이와 정반대로 커다란 대불상과 천존상을 조성하고, 자신은 그사이에서 남향을 하고 앉아 정면의 광장에서 벌어지는 온갖 잡희를 구경했다. 장안의 백성들 모두 마음껏 이를 구경할 수 있었다.

천원황제 우문빈은 신하에게 회초리를 치는 것을 좋아했다. 여기에도 일정한 법제가 있었다. 120대를 때리는 것은 '천장天杖'이라고 했다. 후에 그 숫자를 배로 올려 240대가 됐다. 특별히 총애를 입은 황후와 비빈일지라도 이를 면할 길이 없었다. 감정이 쉽게 격동해 때리고 싶은 자는 아무 때나 선정됐다.

비록 우문빈의 황당한 행보가 지속되었음에도 북주의 국력과 전투력은 전혀 약화되지 않았다. 이는 대신들이 합심한 결과였다. 이들은 남조 진나라의 수양, 황성, 광릉 등지를 공략해 장강 이북의 백성을 모두 북주의 판도에 편입시켰다. 우문빈은 승리를 축하하기 위해 정무전에 백관을 모아 놓고 기예를 관람했다. 궁인과 내외명부 모두 이 의식에 참여했다. 사람들을 즐겁게 하기 위해 황제 자신이 대신들과 함께 한겨울인데도 불구하고 상반신을 드러내 놓고 정원 안을 뛰어다니는 와중에 좌우를 시켜 마구 물을 뿌려 대게 했다.

이런 놀이가 끝난 후 그는 홀연히 낙양 순행에 나섰다. 우문빈 자신이 직접 말을 몰아 하루에 3백 리를 갔다. 거의 질풍 같은 속도였다. 당시의 기준에서 볼 때 오늘날 시속 3백 킬로미터로 차를 모는 것에 비유할 수 있다. 네 명의 황후도 명을 좇아 급속히 그를 쫓아가야만 했다. 이에 부응하지 못할 경우 120대의 천장을 각오해야 했다. 이런 까닭에 그의 순행은 인마가 뒤집혀지고 정기가 사방으로 흩어지는 등 마치 패잔병이 황급히 도주하는 모습을 방불했다.

때를 가리지 않고 과도하게 유희를 즐기고, 무절제하게 주색을 밝힌 까닭에 그는 환궁 후 이내 중병에 걸려 숨을 거뒀다. 당시 22세였다. 그의 뒤를 이어 여덟 살의 우문연이 보위에 올랐다. 천원황제 우문빈의 총애를 입은 정역이 조명을 고쳐 양견을 보정대신 명단에 끼워 넣었다. 천원황후 양씨는 자신의 친정아버지가 권력을 잡는 데 일조했다. 그러나 친정아버지가 외손의 보위를 빼앗으리라고는 추호도 생각하지 못했다. 원래 우문연은 후궁 주씨 소생이나 명의상 양견의 딸인 천원황후의 아들로 입적해 있었다. 이로부터 채 2년이 못 돼 양견은 우문씨 황족을 남김없이 도살했다. 우문연은 선위한 뒤 곧바로 피살됐다. 만으로 채 아홉 살이 되지 못했다. 우문빈의 다른 두 아들은 갓난애에 불과했으나 뿌리를 제거한다는 차원에서 이들 또한 제거되었다. 우문씨 종실의 여타 인물도 예외가 될 수 없었다.

청대의 사가 조익趙翼은 『입이사차기廿二史箚記』에서 이같이 탄식했다.

"고래로 천하가 바뀌는 상황에서 수문제 양견처럼 황실의 외척이 되어 앉은 자리에서 보위에 오른 자가 없었다. 나라를 찬탈하는 과정에서 이전 왕조의 자손을 한 명도 남김없이 도륙했으니 그 잔인함은 비할 바가 없다. 어찌 사람의 마음을 조금이라고 가진 것이겠는가!"

당시 수문제는 스스로 친형제지간인 5명의 아들을 두었다고 자랑했다. 모두 독고씨獨孤氏 소생이었다. 그러나 장남 양용楊勇은 폐위된 후 사사되었고, 차남 수양제 양광楊廣은 신하의 손에 죽었다. 3남인 진왕 양준楊俊은 요절했고, 4남인 월왕 양수楊秀는 폐위돼 금고에 처해진 뒤 이른바 '강도江都의 난' 때 살해됐다. 마지막으로 5남인 한왕 양량楊諒은 모반을 일으켰다가 주살됐다.

양용의 자식 10명 모두 수양제에 의해 영남으로 쫓겨난 뒤 타살됐다. 양준과 양수, 양량의 자식 역시 강도의 난 때 죽었다. 수양제 양광의 세 아들 역시 강도에서 주살됐다. 결국 양씨 역시 후손이 완전히 멸절된 셈이다. 공교로운 것은 수제국을 멸한 우문화급宇文化及의 성이 '우문씨'라는 점이다. 물론 우문화급과 북주의 황실인 우문씨는 조상을 같이하는 것은 아니나 같은 성씨라는 점에서 불가의 인과응보를 연상시킨다.

청대의 왕부지는『독통감론』에서 당시의 상황을 평하면서 북주의 무제 우문옹이 비록 사서에 기록을 남길 정도의 업적을 남겼으나 지나치게 무력을 숭상하는 바람에 민심 이반을 초래했다고 지적했다. 그러나 이는 지나치게 유가적인 잣대를 들이댔다는 지적을 면하기 어렵다. 패망을 자초한 장본인은 어디까지나 우문빈이다. '천원황제'의 무절제한 사치와 황음무도한 행각은 북주의 조속한 패망을 자초했다고 평할 수 있다. 모두 제왕이 좇아야 할 다스림의 이치인 치도^{治道}의 중요성을 망각한 탓이다.

남조 진패선의 창업

남조 최후의 왕조인 진나라는 5명의 황제가 재위했고, 총 32년 동안 존속했다. 왕조의 단명은 개국 황제의 건국이 매우 어려웠고, 망국 황제의 망국이 매우 쉽게 이뤄진 사실과 무관하지 않다.

진패선의 자는 흥국^{興國}이고, 관향은 영천^{潁川}이다. '영가지란^{永嘉之亂}' 때 선조가 남쪽으로 내려온 뒤 오흥^{吳興}의 장성^{長城}(절강성 장흥현)으로 이주했다. 진패선의 집안은 매우 한미했다.『남사』와『진서』모두 서진 태위 진준^{陳準}의 후예로 기록해 놓았으나 이는 후대인이 가탁한 것일 공산이 크다. 다만 그의 상모는 매우 당당했다. 사서는 그의 신장이 7척5촌이고, 얼굴에 용의 모습이 있고, 손이 무릎까지 내려왔다고 기록해 놓았다. 이는 당시 토호의 모습을 닮았다. 젊었을 때 그는 무예가 뛰어났다. 칼춤과 봉술에 능해서 작은 마을의 우두머리인 소리장^{小里長}이 되었다. 이후 뇌물로 활용한 덕분에 건강으로 가 유고리^{油庫吏}(기름 창고지기)에 임명됐다. 큰 뜻을 품었던 그는 하층민들과 사귀며 깊은 인연을 맺었다.

양나라 종실인 신유후 소영蕭暎이 오흥 태수로 있을 때 그는 우선 예물을 보내 관계를 맺고 그의 막료가 되었다. 이는 훗날 진나라 창업의 배경이 되었다. 소영은 진패선을 높이 평가하며 존중했다. 관가와 암흑가를 막론하고 모르는 사람이 없는 데다 의기 또한 높았기 때문이다.

양무제의 대동 연간에 소영은 광주자사에 임명되자 진패선을 데리고 가 중직병참군中直兵參軍에 임명했다. 이는 일종의 보위단 단장을 말한다. 진패선은 영남嶺南(광동성) 현지의 반란을 진압하는 데 공을 세워 이내 서강도호, 고요군수로 승진했다. 이때 남조 양나라의 신주자사 노자웅盧子雄이 도적 토벌에 나섰다가 패하는 바람에 참수됐다. 대로한 그의 아들이 부하들과 함께 광주로 쳐들어왔다. 진패선이 정병 3천 명을 이끌고 가 이들을 대파했다. 양무제 소연이 이 소식을 듣고 크게 칭송하며 진패선을 직각장군에 임명하고 신안자에 봉했다. 이때 양무제는 화공을 영남으로 보내 그의 초상을 그려 오게 한 뒤 건강성에 걸어 두고 관람했다. 진패선의 이름이 조정에 널리 알려지게 된 배경이다.

얼마 후 소영이 병사하자 진패선은 그의 영구를 건강까지 호송했다. 호송 도중 그는 이분李賁이 다시 반기를 들었다는 소식과 함께 조정이 자신을 교주사마에 임명했다는 소식을 동시에 듣게 됐다. 그는 군사를 이끌고 가 이분을 대파했다. 양나라 조정이 이를 높이 사 그를 진원장군, 고요 태수에 임명하고 주변 7개 군郡에 대한 군사를 총지휘하게 했다. 이로써 영남 땅은 진패선의 근거지가 되었다. 당시 그는 반적을 토벌하는 과정에서 노자웅의 휘하 맹장 두승명杜僧明과 주문육周文育을 생포한 바 있다. 진패선의 설득을 받아들인 두 사람은 이후 진패선을 위해 혁혁한 전공을 세우게 되었다.

후경의 난이 일어났을 때 광주자사 원경중元景仲과 후경이 은밀히 내통했다. 진패선이 곧 조정에서 파견한 종실 소발蕭勃을 광주자사로 삼은 뒤 군사를 이끌고 가 원경중을 쳤다. 일은 원경중이 자진함으로써 마무리됐다. 진패선은 곧 시흥始興(광동성 소관)을 근거지로 삼고, 후경을 토벌하기 위한 준비에 들어갔다.

소발은 양무제 소연의 당질이나 나라에 충성을 바칠 생각이 전혀 없었다. 오직 천하대란의 와중에 일신의 안전을 보전하는 데 급급했다. 그는 진패선의 출병을 막기 위한 방안에 골몰했다. 이때 시흥의 토호인 후안도^{侯安都}는 진패선이 장차 대사를 이룰 것으로 판단하고 곧 그를 도와 병마를 그러모으는 데 앞장섰다. 두 사람은 소발의 심복인 남강^{南康}(강서성 공주)의 토호인 채로양^{蔡路養}과 시흥령 담세원^{譚世遠}의 대병을 봉쇄한 뒤 채로양의 처조카인 소마가^{蕭摩訶}를 대장으로 삼았다. 이후 진패선은 왕승변과 합세해 후경의 군사를 대파하고 건강성을 회복했다. 양원제 소역이 그의 공을 높이 사 장성현후에 봉했다. 얼마 후 새 도읍지인 강릉이 서위의 군사에게 함몰되고 양원제 소역이 포로로 잡혔다가 피살되는 일이 빚어졌다. 진패선은 왕승변과 함께 강주자사로 있는 양원제의 아홉째 아들 소방지^{蕭方智}를 옹립했다. 그가 양나라의 마지막 황제인 경제^{敬帝}이다. 당시 양경제 소방지의 나이는 겨우 열세 살에 불과했다. 모든 군국 대사는 진패선과 왕승변 두 사람에 의해 처리됐다. 당초 북제는 양원제 소역이 죽자 한산^{寒山} 싸움에서 포로로 잡은 양무제의 조카 소연명^{蕭淵明}을 양나라로 돌려보내 군주로 삼고자 했으나 왕승변이 이를 반대했다. 그러나 얼마 후 소연명을 치던 양나라 장수 배지횡이 북제의 군사에게 피살되고 동쪽 관문을 잃게 됐다. 왕승변은 두려운 나머지 고숙에 영채를 차리고 소연명을 받아들이는 방안을 논의했다. 소연명이 북제의 군사 1천여 명 및 왕승변의 군사가 호송하는 가운데 건강에 입성해 보위에 오른 배경이다. 그는 연호를 천성^{天成}으로 바꾸고, 진패선 및 왕승변이 함께 옹립한 소방지를 황태자에 봉했다.

진패선은 비록 소연명에 의해 시중에 임명됐으나 내심 크게 불만이었다. 양원제의 아들 소방지를 폐한 것은 잘못이라고 판단해 왕승변에게 누차 간했으나 왕승변은 이를 받아들이지 않았다. 두 사람은 후경의 무리를 토벌하는 과정에서 깊은 우의를 쌓게 됐으나 이 일로 인해 소원하게 되었다. 당시 왕승변은 일찍이 자신에게 30만 석의 양식을 보내 준 진패선을 전혀 의심하지 않았다. 그는 북제가 수춘을 침공할 가능성에 대비해 곧 진패선에게 사람을 보내 북제의 침공에 대비해 만반의 준비를 갖출 것을 고했다. 그러나 진패선은 북제의 침공에 대비한다는 구실로 경구에 머물며 왕승변을 급습할 준비에 들어갔다. 그는 후안도 및 주문육 등과 은밀히 계책을 마련했다. 이들은 야간에 군사를 출병시켰다. 병사들 모두 북제 군사의 침공을 저지키 위해 출병한 것으로 생각했다. 후안도가 함선을 지휘하는 가운데 병사들은 건강을 향해 출발했다. 당시 진패선이 머뭇거리며 전진하지 않자 대로한 후안도가 진패선을 향해 욕을 해 댔다.

"오늘 거병하기로 했으니 사세가 이미 형성된 것이오. 반드시 생사를 결단해야만 하오. 만일 실패하면 모두 함께 죽는 것이오. 당신이 유예한다고 죽음을 면할 수 있을 것 같소!"

진패선이 웃으며 말했다.

"당신이 나를 책망하는 것이오!"

이어 말에 박차를 가해 앞으로 나아갔다.

후안도의 부대가 건강의 석두성 북쪽에 도착한 후 배를 버리고 강 언덕으로 올라갔다. 석두성의 북쪽 언덕은 상대적으로 그리 험준하지 않았다. 병사들이 힘을 합쳐 후안도를 담장 안으로 던져 넣었다. 후안도가 곧 밧줄을 내려 사람들을 끌어 올렸다. 진패선은 건강성의 남문 쪽으로 진격했다. 당시 왕승변은 늦은 밤까지 공무를 처리하고 있었다. 이때 문득 성 밖에 군사들이 쳐들어왔다는 보고가 올라왔다. 황급히 갑옷 등을 찾는 와중에 후안도 등이 쇄도해 들어오자 아들 왕외王頠와 함께 집무실을 빠져나왔다. 그러나 좌우의 친병 수십 명과 함께 진패선의 군사와 힘겹게 싸워야만 했다. 결국 힘에 부친 그는 남문루로 올라가 진패선에게 절을 하며 용서를 구했다. 진패선이 사람을 시켜 문 아래에서 불을 붙이자 왕승변 부자는 부득불 누대 아래로 내려와 투항했다. 진패선이 적반하장 격으로 꾸짖었다.

"나에게 무슨 죄가 있다고 제나라 군사와 함께 나를 치려고 했던 것인가?"

왕승변이 쓴웃음을 지으며 아무 말도 하지 않았다. 진패선이 군사를 시켜 왕승변 부자를 끌어낸 뒤 새끼줄로 목 졸라 죽이게 했다. 후경을 토벌하는데 가장 큰 공을 세운 왕승변은 이처럼 허무하게 죽고 말았다.

진패선은 왕승변을 제거한 뒤 소연명을 폐하고 다시 소방지를 옹립코자했다. 먼저 북제를 향해 번국을 자칭하면서 소연명을 사도로 삼은 뒤 북제의 반응을 살폈다. 이때 스스로를 상서령, 도독중외제군사에 임명했다.

양경제 소태紹泰 원년(555년) 말, 왕승변의 잔여 세력인 두감杜龕과 왕승지王僧智 등이 분분히 거병해 북제의 군사를 이끌고 쳐들어왔다. 진패선이 군사를 이끌고 건강성의 서명문에서 출격해 서사휘徐嗣徽 등이 이끄는 군사를 대파한 뒤 다시 북제의 군사까지 깨뜨렸다. 무수한 전리품을 얻는 등 대승을 거두었음에도 건강성 내의 양나라 조정 대신들은 크게 두려워했다. 이들은 진패선에게 조카 진현랑陳顯朗을 인질로 보내 북제와 강화할 것을 요구했다. 진패선도 일단 숨을 돌리면서 북제의 군사를 안심시키는 완병계緩兵計를 구사할 생각으로 이를 받아들였다. 이듬해인 양경제 태평 원년(556년) 4월, 북제가 소궤蕭軌와 동방로東方老를 비롯해 임약任約 등을 시켜 10만 명의 대군을 이끌고 양나라를 치게 했다. 그러나 영격에 나선 진패선의 휘하 대장 황업黃業이 양산梁山에서 이들 북제의 대군을 깨뜨렸다. 양군이 한 달여간 대치하는 와중에 더 이상 싸우는 것이 어렵다고 판단한 북제의 군사가 사자를 진패선에게 보내 먼저 소연명을 보내줄 것을 요구했다. 진패선이 곧바로 승낙한 뒤 소연명을 배에 태워 송환코자 했으나 소연명은 건강성을 나오기 전에 돌연 등창이 나 병사하고 말았다. 이는 말할 것도 없이 진패선 쪽에서 먼저 손을 쓴 것으로 봐야 한다.

화가 난 북제의 군사들이 무호에서 출발해 건강성으로 진공코자 했다. 그러나 백성白城의 싸움에서 후안도가 이끄는 12명의 기병이 북제의 진영으로 돌진해 북제의 군사를 격파한 뒤 북제의 의동삼사인 걸복무로乞伏無勞를 생포

하면서 일이 어긋나고 말았다. 당시 진패선 역시 3천 명의 정병을 보내 과보
瓜步에서 북제의 군사를 대파하고 전선 1백여 척과 곡식 1만 곡을 노획했다.
게다가 큰비가 내려 수위가 높아지면서 주야로 싸우느라 휴식을 취하지 못
한 북제의 군사들이 크게 피폐해졌다. 양나라 군사 역시 어려움을 겪기는 마
찬가지였다. 군량이 제때 도착하지 않아 허기를 무릅쓰고 싸워야만 했다. 얼
마 후 진패선의 조카 진천陳蒨이 마침 3천 곡의 군량과 1천여 마리의 오리를
싣고 왔다. 진패선이 곧 밥을 짓고 오리를 끓이도록 명했다. 양나라 군사들이
배불리 먹은 후 곧바로 진공했다.

쌍방이 교전할 때 진패선의 휘하 대장 후안도와 소마가 등이 앞장서 용맹
을 떨쳤다. 북제의 군사가 어지러이 도주하는 가운데 소궤와 동방로 등 대장
46명이 포로로 잡혔다. 강물에 빠져 죽거나 피살당한 북제 병사의 수는 헤아
릴 수조차 없었다. 강북으로 탈주한 병사는 대략 당초 숫자의 5분의 1에 불
과했다. 양나라 군사의 대승이었다. 양나라 조정은 진패선을 장성공, 사도, 양
주자사에 임명했다. 그러나 북제에 인질로 가 있던 진패선의 조카 진현랑은
참수를 당했다. 당시 북제의 문선제 고양은 몇 년간에 걸쳐 산호와 거란, 돌
궐 등을 격파한 여세를 몰아 손쉽게 강남을 제압할 수 있을 것으로 생각했
다. 그러나 북방과 남방은 풍토가 달라 북제 군사의 전투력은 급격히 떨어질
수밖에 없었다.

양경제 소방지의 태평 2년(557년) 3월, 진패선의 근거지였던 영남에서 과거
진패선이 상사로 모셨던 종실 소발이 기병했다. 주문육이 군사를 이끌고 토
벌에 나섰다. 한 달여의 접전 끝에 소발은 부하에게 피살되고, 광주가 함몰됐
다. 이해 6월 양원제의 옛 휘하 장수로 있던 왕림王琳이 권신인 진패선의 토벌
을 기치로 내세우고 장사에서 기병했다. 진패선이 측근인 후안도와 주문육에
게 명해 함께 힘을 합쳐 왕림을 치게 했다. 이해 9월 양나라 조정이 승상 진
패선을 태부에 임명하면서 황월黃鉞을 더해 주었다. 얼마 후 다시 찬배불명贊
拜不名과 입조불추入朝不趨 등의 특권이 부여됐다. 10여 일 후 또다시 상국으로 승진해 진공에 봉해졌다. 구석이 더해지고 진나라에 백관을 두게 됐다. 이로 부터 12일 뒤 진왕이 됐다. 다시 3일 뒤 마침내 양경제 소방지로부터 선양을 받아들여 보위에 올랐다. 이로써 남조 양나라는 4대 56년 만에 패망하고 진 나라가 새로이 들어서게 됐다.

선양이 이뤄지는 날 양경제 소방지는 몸을 낮춰 별궁에 머물렀다. 진패선 은 짐짓 세 번 사양하다 군신들의 청을 못 이기는 척하며 보위에 올랐다. 조조 의 아들 조비와 사마의의 손자 사마염을 포함해 동진의 환온과 전조의 유유, 남조 제나라의 소도성, 양나라의 소연 등이 모두 이런 과정을 거쳐 새 왕조를 개창했으나 진패선처럼 극히 짧은 시간에 속전속결로 해치운 적은 없다. 왕을 칭한 지 3일 만에 황제를 칭한 것은 전대미문의 일이다. 당시 진무제 진패선은 즉위 직후 소방지를 강음왕에 봉했다가 얼마 후 사람을 보내 살해했다. 당시 16세의 소방지는 병사들을 피해 상을 사이에 두고 뱅뱅 돌며 애원했다.

"나는 황제가 되고 싶지 않았다! 진패선이 나를 보위에 앉히더니 이제는 다시 나를 죽이려 하는 것인가?"

그의 간청에도 아랑곳없이 병사들이 칼을 휘둘러 소방지를 조각냈다.

한미한 가문 출신인 진패선은 책을 많이 읽지 않은 까닭에 과감히 결단할 줄 알았으나 원략이 없었다. 당시 진패선의 동료와 참모들은 백성들의 미신 을 이용하기 위해 부명을 조작했다. 먼저 종산^{鍾山}으로 가 장제묘에 제사를 올리고, 이어 잃어버린 불사리를 찾아냈다고 떠벌이면서 대규모 법회를 열었 다. 며칠 후 진패선은 양무제 소연을 흉내 내 대장암사^{大莊巖寺}에 자신의 몸 을 바쳐 부처를 공양하는 이른바 '사신^{捨身}'을 행했다. 군신들이 거금을 내고 그를 환속시킨 것은 말할 것도 없다. 당시 왕림은 아직 토벌되지 않고 있었 다. 진패선이 파견한 후안도와 주문육의 대군이 무창에 이르자 무창성을 지 키고 있던 왕림 휘하의 대장 번맹^{樊猛}이 싸우기도 전에 성을 버리고 도주했다. 두 사람이 무창성 아래에서 승리를 자축하고 있을 때 문득 진패선이 보위에 올랐다는 소식이 들려왔다. 후안도는 이 소식을 듣고 기뻐하기는커녕 오히려 우려스런 모습을 보이며 이같이 탄식했다.

"출병의 명분이 없어졌으니 패할 공산이 커졌다!"

당초 후안도와 주문육은 왕림을 공격할 당시 왕림이 양경제의 명에 맞서 봉작을 거부한 점을 구실로 내세웠다. 이런 상황에서 진패선이 찬위를 했으니 후안도와 주문육은 졸지에 반란군이 되고, 왕림은 양나라의 황실을 지키는 보황군이 된 셈이다.

왕림은 자가 자형子衡으로 회계 산음현 출신으로 본래 한미한 병호兵戶 출신이다. 왕림의 누이와 여동생 모두 양원제 소역이 번왕으로 있을 때 입궁해 총애를 입었다. 왕림은 소년 시절부터 소역의 막부에서 행주行走(일종의 심부름꾼)로 일했다. 후경의 난이 일어났을 때 그는 왕승변을 수행해 대공을 세웠다. 건강성을 탈환할 때 선두에 서기도 했다. 다만 군사들을 풀어 건강성을 약탈토록 한 까닭에 왕승변은 장차 난이 일어날 것을 우려해 그를 주살할 것을 주청한 바 있다. 소역이 즉시 사람을 보내 왕림을 체포케 했다.

왕림이 강릉의 옥에 갇히자 소역이 정위경 황라한黃羅漢과 태주경 장재張載에게 명해 왕림의 군영에 가 군사를 해산시키게 했다. 왕림을 극구 변호한 장사 육납陸納 등이 대성통곡하며 명을 거부했다. 전에 장재로부터 혹독한 처우를 받은 바 있는 병사들이 장재를 나무 말뚝에 단단히 묶은 뒤 배를 갈라 창자를 밖으로 내던졌다. 육납 등이 황라한 등을 가둔 뒤 거병해 소역의 명에 항거했다. 왕승변이 군사를 이끌고 가 진압하자 육납 등이 장사로 들어가 저항했다. 당시 종실인 무릉왕 소기가 소역과 보위를 다투기 위해 촉 땅에서 장강을 따라 내려온 까닭에 소역은 왕림을 석방한 뒤 왕승변과 함께 육납을 다독이게 했다. 이에 육납 등이 성문을 열고 투항했다.

양원제 소역은 시기심과 의심이 많은 까닭에 왕림의 군사가 심히 성한 것을 보고 크게 우려했다. 이에 왕림을 멀리 떨어진 광주자사에 임명했다. 왕림은 장차 대란이 일어날 것을 짐작하고 곧바로 상서해 자신을 형남으로 보내 줄 것을 청했다. 상주문이 보고되지 않자 왕림은 곧 부중을 이끌고 남쪽으로 내려왔다. 소역은 강릉이 서위의 군사에게 포위되자 급히 왕림에게 명을 내려 구원해 줄 것을 청했다.

왕림이 밤낮으로 군사를 휘몰아 장사에 도착했을 때 강릉은 이미 서위의 군사에게 함몰된 뒤였다. 양원제는 포로로 잡힌 뒤 능욕을 당하다 피살됐고 왕림의 가족은 모두 포로가 되어 장안으로 압송됐다. 왕림은 양원제를 애도하기 위해 삼군에 명해 소복을 입게 했다. 자신은 장사에 머물며 사방에 격문을 보내 양나라 황실의 보호에 나설 것을 호소했다. 동시에 휘하 장수 후평侯平을 보내 북주의 앞잡이인 소절을 치게 했다. 그러나 얼마 후 후평이 자립을 꾀하며 왕림의 명을 받지 않았다. 왕림이 장수를 보내 토벌코자 했으나 이기지 못했다. 병사들이 크게 피폐해져 왕림은 북제에 칭신하며 위기를 모면할 수밖에 없었다. 당시 진패선은 왕승변을 제거하고 양경제 소방지를 옹립한 뒤 왕림을 시중, 사공에 임명하며 속히 입조할 것을 명했다. 왕림은 진패선의 의중을 읽고는 이를 거절했다. 이어 누선을 대대적으로 수리하는 등 건강성 공격 준비에 들어갔다. 왕림은 매번 싸울 때마다 수군대장 장평택張平宅이 승선한 배에 올라타 독전하면서 적을 깨뜨릴 상황이 되면 마치 멧돼지처럼 소리쳤다. 이로 인해 왕림이 새로 건조한 천여 척의 전함은 모두 '야저함野豬艦(멧돼지 함)'이란 별칭을 얻게 됐다.

진패선의 휘하 장수 후안도와 주문육은 경쟁적으로 영주를 공격했으나 성공하지 못했다. 이들은 왕림이 이끄는 대군이 이미 가까이 접근했다는 보고를 받자 곧바로 영주를 버리고 왕림을 사로잡고자 했다. 둔구沌口에 도착했을 때 역풍으로 인해 배를 띄우지 못하게 되자 서쪽 언덕에 진을 치고 동쪽 언덕에 진을 친 왕림과 대치했다.

며칠 후 쌍방이 교전에 들어갔다. 양측은 얼마 전까지 함께 싸웠던 전우였다. 후경을 칠 때 왕림의 군사는 건강성 공략의 주력군이었다. 이에 후안도와 주문육의 군사들은 왕림 군사의 실력을 두려워했다. 왕림이 가마 위에서 평소처럼 태연자약하게 주미麈尾를 들고 군사를 지휘하니 마치 제갈량이 다시 살아온 듯했다.

후안도와 주문육을 비롯해 서경성徐敬成
과 주철호周鐵虎 등 진나라 군사들 대부분이
포로로 잡혔다. 옛 전우들은 서로 욕하고 웃
으며 안부를 물었다. 유독 주철호만이 불요
불굴의 모습을 보였다. 화가 난 왕림이 좌우
에 명해 곧바로 그의 목을 치게 했다. 주철호
는 원래 소역에게 대항한 양나라 종실 소예
蕭譽의 부하였다. 왕승변이 상주를 평정하고
그를 포획했을 때 곧바로 참수하려고 했다.
이때 주철호가 큰 소리로 외쳤다.

진무제 진패선. 한미한 출신의 무장으
로 양원제 소역의 휘하에서 후경의 난
을 진압하여 공을 쌓았다. 그러나 결국
보위를 찬탈하여 양나라를 멸하고 남
조의 마지막 왕조인 진나라의 초대 황
제로 등극했다.

"후경이 아직 죽지 않았는데 어찌하여 장
사를 죽이려는 것인가!"

왕승변이 그를 기이하게 생각해 이내 부하로 거둬들였다. 이후 주철호는
여러 번 전공을 세워 후작이 되었다. 진패선이 왕승변을 죽이자 주철호는 휘
하 군사를 이끌고 투항해 진나라의 대장이 되었다. 그러다가 이때 왕림의 비
위를 거슬러 죽게 된 것이다.

왕림은 주철호를 죽인 뒤 더욱 화를 내며 자신이 지휘하는 함선의 밑바닥
에 커다란 형구를 설치한 뒤 후안도와 주문육 등을 하나의 사슬로 묶었다.
왕림의 막역한 친구인 태감 왕자진王子晉이 이들을 감독했다. 왕자진은 원래
소역의 휘하에 있던 인물이다.

진무제 영정永定 2년(558년) 봄, 왕림이 양무제의 손자인 일곱 살의 소장蕭莊
을 황제로 옹립했다. 그 후 10만 대군을 백수포白水浦에 주둔시키고 진패선 토
벌을 준비했다. 후안도와 주문육 등은 태감 왕자진과 점차 친숙해졌다. 이해
9월 몇 사람이 배에서 탈출해 건강으로 돌아갔다. 진패선이 이들을 인견한
뒤 옛날의 관직을 회복시켜 주었다. 이듬해인 영정 3년(559년) 8월, 진패선이

중병에 들어 이내 사망했다. 당시 그의 나이 57세였다. 『진서』「무제기」에 나오는 진패선에 대한 사관의 평은 호의적이다.

"진무제는 웅무雄武에 지략이 많았고, 본성 또한 매우 인애했다. 검소하여 허비한 적이 없다. 후궁들이 금이나 비취 등의 장식을 하는 것을 허락하지 않았다. 주악을 행하지도 않았다."

진패선은 비록 양나라의 보위를 탈취하기는 했으나 후대의 조광윤과 비교하면 후경을 평정한 공이 있었다. 조씨의 위나라와 사마씨의 진나라에 비교하면 음험하지도 않았다. 양무제 소연과 비교하면 공연히 보위를 탈취하지도 않았다. 설령 왕승변이 성공했을지라도 선비족의 북제를 상국으로 섬긴 소연명을 주인으로 삼은 까닭에 강남의 한족 백성들은 적잖은 고통을 겪었을 것이다. 중국의 역대 한족 사가들이 진패선의 공을 높이 평가하는 이유다.

진무제 진패선이 사망할 당시 그의 아들 진창陳昌은 장안에 있었다. 그는 강릉이 함락될 때 진욱陳頊과 함께 서위 군사에게 포로로 잡혀 장안으로 끌려갔다. 이에 후안도 등은 진패선의 조카인 진천陳蒨을 옹립했다. 그가 진문제陳文帝이다.

진陳의 혼란

진패선이 죽었을 당시 진나라는 내부적으로 적통 후사도 없는 데다가 밖으로는 강적이 도사리고 있고, 경험이 많은 장수는 군사를 이끌고 밖에 주둔해 있었으며 조정에는 중신이 없었다. 다행히 장황후章皇后는 매우 명민했다. 그녀는 급히 조카인 임천왕 진천을 불러들이면서 발상을 늦췄다. 진패선의 시신에서 부패하는 냄새가 진동하자 중서시랑 채경력蔡景歷은 사망 소식이 밖으로 새어 나갈까 부심했다. 고심 끝에 궁인들과 함께 밀랍으로 관을 만들어

악취가 퍼져 나가는 것을 막았다.

후안도는 철군 당시 마침 진천과 만나 함께 건강으로 도주했다. 군신들이 그를 천거하자 그는 겸양하며 이를 사양했다. 게다가 장황후의 소생인 진창陳昌도 아직 장안에서 돌아오지 않은 상태였다. 상황이 이렇게 되어 조신들이 결론을 내지 못하자 마침내 후안도가 조회 때 이같이 주장했다.

"지금 사방이 정해지지 않았는데 어찌 멀리 갈 여가가 있겠소? 임천왕은 대공을 세운 바 있으니 응당 그를 옹립해야 하오. 오늘 결정에 뒤늦게 참여하는 자는 참할 것이오!"

후안도가 검을 어루만지며 대전 위로 올라간 뒤 장황후를 만나 옥새가 찍힌 문서를 찾아냈다. 곧 임천왕 진천으로 하여금 황제 후사의 신분으로 발상케 했다. 진천이 진나라의 두 번째 황제의 자리에 오르게 된 배경이다.

당시 왕림은 진무제 진패선이 죽었다는 소식을 듣고 크게 기뻐했다. 이에 진문제 진천의 천가天嘉 원년(560년) 3월, 왕림이 이끄는 군사가 책구柵口로 진격했다. 진나라 장수 후진侯瑱이 무호에 영채를 차리고 대치했다. 마침 서남풍이 불자 순풍의 상황에 놓인 왕림이 스스로 하늘의 도움을 받았다고 떠벌리며 건강을 향해 곧바로 진격했다. 후진은 무호에서 출병해 이들의 뒤를 쫓았다.

왕림의 군사들이 화공으로 진나라 수군을 공격하자 후진도 화공을 구사했다. 왕림의 군사가 패하자 서쪽 강안에 있던 북제의 군사들도 왕림의 군사를 공격했다. 이로 인해 많은 왕림의 군사가 갈대가 무성한 늪 속에 빠져 죽었다. 결국 왕림은 작은 배를 이용해 좌우의 측근 수십 명과 함께 간신히 목숨을 구했다. 이들은 북제의 땅에 도착해 비호를 부탁했다.

진나라는 왕림을 격파한 뒤 얼마 안 돼 다시 반기를 든 웅담랑熊曇朗과 주적周迪 등을 격파했다. 이로써 진문제 진천의 보위는 굳건해졌다. 당초 진패선은 보위에 오르자마자 누차 우문씨가 대권을 장악하고 있는 서위를 향해 아들 진창을 돌려보내 줄 것을 요구했으나 서위는 이를 받아들이지 않았다. 진패선 사후 진천이 보위를 잇자 서위는 오히려 곧바로 진창을 석방해 건강으로 보냈다. 이때 왕림이 거병해 길을 막은 탓에 진창은 줄곧 안륙安陸에 발이 묶여 있었다. 왕림이 패한 후 진창은 건강에 서신을 보냈다. 도중에 진문제 진천이 그를 형양군왕에 봉했다. 화가 난 진창이 진천에게 서신을 보냈다. 그 내용이 매우 불손했다. 이에 기분이 상한 진천이 후안도에게 말했다.

"태자가 돌아오면 나는 한 지역의 번왕이 되어 편히 살 생각이오."

진천을 옹립하는 데 앞장섰던 후안도가 즉시 대답했다.

"자고로 천자를 대신하는 일이 어디에 있습니까?"

그는 곧바로 군사를 이끌고 진창을 영접하러 갔다. 진창이 강을 건너자 후안도가 진창의 좌우를 떨어뜨린 후 함께 배에 올라 경치를 감상했다. 몇 마디 말을 나눈 뒤 후안도가 포승을 꺼내 진창의 양손을 묶고 입을 막은 후 강물에 빠뜨려 죽였다. 이어 휘하들과 함께 진창이 타고 있던 배의 밑창을 뚫어 진창의 수종들을 모두 수장시켰다. 그는 일이 끝난 후 곧바로 상서해 진창이 도강을 하다 조난을 당했다고 보고했다.

진창의 영구가 건강에 당도하자 진문제 진천이 친히 울며 비통함을 가장했다. 장례가 끝난 후 후안도를 청원공에 봉했다. 당시 진문제 진천의 친동생 진욱陳頊은 아직 장안에 있었다. 그사이 서위는 우문씨의 북주로 바뀌어 있었다. 진천이 땅을 베어 주는 것을 조건으로 그의 송환을 요구하자 북주가 이를 받아들였다. 진욱이 돌아오자 진천은 그를 시중, 중서감, 중위장군에 임명하고 안성왕의 자리에서 문무대정을 총괄케 했다. 진욱은 진천 사후 진천의 아들 진백종陳伯宗을 폐한 뒤 스스로 보위에 올랐다. 그가 바로 진선제陳宣帝이다.

진문제 천가 4년(563년) 6월, 진천이 자신의 옹립에 결정적인 공헌을 한 사공 후안도를 제거했다. 그 이유는 무엇일까? 원래 후안도는 자가 성사成師로 시흥의 곡강曲江 출신이다. 누대에 걸친 토호였다. 진패선이 영남에서 거병할 때 후안도가 군사를 이끌고 와 수종했다. 채로양을 공격하고, 이천사李遷仕를 격파하고, 후경을 평정할 때 대공을 세웠다. 게다가 왕승변을 제거하는데도 수훈을 세웠다. 더구나 그는 군서를 두루 섭렵한 데다 예서에 능했고 비파도 잘 탔다. 당시로서는 매우 보기 드문 문무겸전의 인물이었다.

그는 진패선 사후 진문제 진천을 옹립하는 데 결정적인 도움을 주었다. 이에 후안도 일족 모두 명성을 떨치게 되었다. 후안도의 부친이 죽었을 때 진문제는 크게 장사 지내 주었다. 후안도의 아들 후비侯秘는 겨우 아홉 살에 지나지 않는데도 시흥의 내사內史에 임명됐다. 공훈이 뛰어나고 황제의 은혜가 커지자 후안도는 점차 세력을 확대하기 시작했다. 많은 문무지사를 소집해 시부詩賦와 사어射御 경연 등을 열어 상을 내렸다. 삼국 시대 당시 조조가 행한 것을 그대로 흉내 낸 것이다. 더구나 그의 휘하 장수들이 그의 위세를 믿고 누차 위법 행위를 저지르며 관기를 어지럽혔다. 조정이 조사에 착수하자 범법자들이 분분히 후안도의 거처로 숨어들었지만 정위廷尉가 감히 그들을 잡아들이지 못했다. 진문제 진천이 이를 크게 우려했다.

후안도는 자신의 공이 큰 것을 믿고 날이 갈수록 교만한 모습을 보였다. 황제에게 올리는 문서도 격식을 갖추지 않고 통상적인 공문의 형태에 생각나는 대로 적어 올렸다. 한번은 궁중에서 중신들이 모인 가운데 연회가 열렸을 때 후안도가 술에 취해 큰 소리로 진문제에게 이같이 말했다.

"지금과 과거 임천왕으로 있을 때를 비교하면 그 기분이 어떠합니까?"

진문제는 내심 크게 화가 났으나 못 들은 척하며 대답하지 않았다. 후안도는 여러 번 계속해서 질문했다. 마침내 진문제가 노기 띤 어조로 대답했다.

"보위에 오른 것이 비록 천명이라 할지라도 명공의 덕에 힘입은 바 크오!"

후안도가 이 말을 듣고 크게 웃었다. 연회가 끝난 뒤 후안도는 술기운을 빌려 다시 진문제에게 어용 휘장과 집기 등을 빌려 달라고 했다. 다음 날 일족의 노소를 모두 불러 연회를 베풀 생각이었다. 진문제는 이를 허락했으나 내심 크게 불쾌하게 여겼다. 과연 다음 날 후안도는 처첩과 일가친척을 비롯해 문무 군신들이 모두 모인 자리에서 어좌 위에 앉아 상수上壽를 받았다. 이 소식을 접한 진문제는 마침내 그를 제거하기로 결심했다. 사실 후안도는 무슨 찬역의 마음으로 이런 짓을 한 것은 아니다. 중운전에 불이 났을 때 그는 친

당나라 염립본閻立本의 『역대제왕도歷代帝王圖』. 왼쪽에 진폐제, 오른쪽에 진문제가 앉아 있다.

히 병사들을 이끌고 가 불을 끈 바 있다. 그러나 군사를 이끌고 입궁한 거동이 진문제의 심기를 매우 불편하게 만들었다. 진문제는 후안도가 찬역의 마음을 가진 것으로 생각했다. 진문제의 속마음을 헤아린 중서사인 채경력이 이내 은밀히 후안도가 모반을 꾀한다고 고했다. 진문제가 곧 후안도를 강주자사, 정남대장군에 임명하면서 속히 경구에서 건강으로 올라와 명을 받을 것을 명했다.

이에 후안도는 아무 생각 없이 휘하의 문무 관원을 이끌고 입성했다. 진문제가 가덕전에서 연회를 베풀고 막 술 한 잔을 마실 즈음 위사들이 들이닥쳐 후안도를 포박했다. 동시에 어림군이 후안도 휘하 장교의 무기와 병권을 빼앗았다. 다음 날 진문제가 후안도를 사사했다. 당시 그의 나이 44세였다.

비록 후안도를 모반 혐의로 죽이기는 했으나 진문제 역시 마음이 꺼림칙한 나머지 그의 가족을 연좌하지 않고 그를 선비의 예로 장사 지내 주었다. 후안도는 비록 나름대로 책을 읽고 군신의 도리 등에 대해 익히 알고 있었으나 도회韜晦의 계책에 대해서는 제대로 알지 못했다. 그나마 일족이 존속한 것은 불행 중 다행이라고 할 수 있다. 일찍이 진패선은 보위에 오를 당시 제장들을 품평하면서 후안도를 이같이 평한 바 있다.

"후안도는 오만하고 거칠면서 거리끼는 바가 없다. 경박하면서도 멋대로 한다. 이는 몸을 온전히 하는 도가 아니다."

결국 이 말이 맞아떨어진 셈이다. 진문제 진천은 재위 7년째인 천강天康 원년(566년) 4월에 숨을 거뒀다. 시호는 문제文帝, 묘호는 세조였다. 다음은 사가들의 대체적인 평이다.

"어려움 속에서 몸을 일으켜 백성들의 고통을 알았다. 검약하는 데 힘썼고, 진위를 식별하는 데 뛰어났다. 간사한 자들을 용납하지 않아 사람들 모두 스스로 노력해야 할 바를 알았다."

호평에 속한다. 사실 재위 중에 행한 여러 정책을 종합해 보면 그는 당시로서는 나름 보기 드문 군왕에 해당한다.

진문제 진천 사후 태자 진백종이 뒤를 이었다. 그가 진폐제陳廢帝이다. 15세에 보위에 오른 진백종은 연호를 광대光大로 바꿨다. 안성왕 진욱은 숙부인 진무제 진패선 덕분에 매우 이른 시기에 표기대장군, 사도, 녹상서사, 도독중외제군사에 임명됐다. 진문제 진천은 살아 있을 때 대신들 앞에서 보위를 동생 진욱에게 넘겨줄 뜻을 밝힌 바 있다. 그러나 이것이 자신을 시험하기 위한 것임을 알아챈 진욱은 엎드려 울면서 이를 고사했다.

진폐제 진백종이 보위를 이은 후 중서사인 유사지劉師知와 상서복야 도승거到仲擧, 동궁통사사인東宮通事舍人 은불녕殷不佞 등은 안성왕 진욱의 권세가 지나치게 비대하다고 생각했다. 이에 황태후의 조령으로 진욱을 양주로 내보냈다. 진욱은 조서를 받자마자 곧바로 부임할 준비를 서둘렀다. 이때 고위 막료인 모희毛喜가 간했다.

"진나라가 들어선 지 얼마 안 되었습니다. 오늘의 조명은 틀림없이 태후의 뜻이 아닐 것입니다. 대왕은 종실의 중신인데 어떻게 가벼이 내칠 수 있습니까? 한번 도성에서 쫓겨나면 이내 사람들의 견제를 받게 됩니다."

진욱도 그의 간언이 일리 있다고 생각해 병을 핑계로 출발을 늦추면서 모희 등을 왕부로 불러 대책을 숙의했다. 먼저 모희를 심^沈태후에게 보내 이 사실을 전했다. 정황을 자세히 알지 못한 심태후가 모희에게 말했다.

"지금 보위에 앉아 있는 진백종은 나이가 어려 국사를 진욱에게 위임해 놓고 있다. 나는 진욱을 밖으로 내보내는 조령을 내린 적이 없다!"

안성왕 진욱은 좌우를 시켜 유사지 등을 체포해 죽이게 했다. 이에 국정은 진욱에게 넘어갔다. 안성왕 진욱은 동양주를 진수하고 있는 진백종의 동생 진백무陳伯茂를 건강으로 부른 뒤 중위대장군에 임명했다. 이는 사실 그의 병권을 회수한 것으로 그를 궐 안에서 근무케 한 것은 연금이나 다름없었다. 진폐제 광대 2년(568년) 말 안성왕 진욱이 황태후의 명의로 조서를 내려 진백종이 유사지 등과 통모하는 패륜을 저질렀다는 구실로 임해왕으로 삼은 뒤 별관에 살게 했다. 그리고 진백종의 동생 진백무를 온마후에 봉한 뒤 사람을 시켜 도중에서 진백무를 제거케 했다. 당시 진백무는 17세였다. 1년여 뒤 진욱은 다시 사람을 보내 폐제 진백종도 제거했다. 당시 그는 19세였다.

진욱이 곧 보위에 올랐다. 그가 진선제陳宣帝이다. 진욱은 연호를 태건太建으로 바꾼 후 왕비 유씨를 황후, 세자 진숙보陳叔寶를 황태자에 임명했다. 당시 진나라의 입장에서 볼 때 주변 상황이 유리하게 돌아갔다. 고씨의 북제는 매우 어지러웠고, 우문씨의 북주는 막 서위를 대신해 새롭게 들어선 때였다. 주변국 어느 곳도 진나라를 칠 상황이 아니었다. 더구나 북주의 권신 우문호는 사자를 건강으로 보내 장차 북제를 친 뒤 천하를 반으로 나누기로 약정했다. 북주의 속셈은 진나라 군사를 이용해 북제를 견제한 가운데 일거에 북제를 멸해 북중국을 통일한 뒤 다시 진나라마저 병탄해 천하를 하나로 통일하려는 것이었다. 진선제 진욱은 북주의 속셈을 헤아리지 못하고 곧바로 응답했다.

태건 5년(573년), 진선제 진욱이 북벌을 시작했다. 진나라 대장 오명철吳明徹 등은 일거에 역양과 합비, 수양 등지를 점령했다. 회남 일대가 거의 모두 남조에 귀속됐다. 수양의 전투에서 오명철은 진나라에 항거하다 북제의 파릉군왕이 된 왕림王琳을 생포했다. 진나라 군사 중에는 왕림의 부하로 있던 자가 제법 많았던 까닭에 오명철은 변란이 일어날까 두려워 곧바로 사람을 시켜 왕림을 성 밖으로 끌어낸 뒤 목을 치게 했다. 당시 그의 나이는 48세였다. 현지 백성들은 이 소식을 듣고 통곡했다.

원래 왕림은 매우 조용하고 품위가 있으며 얼굴에 희로를 나타내지 않았다. 비록 학문을 닦지는 못했으나 민첩하고 기억력이 좋아 1천여 명이나 되는 막료들의 이름을 모두 외웠다. 또한 재물을 가볍게 여기며 병사들을 존중했다. 그러나 후대인들 중에는 그가 북제에 이어 북주에 칭신한 것을 이유로 그의 절조에 이의를 제기하는 사람이 매우 많았다. 당시 후주 고위를 비롯한 북제의 군신은 수양이 함락됐다는 소식을 접하고는 아무렇지도 않은 듯이 말했다.

"본래 그곳은 그들의 영토다. 그들이 다시 가져갔을 뿐이다!"

북주는 북제와 남조 진나라가 서로 견제하는 틈을 타 일거에 북제를 멸하고 북중국을 통일했다. 중원이 통일되자 진선제 진욱은 문득 정신이 번쩍 들었다. 태건 9년(577년) 서주와 연주를 놓고 북주와 다퉜다. 진욱은 곧 명을 내려 북벌에 나섰다. 이듬해인 태건 10년(578년) 봄 진나라 대장 오명철이 수만 명의 대군을 이끌고 가 팽성에 맹공을 가했다. 그러나 진나라 군사는 퇴로마저 차단당한 가운데 청구淸口의 싸움에서 대패했다. 오명철을 비롯해 진나라 군사 3~4만 명이 포로로 잡혔고 겨우 수천 명만이 사지를 빠져나와 귀환했다. 이후 북주는 창끝을 진나라로 향하기 시작했다. 얼마 지나지 않아 강북과 회남 일대가 모두 북주의 소유가 되었다. 만일 북주의 무제 우문옹이 도중에 죽지 않았다면 1~2년 내에 진나라는 완전히 끝날 상황이었다. 그러나 진선제 태건 10년에 북주의 무제 우문옹이 문득 병사하고 그의 아들 우문빈이 보위에 오르면서 진나라는 한숨을 놓을 수 있었다.

북주의 선제 우문빈은 역사상 매우 황음무도한 군왕으로 손꼽히는 인물이다. 그는 재위 기간 중 다시는 남정에 나설 뜻이 전혀 없었다. 2년 뒤 그 또한 병사했다. 그의 뒤를 이은 정제 우문연은 겨우 여덟 살에 지나지 않았다. 대권은 외척인 양견이 쥐고 있었다. 얼마 후 양견이 찬위해 수隋나라를 세웠다. 초기에 그는 우문씨 세력을 소탕하느라 남쪽을 돌아볼 여가가 없었다. 이런 연유로 진나라는 근 10년 가까이 잔명을 이어갈 수 있었다.

진선제 진욱은 비록 북제의 위기를 틈타 적잖은 땅을 차지했으나 사실 이는 근시안적인 소인의 행보에 지나지 않았다. 비록 북제는 정사가 문란하기는 했으나 군사력이 피폐했던 것은 아니다. 이들은 북주와 싸우느라 진나라의 침공을 돌아볼 여지가 없었을 뿐이다. 북제가 망하자 오명철은 전에 북주와 맺은 맹약을 들먹이며 천하를 반으로 나눌 것을 요구했다. 그러나 이는 황당한 주장에 지나지 않았다. 훗날 북송은 금나라와 손을 잡고 요나라를 멸했다. 남송은 몽골과 손을 잡고 금나라를 멸했다. 두 나라가 차례로 패망할 당시 북송과 남송 역시 뒤이어 패망했다. 북제가 패망한 후 남조의 진나라가 패망한 것도 같은 경우에 해당한다.

진선제 진욱의 재위 기간은 13년간이다. 그는 태건 14년(582년) 2월 사망했다. 당시 53세였다. 진욱은 뛰어난 용모를 지니고 있었다. 키는 8척3촌에 달했다. 용력이 뛰어났고 기사騎射에 능했다. 문무겸전의 인물이었다. 양원제 소역이 강릉에서 칭제할 때 여러 대장들의 자식과 조카를 입시케 했는데 이는 말할 것도 없이 인질로 잡아둔 것이다. 이때 진욱도 사촌 동생 진창과 함께 강릉으로 갔다. 사서의 기록에 따르면 당시 진욱은 친구 이총李總과 함께 술을 마시고 대취한 나머지 이내 잠이 들었다. 이때 이총이 변소에 갔다가 돌아오는 길에 진욱의 몸이 큰 용으로 변해 있는 것을 보고는 크게 놀라 도주했다고 한다. 중화민국 시대 당시 위안스카이의 시녀는 위안스카이가 용으로 변한 모습을 보았다고 주장한 바 있다. 그러나 위안스카이가 패한 후 그녀는 커다란 두꺼비를 보았다고 말을 바꿨다. 당시 진욱은 강릉이 서위 군사에 의해 함몰되자 여타 양나라 종실 및 속관들과 함께 포로가 되어 서위의 도성인 장안으로 끌려갔다. 만일 진욱이 보위에 오르지 못했다면 용 운운의 얘기는 나오지 않았을 것이다. 어쩌면 당시 이총도 사실은 크게 취한 상태에서 몽롱한 눈으로 용이 아닌 커다란 두꺼비를 보았던 것인지도 모른다.

위진남북조 시대의 종언

진선제 진욱이 죽은 뒤 태자 진숙보^{陳叔寶}가 뒤를 이었다. 그가 바로 중국의 역대 제왕 중 암군으로 악명이 높은 진후주다. 진욱의 적장자인 그는 자가 지수^{之秀}이고, 아명은 황노^{黃奴}였다. 진후주에 대해 후대인들의 논의는 매우 분분했다. 일반인들은 그를 주색에 빠져 나라를 패망케 한 암군으로 알고 있다. 그의 치세 때 나온 「장려화^{張麗華}」와 「옥수후정화^{玉樹後庭花}」 등이 논거로 제시되고 있다. 오랫동안 식자들 내에서는 당나라 건국의 일등 공신인 위징^{魏徵}의 다음과 같은 평이 널리 회자됐다.

"진후주는 깊은 궁궐에서 태어나 부인들의 손에 양육됐다. 당시 진나라는 이미 크게 피폐해져 있었으나 곡식 농사의 어려움을 몰랐다!"

사실 진후주 진숙보의 운명은 매우 기구하다. 두 살 때 강릉이 함몰되자 그는 생모와 함께 서위 군사에 의해 포로로 잡혀갔다. 이후 진문제 진천이 보위에 오르자 서위는 곧바로 진욱을 방면해 송환했다. 그러나 진욱의 적장자인 진숙보는 모친 및 이복동생 진숙릉^{陳叔陵} 등과 함께 장안에 남아 있었다. 인질로 잡혀 있었던 것이다. 진숙보는 10세 안팎이 되었을 즈음에야 비로소 건강으로 돌아올 수 있었다.

그는 어렸을 때부터 이미 혹독한 전란의 경험을 겪은 까닭에 삶의 간난고한^{艱難苦恨}에 대해 한탄이 많았다. 그가 훗날 천재 시인의 자질을 유감없이 드러낸 것도 이와 무관치 않을 것이다. 그가 부친 진욱의 뒤를 이어 보위에 올랐을 때 그의 나이는 이미 30세에 달해 있었다. 더구나 그는 부황이 병사할 당시 하마터면 이복동생인 시흥왕 진숙릉에 의해 목숨을 잃을 뻔했다.

진선제 진욱이 중병에 걸려 누워 있을 때 진숙보와 진숙릉을 비롯해 또 다른 형제인 진숙견陳叔堅 등 세 사람은 다투어 입궁해 진욱을 간병했다. 그러나 진숙릉은 오래전부터 딴마음을 품고 있었다. 그는 약을 담당하는 전약典藥에게 약재를 자르는 칼을 좀 더 속히 갈도록 했으나 칼이 잘 갈리지 않았다. 진숙릉은 몇 차례 재촉했으나 모두 제대로 되지 않았다. 그러던 중 부황이 숨을 거두었다는 소식을 듣고 그는 황급히 종자들에게 밖으로 나가 칼을 찾아오게 했다. 좌우가 무슨 뜻인지 몰라 이내 조복에 달려 있는 장식용 목검을 갖고 왔다. 그러자 시흥황 진숙릉이 발을 동동 구르며 크게 화를 냈다. 당시 장사왕 진숙견은 이를 이상하게 생각해 은밀히 진숙릉을 감시했다.

진욱이 죽은 다음 날 진숙릉이 문득 약재를 자르는 칼을 갖고 밖으로 나가 마침 땅에 엎드려 슬피 울고 있는 진숙보의 목을 마구 찔렀다. 그러나 칼이 무디었던 까닭에 진숙보는 단지 혼절만 하고 목숨을 구할 수 있었다. 진숙보의 생모 유황후가 뛰어나오자 진숙릉은 다시 그녀를 무딘 약재용 칼로 여러 번 찔렀다. 마침 그곳에 있던 진숙보의 유모 오씨가 뒤에서 진숙릉의 겨드랑이를 껴안았다. 그 순간 혼절했다 깨어난 진숙보가 몸을 일으켜 밖으로 달아나려고 하자 진숙릉이 진숙보의 옷을 잡아당기며 칼을 높이 쳐들었다. 진숙보는 기겁하여 황급히 옷을 벗고 달아났다. 두 사람이 내전에서 쫓고 쫓기는 긴박한 모습을 보일 당시 장사왕 진숙견이 안으로 뛰어들어가 진숙릉의 목을 잡아챈 뒤 손에서 약재용 칼을 빼앗았다. 이어 허리띠를 풀어 진숙릉을 내전의 기둥에 묶었다.

진숙견은 황급히 진숙보를 찾았다. 그의 분부를 좇아 진숙릉을 처리할 생각이었다. 그러나 진숙릉은 힘이 장사였다. 그는 내전에서 빠져나온 뒤 운룡문 쪽으로 뛰쳐나갔다. 동부東府로 달려간 그는 죄수들을 풀어 전사로 삼고, 금백을 대거 풀어 무장했다. 건강성 내에 있는 여러 왕과 장수들을 소집해 황궁으로 쳐들어가고자 했다. 그러나 왕공 대신들 중 이에 응한 사람은 아무도 없었다. 다만 신안왕 진백고陳伯固만이 홀로 말을 타고 참여했다. 진백고는 진문제 진천의 아들로 생긴 모습이 매우 누추하고 농담을 잘했다. 오리 사냥을 좋아한 까닭에 점차 가까워진 진백고와 진숙릉은 마침내 함께 반역을 꾀하는 사이가 됐다. 당초 진선제 진욱이 즉위한 직후인 태건 원년(569년), 겨우 16세에 불과한 진숙릉은 강주와 영주, 진주 등 3개 주의 군사권을 총지휘하는 도독에 임명됐다. 2년 뒤인 태건 3년(571년) 진숙릉은 평남장군에 봉해져 상주와 형주, 계주, 무주 등 4개 주의 군사를 지휘하게 되었다. 그는 해당 지역 소수 민족을 정벌한다는 구실을 내세워 대대적인 약탈을 자행했다.

태건 9년(577년), 진숙릉이 다시 양주자사에 임명돼 양주와 서주, 동양주, 남예주 등 4개 주의 도독이 되었다. 이듬해인 태건 10년(578년) 건강으로 들어가 동부에서 국정을 총괄하면서 황제 밑의 제1인자가 되었다. 태자 진숙보는 비록 보위 승계자로 있었으나 부황이 살아 있을 때만 해도 아무런 실권이 없어 유사시 진숙릉의 공격을 받을 소지가 컸다.

진숙릉은 외임으로 있을 때나 동부에 있을 때나 똑같이 밤낮을 가리지 않고 유흥을 즐겼다. 밤늦게까지 촛불을 켜고 많은 빈객들을 소집한 가운데 세간의 시시콜콜한 얘기를 화제로 삼아 온갖 농지거리를 일삼았다. 그의 민간 곡예에 대한 사랑은 과도한 바가 있었다. 본래 술을 좋아하지 않은 그는 수많은 안주를 벌려 놓고도 오직 음식만 먹으며 얘기를 즐길 뿐이었다. 매번 조회가 열릴 때면 늘 수레 안에서 책을 집어 들고 큰 소리로 읽으며 수불석권手不釋卷하는 대유大儒의 모습을 보여 주기도 했다. 그러나 자신의 부중으로 오기만 하면 곧바로 옷을 벗고는 손에 도끼를 들고 온갖 잡희를 흉내 냈다. 그는 어떤 잡기든 자신이 직접 해 봐야 직성이 풀렸다. 그가 평생 가장 즐겼던 일 중 하나는 도굴이었다. 건강성 주변에는 오래된 무덤이 매우 많았다. 그는 늘 1~2백 명의 수종을 이끌고 말을 탄 채 이들 고묘 사이를 누볐다. 묘지명에 나온 인물이 유명 인사일 경우 곧바로 말을 멈춘 뒤 좌우에 명해 이를 파게 했다. 그는 명사의 해골과 팔꿈치, 정강이뼈를 애무하며 갖고 노는 것을 좋아했다. 놀이가 끝나면 이들 뼈를 집으로 갖고 와 창고 깊숙이 감춰 뒀다.

태건 11년(579년), 진숙릉의 생모인 팽씨가 세상을 떠났다. 동진 시대 이래 왕공 귀족은 사후 건강성 부근의 매령梅嶺(남경성 남쪽)에 장사 지냈다. 매령은 낙양 부근의 북망산과 같았다. 진숙릉은 생모를 매령의 길지에 묻고자 했다. 결국 그는 동진의 태부로 있던 사안謝安의 묘지가 최고의 길지라는 것을 알고 이내 좌우에 명해 사안의 시신을 파낸 뒤 그곳에 생모를 안장했다.

동진 말년 환현桓玄이 건강성으로 들어올 당시 사안의 고택을 지휘부로 삼고자 한 적이 있었다. 당시 사안의 손자인 사혼謝混이 강력 반발하자 환현은 비록 조정의 대권을 손에 넣고 장차 보위에 오를 생각이었음에도 명문 거족에 대한 존경심을 갖고 있었던 까닭에 이내 양보했다. 그러나 진나라 때에 이르러서는 강좌江左 최고의 인물로 손꼽혔던 사안조차 무덤이 파헤쳐져 해골이 사방에 나뒹구는 신세가 되고 말았다.

당시는 사안의 9세손인 사정謝貞이 북주에 포로로 끌려가 있다가 건강으로 돌아온 지 얼마 안 되었을 때였다. 그는 초원장군의 직함을 갖고 있었음에도 감히 어쩔 수 없었다. 남북조 말기에 이르러 이전의 명문 사족 또한 남조의 운명처럼 해가 서산에 기우는 듯한 상황에 처했음을 시사한다. 사안의 직계손인 사정은 문장에 뛰어나 진후주 진숙보로부터 크게 칭찬을 받았다. 그러나 후대에 전해지고 있는 것은 오직 「춘일한거春日閑居」의 '풍정화유락風定花猶落(바람이 그쳤는데도 꽃은 계속 떨어지는구나)' 한 구절뿐이다.

당시 진숙릉은 모친의 상을 치르던 중 비통함을 못 이기는 모습을 보여 주기 위해 조정에 『열반경』 한 부를 헌정하면서 자신의 피로 쓴 것이라고 떠벌렸다. 그러나 사실 이는 휘하를 시켜 개의 피로 쓴 것이었다. 상례를 치를 때는 애통한 모습을 보이다가도 내실로 돌아오면 마음껏 먹고 마시며 가무를 즐겼다. 그는 전형적인 위군자僞君子였다.

진숙릉이 약재용 칼로 이복형 진숙보를 찌를 당시 그의 나이는 29세였다. 그는 결코 정신병자가 아니었다. 시종 휘하들을 매우 수완 있게 관리한 게 그 증거다. 그는 진숙보에게 무슨 커다란 원한을 품은 것도 아니었다. 어렸을 때 함께 장안에 인질로 잡혀 있기도 했다. 부황인 진선제 진욱이 죽었을 때 진숙보를 죽이려고 한 것은 무슨 치밀한 계책에서 나온 게 아니었다. 교횡이 지나친 나머지 자신이 보위를 잇는 게 당연하다는 식의 단순한 사고에서 비롯된 우발 행동으로 보는 게 타당하다. 당시 진숙릉이 죄수를 석방하고 군사를 모았지만 반나절에 걸쳐 모은 숫자는 1천여 명에 불과했다. 게다가 건강성 내에는 군마가 많지 않았다. 장사왕 진숙견은 태자 진숙보의 명의로 태자사인 사마신司馬申를 우위장군 소마가蕭摩訶에게 보내 즉시 입궁케 했다. 소마가는 당시 휘하 군사가 수백 명에 불과했으나 백전노장의 직업 군인이었다. 그는 명을 받자마자 즉시 군사들을 이끌고 동부로 쇄도해 건강성 서쪽문에 주둔했다. 이 소식을 들은 진숙릉은 크게 두려운 나머지 황급히 사람을 시켜 자신의 의장儀仗 등을 소마가에게 보내면서 보위에 오르면 반드시 재신宰臣에 임명하겠다는 식으로 설득했다. 소마가가 이같이 회답했다.

"전하의 심복이 와야 믿을 수 있습니다!"

진숙릉이 크게 기뻐하며 즉시 자신의 핵심 참모인 대온戴溫과 담기린譚騏驎을 보냈다. 두 사람이 오자마자 소마가의 병사들이 이들을 체포해 참수한 뒤 거리에 내걸었다. 이 소식을 들은 진숙릉은 황급히 집으로 달려가서는 왕비 장씨와 총애하던 6명의 미인을 우물가로 끌고 간 뒤 직접 우물에 빠뜨려 죽였다. 이어 좌우의 친병 수백 명과 함께 자신의 직계 부대가 주둔하고 있는 성 밖의 신림新林으로 달아나고자 했다. 이후 배를 타고 북쪽의 수나라에 투항할 생각이었다.

일행이 백양로白楊路에 이르렀을 때 소마가 휘하의 군사가 이미 그곳에서 이들을 기다리고 있었다. 진숙릉의 휘하 병사들이 밀리게 되자 진숙릉을 수종하던 신안왕 진백고가 말머리를 돌려 지나왔던 길의 작은 마을로 도주했다. 대로한 진숙릉이 칼을 뽑아들고 그 뒤를 쫓았다. 이에 진백고는 진숙릉 곁으로 돌아올 수밖에 없었다. 당시 진숙릉의 군사는 태반이 죽거나 도주하고, 남은 사람은 겨우 수십 명에 불과했다. 진숙릉이 어찌할 바를 몰라 크게 당황해할 때 대장 소마가 휘하의 기병대장 진지심陳智深이 창을 휘둘러 단번에 그를 말 아래로 떨어뜨렸다. 진숙릉을 수종하던 어린 태감 왕비王飛가 대세가 끝난 것을 알고 문득 칼을 뽑아 진숙릉을 마구 내리쳤다. 다른 기병대장 진중화陳仲華가 다가와 단칼에 진숙릉의 수급을 취한 뒤 이를 급히 궁성으로 보냈다. 신안왕 진백고 역시 현장에서 토막 났다.

진나라 조정에서 진숙릉과 진백고의 죄상을 논했다. 결국 과거 남조 송나라의 유소劉邵의 전례를 좇아 그의 시체를 강물에 내던지고, 그의 궁실을 허물어 돼지우리로 만들고, 그의 자식들을 모두 주륙하고, 그의 생모 팽씨의 묘를 파헤쳐 사안의 묘를 복원하는 것으로 결론이 났다. 진백고의 경우는 연좌에서 면제해 폐서인하는 것으로 그쳤다. 기병대장 진지심과 진중화는 각각 내사内史와 태수의 자리를 얻었다. 소태감 왕비도 복파장군에 봉해졌다. 결정적인 순간에 진숙릉을 배신해 전화위복의 계기로 삼은 셈이다. 그러나 무엇보다도 장사왕 진숙견의 공이 가장 컸다. 진숙릉의 직함이 거의 모두 그대로 그에게 옮겨졌다. 표기장군, 개부의동삼사, 양주자사가 그것이다. 며칠 후 그는 다시 사공으로 승진했다. 당시 진후주 진숙보의 목에 난 상처는 매우 깊어 일을 제대로 볼 수가 없었다. 조정 대사는 모두 진숙견에 의해 처리됐다.

권력은 사람을 부패하게 만들기 십상이다. 최고의 권력을 뜻하는 극권極權의 경우는 더 말할 게 없다. 장사왕 진숙견이 날이 갈수록 교횡한 모습을 보이자 진후주 진숙보가 그를 멀리하기 시작했다. 게다가 진숙보가 태자로 있을 때부터 동궁의 속관으로 재직했던 공범孔范과 관빈管斌, 시문경施文慶 등은 진숙견을 질투하며 이를 갈았다. 이들 모두 하루가 멀다 하고 진숙보에게 진숙견의 단점과 비행을 고해 바쳤다.

진후주 지덕至德 원년(583년), 진숙보가 진숙견을 강주자사로 내보냈다. 당시 어떤 사람이 진숙보에게 호랑이를 밖으로 내놓지 말라고 권했을 공산이 크다. 얼마 후 진숙견이 사공에 임명된 게 그 증거다. 다만 군권과 인사 임용에 관한 실권은 모두 거둬들였다. 진숙견은 불만을 품은 나머지 진숙보를 저주했다. 그는 장인을 시켜 움직이는 나무 인형을 만든 뒤 이를 앞에 놓고 밤낮으로 제사를 지내며 진숙보의 급사를 빌었다. 당시 움직이는 나무 인형이 어느 정도 정교하게 만들어진 것인지는 알 길이 없다. 이해 말 어떤 사람이 이를 밀고했다. 대로한 진숙보가 즉시 사람을 보내 진숙견의 왕부를 조사했다. 물증이 드러나자 곧 그를 궁 안에 가두었다. 조만간 사사할 심산이었다. 이날 저녁 진후주 진숙보가 문득 좌우의 태감을 시켜 장사왕의 죄행을 열거케 한 뒤 사면령을 내렸다. 진숙견이 땅에 엎드려 통곡하며 자신의 죄를 인정했다. 그러나 이는 술책에 지나지 않았다. 그는 이같이 읍소했다.

"이는 신의 본심이 아니었습니다. 단지 주상의 총애를 얻고자 한 것일 뿐입니다. 신이 지금 나라의 기강을 범했으니 죽어 마땅합니다. 신이 죽어 구천에서 진숙릉을 보게 되면 황상의 조명을 밝혀 책망토록 하겠습니다."

이 말에 감동한 진숙보는 이내 사면하고 얼마 후 다시 그를 중용해 시중, 진좌장군에 임명했다. 이후 진나라가 패망하자 진숙견은 망국의 왕 신분으로 장안으로 끌려간 뒤 과주로 옮겨가 이름을 진숙현陳叔賢으로 바꿨다. 평민이 된 그는 부인 심씨와 함께 술집을 열었다. 그러다가 수양제의 대업大業 연간에 이르러서는 영군 태수가 되어 집에서 편히 죽었다.

『진서』「모희전」에 따르면 진후주 진숙보는 이복동생인 시흥왕 진숙릉의 망동으로 목에 깊은 상처를 입었다가 시간이 지나 상처가 아물자 크게 기뻐한 나머지 황궁 뒤뜰에서 연회를 열고 악부시를 지었다. 그의 타고난 문학적 재능을 유감없이 발휘한 것이다. 그러나 당시는 아직 선황인 진선제가 죽은 지 1년이 지나지 않은 때였다. 예제에 따르면 연주와 음주는 불가했다. 대신 모희가 이에 불만을 품고 이내 가슴 통증을 이유로 연회석을 떠났다. 모희는 진선제 진욱이 보위에 오르는 데 결정적인 도움을 준 바 있다. 진선제는 생전에 모희의 계책을 모두 받아들였다. 당시 진후주 진숙보는 술에서 깨어난 후 좌우의 측근에게 은밀히 물었다.

"나는 모회를 궁 안으로 불러들인 것을 후회한다. 그는 병을 가장해 나의 연회를 저지코자 한 것이다. 그를 파양왕 형제에게 보내 처리토록 하고자 하는데 과연 이 방안이 어떠한가?"

파양왕 진백산陳伯山의 형 진백무陳伯茂와 진폐제 진백종 모두 진선제 때 모회의 계책에 의해 살해된 바 있다. 사마신 등이 이에 동조했다. 그러나 중서통사사인 부재傅縡가 반대했다.

"그리할 수 없습니다. 만일 모회를 파양왕 형제에게 보내 제거할 경우 지하에 있는 선황이 어찌 생각하겠습니까?"

이에 진숙보는 모회를 작은 지방의 관장으로 내보냈다. 진숙보는 비록 혼암하기는 했으나 사나운 사람은 아니었다. 그렇다고 그의 암군 행보가 양해되는 것은 아니다. 실제로 그는 시간이 지나면서 망국 군주의 면모를 서서히 드러내기 시작했다. 당시 진나라의 국경은 매우 축소돼 있었다. 인구는 2백만 명, 호수는 50만 호에 불과했다. 동진의 뒤를 이은 송나라와 비교하면 거의 절반에 불과했다. 실제의 인구는 사서에 나오는 통계보다 많았으나 이런 수치는 당시 남조가 시간이 지날수록 피폐한 상황으로 진행됐음을 보여 준다. 실제로 자경농의 숫자가 날로 줄어들면서 세수가 급감했다. 늘어나는 부역과 병역 부담 이외에도 관원들의 착취 등으로 인해 백성들의 삶이 갈수록 각박해진 결과다. 병사들의 신분도 계속 떨어졌다. 정반대로 북조에서는 서위 이래 균전제 기초하에서 발명된 부병제가 북조 군인들의 사기를 한껏 돋웠다. 수나라가 건립되면서 진나라의 운명은 이미 확정된 것이나 다름없었다.

수나라가 들어설 때 수문제 양견은 남조의 진나라와 우호 관계를 수립하려 했다. 그러나 당시 진선제 진욱은 아무런 공업도 세우지 못한 채 나라를 찬탈한 양견을 대단하지 않게 생각해 이를 받아들이지 않았다. 양견은 진선제가 죽자 국상을 틈타 공격하는 것은 상서롭지 못하다고 생각해 철군을 명하고 조문 사절을 보냈다. 진후주 진숙보는 공손한 문구로 이뤄진 양견의 서신을 받아보고는 자만한 나머지 '안을 잘 다스려야 우주가 맑고 편안하다!'는 식의 오만한 답서를 보냈다. 수문제 양견은 이를 받아 보고 크게 노했다.

진후주 지덕 원년(583년) 말, 진숙보가 사자를 수나라로 보냈다. 양견이 이인異人의 모습을 하고 있다는 얘기를 들은 결과였다. 진나라 사자와 함께 장안으로 간 화공 원언袁彥이 양견의 용모를 그려왔다. 진숙보는 괴기한 양견의 모습을 보고 크게 놀랐다.

"나는 이런 사람을 보고 싶지 않다!"

그러고는 황급히 좌우에 명해 이를 치우게 했다. 그러나 그는 결국 망국의 군주가 되어 양견을 참배하는 신세가 되고 말았다.

진나라는 진숙보가 보위를 이은 후 2년간에 걸쳐 광조전 앞에 3채의 거대한 누각을 지었다. 임춘각, 결기각, 망선각이 그것이다. 당초 진숙보는 이복동생 진숙릉의 기습 공격으로 큰 상처를 입고 승향각에 머물렀다. 부인 심황후는 총애를 입지 못하고 오직 장귀빈인 장려화張麗華만이 진숙보를 시봉하면서 커다란 총애를 입었다. 원래 장려화는 한미한 병가兵戶 출신이다. 8, 9세 때 태자궁에 들어와 귀빈이 되었다가 10세 때 진숙보가 그녀를 보고 곧바로 총애해 태자 진심陳深을 낳았다. 진숙보는 보위를 잇자마자 곧바로 그녀를 귀비로 삼았다. 장려화는 신분이 천하기는 했으나 매우 총명한 데다 남자를 감동케 만드는 미덕이 있었다. 바로 투기를 하지 않는 것이었다. 오히려 늘 미모의 궁녀를 진숙보에게 천거했다. 후궁들 역시 장귀비의 덕을 칭송했다. 민간에 나도는 얘기도 먼저 알아 진후주 진숙보에게 보고했다. 이로 인해 장귀비에 대한 총애는 날로 더해 갔다. 장귀비는 머리카락이 7척에 달할 정도로 길었다. 살쩍의 색깔 역시 옻칠처럼 검어 빛이 났다. 당시 진후주 진숙보는 정사를 돌보는 데 권태를 느끼고 있었다. 백관이 상주문을 올리면 두 명의 태감이 이를 접수해 진숙보에게 보고했다. 진숙보는 매양 장귀비를 무릎 위에 올려놓고 함께 결재했다. 조리가 분명하고 비주批奏(보고 평가)에 절도가 있어 누락되는 게 없었다. 장귀비가 보통 여인이 아니었음을 뒷받침하는 대목이다. 진숙보 역시 어리석은 임금은 아니었다. 그는 당대의 대문학가이자 대시인이었다.

『제감도설』에 실려 있는 진후주의 연회 장면. 진후주는 매일 공범이나 강총과 같은 '압객狎客'을 불러 연회를 열었다. 이들은 밤새 술을 마시며 시를 지었고, 때로는 시에 곡을 붙여 궁녀들이 노래 부르며 춤을 추게 하기도 했다. 이렇게 주색에 빠져 정사를 태만히 하는 동안 수나라는 진나라를 공격해 멸망시키고 중국을 통일하였다.

장귀비 이외에 진후주의 총애를 입은 여인으로 공귀빈龔貴嬪과 공귀빈孔貴嬪을 비롯해 왕미인王美人과 이미인李美人, 장숙원張淑媛과 설숙원薛淑媛, 원소의袁昭儀, 하첩여何婕妤, 강수용江修容 등을 들 수 있다. 진숙보는 이들 10여 명의 미희들을 이끌고 대신들과 함께 자주 연회를 갖고 시부와 가무 등을 즐기며 살았다. 그가 지은 대표적인 작품으로 「옥수후정화玉樹後庭花」와 「임춘락臨春樂」 등을 들 수 있다. 이는 대체로 장귀비나 공귀빈 등의 미색을 읊은 것이다.

임춘각과 결기각, 망선각 등 새로 지은 3채의 전각은 극도의 사치를 부린 건물이었다. 높이는 몇 장이나 되었고, 크기는 수십 칸에 달했다. 창문과 벽, 처마, 난간 등은 최고급 목재인 침단향목沈檀香木으로 지었고 금옥 등으로 장식했다. 밖에는 주렴, 안에는 보물로 장식된 휘장을 드리웠다. 아침에 해가 뜨고 강남의 따스한 바람이 불 때면 보석과 금은 등의 장식이 찬연한 빛을 발해 궁정을 환하게 밝혔다.

진숙보의 대표적인 음주 및 시문 친구로는 복야 강총江總을 들 수 있다. 그는 명색만 재상일 뿐 사실은 한량이나 다름없었다. 60여 세의 나이에 반백의 수염을 날리며 정사는 돌보지 않고 주로 도관상서 공범孔范 등 10여 명의 문사와 함께 후정에서 열리는 연회에서 진숙보를 모시는 게 일이었다. 이들은 존비를 따지지 않고 술을 마시며 웃고 떠들었다. 당시 사람들을 이들을 가리켜 '압객押客'이라고 했다. 이는 마음을 터놓고 지내는 사람이나 친하게 지내는 손님을 뜻하는 말로 사용된다. 군주의 근신으로서 군주의 뜻에 부합되는 행동만을 하는 자를 가리키기도 한다.

공범은 시세에 부합하기를 잘했다. 그는 같은 성씨의 공귀빈과 오빠와 여동생의 관계를 맺었다. 이로 인해 진숙보는 공범의 매부가 되었다. 당시 진숙보가 태자로 있을 때부터 동궁에서 근무했던 시문경施文慶과 그의 친구 심객경沈客卿 등은 재정 대권을 장악해 끊임없이 백성들로부터 무수한 종류의 세금을 뜯어냈다. 진후주 진숙보의 끝을 알 수 없는 사치를 뒷받침하기 위한 것임은 말할 것도 없다. 사민들의 원성이 들끓었다. 당시 공범은 진후주 진숙보에게 이같이 말했다.

"밖에 주둔하고 있는 무장들은 모두 잡졸 출신입니다. 필부지용匹夫之勇밖에 없는 이들에게 무슨 심모원려가 있겠습니까?"

곁에 있던 시문경과 사마신 등이 이에 동조하며 진숙보를 부추겼다. 이로 인해 진숙보는 장수들이 사소한 실수만 저질러도 곧바로 조명을 내려 휘하의 병마를 빼앗아 공범 등의 문사에게 지휘권을 넘겼다.

비록 그러하기는 했으나 진숙보의 시사詩詞는 확실히 뛰어난 바가 있었다. 그가 지은 「독작요獨酌謠」가 그 증거다.

홀로 마시다 읊조리고, 홀로 마시다 또 홀로 읊조리네 獨酌謠, 獨酌且獨謠
1잔에 어찌 여름밤에 도취할까, 2잔에 광풍이 그치네 一酌豈陶暑, 二酌斷風飆
3잔에 기분이 통쾌하지 않으니, 4잔에 정이 무료하네 三酌意不暢, 四酌情無聊
5잔에 술잔 자주 엎고, 6잔에 즐거이 거문고 타려 하네 五酌盂易覆, 六酌歡欲調
7잔에 온갖 걱정 사라지고, 8잔에 높은 뜻이 일어나네 七酌累心去, 八酌高志超
9잔에 나와 외물 모두 잊고, 10잔에 문득 하늘을 나네 九酌忘物我, 十酌忽凌霄

하늘을 날며 나래를 펴니, 마음대로 이리저리 날아가네 ^{凌霄異羽翼, 任致得飄飄}

차라리 세인들처럼 취해, 파도 따라 멀리 가 놀았으면 ^{寧學世人醉, 揚波去我遙}

그댄 부구백도 아니니, 어찌 왕자교를 만날 수 있겠나 ^{爾非浮丘伯, 安見王子喬}

'왕자교'는 주영왕의 태자 진^晉으로 부왕의 노여움을 사 평민이 된 후 도사 '부구백'을 좇아 신선이 되었다는 전설적인 인물이다. 훗날 차에 관해 아성^{亞聖}으로 칭송받는 당 제국 때의 시인 노동^{盧仝}은 「칠완다시^{七碗茶詩}」에서 진숙보의 「독작요」를 흉내 내 차를 완상하는 과정을 이같이 읊은 바 있다.

"벽운^{碧雲}에 바람을 쉼 없이 끌어들이자 흰 꽃에서 발산한 빛이 차 그릇 표면에 응결됐다. 1잔에 목구멍과 입술이 젖으니, 2잔에 고민이 사라진다. 3잔에 장을 씻어 내니 오직 5천 권의 책만 뱃속에 남는다. 4잔에 가벼이 땀을 내니 평생의 불만스런 일이 모두 털구멍을 통해 빠져나간다. 5잔에 살과 뼈가 맑아지고, 6잔에 신선과 혼이 통한다. 7잔에 더 안 마셔도 되니 두 겨드랑이 사이에서 맑은 바람이 절로 인다. 신선이 산다는 봉래산은 어디에 있는가? 이 청풍을 타고 속세를 떠날 만하다. 산속의 많은 신선이 인간 세상의 억조창생이 낭떠러지에 매달려 갖은 고생을 하는 것을 어찌 알 수 있을까? 모든 창생에게 묻기를, '마침내 소득^{蘇息}(숨을 돌려 소생함)을 얻었는가?'라고 할 뿐이다."

노동은 진숙보의 술을 차로 바꿔 놓았을 뿐 기본 취지는 서로 통한다. 진후주 진숙보의 시사에서 가장 널리 알려진 것은 「옥수후정화」이다. 다음은 흔히 망국의 노래로 알려진 이 가사의 전문이다.

방림 속 전각 고각과 마주하니, 단장한 요염은 본래 경국지색

창호에만 어른거리는 그대, 휘장 걷고 웃으며 맞으려는 뜻이지

요희의 얼굴 이슬 머금은 듯, 옥수의 흐르는 빛 뒤뜰에 가득

꽃은 피고 져 오래 못 가니, 뜰에 가득한 낙화 적막을 더하네

^{麗宇芳林對高閣, 新妝艶質本傾城}

映戶凝嬌乍不進, 出帷含態笑相迎

妖姬臉似花含露, 玉樹流光照後庭

花開花落不長久, 落紅滿地歸寂中

이 시는 매우 탈속한 느낌을 주고 있다. 훗날 당나라 시인 두목^{杜牧}은 진나라의 옛 도성인 건강을 지나다가 「박진회^{泊秦淮}」를 지은 바 있다.

안개 속 차가운 강물, 달빛 교교한 백사장 煙籠寒水月籠沙

삼경에 진회 나루 가까이 주막에 정박하네 夜泊秦淮近酒家

색주가 계집은 망국의 한을 알 길 없으니 商女不知亡國恨

아직도 강변 색주가에서 후정화를 부르네 隔江猶唱後庭花

당시 진후주 진숙보는 황후 심씨와 매우 냉랭한 관계였다. 1년 반 동안 겨우 한 차례만 황후의 처소로 갔을 뿐이다. 심황후는 은인자중한 모습을 보인 현명한 여인이었다. 그녀는 진숙보를 아무 불평 없이 맞아들이고 떠나보냈다. 오히려 진숙보가 이를 이상하게 여겨 심황후에게 물었다.

"그대는 왜 나에게 머물러 있어 달라고 하지 않는 것이오?"

심황후는 아무 얘기도 하지 않았다. 이에 진숙보는 시흥이 크게 일어 「희증심후^{戲贈沈后}」 한 수를 지었다.

잡아야 하는가 말아야 하는가, 잡지 않으니 떠날 수밖에 留人不留人, 不留人亦去

여기서 잡지 않으니, 나 스스로 머무는 곳을 둘 수밖에 此處不留人, 自有留人處

진후주 진숙보는 조회할 때도 정인군자의 모습을 보이지 않았다. 중서통사 사인 부재^{傅縡}는 진숙보가 태자로 있을 때부터 동궁의 속관으로 있던 인물이다. 그는 문장에도 뛰어났지만 매우 민첩했다. 군국 대사도 단번에 합당하게 처리하자 진숙보가 그를 중하게 여겼다. 그러나 지나치게 충직했던 까닭에 시문경 등이 고구려 사자로부터 뇌물을 받았다는 이유로 그를 참소했다. 그러나 그는 심지어 옥에서도 이같이 상주했다.

"폐하는 줄곧 주색이 과도합니다. 소인들이 옆에서 권력을 농단하고 있습니다. 이들은 충직한 사람을 원수처럼 여기고, 백성들을 초개처럼 봅니다. 후궁들은 비단 자락을 끌고, 마구간의 말은 콩과 곡식을 먹고 있습니다. 백성들은 먹을 게 없이 사방을 떠돌고, 시체가 들에 널려 있습니다. 뇌물이 공공연히 횡행하고, 창고는 크게 비어 있습니다. 하늘과 백성이 노하고 원망하니 도처에서 이반하고 있습니다. 동남쪽에 왕기가 있을까 두려우니 이리되면 모든 게 끝입니다!"

진숙보가 그의 상주문을 보고 크게 화를 냈다. 하지만 동궁 때부터 속관으로 지낸 점 등을 감안해 곧 사람을 보내 이같이 전했다.

"나는 경을 사면코자 하는데, 경은 능히 잘못을 고칠 수 있겠소?"

부재가 이같이 회답했다.

"신의 마음은 신의 얼굴과 같습니다. 얼굴을 뜯어 고칠 수 있다면 신의 마음도 바뀔 것입니다!"

대로한 진숙보가 이 일을 환관에게 맡겼다. 결국 부재는 옥사하고 말았다. 당시 55세였다.

수문제 양견은 내부의 반대 세력을 제압한 뒤 눈길을 남조 진나라로 돌렸다. 진후주 지덕 3년(585년) 강릉 일대에 할거하고 있던 양나라의 후신인 후량後梁의 명제明帝 소규蕭巋가 사망했다. 소규는 서위에 의해 '양왕'에 임명됐던 소절의 아들이다. 당시 후량은 강릉 일대를 근거로 줄곧 서위와 북주, 수나라의 부용국으로 있었다.

소규의 아들 소종蕭琮이 그 뒤를 이었다. 진후주 정명禎明 원년(587년) 9월, 수문제 양견이 소종을 장안으로 소환한 뒤 대장 최홍도崔弘道에게 명해 군사를 이끌고 가 강릉을 지키게 했다. 소규의 숙부 소암蕭巖 등은 수나라 군사가 자신의 군사를 병탄할까 우려한 나머지 강릉성 내의 문무백관과 백성 10여 만 명을 이끌고 남조 진나라에 투항했다.

수문제 양견이 이를 구실로 양나라를 멸한 뒤 장안에 있던 소종을 수나라의 상주국에 임명하고, 거공에 봉했다. 소종은 수양제 때도 크게 존중을 받아 양공으로 개봉됐다. 수양제 치세 말기에 참소를 받기도 했으나 끝내 집에서 편히 죽었다. 당시 후량의 투항은 수문제에게 진나라 토벌의 구실로 작용한 까닭에 진나라의 입장에서 볼 때는 오히려 화로 작용했다. 진나라의 전당현에 임해 있는 평호平湖는 수초로 인해 물길이 막혀 있었으나 이때 문득 물길이 열렸다. 당시 민간 내에서는 '호수가 열리면 천하가 평정된다!'는 얘기가 나돌고 있었다. 진후주 진숙보는 이 얘기를 전해 듣고 크게 우려했다. 그 역시 천하 통일의 주인은 자신이 될 수 없다는 사실을 잘 알고 있었다. 과거 양무제처럼 사찰에 사신捨身하는 행각을 벌인 이유다. 부처의 가호로 진나라의 잔명을 잇고자 한 것이다. 장화章華가 표문을 올려 간했다.

"옛날 고조高祖(진패선)는 남쪽으로 백월百越을 평정하고, 북으로 오랑캐를 토벌했습니다. 세조世祖(진천)는 동쪽으로 오회吳會(회계 일대)를 평정하고, 서쪽으로 왕림을 토벌했습니다. 고종高宗(진욱)은 회남을 정복해 강토를 1천 리나 넓혔습니다. 폐하가 보위를 이은 지 벌써 5년이 되었습니다. 폐하는 선제가 이룩한 간난을 생각하지 않고, 천명의 두려움을 알지 못하고, 폐총嬖寵에 둘러싸여 주색에 빠져 있고, 선조를 제사 지내지 않고 있습니다. 지금 노신들과 숙장은 초개처럼 버려져 있고, 간사한 참언이 횡행하고 있습니다. 강토가 날마다 줄어들고 있는 상황에서 폐하가 일대 개역改易을 단행하지 않으면 신은 고소대姑蘇臺에 사슴들이 다시 뛰노는 것을 볼까 두렵습니다!"

회계에 있는 고소대가 황폐한 곳으로 변해 사슴들이 뛰논다는 것은 곧 진나라의 패망을 의미한다. 장화는 충심으로 진숙보의 일대 혁신을 촉구한 것이다. 그러나 진숙보는 종일토록 크게 수치스럽게 생각하며 이를 갈다가 당일 그를 잡아 죽였다. 훗날 왕부지는 『독통감론』에서 이같이 평했다.

"대신大臣이 말하지 않고, 소신小臣의 상언을 멀리하면 그 나라는 반드시 망한다. 소신은 권력이 미약해 나라의 잘못을 고치기에 부족하고, 인정으로 말할지라도 주상을 접촉하기에 부족하다. 이들이 모여 말할 때 그 말이 부드러우면 마치 듣지 않은 듯이 대한다. 반대로 말이 격하면 반드시 주상의 노여움을 사게 된다. 대신이 비록 구하고자 할지라도 벌을 면하기 어렵다. 하물며 대신들이 투기하며 서로 배척하는 경우야 더 말할 게 있겠는가!"

진후주 정명 2년(588년) 4월, 수문제가 진나라 토벌의 조명을 내렸다.

"진숙보는 손바닥만 한 땅에서 멋대로 방자한 모습을 보이고 있다. 안팎으로 신민을 괴롭히며 밤낮으로 사치의 극을 달리고 있다. 직언을 하는 자들의 목을 치고, 아무 죄가 없는 자들을 죽이고 있다. 하늘을 속여 악을 행하면서도 귀신에게 제사를 지내 은혜를 구한다. 얼굴에 화장을 하고 손에 창과 방패를 든 꼴이다. 자고로 이처럼 혼란한 적이 없었다. 군자가 사방으로 도주해 숨고, 소인이 뜻을 얻으니 천재지변이 그치지 않고 온갖 귀신이 난무한다. 하늘 아래 짐의 신하가 아닌 자가 없다. 매번 저들의 얘기를 들을 때마다 마음에 상처가 나고 측은한 생각이 든다. 가히 군사를 내어 저들을 토벌할 만하다. 이번의 거사로 저들 오월 땅을 맑게 만들도록 하라!"

이와 동시에 수문제 양견은 사람을 시켜 진숙보의 스무 가지 죄목을 열거한 조서 30만 장을 강좌 일대에 뿌리게 했다. 이해 겨울 진왕晉王 양광楊廣을 위시해 진왕秦王 양준楊俊, 청하왕 양소楊素를 행군원수로 삼고 모두 9명의 총관總管(대장)과 51만8천 명의 군사를 지휘케 했다. 양광이 명의상 총사령관에 임명됐다. 이들은 모두 여덟 가지 갈래로 출병했다. 그 규모를 살펴 보면 동쪽으로 창해, 서쪽으로 파촉에 접해 있었고 깃발을 꽂은 배가 수천 리에 이르렀다. 점복에 밝았던 동진의 곽박郭璞은 일찍이 이같이 예언한 바 있다.

"강동이 3백 년 동안 나뉘어 있다가 다시 하나로 합쳐질 것이다!"

수문제 양견은 당시 필승의 신념을 갖고 있었다. 진후주 진숙보는 이 소식을 듣고 이같이 자위했다.

"왕기王氣는 이곳에 있으니 하늘이 우리를 도울 것이다! 제나라 군사가 세 번, 주나라 군사가 두 번 쳐들어왔지만 모두 패퇴했다. 수나라 군사가 이번 침공에서 과연 무엇을 하겠는가?"

도관상서 공범도 이에 부화했다.

"장강은 자고이래로 남북을 가르는 천혜의 장애물입니다. 오늘 오랑캐 군사가 어찌 이를 날아서 넘어올 수 있겠습니까? 변경의 장병 모두 요격해 공을 세울 생각을 하고 있으니 망언이 있다 한들 무슨 큰일이 일어날 리 있겠습니까? 신은 늘 관직이 낮다고 생각해 왔으니 만일 오랑캐가 도강하면 신 또한 적들을 섬멸하는 공을 세워 장차 태위의 대관 자리를 맡을 생각입니다."

조정의 신하들이 그의 말을 좇아 온갖 얘기로 아부했다. 진숙보가 크게 기뻐하며 응당 그럴 것으로 생각했다. 음주 가무와 시 짓기를 계속한 이유다. 진후주 정명 3년(589년) 정월 15일, 수나라 대장 하약필賀若弼이 이미 광릉에서 도강했다. 동시에 진왕 양광이 이끄는 대군도 육합진六合鎭에 본영을 차렸다. 얼마 후 하약필이 경구를 점령했다. 수나라 군사가 남북으로 병진하자 강변의 진나라 군사들이 싸우기도 전에 사방으로 도주했다. 다음 날 하약필의 군사가 종산으로 진격해 군영을 차리고, 한금호韓擒虎가 신림에 주둔하자 건강성을 포위한 형세가 되었다. 이에 진나라 백성들이 크게 놀라 투항하는 자들이 이어졌다. 당시 건강성 내에는 아직 10여만 명의 군사가 있었다. 진숙보는 지휘할 줄을 몰라 대권을 모두 시문경에게 위임한 채 밤낮으로 울기만 했다. 제장들로부터 커다란 원한을 사고 있는 시문경은 이들이 대공을 세우면 불리하다고 판단하여 장수들이 계청啓請을 올리면 모두 행하지 않았다.

이에 앞서 진나라 대장 소마가는 여러 번 출병을 청한 바 있다. 수나라 군사가 아직 출격 준비를 마치지 못한 틈을 타 선제공격을 가하고자 한 것이다. 그러나 진숙보가 이를 거절했다. 건강성이 포위되자 대장 임충任忠과 사마소난司馬消難이 북쪽으로 장산蔣山에 기대고, 남쪽으로 회수를 막고, 건강성을 굳게 지키면서 적들이 피로해지는 때를 기다려 반격하는 방안을 제시했다. 이처럼 중차대한 시점에 공범이 앞으로 나서 대공을 세울 생각으로 후주에게 이같이 권했다.

"사마소난은 북쪽에서 투항한 자로 이리의 마음을 지녀 교화할 수 없는 자입니다. 임충 또한 회남 일대의 천한 병사에 지나지 않는 자입니다. 어찌 이들의 말을 들을 수 있겠습니까? 청컨대 폐하의 명을 받들어 제가 군사를 이끌고 나가 적들과 일전을 겨뤄 반드시 대승을 거둔 후 청사에 그 이름을 길이남기고자 합니다!"

진숙보가 공범의 말을 좇았다. 이에 진나라 군사가 일제히 출격했다. 행군의 길이가 남북으로 20리에 달하는 바람에 앞과 뒤의 진퇴를 서로 알 길이 없었다. 수나라 대장 하약필이 이 소식을 듣고 곧 경기를 이끌고 산 위로 올라가 이를 살펴봤다. 이어 갑사 8천 명으로 진을 형성한 뒤 진나라 군사를 기다렸다. 당시 진나라 대장 노광달魯廣達은 휘하 2~3천 명을 이끌고 적진으로 돌진해 수나라 군사 3백 명가량의 수급을 얻었다. 노광달의 용맹에 수나라 명장 하약필도 크게 놀랐다. 그러나 공범은 오직 크게 움츠러들어 관망할 뿐이었다. 육순이 넘은 대장 소마가 역시 자신의 계책이 받아들여지지 않은 데다 진숙보가 자신의 늙은 부인과 간통한 일 등으로 인해 원한을 품고 있었던 탓에 관망하는 모습을 보였다.

당시 진나라 군사들은 작은 승리에 취해 수나라 군사의 수급을 갖고 분분히 건강성 안으로 달려가 진숙보로부터 상을 받았다. 하약필은 진나라 군사가 교만하고 나태한 모습을 보이자 곧바로 대군을 이끌고 공범이 이끄는 진나라 본진을 향해 돌진했다. 양군이 교전하기도 전에 공범이 말을 몰아 달아났다. 진나라 군사가 순식간에 궤멸하면서 전사자가 5천 명에 달했다. 대장 소마가 역시 포로로 잡혔다. 진나라의 노장 임충은 황급히 대성으로 후퇴한 뒤 진숙보에게 보고했다.

"폐하는 계속 멍하니 있으면서 신을 위해 아무 도움도 주지 못하고 있습니다!"

진숙보가 크게 놀라 황급히 두 상자 분량의 황금을 임충에게 보내 주었다. 군인들을 모아 출전할 수 있도록 도우려 한 것이다. 그러나 임충은 황금을 받아 챙긴 후 곧바로 출성해 수나라 장수 한금호에게 투항한 뒤 앞장서 수나라 군사를 주작문 안으로 인도했다. 이 모습을 본 진나라 군사들이 사방으로 도주했다. 진후주 진숙보가 황급히 백관들을 소집했으나 아무도 오지 않았다. 오직 상서복야 원헌袁憲 한 사람만이 좌우에서 그를 수종했다. 진숙보가 길게 탄식했다.

"내가 평소 경을 심히 박하게 대했는데 오늘 참으로 참괴할 뿐이오! 이는 내가 덕이 없는 것이기도 하지만 강동의 사대부들 역시 도가 다했다는 것을 보여 주는 것이기도 하오."

수나라 군사가 사면팔방에서 황궁으로 밀려들자 진숙보는 크게 놀라 황급히 달아나고자 했다. 원헌이 만류했다.

"폐하는 의관을 단정히 한 후 어전에 앉아 양무제가 후경에게 했던 고사를 좇으십시오."

이와 관련해 『진서』 「후주기」에 이런 얘기가 실려 있다. 당시 진숙보는 원헌의 얘기가 끝나자마자 곧바로 궁인들을 좇아 경양전으로 달려갔다. 그러나 이내 숨이 차서 우물에 투신하려고 했으나 시종이 우물 뚜껑을 덮었다. 진숙보가 한참 동안 다투다 마침내 우물 속으로 들어갔다. 진숙보를 쫓던 수나라 군사가 우물을 들여다보며 소리쳤으나 대답이 없었다. 그래도 의심스러운 마음에 돌을 떨어뜨리려 하자 안에서 소리가 들렸다. 사람들이 이내 밧줄을 내려 그를 끌어올리던 중 진숙보가 장귀비 및 공귀빈 등과 함께 올라오는 것을 보고 크게 놀랐다.

이들의 모습은 오랫동안 많은 사람들의 이야깃거리가 됐다. 어떻게 세 사람이 우물 속에 숨을 수 있었던 것일까? 그간 수많은 사람들이 다양한 해석을 내놓았으나 아직까지 그럴듯한 분석은 나오지 않았다. 이는 대략 망국의 군주를 웃음거리로 만들고, 수나라 군사의 위엄을 드높이기 위해 만들어 낸 것일 공산이 크다. 이 얘기는 주색을 밝힌 진숙보의 평소 행보와도 맞아떨어진다.

당시 장귀비 소생의 태자 진심陳深은 나이가 겨우 15세에 불과했으나 궁문을 닫은 후 차분히 앉아 있었다. 곁에는 사인 공백어孔伯魚가 시립해 있었다. 그는 수나라 군사들이 쳐들어오는데도 전혀 움직이지 않은 채 평소와 같은 얼굴로 군사들을 향해 이같이 말했다.

"멀리서 오느라 군사들 모두 고생이 많았소!"

그러자 수나라 군사들은 진나라 태자의 태도에 놀라 감히 망동을 하지 못하고 일제히 군례를 올렸다. 당시 진왕 양광의 장사長史(참모장) 고경高穎이 먼저 건강성에 입성했다. 그의 아들 고덕홍高德弘이 급히 이 사실을 양광에게 구두로 전하면서 부친 고경에게 장귀비를 양광에게 바칠 것을 권했다. 고경이 말했다.

"옛날 강태공은 달기妲己의 목을 베었다. 지금 장려화와 같은 요물을 살려둘 수 있겠는가?"

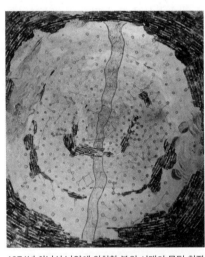

1974년 하남성 낙양에 위치한 북위 시대의 무덤 천장에서 발견된 천문도. 중앙에 남북으로 흐르는 은하가 있고, 양쪽에 약 3백 개의 별이 원을 그리고 있다.

이어 좌우에 하령해 장귀비를 청계青溪로 끌고 가 목을 치게 했다. 일설에 따르면 양광이 이 소식을 듣고 크게 한탄했고, 이는 훗날 고경이 수양제 양광에게 죽임을 당하는 빌미가 됐다고 한다. 그러나 이는 후대인이 만들어 낸 얘기일 공산이 크다. 양광은 건강성에 입성한 후 즉각 하령해 시문경과 심객경, 양혜랑陽慧朗 등의 목을 베게 했다. 공범 등은 당시 아직 죄악이 크게 드러나지 않았다. 수나라 군사들도 이를 몰랐다. 후에 진나라의 군신들이 장안으로 끌려간 뒤 그의 죄적이 점차 수문제의 귀에 들어가게 됐다. 이에 공범을 비롯한 4명의 간신 모두 변방으로 유배를 갔다.

진후주 진숙보가 포로로 잡히기 직전 건강성 내에는 진나라 황실의 종실과 왕후 등 1백여 명이 있었다. 진숙보는 이들이 난을 일으켜 자립할 것을 우려해 모두 황궁 내의 한곳에 집결시켜 놓았다. 수나라 군사들은 진숙보의 친필 유조를 진나라 각지에 보내 투항을 권했다. 진선제 진욱의 열여섯 번째 아들인 악양왕 진숙신陳叔愼만이 상주에서 기병해 저항했을 뿐이다. 며칠 후 그는 수나라 군사에게 체포돼 살해당했다. 당시 18세였다. 이에 진나라가 멸망하고 수나라는 30개 주, 1백 군, 4백 현을 판도에 새로 넣었다. 건강성의 궁실은 모두 헐렸다.

진나라가 패망한 지 넉 달이 지난 수문제 개황開皇 9년(589년) 5월, 수문제가 태묘에 포로들을 바치며 전승을 고했다. 진숙보와 왕후장상을 포함한 포로와 승여乘輿, 천문도적天文圖籍 등이 노획물로 보고됐다. 진숙보가 수문제 양견을 향해 머리가 땅에 닿도록 조아려 절하자 수나라 신하가 조서를 읽었다.

"군신이 서로 돕지 못한 까닭에 멸망하는 지경에 이르게 된 것이다."

진숙보를 비롯한 종실과 군신들은 부끄럽고 두려운 나머지 땅에 엎드려 숨도 제대로 쉬지 못했다. 수문제 양견은 천하를 통일한 사실에 크게 기뻐하며 이들을 모두 사면하고 벼슬과 저택 등을 하사했다. 수문제 양견은 북주의 종실과 황족은 가차없이 도살했음에도 진나라의 황족에 대해서는 관후한 모습을 보인 셈이다. 양견은 매번 아침 연회가 열릴 때마다 진숙보가 상심할 것을 우려해 악사에게 강남의 음악을 연주하지 말도록 했다. 그러나 정작 당사자인 진숙보는 조회 때마다 자신의 관호官號가 없는 것에 불만을 품고 양견에게 실봉實封의 관직을 내려 줄 것을 요구했다. 수문제 양견이 쓴웃음을 지으며 좌우에게 이같이 말했다.

"진숙보는 심장과 간이 아예 없는 사람이다!"

여기서 나온 성어가 전무심간全無心肝이다. 수치심을 전혀 느끼지 못하는 사람을 비유할 때 사용한다. 수문제는 진숙보를 감시하는 관원들로부터 진숙보가 매일 술에 취해 있다는 보고를 받고는 관원들에게 술 공급을 조절케 했다. 그러나 얼마 후 다시 하령했다.

"그가 원하는 만큼 술을 주도록 하라. 그리하지 않으면 그가 마음껏 술을 마시지 못해 매일 마음이 편치 못할 것이다."

이어 진씨 종실의 자제를 각 주에 배치해 땅과 의복 등을 지급한 뒤 사람들을 보내 이들을 호위케 했다. 일종의 감시였다. 본래 엄혹한 성격의 양견이 진나라 일족에게 관대한 모습을 보인 가장 큰 이유는 이들이 수나라에 위협이 되지 않을 것으로 생각했기 때문이다. 그러나 훗날 남당의 후주 이욱李煜은 고국을 그리는 시를 썼다가 곧바로 죽고 말았다. 당시 상황에서 진나라 황실의 일족이 모두 편히 죽은 것은 확실히 기이한 일이다. 이후 수문제 양견이 동쪽 순행에 나설 때 배행을 한 진숙보는 수문제를 위해 시 한 수를 바친 바 있다.

일월이 밝게 빛나 천덕을 비추니, 산하의 장엄함이 황거에 있네
태평세월 보답할 길 없으니, 부디 태산에 올라 봉선을 행하소서
日月光天德, 山河壯帝居
太平無以報, 願上東封書

수문제 양견의 공덕을 더할 바 없이 높이 칭송한 셈이다. 크게 기뻐한 양견이 진숙보를 보며 이같이 탄식했다.

"만일 진숙보가 시를 짓고 술을 마시는 마음으로 나라를 다스렸다면 어찌 오늘 같은 일이 있을 수 있었겠는가!"

수문제 인수仁壽 4년(604년) 말, 진숙보가 병사했다. 당시 52세였다. 수문제 양견보다 반년 정도 더 산 셈이다. 재미있는 것은 진숙보 사후 수문제의 뒤를

이어 보위에 오른 수양제 양광이 그를 대장군, 장성현공에 추증하면서 시호를 '양^煬'으로 내린 점이다. 시법^{諡法}에 따르면 '양'은 '궁녀와의 사랑으로 인해 정사를 게을리하고, 예를 멀리하고, 백성을 멀리하고, 하늘을 거슬러 백성들을 학대하다'의 뜻을 지니고 있다. 그러나 10여 년 뒤 수양제 양광 역시 '양'의 시호를 받게 되었다. 이는 중국 역사상 가장 희극적인 사건에 해당한다. 당제국 때의 이상은은 「수궁^{隋宮}」에서 이같이 읊었다.

> 자천 궁전 안개에 잠겨, 무성을 취해 도성 만들려 했네
> 옥새가 당고조에 가지 않았으면, 비단 배 하늘 닿았으리
> 지금 썩은 풀 반딧불 없자, 옛 수양버들 갈까마귀 앉네
> 죽어서 진후주 만나면, 어찌 후정화 다시 물을 수 있나
> 紫泉宮殿鎖煙霞, 欲取蕪城作帝家
> 玉璽不緣歸日角, 錦帆應是到天涯
> 於今腐草無螢火, 終古垂楊有暮鴉
> 地下若逢陳後主, 豈宜重問後庭花

진숙보가 포로로 잡혀 있을 때 수나라 군사 가운데 대장 왕반^{王頒}이 있었다. 그는 개부의동삼사로 왕승변의 아들이었다. 이날 저녁 왕반이 군사를 이끌고 가 진무제 진패선의 묘를 판 뒤 뼈를 불태워 강물에 던지고 이를 마셨다. 32년 전에 진패선이 부친 왕승변을 액살한 원한을 갚은 셈이다. 업보다. 노자는 『도덕경』에서 '천망회회^{天網恢恢}, 소이부실^{疏而不失}'이라고 했다. 하늘의 그물은 넓고 성긴 듯하나 결코 놓치는 법이 없다는 뜻이다. 사필^{史筆}이 무서운 이유다. 이를 필주^{筆誅}라고 한다. 붓으로 주살한다는 뜻이다. 당대에 아무리 부귀영화를 누릴지라도 백성들의 지탄을 받고 사가의 '필주'를 당하면 필부의 삶만도 못한 셈이다. 명군이 '사필'과 '필주'를 두려워하며 치국에 매진한 것도 바로 이 때문이다.

저자 후기

역사 공정과 위진남북조 시대

　역사학자 토인비가 얘기했듯이 역사는 돌고 돈다. 무려 1세기 반 가까이 아시아의 패자로 군림했던 제2의 경제 대국 일본이 국내총생산^{GDP}에서 중국의 추월을 허용한 게 그 증거다. 동서고금을 막론하고 개인이든 국가든 영원한 1등은 없다. 최후의 승리는 언제나 절치부심하며 부단히 노력하는 자의 몫이다. 실제로 소니의 하청업체에 불과했던 삼성은 지금 소니와 히타치, 도시바 등 일본의 유수한 전자업체가 거둔 흑자를 모두 합친 것보다 더 많은 흑자를 내고 있다. 그렇다고 삼성도 안심할 게 못 된다. 애플의 스마트폰 돌풍이 보여 주듯이 자칫 방심했다가는 이내 후발 주자에게 역전을 당할 수밖에 없다. 『주역』이 스스로를 부단히 채찍질하며 쉼 없이 정진하는 자강불식^{自強不息}을 역설한 이유다. 지난 2010년 11월 파리정치대학의 기 소르망은 'G20 서울 정상 회담'을 며칠 앞두고 영국의 일간지 「가디언」에 보낸 기고문에서 이같이 얘기했다.

　"한국이 아직 경제적으로 덜 성숙했고 일본을 따라갈 뿐이라는 주장은 1970년대에나 해당하는 얘기다. 경제 대국으로 부상한 중국이 여전히 저임

금에 기대는 반면 한국은 기업가 정신과 혁신, 고품질, 민관의 균형 잡힌 관계로 이런 성공을 거뒀다. 일본은 2005년 이후 노동 시간이 줄고 휴가는 길어졌으며 인구가 줄면서 성장 동력이 약화됐다. 현재 일본 기업들은 과거의 투자 덕분에 여전히 수익을 내고는 있지만 이런 비교 우위로는 잠시 버틸 수 있을 뿐이고, 이 또한 어디까지나 중국이나 한국에 따라잡히기 전까지의 일일 뿐이다."

그러나 이는 과찬에 해당한다. 한국은 일본보다 더 빠른 속도로 고령화 사회로 접어들고 있다. 세계 최저의 출산율 속에서 고임금에 따른 생산성 저하, 일자리 감축에 따른 청년 실업의 급증, 부익부 빈익빈에 따른 계층 갈등 심화 등 숱한 어려움을 겪고 있다. 작은 성과에 만족했다가는 이내 커다란 낭패를 볼 수밖에 없다. 자강불식이 절실한 이유다. 다만 한국이 조만간 장기 침체에 빠져 있는 일본을 추월할 것이라는 전망은 나름 일리가 있다. 「가디언」과 비슷한 시기에 나온 「아사히신문」의 '한국 따라잡기' 제목의 칼럼이 이를 뒷받침한다.

"일본 정부가 구상하는 신경제 전략은 사실 한국에 대한 대책이다. 정부와 업계가 베트남과 미국 등의 원자력 발전소와 고속 철도 수주를 위해 이례적으로 올 재팬팀을 가동하고 있는 것도 아랍 에미리트 원전 수주전의 굴욕을 되풀이하지 않기 위한 것이다. 어느새 일본이 한국의 뒤를 쫓는 나라가 되어 버렸다. 도대체 어디서부터 잘못된 것일까?"

일본의 이런 엄살이 무섭다. 정부와 업계, 언론 모두 한국에 패한 것을 굴욕으로 생각하며 맹성하고 있기 때문이다. 19세기 중엽 일본은 서구의 침략 위기에 직면하자 상하가 일치단결해 메이지 유신을 성사시킨 바 있다. 체면을 앞세우는 중국인 및 한국인과 달리 남에게서 뭔가 배울 점이 있다고 생각되면 곧바로 공손한 자세로 임하며 철저히 그 밑바닥까지 분석하는 게 일본인이다. 현대 기아차의 놀라운 약진에 엄살을 떨던 도요타가 마른 수건에서 물을 짜내듯이 원가 절감과 기술 혁신을 거듭한 끝에 재차 세계 정상에 오른

게 그 증거다. 일본이 세계 최고 수준의 기술력을 자랑하는 이유이기도 하다. 이런 일본을 이웃으로 두고 있는 것은 우리에게 불운이자 행운이기도 하다. 늘 경각심을 가질 수 있기 때문이다.

현재 일본보다 더 중시해야 할 대상은 주변국의 역사를 자국의 역사에 편입하는, 다양한 유형의 역사 공정을 대대적으로 전개하고 있는 중국이다. G2를 넘어 G1으로 비상하려는 중국과 아직 초강대국의 면모를 유지하고 있는 미국의 힘이 정면으로 충돌하는 한복판에 한반도가 위치해 있다. 이런 이유로 통일 시대를 코앞에 둔 상황에서 미국과 중국을 동시에 상대해 설득해 내는 연미연중聯美聯中의 절묘한 책략이 절실하다.

이는 지피지기知彼知己가 전제돼야 한다. 특히 건국의 역사가 2백여 년밖에 되지 않는 미국과 달리 수천 년에 달하는 장구한 역사를 지닌 중국을 이해하는 데에는 절대적인 시간과 노력이 필요하다. 동서고금을 막론하고 모든 사상과 사고방식, 생활 양식, 문화 유형은 역사의 산물일 수밖에 없다. 한국과 중국은 지리적으로 근접한 까닭에 수천 년 동안 밀접한 관계를 맺어 왔다. 중국의 역사를 '피彼'로 상정할 경우 이는 곧 '기己'에 해당하는 한국의 역사를 깊이 들여다보는 것이나 다름없다. 중국에 대한 '지피'가 전제되지 않는 '지기'는 사실 속 빈 강정이나 다름없다. 한국사만을 따로 떼어 공부하는 위험이 바로 여기에 있다.

21세기 지식 정보 사회에서 지피지기의 중요성은 더욱 강조될 수밖에 없다. 이는 중과부적衆寡不敵의 불리한 상황을 자신에게 유리하도록 뒤바꿀 수 있는 비책이기도 하다. 요체는 바로 '의미 있는 정보'의 확보에 있다. 그러나 그게 만만치 않다. 일례로 중국의 역사 문화를 하나로 꿰어 볼 수 있는 안내 책자조차 찾아보기 힘든 현실을 들 수 있다. 시중에는 역사적 사실과 동떨어진 『삼국지』 등의 소설류만이 횡행하고 있을 뿐이다. 사실 삼국 시대는 무려 3백 년 동안 진행된 남북조 시대에 대한 이해가 없으면 그 실체를 제대로 파악하기 어렵다. 이는 마치 전국 시대가 춘추 시대의 뒤를 이은 것과 같다. 춘추

전국 시대가 그렇듯이 삼국 시대 역시 반드시 남북조와 하나로 묶어서 파악해야만 그 전모를 알 수 있다. 사가들이 당시의 역사를 분석할 때 통상 위진남북조로 시대 구분을 하는 이유다.

그럼에도 적잖은 사람들이 총 4백 년에 달하는 위진남북조 시대에서 1백년의 삼국 시대만, 그것도 정사가 아닌 소설을 통해 이해하고 있을 뿐이다. 더욱 당혹스러운 것은 소설 『삼국지』를 열 번, 스무 번 읽은 것을 내세우며 중국 전문가를 자처하는 일이다. 소설 『삼국지』를 아무리 많이 읽을지라도 정사 『삼국지』를 한 번 정독하느니만 못하고, 정사 『삼국지』를 여러 번 정독할지라도 남북조 시대의 역사를 곁들여 단 한 번이라도 정독하느니만 못하다. 소설 『삼국지』로 중국을 이해하려 드는 것은 마치 대롱 구멍으로 표범을 관찰하는 이른바 '관중규표管中窺豹'와 같다. 아무리 열심히 파악하려 할지라도 표범의 점밖에 볼 수 없다는 얘기다.

소설 『삼국지』를 여러 번 읽는 게 아예 안 읽은 것보다야 낫겠지만 이것이 결코 지피의 방도가 될 수는 없는 일이다. 중국 수뇌부의 궁극적인 목표는 G2를 넘어선 G1에 있다. 그게 바로 이른바 '신 중화 질서'이다. 이를 정확히 파악하기 위해서는 중국 통사에 대한 이해가 필수다. 본서를 펴낸 것도 바로 이때문이다.

그간 필자는 각종 강연과 저술, 기고 활동 등을 통해 나름 중국사를 21세기 리더십의 관점에서 재해석하는 일에 진력해 왔다. 난세에 초점을 맞춰 해당 인물 및 사건을 기존의 고식적인 왕도 대신 순자와 한비자 등 법가가 역설한 패도와, 노자 등 도가가 주장한 제도帝道의 잣대를 총동원해 입체적으로 해석한 게 그것이다. 필자가 볼 때 한국의 중국에 대한 지피의 수준은 말로만 요란할 뿐 사실 속 빈 강정에 가깝다. 2013년 5월 한 유력 일간지 북경 특파원의 글이 이를 뒷받침한다.

"중국 정부 싱크탱크 소속 학자나 연구원들은 공식석상에서 자주 만나 익숙해져도 한반도 문제 등 민감한 현안에 대해 좀처럼 속내를 털어놓지 않는다. 그러나 수년간 교류해 신뢰가 쌓이면 달라진다. 속에 있는 말은 물론, 조언까지 들을 수 있게 된다. 주중 한국 대사관은 해외 공관 중 가장 큰 규모를 자랑하지만, 통역 없이 중국인과 교류할 정도로 전문성을 갖춘 외교관은 20~30퍼센트 선에 불과하다. 상당수가 통역에 기대 의사소통을 하고 있다. 최근에는 중국이 미국을 제치고 부임 희망 0순위 국가로 떠올랐지만, 그나마도 '중국에서도 근무했다'는 경력을 남기기 위해 오는 비전문가들이 다수다. 주한 중국 대사관은 공관원의 80퍼센트가 한국어를 구사한다. 부임 전에 충실하게 교육을 받고, 본부로 돌아온 뒤에도 계속 한국 관련 일에 종사하도록 하고 있다. 박근혜 대통령조차 중국어로 중국 고위층과 교류하고, 취임 후 미국 다음으로 중국을 방문할 정도로 중국은 우리에게 중요한 국가가 됐다. 가장 기본적인 언어 문제조차 해결하지 못한다면, 우리의 대중 외교에는 미래가 없다!"

이런 식의 자세로는 '연중'은커녕 '연미'도 제대로 할 수 없다. 연중이 안 되면 연미 또한 소기의 성과를 거두기 어렵다는 건 상식에 속한다. 연미만 잘되고 연중 자체가 제대로 이뤄지지 않는 것은 소탐대실의 대환大患을 낳을 수 있다. 위기는 동시에 기회이기도 하다. 지피지기가 관건이다. 이 때문에 위진남북조 시대에 대한 정확한 이해가 필요하다. 사실 그래야만 G2 중국의 실체를 보다 정확히 파악할 수 있다.

역사 공정과 '신 중화 제국'

중국사에서 장성 안팎을 아우르는 진정한 의미의 천하가 등장한 것은 북방 민족과 한족이 치열하게 다툰 남북조 시대 이후이다. 이 시기는 이른바 '5호16국' 운운하며 북방 민족이 세운 북조의 역사를 깔아뭉갠 기존 사서의 시각과는 정반대로 북방 민족이 주도권을 행사한 시기였다. 선비족이 세운 북위와 북주의 역사 문화 전통을 그대로 이어받은 수·당 제국이 장성의 안 팎을 아우른 사상 최초의 천하 통일을 이룬 게 그렇다.

중국이 21세기에 들어와 문득 G2로 부상함에 따라 중국인의 자부심도 한 껏 높아졌다. 이들은 제갈량과 당태종, 강희제, 마오쩌둥 등을 중국 역사상 가장 위대한 인물로 꼽고 있다. 대상 인물 모두 막강한 무력을 배경으로 영토 를 크게 확장했다는 공통점을 갖고 있다. G2 중국의 궁극적인 목표는 현재 의 G1 미국을 제압하고 명실상부한 G1 중국을 건설하는 일이다. 그게 바로 신 중화 제국이다.

원래 '중화'의 중中은 천하의 중심을 뜻하고, 화華는 한족의 조상인 하화족 夏華族을 의미한다. 중화는 곧 '중국의 한족'을 뜻하는 셈이다. 실제로 19세기 말 쑨원 등의 혁명파는 '중화 민족' 운운하며 만주족의 청나라를 뒤엎고 한 족 중심의 공화국을 세우자는 취지에서 멸만흥한滅滿興漢을 내걸었다. 만주족 을 양이洋夷보다 더욱 악질적인 오랑캐로 간주한 결과다.

문제는 이게 중국의 영토를 과분瓜分하려는 서구 열강의 속셈과 맞아떨어 진 데 있다. 이를 경계한 량치차오는 쑨원 등의 혁명파를 두고 나라를 패망으 로 이끄는 소민족주의자로 질타하고 한족을 포함해 만주족과 몽골족, 티베 트족, 위그르족 등 5개 민족을 모두 아우르는 대민족주의를 내세웠다. 소민족 주의를 관철할 경우 필경 중국은 사분오열될 수밖에 없다는 게 논거였다.

중국의 역사는 불행하게도 신해혁명을 계기로 량치차오가 우려한 방향으 로 나아갔다. 열강과 손을 잡은 대소 군벌이 난립해 사실상 중국 전체를 과 분한 것이나 다름없는 양상이 나타났다. 마오쩌둥은 쑨원의 후계자인 장제 스와 달리 국공 내전에서 승리한 후 량치차오의 대민족주의를 기치로 내걸 었다. 비록 참담한 실패로 끝나기는 했으나 공산주의 종주국인 소련과 대립 하며 대약진 운동 등을 전개한 게 그 증거다. 그가 무리수를 두며 급속한 산 업화를 추진한 것은 청조의 뒤를 이은 신 중화 제국의 영광을 속히 되찾고자 했기 때문이다.

중국을 G2의 일원으로 만드는 데 결정적인 공헌을 한 덩샤오핑도 대민족주의에 입각해 일련의 개혁·개방 정책을 강력히 추진했다. 다만 먼저 한족이 몰려 있는 심천과 상해 등지를 개발한 뒤 그 혜택을 내륙으로 고루 확산시키는 점진적인 방안을 택한 점이 다를 뿐이다. 한족과 여타 민족을 가리지 않고 일거에 균부均富를 달성코자 한 마오쩌둥과 대비되는 대목이다. 개혁·개방을 계기로 중국 특유의 사회주의 시장 경제가 등장한 배경이 여기에 있다. 그러나 20세기 말 중국 수뇌부는 민족 문제와 관련해 새로운 과제를 떠안게 됐다. 도농 간의 극심한 빈부 격차 위에 지역 간 갈등이 맞물린 결과다. 경제 발전의 수혜 대상에서 배제된 채 내륙 오지에서 낙후된 삶을 영위하는 소수 민족의 불만이 수면 위로 떠오르게 되었고 수뇌부는 바로 중화 민족 대국주의를 그 해답으로 제시하였다. 한족을 포함한 중국 내 56개 민족은 원래 하나였다는 주장이 핵심이다. 과거의 대민족주의에서 한발 더 나아간 중화 민족 대국주의는 동북 공정을 포함한 일련의 역사 공정을 이론적 기반으로 삼고 있다.

　　중화 민족 대국주의는 중국 전래의 유가 사상과 이민족 정복 왕조인 청조가 실현한 대제국의 이상을 하나로 결합한 게 특징이다. 21세기에 들어와 청조의 강희제가 중국의 역대 제왕 중 최고의 명군으로 손꼽히는 배경이 여기에 있다. 이는 1990년대에 들어와 형성된 새로운 흐름이다. 지난 1980년대까지만 해도 당태종 이세민이 최고의 성군으로 꼽혀서 그와 관련한 드라마와 문학 작품, 논문 등이 봇물을 이뤘다. 이는 당 제국을 한족의 왕조로 간주한 결과다. 그러나 21세기에 들어와 민족 간 갈등이 증폭하는 상황에서 당태종을 띄우는 것은 불에 기름을 붓는 것이나 다름없었기 때문에 수뇌부가 발 벗고 나서서 당태종 대신 강희제를 띄우기 시작했다.

　　원래 강희제에 대한 평가는 이전부터 매우 높았다. 공자를 존숭하며 1백 년 넘게 성세를 이어간 강건성세의 물꼬를 튼 점 등이 높은 점수를 받은 결과다. 그럼에도 이민족 정복 왕조의 황제였던 까닭에 한족으로 간주된 당태종보다는 상대적으로 낮게 평가 받았다. 한족과의 혼혈인지 여부를 놓고 아직도 뜨거운 공방전이 전개되고 있는 당태종과 달리 강희제는 자타가 공인하는 순수한 만주족 출신 황제이다. 56개 민족 모두 원래 하나의 민족이라는 조작된 중화 민족 슬로건을 확산시키는 데 더없이 좋은 조건을 갖추고 있는 셈이다.

강희제를 중화 민족 대국주의의 아이콘으로 띄우고자 한 중국 수뇌부의 속셈은 그대로 적중했다. 강건성세의 주인공인 강희제와 옹정제 및 건륭제를 다룬 국민 작가 얼웨허二月河의 제왕 3부작이 중국 내에서 1억 부 이상 팔리며 초베스트셀러가 된 사실이 이를 뒷받침한다. 그의 작품은 판매 부수 등에서 메이지 유신의 영웅 사카모토 료마坂本龍馬를 생생히 그려내 일본의 국민 작가 시바 료타로司馬遼太郞의 초베스트셀러 『료마가 간다』를 훨씬 앞지르고 있다.

현재 중국학자들은 수·당 제국을 한족의 왕조로 내세우고 있으나 역사적으로 볼 때 이는 견강부회에 지나지 않는다. 이들은 수·당 제국에 앞서 북중국을 사상 최초로 통일한 북위를 선비족의 정복 왕조로 보면서도 유독 북위와 북주, 북제의 후신인 수·당 제국에 대해서만 한족의 왕조로 간주하는 모순을 범하고 있다. 논거도 극히 박약하기 그지없다. 수·당 제국의 황실이 호인과 한족의 혼혈이라는 게 전부다. 이는 역사적 사실과 동떨어진 억지 주장에 지나지 않는다. 수·당 제국의 황실과 세습 귀족은 한족의 피가 조금도 섞이지 않았다. 조정에서 선비족의 언어를 사용하면서 자신들끼리만 혼인을 하는 등 순수 혈통을 유지하기 위해 애쓴 게 그 증거다.

물론 수·당 제국이 선비족을 포함한 북방 민족과 한족의 통합을 뜻하는 호한융합을 강력히 추진한 것은 맞다. 현재 중국의 수뇌부가 추진하고 있는 중화 민족 대국주의와 맥을 같이한다. 그러나 그 내용이 다르다. 호한융합은 기본적으로 선비족 등 북방 민족이 주축이 된 것이다. 수·당 제국이 과거 제도를 사상 최초로 도입하면서 시험에 합격한 한족 출신을 거의 대부분 지방

관으로 내보낸 게 그렇다. 중앙 조정만큼은 시종 선비족 귀족 출신이 장악했다. 수·당 제국 이후에 등장하는 이민족 정복 왕조인 요, 금, 원, 청 모두 정도의 차이만 있을 뿐 이를 그대로 좇았다. 한족을 제외한 여타 민족을 곁다리 민족 정도로 치부하는 현재의 중화 민족 대국주의와는 질적인 차이가 있다. 과거 북방 민족의 정복 왕조 역사를 기록한 사람은 예외 없이 한족 중심의 중화주의에 매몰된 한족 출신 사대부들이었다. 이들은 정복 왕조 모두 한족의 문화에 흡수돼 이내 사라졌다는 식으로 역사를 기술했다. 사마천이 『사기』에서 쓴 수법을 그대로 답습한 것이다.

한족 중심의 기존 사서를 거꾸로 읽어야 하는 이유가 여기에 있다. 그래야만 중국사가 한족의 역사가 아닌 북방 민족의 역사라는 사실을 확연히 파악할 수 있기 때문이다. 이게 역사적 진실인 것은 말할 것도 없다. 중국사를 한족의 역사가 아닌 조선족과 몽골족 및 만주족 등 북방 민족 전체가 함께 만든 동아시아의 역사로 봐야 하는 이유다.

중국의 역사를 동아시아 역사의 관점에서 볼 경우 중국의 역사는 수·당 제국 이래 줄곧 북방 민족의 정복 왕조로 점철됐고, 그사이에 한족이 세운 송과 명이 잠시 끼어든 게 된다. 이는 중국의 역사를 바라보는 기존의 시각을 완전히 뒤엎는 것이다. 그러나 이게 역사적 진실이다. 동북 공정을 포함한 역사 공정을 이론적으로 정면에서 깨뜨릴 수 있는 비결이 바로 여기에 있다. 여기서 주목할 점은 수·당에서 청조에 이르기까지 장성 안팎을 아우르는 제국의 주인공인 북방 민족 모두 우리 한민족과 뿌리를 같이하고 있다는 점이다. 원래 한민족은 북방 민족 중 가장 먼저 고대 국가를 이뤘다. 그게 고조선이다. 고조선이 무너진 후 그 적통을 이은 것은 부여와 고구려이다. 위진남북조 때 북조에서 전연, 후연, 남연, 북연 등 일련의 연나라를 세우며 가장 왕성한 활동을 전개한 선비족은 우리 민족과 동일한 동호東胡, 즉 퉁구스 어족의 일원이다. 실제로 북연은 고구려 출신이 세운 나라이기도 하다. 위진남북조 시대를 분석할 때 반드시 고구려를 포함해 선라와 백제 등 한반도의 역사를 함께 넣어 판단해야 하는 이유가 여기에 있다.

한족과 북방 민족의 미래

거시사의 관점에서 볼 때 G2 중국의 굴기崛起는 미국의 정치학자 새뮤얼 헌팅턴이 얘기했듯이 일종의 '문명 충돌' 양상을 띠고 있다. 원래 중국의 몰락을 예고한 아편 전쟁은 서방의 패자인 대영 제국과 동방의 패자인 청조가 정면으로 맞붙은 최초의 충돌에 해당한다. 하늘에 두 개의 태양이 떠 있을 수 없듯이 21세기 역시 '팍스 시니카'와 '팍스 아메리카나'는 양립할 수 없다는 얘기다. 언젠가는 G1으로 정리될 수밖에 없다. 현재 중국의 G1 가능성에 대한 구미 학자들의 전망은 크게 낙관, 관망, 비관 등 세 부류로 나뉘고 있다. 비관적인 전망 중에는 팍스 시니카의 존재 자체를 아예 부인하는 견해도 있다. 대표적인 인물이 미국의 안보전략가인 조지 프리드먼이다. 그는 2009년에 펴낸 『100년 후』에서 이같이 단언했다.

"미국의 시대는 이제 시작일 뿐이다. 중국이 차세대의 패권국이 될 것이란 주장은 환상에 지나지 않는다. 중국은 오히려 내부적 위기로 붕괴할 가능성이 크다. 미국의 맞수가 되기는커녕 잘돼야 미국의 지원을 받아 러시아를 견제하는 역할을 하는 데 그칠 것이다."

이는 가장 극단적인 비관론에 해당한다. 미국의 경제 규모는 일본과 독일, 중국, 영국을 합친 것보다 크다. 미국의 국방비는 전 세계 국방비 총액의 절반이 넘고, 중국은 미국의 7분의 1에 불과하다. 미국의 경제력과 군사력은 여전히 타의 추종을 불허한다. 그러나 문제는 천문학적인 재정 적자에 허덕이며 제조업 기반이 통째로 무너진 상황에서 미국이 과연 앞으로도 계속 이런 외양을 유지할 수 있는가 하는 점이다. 영국의 정치경제학자 마틴 자크은 지난 2009년에 출간한 저서 『중국이 세계를 지배하면』에서 조지 프리드먼과 정반대의 견해를 피력했다.

"이제는 모든 길이 중국으로 통한다. 구미 중심의 세계사가 중국 중심으로 개편되고, 세계의 수도가 뉴욕에서 북경으로 이전하고, 세계의 기축 통화 역시 자연스럽게 달러에서 위안화로 바뀔 것이다. '팍스 시니카'의 범위와 영향력은 유럽과 미국이 차례로 지배해 온 지난 2세기 동안의 변화를 훨씬 능가하는 그야말로 '지구의 자전축이 바뀔 정도'의 거대한 지각 변동으로 나타날 것이다."

일각에서는 중국이 매년 10퍼센트씩 고속 성장을 거듭할지라도 단기간 내에 미국을 따라잡는 일은 없을 것이라는 반론을 제기하고 있다. 그러나 미국의 저명한 경제 예측 조사 기관인 'IHS 글로벌 인사이트'는 최근 중국이 오는 2020년쯤이면 전체 경제 규모 면에서 미국을 완전히 제칠 것으로 내다봤다. 지난 2006년만 해도 이 기관은 중국의 경제 규모가 2025년을 넘어서야 겨우 미국의 절반에 가까워질 것으로 내다봤다. 중국이 경제 총량 면에서 미국을 넘어선다는 것은 곧 중국의 1인당 국내 총생산이 1만 달러의 벽을 돌파한다는 것을 의미한다. 이는 경제뿐만 아니라 정치 및 군사, 외교 등 다방면에 걸쳐 상상하기 어려운 지각 변동이 일어날 것임을 암시한다.

중국의 굴기를 제대로 이해하기 위해서는 먼저 서구의 잣대가 아닌 중국의 잣대로 세계를 바라볼 필요가 있다. 이는 서구의 직선사관을 버리고 동양 전래의 순환사관을 좇는 것을 뜻한다. 전래의 중화주의가 부활하는 것을 의미한다. 마틴 자크의 예언이다.

"서구로서는 심기가 불편하겠지만 세상은 더 이상 서구적인 것을 추구하지 않는다. 서구에서는 중국에 서구식 민주주의 정치 제도가 없다는 사실을 많이 우려하고 있으나 중국의 정치는 오히려 지난 30년 동안 매우 투명해졌고 책임 있는 지도자들에 의한 효율적인 통치가 이뤄졌다. 우려되는 점은 다른 데 있다. 바로 중국인의 의식 속에 깊숙이 뿌리박혀 있는 중화 의식이다. 과거 서구 국가들이 공격과 정복의 흔적을 남겼다면, 중국은 장차 지나친 자만심에 근거한 중화 의식과 이를 토대로 한 위계질서를 남길 것이다."

그는 신 중화 질서에서 배제될 경우 중국이라는 거대 규모의 세계 시장에서 이내 퇴출되는 등의 불이익을 당할 수 있다고 경고했다. 한때 제2의 경제 대국으로 군림하던 일본이 체면 불구하고 중국 관광객을 유치하기 위해 한국과 치열한 경쟁을 벌이고 있는 것도 따지고 보면 그 불길한 조짐에 해당한다. 과거 중국의 주변국들이 온갖 구실을 만들어 조공 무역에 발 벗고 나선 전례를 연상시키는 대목이다. 실제로 과거 조선조는 명과 청의 조정이 3년에 한 번의 조공을 요구했음에도 오히려 1년에 세 번의 조공을 하겠다며 잦은 조공을 자청하고 나섰다. 조공이 그만큼 수지가 맞았음을 암시한다. 원래 중화 질서를 달리 표현한 조공 질서는 서구 열강이 식민지 침탈 시 구사했던 제국 질서와 본질적으로 다르다. 국제법 개념을 동원하면 형식은 불평등 조약, 내용은 최혜국 대우 조항에 가깝다.

조공 질서의 가장 큰 특징은 조공국이 형식상의 명분을 훼손당하는 대신 실리를 챙기는 사명취실捨名取實을 취하고, 수공국受貢國은 실리를 손해 보는 대신 형식상의 명분을 챙기는 사실취명捨實取名을 택한 데 있다. 조공국은 사명취실을 통해 대내적으로 정권의 안정을 꾀하면서 권위를 높일 수 있고, 대외적으로 조공 무역에 따른 이익을 챙기면서 외적 침공의 위협을 덜 수 있다. 수공국은 사실취명을 통해 대내적으로 신민의 자부심을 북돋워 인재와 물산을 한곳에 집중시키는 효과를 노릴 수 있고, 대외적으로 변경의 안정을 통해 제국의 위세를 널리 떨칠 수 있었다. 수공국의 입장에서 볼 때 조공 질서는 미국이 전 세계에 군대를 내보내고 세계의 모든 인재와 재원을 빨아들이는 블랙홀로 작동하고 있는 것과 별반 다를 게 없다.

마틴 자크가 언급한 '중화 의식을 토대로 한 위계질서'는 조공의 형식만 생략했을 뿐 곧 이전의 조공 질서를 복제한 것이다. 신 중화 질서가 작동할 경우 이웃한 한국과 일본 등은 사명취실의 선택을 강요당할 수밖에 없다. 중화의 관점에서 볼 때 이에 승복하는 것은 결국 순이順夷의 길이고, 거부하는 것은 역이逆夷의 길이다. 신 중화 질서가 구체화되고 있는 현 시점에서 중원의 심장부인 북경과 가장 가까운 거리에 있는 한국은 과연 어떤 노선을 취하는 게 타당한 것일까? 완전히 새로운 차원의 접근이 필요하다. 동양 전래의 이이제이以夷制夷와 등거리 관계를 유지한 가운데 중재자를 자처하는 연미연중聯美聯中의 책략을 입체적으로 결합한 접근이 해답이다. 이는 춘추 시대 당시 정나라 재상 자산子産이 취한 노선이기도 하다.

정나라는 지리적으로 북방의 강국 진晉나라와 남방의 강국 초楚나라의 힘이 정면으로 충돌하는 한복판에 위치해 있었다. 이로 인해 늘 두 강대국의 침공이 있을 때마다 반복무상한 충성 서약을 맺고 막대한 배상금을 물어야만 했다. 이런 절체절명의 상황에서 자산은 바로 부국강병을 실현해 두 강대국을 자신의 원하는 방향대로 이끄는 리더십을 발휘했다. 공자가 『논어』에서 자산을 극찬한 이유다. 21세기 한국이 지향하는 동북아 허브의 모델이 바로 여기에 있다. 요체는 부국강병과 지피지기이다.

중국의 역사는 마치 동일한 모양의 고리가 계속 이어진 것과 같다. 이는 기원전에 이미 완벽한 통치 체제와 이념을 구축한 데 따른 것이다. 이 점을 유념하여 중국사를 한족의 역사가 아닌 동아시아의 역사라는 관점에서 거시적으로 접근해야 한다. 관건은 순환사관의 잣대를 들이대는 데 있다. 대표적인 사례가 바로 위진남북조 시대이다. 이 시기는 뒤이어지는 수·당과 오대십국 시대를 이해하는 열쇠에 해당한다. 수·당과 오대십국의 시대를 제대로 알아야만 뒤이어지는 통일 제국인 송, 원, 명, 청이 왜 유사한 모습으로 흥망을 거듭하게 되었는지도 알 수 있다.

위진남북조 이전의 역사도 마찬가지다. 4백 년에 걸친 한나라의 역사를 알아야만 위진남북조 시대가 출현한 배경을 이해할 수 있고, 5백 년에 걸친 춘추전국 시대를 알아야만 진나라에 이어 한나라가 곧바로 등장하게 된 배경을 제대로 알 수 있다. 중국사 연구자들이 시대 구분을 중시하며 고리를 찾아내는 데 주의를 기울이는 것도 바로 이 때문이다. 이는 중국의 역대 왕조가 예외 없이 동일한 패턴의 흥망을 거듭한 데 따른 당연한 결과이기도 하다. 이를 통해 알 수 있듯이 중국의 역사는 반드시 순환사관의 잣대를 적용해야만 제대로 된 이해가 가능하다. 이는 헤겔의 '역사철학'과 마르크스의 『자본론』 등이 대전제로 삼고 있는 직선사관과 정반대되는 것이다. 그럼에도 많은 사람들이 이를 제대로 간취하지 못하고 동양과 서양의 역사를 동일한 잣대를 들이대 해석하려는 우를 범하고 있다. 서양을 순환사관에 입각해 해석해서는 안 되듯이 동양 역시 직선사관에 입각해 해석하면 안 된다. 똑같은 인류의 역사이지만 지역에 따라 그 내용과 특징이 전혀 다르게 나타나는 것과 같다.

마틴 자크 등이 서구의 잣대가 아닌 중국 전래의 역사 문화 전통에 입각한 잣대로 중국의 현재와 미래를 짚어 보라고 역설한 것도 바로 이 때문이다. 청나라의 뒤를 이어 등장한 중화민국과 중화인민공화국 역시 변형된 왕조의 역사로 볼 수 있는 이유가 여기에 있다. 이 시기에 대해서는 필자가 기왕에 펴낸 『인물로 읽는 중국 근대사』와 『인물로 읽는 중국 현대사』를 참조하기 바란다. 본서 역시 바로 이런 순환사관에 입각해 위진남북조 시대를 분석한 것이다.

위진남북조 시대의 풍조는 긍정적인 면과 부정적인 면을 동시에 갖고 있다. 사실 이는 모든 역사가 그렇듯이 역사 진행에서 자연스럽게 나타나는 모습이기도 하다. 무질서한 혼란의 시대에는 질서 있는 안정된 시대를 기대하며 그 논리와 방법을 강구한다. 위진남북조 시대를 들여다보면 상식적으로 이해할 수 없는 기행과 일탈이 수없이 등장한다. 그러나 이 또한 명분을 지나치게 내세운 전한 시대의 위선이 빚어낸 역사의 반작용일 뿐이다. 그 필연의 측면을 읽음으로써 혼돈과 퇴폐, 난폭과 음란, 은둔과 기행으로 점철돼 역사상 가장 혼란한 시기로 간주된 위진남북조 시대에 대해 새로운 접근을 시도할 필요가 있다.

전한과 후한을 지배한 유교 이데올로기는 예교禮敎와 명교名敎의 형식으로 인간을 속박했다. 이를 벗어나는 과정에서 한편으로는 역동적이기도 하고, 또 다른 한편으로는 반인륜적인 모습까지 서슴없이 연출됐다. 속박을 타파한 긍정적인 면과 인륜을 깨뜨린 부정적인 측면이 동시에 나타난 배경이다. 위진남북조 시대는 이른바 5호로 불린 북방 민족의 남하로 인해 장성 안팎의 지리적 경계선이 무너지면서 종족적 경계선까지 와해되며 동아시아 문화의 대통합이 이뤄진 시기이기도 했다.

위진남북조 시대를 상징하는 죽림칠현竹林七賢의 등장도 이런 관점에서 접근할 필요가 있다. 이들은 당시 매우 파격적인 행보로 세인의 주목을 끌었다. 부모상을 당하고도 집에 가지 않고 바둑을 두거나, 술병을 달고 다니며 평생을 보내거나, 사랑하는 여인이 떠나가자 방문한 손님의 말을 잡아타고 그녀를 찾으러 가는 등 기왕의 명교가 강조한 모든 의례와 관행을 철저히 조롱했다. 이들의 특이한 언행은 당시 많은 사람들이 공감과 동경을 받았다. 그러나 어느 순간부터인가 죽림칠현에서 비롯된 기행은 명교에 대한 저항이라는 본래의 의미를 상실한 채 오히려 사회를 더욱더 혼란에 빠트리는 방종으로 진행됐다. 형식적인 부모상에 대한 거부가 이제 부모에 대한 저주로 이어지고, 심지어 어버이를 죽이는 패륜으로까지 나타났다. 돈이면 귀신도 부릴 수 있다고 조롱하던 태도가 문득 재상이 매일 돈주머니 차고 틈만 나면 이를 세고 다니거나, 황제 자신이 시장터로 나가 물건을 팔며 이익을 챙기는 수전노로 나타났다. 죽음 앞에서도 태연히 거문고를 타던 모습이 막상 형장 앞에서는 두려움과 공포 속에 후회의 눈물을 흘리는 기만으로 표출됐다.

이를 만회하기 위한 노력의 일환이 바로 불교의 확산이다. 황실이 직접 나서 승려들을 초빙하고, 막대한 자금을 쏟아부어 불교 서적을 번역하고, 거대한 규모의 절과 불상들을 제작했다. 고승을 모시고 국정을 자문하는 게 성군의 표상이 됐다. 그러나 이 또한 이내 허무주의적인 도교 사상과 결합해 개인의 해탈과 기복을 구하는 세속의 기복 신앙으로 전락하고 말았다. 몇몇 황제가 나서 이른바 법난法難으로 불리는 불교 탄압을 통해 이를 시정코자 했으나 오히려 황실과 불교를 더욱 밀접하게 연결시키는 부작용만 낳았다. 황제가 일곱 살도 안 된 아들에게 보위를 물려주고는 직접 머리를 깎고 절에 들어

가는 일까지 벌어졌다.

  21세기 스마트 혁명 시대의 관점에서 볼 때 위진남북조 시대에 드러난 이런 파행과 일탈은 분명 정도를 벗어난 것이기는 하나 이는 한 시대가 지닌 부정적인 측면만을 고찰한 것이다. 위진남북조 시대가 지닌 긍정적인 측면도 매우 많다. 북위 때 황제 탁발굉과 신하들 사이에 빚어진 복상 논쟁 등이 그렇다. 이는 한나라 때의 위선적인 명교를 대신할 수 있는 새로운 통치 이념과 윤리 강령을 찾아내려는 노력의 일환으로 해석할 수 있다. 위진남북조 시대가 그에 앞선 전한 및 후한 시대와 그에 뒤이은 수·당 시대의 가교 역할을 했음을 알 수 있다. 총체적인 조망이 필요하다. 조만간 본서의 자매편으로 수·당 시대를 다룬 책을 펴낼 예정이다. 수·당의 역사가 기왕의 중국 사가들이 애기한 것처럼 한족의 역사가 아니라 요하를 사이에 두고 고구려와 이웃했던 선비족의 정복 왕조 역사였다는 사실을 정밀하게 파헤칠 심산이다. 모두 중국사를 동아시아사의 잣대로 분석함으로써 G2 시대를 명실상부한 동아시아 시대로 만들고자 하는 충정에서 나온 것이다. 독자 제현의 아낌없는 지도 편달을 기대한다.

280년 사마염이 오나라를 정복하고 천하를 통일하다.

282년 황후 가남풍의 아버지 가충 병사.

290년 진무제 사마염 붕어. 사마충이 보위에 올라 진혜제가 되다.

291년 가남풍이 초왕 사마위를 시켜 양준을 비롯한 양황후 일파를 살해하고 여남왕 사마량을 태재太宰로 삼음. 이후 초왕 사마위로 하여금 다시 사마량을 죽이게 하고 얼마 뒤 사마위도 조서를 멋대로 고쳤다는 이유로 살해함.

300년 조왕 사마륜과 양왕 사마동, 제왕 사마경 등이 가남풍의 일족을 죽임. 가남풍은 이후 금용성에 유폐되었다가 금설주를 마시고 사사됨.

301년 조왕 사마륜이 진혜제를 태상황으로 높이고 자신은 황제의 자리에 오름. 제왕 사마경 등이 각지에 격문을 보내 이를 성토함. 이후 제왕 사마경과 성도왕 사마영 등과의 싸움에서 패한 사마륜이 사사됨. 진혜제가 다시 황제로 복위. 제왕 사마경이 정권을 잡음.

302년 하간왕 사마옹이 장사왕 사마예 등을 부추겨 제왕 사마경을 공격하게 함. 싸움에 패한 사마경이 사사됨.

303년 성도왕 사마영과 하간왕 사마옹이 합세해 장사왕 사마예를 공격하다. 진혜제의 숙부 사마월 등의 배반으로 사마예가 패하고 죽임을 당함.

304년 흉노 모돈 선우의 직계 후손인 유연이 한왕을 칭하며 좌국성에서 보위에 오르다.

305년 동해왕 사마월이 하간왕 사마옹의 죄를 성토하며 토벌 격문을 돌리다.

306년 동해왕 사마월의 장군 기홍이 관중으로 쳐들어가 사마옹의 군사를 격파하다. 이해 사마영이 사마월의 사촌 형인 범양왕 사마효가 보낸 장수에 의해 목숨을 잃다. 이어 하간왕 사마옹을 사도에 임명해 낙양으로 오게 하는 길에 그 역시 죽이다. 이해 진혜제 붕어.

307년 진회제 사마치가 즉위하다. 사마예가 건업을 지키다.

308년 유연이 황제를 칭하고 도읍을 평양으로 옮기다.

310년 유연이 병사하다. 유연의 아들 유화가 뒤를 잇다. 갈족의 석륵이 이끄는 군대가 영평성에서 인간 사냥을 하다. 유화가 유총 등을 제거하려다가 오히려 죽임을 당하다.

311년 석륵이 공격해 오자 사마월이 출병했으나 도중에 병사하다. 진회제가 유총의 군사에게 사로잡히는 '영가의 난'이 일어나다. 수많은 중원의 사족들이 사마예가 지키는 남쪽으로 몰려오다.

313년 진회제가 피살되다. 장안에서 사마업이 보위에 올라 진민제가 되다. 석호가 업성을 함락시키다.

314년 석륵이 진나라 장군 왕준의 목을 베다.

316년 유총의 명을 받은 유요가 장안을 함락시키다. 진민제 사마업이 항복하다. 서진 멸망.

318년 유총이 진민제 사마업을 살해하다. 사마예가 동진을 세우다. 유총 병사. 유찬이 뒤를 이어 즉위하나 이내 근준에 의해 살해되다.

319년 유요가 전조前趙를 세우다. 뒤이어 석륵 역시 스스로 조왕을 칭하면서 후조後趙를 세우다. 조적의 진나라 군사와 후조의 병사들이 준의에서 대치하다.

321년 북벌에 나서 하남 일대의 땅을 수복했던 진나라 장수 조적이 병사하다. 조적이 수복했던 진나라의 땅은 이내 후조에 흡수되다.

322년 후조의 석호가 진나라 장수 서감을 죽이고 연주와 서주를 손에 넣다. 동진의 왕돈이 병사를 이끌고 난신인 유외를 주살한다는 명목으로 건강을 향해 진군한 뒤 권력을 장악하다.

323년 석륵의 군사가 동진에 투항한 청주자사 조의를 죽이고 3만 명을 갱살하다. 진원제 사마예가 죽고 진명제 사마소가 보위에 오르다.

324년 석륵의 군사가 동진의 하비와 동해, 팽성을 손에 넣다. 동진의 왕돈이 병사하다.

325년 석륵이 휘하 장수 석타에게 명해 전조를 공격하다. 유요가 접전을 벌여 후조의 군사를 대파하다. 석호가 전조의 유악 등 장령 80여 명을 포로로 잡고 병사 1만여 명을 갱살하다. 석륵의 세력이 회하 유역까지 확장하다. 동진의 명제 사마소가 붕어하다. 뒤를 이어 태자 사마연이 성제로 즉위하다.

326년 동진의 유량이 정권을 장악하다. 이어 남돈왕 사마종에게 모반 혐의를 씌워 죽이다.

327년 동진의 소준과 조약 등이 병사를 일으키다.

328년	석륵이 조카 석호에게 명해 전조를 공격하다. 유요가 석호의 군사를 물리치다. 동진의 도간이 소준의 난을 진압하기 위해 심양에 도착하다.
329년	유요가 성고의 전투에서 패해 사로잡힌 뒤 죽임을 당하다. 전조 멸망. 동진에서는 소준의 난이 평정되다.
330년	석륵이 스스로를 '대조천왕'이라 부르며 황제를 칭하다.
333년	석륵이 병사하다. 석륵의 아들 석홍이 보위를 잇다.
334년	석호에 의해 석홍이 폐위되다. 석호가 이내 석홍을 죽이고 보위에 오르다.
335년	석호가 후조의 도읍을 양국에서 업성으로 옮기다. 대대적인 토목공사를 일으키다.
337년	석호가 대조천왕을 칭하고 그의 아들 석수를 황태자로 삼다. 모용외의 아들 모용황이 연왕을 칭하다. 후조의 석호가 이끄는 대군이 모용황을 공격하나 패하다.
338년	북위가 독자적인 연호를 사용하다. 탁발부의 십익건이 성락에 도읍을 정하고 대국을 세우다.
342년	동진의 성제 사마연 붕어. 사마악이 보위를 잇다(진강제).
344년	동진의 진강제 붕어. 두 살에 불과한 사마담이 보위를 잇다(진목제).
346년	동진의 환온이 촉에 근거한 성한成漢 정벌에 나서다.
347년	환온이 성한을 멸망시키다.
348년	석호가 황제의 자리에 오르고 모든 자식들의 작호를 '공'에서 '왕'으로 높이다. 전연의 모용황이 죽고 그의 아들 모용준이 보위에 오르다.
349년	석호가 병사하다. 석세가 보위를 잇다. 유황후와 장시의 전횡해 반발해 석준이 군을 이끌고 업성으로 쳐들어간 뒤 보위를 찬탈하고 황제에 오르다. 석민이 석준을 죽이고 다시 석감을 보위에 올린 뒤에 그를 감금하고 권력을 빼앗다. 후조의 갈족들이 반기를 들자 한족이었던 석민과 이농이 살호령을 내리다.
350년	석민이 연금 상태에 있던 석감을 토막 내 죽이다. 석민이 자신의 이름을 염민으로 바꾸고 염위를 건국하다. 갈족의 석지가 양국에서 황제를 칭제한 후 후조의 보위를 잇다.
351년	석지가 보위에 오른 지 1년 만에 죽고 후조가 완전히 패망하다. 부건이 전진前秦을 세우다.
352년	연왕 모용준이 이끄는 대군이 염위를 비롯한 후조의 잔존 세력을 공격하다. 염위가 멸망하다. 모용준이 황제를 칭하며 독자적인 연호를 사용하다.
354년	동진의 환온이 4만의 군사를 이끌고 1차 북벌에 나서다. 삼보 일대를 장악했으나 전진의 견벽청야 전술에 막혀 후퇴하다.
355년	전진의 부건이 병사하다. 부생이 보위를 잇다.
356년	동진의 환온이 낙양을 공격하는 요양을 토벌하기 위해 2차 북벌에 나서서 낙양

을 점령하다.

357년	부법과 부견이 군사를 일으켜 부생을 죽이다.
359년	전연의 모용준이 붕어하다.
361년	환온의 동생 환활이 허창을 점령하다. 동진의 목제 사마담이 병사하고 그 뒤를 낭야왕 사마비가 잇다(진애제).
363년	전연의 군사가 낙양을 공격하다. 환온이 낙양 천도를 건의하다.
365년	동진이 애제 사마비가 병사하다. 그의 동생 사마혁이 뒤를 이어 진폐제가 되다. 전연의 모용각과 모용수가 낙양을 공격해서 빼앗다.
368년	동진 조정이 대사마 환온을 제후왕으로 높이다.
369년	환온이 보기 5만 명을 동원해서 3차 북벌에 나서다.
370년	전진의 부견이 보기 6만 명을 이끌고 전연 토벌에 나서다. 전연이 멸망하다.
371년	환온이 전연에 넘어갔던 수춘성을 수복하다. 동진의 폐제가 폐위되어 동해왕으로 강등되다. 환온이 회계왕 사마욱을 진간문제로 옹립하다.
372년	진간문제가 붕어하다. 사마요가 보위를 잇다(진효무제).
373년	동진의 환온이 병사하다.
374년	전진의 부견이 촉에서 일어난 장육의 반란을 평정하다.
375년	전연의 왕맹이 병사하다.
376년	전진의 부견이 13만의 대군을 보내 전량을 공격해 멸망시키다. 탁발십익건의 대국이 전진에게 멸망하다.
379년	전진의 부견이 동진의 양양을 치고 중랑장 주서를 생포하다.
381년	동진의 환석건이 경릉에서 전진의 군사를 격파하다.
383년	동진의 환충이 양양에서 전진의 군사와 싸워 승리를 거두다. 비수에서 동진의 군사가 전진의 군사를 대파하다.
384년	요장이 후진後秦을 건국하다.
385년	전진의 부견이 후진의 요장에게 붙잡혀 살해당하다. 부비가 진양에서 보위를 이은 뒤 동진을 공격하다 패사하다. 저족이 부견의 족손인 부등을 옹립하다.
386년	모용영이 서연의 황제로 즉위하다. 탁발규가 대국을 다시 세운 뒤 이내 국호를 위로 바꾸다.
393년	후연의 모용수가 서연을 공벌하다.
394년	후진의 요장이 병사하다. 그의 아들 요흥이 보위에 오르다. 부등이 요흥의 군사에게 패하다. 전진 멸망.
396년	동진의 효무제 사마요 급사. 진안제 즉위. 모용수가 지난해의 대패를 만회하고자 출병하였으나 병이 재발해 죽다. 모용보가 뒤를 이어 즉위하다.

398년	모용보의 외숙인 난한이 북위의 침공으로 혼란한 정세를 틈타 모용보와 측근들을 몰살하다. 장인인 난한에게 거짓 항복한 모용성이 난한을 죽이고 칭제하다.
400년	모용덕이 남연의 황제로 즉위하다.
401년	후연의 모용성이 정변으로 사망하다. 모용성의 숙부 모용희가 태자를 폐하고 스스로 즉위하다.
404년	유유가 환현을 토벌하다.
405년	남연의 모용덕이 병사한 뒤 모용초가 뒤를 잇다.
407년	풍발의 모반으로 후연이 멸망하다. 후연의 모용희를 죽이고 제위에 오른 모용운이 자신의 원래 성인 '고'씨로 바꾸다. 이로써 북연이 창립되다.
409년	동진의 유유가 남연 정벌에 나서다. 도무제 탁발규가 탁발소에게 피살되다. 탁발사가 탁발소를 처리하고 보위에 오르다. 북연의 고운이 척살되고 풍발이 즉위하다.
411년	유유가 오두미도의 소란을 종식시키다. 노순을 격파하다.
416년	후진의 요흥이 병사하다.
417년	유유가 후진을 멸망시키다.
418년	동진의 진안제 붕어.
420년	동진의 사마덕문이 유유에게 선양의 조서를 내려 유유가 송을 건국하다. 북량의 저거몽손이 서량을 멸하다.
421년	유유가 연금 상태로 있으면서 염불이나 외던 공제를 독살하다.
422년	유유가 사망하자 북위가 북송을 침공하다.
423년	유의부가 유유의 뒤를 잇다. 북위 도무제 탁발사가 병사하다.
424년	보정대신들이 소제 유의부와 여릉왕 유의진을 피살하고 송문제 유의륭을 옹립하다.
425년	대하의 혁련발발이 폭사하자 3남인 혁련창이 보위에 오르다. 북위의 탁발도가 유연을 격파하다.
429년	북위 탁발도가 유연을 대파하다.
430년	북연 풍발이 죽고 동생 풍홍이 보위에 올라 조카 1백여 명을 모조리 죽이다.
431년	북위의 탁발도가 대하를 멸망시키다.
436년	북위의 압박 속에 북연이 멸망하다.
439년	북위의 탁발도가 북량을 정벌함으로써 북중국이 북위로 통일되다.
450년	탁발도가 국사 편찬 문제로 최호를 주살하다. 그해 9월 남정에 들어서다.
452년	북위 태무제 탁발도가 휘하의 태감 종애에게 피살당하다. 뒤를 이은 탁발여가 또다시 종애에게 피살되자 대신들이 종애를 제거하고 탁발준을 옹립하다.
453년	유소가 송문제 유의륭을 죽이다.

466년	탁발홍이 북위 문성제 탁발준의 뒤를 잇다.
471년	북위 헌문제 탁발홍이 황태자 탁발굉에게 선양하다.
472년	송명제 유욱이 병사하고 후폐제 유욱이 즉위하다.
476년	북위 헌문제 탁발홍이 풍태후로부터 사약을 받다.
477년	후폐제 유욱이 신하들의 반란으로 죽고 소도성이 유준을 옹립하다.
479년	소도성이 송나라를 찬탈하고 제나라를 세우다.
482년	제고제 소도성이 죽고 제무제 소색이 즉위하다.
490년	호한융합 정책을 펼치던 북위의 문명태후 풍씨가 죽다.
493년	소색이 병사하여 소소업이 뒤를 잇다. 북위 효문제 탁발굉이 도성을 평성에서 낙양으로 옮기다.
494년	제명제 소란이 소제 소소업을 시해한 뒤 보위에 오르다.
495년	북위 효문제 탁발굉이 조명을 내려 북방어 사용을 금지하다.
496년	탁발굉이 모든 선비족의 성씨를 일제히 바꾸게 하다.
498년	제명제 소란이 병사하고 뒤를 이어 소보권이 즉위하다.
501년	동혼후 소보권이 소연의 반란으로 죽임을 당하다.
502년	소연이 제나라의 소보융을 폐하고 양나라를 세우다.
515년	북위 선무제 원각이 병사하고, 효명제 원후가 옹립되다.
523년	북위에서 6진의 난이 일어나다.
528년	효명제 원후가 생모 호태후에게 독살되다. 이주영이 반란을 일으켜 호태후를 죽이고, 효장제 원자유를 옹립한 뒤 하음에서 조정 백관 1천3백여 명을 도살하다.
529년	양나라 진경지가 원호를 호송하며 북위를 공략하여 낙양에 들어가다. 북위 이주영이 다시 낙양을 탈환하고 원호와 진경지가 퇴각하다.
530년	북위의 이주영이 6진의 난을 진압하다. 이후 이주영은 전횡을 일삼다가 효장제에게 살해당하다. 이후 효장제 역시 이주영 일족에 의해 목숨을 잃다.
531년	이주씨 일족이 원엽을 폐하고 절민제 원공을 새로 옹립하다.
532년	고환이 군사를 일으켜 이주씨 일족을 도륙하고 효무제 원수를 옹립하다.
534년	효무제가 고환을 제거하려다 실패하고 도망치자 고환이 효정제 원선견을 옹립하다.
535년	우문태가 문제 원보거를 옹립하다. 이로써 북위가 고환의 동위와 우문태의 서위로 쪼개지다.
536년	동위와 서위가 소관에서 제1차 회전을 벌인 결과 동위가 패배하다.
537년	동위와 서위의 두 번째 접전에서 서위가 재차 승리하다.
547년	동위의 고환이 사망하다. 그의 아들 고징이 뒤를 잇다. 후경이 동위의 고징을 배

신하고 양나라에 귀순하다.

549년 후경이 난을 일으켜 건강을 함락하고 양무제를 연금한 뒤 굶어 죽게 하다.

550년 고징의 동생 고양이 동위의 마지막 황제인 효정제 원선견을 폐하고 제나라를 세우다. 양나라 간문제 소강이 보위에 오르다.

551년 후경이 예장왕 소동으로부터 보위를 넘겨받다.

552년 후경이 소역과 왕승변에게 토벌당해 도주하다 살해당하다. 양원제 소역이 보위에 오르다.

554년 서위가 양나라 강릉을 함락하고 양원제 소역을 죽이다.

555년 진패선이 왕승변을 제거하고 양경제 소방지를 옹립하다.

556년 서위의 우문태가 죽다. 그의 조카 우문호가 실권을 장악하여 서위의 마지막 황제 공제 원곽을 폐하고 우문태의 셋째 아들 우문각을 옹립해 북주를 건국하다.

557년 양경제 소방지가 진패선에게 양위하다.

559년 북제 문선제 고양이 병사하고, 태자 고은이 즉위하나 이내 숙부 고연이 찬위하다. 진나라 진패선이 병사하다.

560년 진문제 진천이 진패선의 뒤를 잇다.

561년 북제 효소제 고연이 병사하고, 무성제 고담이 보위에 오르다.

565년 무성제 고심이 태상황으로 물러나며 태자 고위에게 보위를 넘겨주다.

569년 진선제 진욱이 조카인 진폐제 진백종을 제거한 뒤 보위에 오르다.

572년 북주의 우문호가 죽다. 우문옹이 친정을 시작하다.

575년 우문옹이 내분에 휩싸인 북제를 공격하다. 진문제 진욱이 숙적 왕림을 참수하다.

577년 북주가 북제를 멸하고 화북 일대를 통합하다.

578년 우문옹이 남조 진나라 정벌에 나섰다가 불행히도 도중에 병사하다.

579년 주무제 우문옹의 뒤를 이어 우문빈이 보위에 오르나 이내 태자 우문연에게 보위를 물려주다.

580년 북주의 우문빈이 과도한 주색잡기로 22세의 나이에 요절하다.

581년 양견이 외손자인 정제 우문연을 압박해 보위를 넘겨받고 수나라를 건국하다.

582년 진선제 진욱의 상중에 진숙릉이 보위를 노리고 태자 진숙보를 해치려다 실패하다.

588년 양견이 차남 양광을 총사령관으로 삼아 남조 진나라를 공격하는 원정군을 파견하다.

589년 수문제 양견이 진나라를 멸망시키고 중국을 통일하다.

위진남북조 연호 및 세계*

1. 조위曹魏

시호	이름	연호
문제文帝	조비曹丕	황초(黃初: 220. 10~226)
명제明帝	조예曹叡	태화(太和: 227~233. 1)
		청룡(青龍: 233. 2~237. 2)
		경초(景初: 237. 3~239)
제왕齊王	조방曹芳	정시(正始: 240~249. 4)
		가평(嘉平: 249. 4~254. 10)
향공鄕公	조모曹髦	정원(正元: 254. 10~256. 5)
		감로(甘露: 256. 6~260. 5)
원제元帝	조환曹奐	경원(景元: 260. 6 - 264. 5)
		함희(咸熙: 264. 5~265)

2. 서진西晉

무제武帝	사마염司馬炎	태시(泰始: 265. 12~274)
		함녕(咸寧: 275~280. 4)
		태강(太康: 280. 4~289)

* 본 부록은 역대 제왕의 연호를 기준으로 정리한 것으로 연호를 사용하지 못한 제왕의 이름은 빠져 있음을 밝힌다.

시호	이름	연호
무제武帝	사마염司馬炎	태희(太熙: 290. 1~4)
혜제惠帝	사마충司馬衷	영의(永熙: 290. 4~12)
		영평(永平: 291. 1~3)
		원강(元康: 291. 3~299)
		영강(永康: 300~301. 4)
		영녕(永寧: 301. 4~302. 12)
		태안(太安: 302. 12~303)
		영안(永安: 304. 1~7)
		건무(建武: 304. 7~305. 12)
		영흥(永興: 304. 12~306. 6)
		광희(光熙: 306. 6~12)
회제懷帝	사마치司馬熾	영가(永嘉: 307~313. 4)
민제愍帝	사마업司馬鄴	건흥(建興: 313. 4~317. 3)

3. 남북조南北朝

1) 북조

(1) 유한劉漢

광문제光文帝	유연劉淵	원희(元熙: 304. 10~308. 9)
		영봉(永鳳: 308. 10~309. 4)
		하서(河瑞: 309. 5~310. 6)
소무제昭武帝	유총劉聰	광흥(光興: 310. 7~311. 5)
		가평(嘉平: 311. 6~315. 2)
		건원(建元: 315. 3~316. 10)
		인가(麟嘉: 316. 11~318. 6)
영제靈帝	유찬劉粲	한창(漢昌: 318. 7~9)

(2) 전조前趙

시호	이름	연호
	유요劉曜	광초(光初: 318. 10~329. 8)

(3) 성한成漢

시호	이름	연호
경제景帝	이특李特	건초(建初: 303~304. 9)
무제武帝	이웅李雄	건흥(建興: 304. 10~306. 6)
		안평(晏平: 306. 6~310)
		옥형(玉衡: 311~334)
유공유공幽公	이기李期	옥항(玉恒: 335~338. 3)
소문제昭文帝	이수李壽	한흥(漢興: 338. 4~343)
귀의후歸義侯	이세李勢	태화(太和: 344~346. 9)
		가녕(嘉寧: 346. 10~347. 3)

(4) 전량前涼

시호	이름	연호
소공昭公	장식張寔	건흥(建興: 317~320. 5)
성공成公	장무張茂	건흥(建興: 320. 6~324. 4)
문공文公	장준張駿	건흥(建興: 324. 5~346)
환공桓公	장중화張重華	건흥(建興: 346. 5~353)
위공威公	장조張祚	화평(和平: 354~355. 9)
충공沖公	장현정張玄靚	건흥(建興: 355. 윤9~361. 11)
		승평(昇平: 361. 12~363.10)
귀의후歸義侯	장천석張天錫	승평(昇平: 363. 8~376. 8)

(5) 후조後趙

시호	이름	연호
명제明帝	석륵石勒	태화(太和: 328. 2~330. 8)
		건평(建平: 330. 9~333)
해양왕海陽王	석홍石弘	연희(延熙: 334)
	석호石虎	건무(建武: 335~348)
		태녕(太寧: 349)
의양왕義陽王	석감石鑒	청룡(靑龍: 350. 1~윤2)
신흥왕新興王	석지石祇	영녕(永寧: 350. 3~351. 4)
위무도魏武悼	염민冉閔	영흥(永興: 350. 윤2~352. 4)

(6) 전연前燕

시호	이름	연호
경소제景昭帝	모용준慕容儁	원새(元璽: 352. 11~357. 1)
		광수(光壽: 357. 2~359)
유제幽帝	모용위慕容暐	건희(建熙: 360~370. 11)

(7) 후연後燕

시호	이름	연호
성무제成武帝	모용수慕容垂	연원(燕元: 384~386. 2)
		건흥(建興: 386. 2~396. 4)
혜민제惠愍帝	모용보慕容寶	영강(永康: 396. 4~398. 4)
소무제昭武帝	모용성慕容盛	건평(建平: 398. 10~12)
		장락(長樂: 399~401. 7)
소문제昭文帝	모용희慕容熙	광시(光始: 401. 8~406)
		건시(建始: 407. 1~7)

(8) 서연西燕

시호	이름	연호
제북왕濟北王	모용홍慕容泓	연흥(燕興: 384. 4~12)
위제威帝	모용충慕容沖	갱시(更始: 385~386. 2)
서연왕西燕王	단수段隨	창평(昌平: 386. 2~3)
서연왕西燕王	모용개慕容凱	건명(建明: 386. 3)
서연왕西燕王	모용요慕容瑤	건평(建平: 386. 3)
서연왕西燕王	모용충慕容忠	건무(建武: 386. 3~9)
하동왕河東王	모용영慕容永	중흥(中興: 386. 10~394. 8)

(9) 남연南燕

시호	이름	연호
헌무제献武帝	모용덕慕容德	건평(建平: 400~405. 11)
말주末主	모용초慕容超	태상(太上: 405. 11~410. 2)

(10) 전진前秦

시호	이름	연호
명제明帝	부건苻健	황시(皇始: 351~355. 5)
여왕厲王	부생苻生	수광(壽光: 355. 6~357. 5)
선소제宣昭帝	부견苻堅	영흥(永興: 357. 6~359. 5)

시호	이름	연호
선소제宣昭帝	부견苻堅	감로(甘露: 359. 6~364)
		건원(建元: 365~385. 7)
애평제哀平帝	부비苻丕	태안(太安: 385. 8~386. 10)
고제高帝	부등苻登	태초(太初: 386. 11~394. 6)
후주後主	부숭苻崇	연초(延初: 394. 7~10)

(11) 후진後秦

무소제武昭帝	요장姚萇	백작(白雀: 384. 4~386. 4)
		건초(建初: 386. 4~394. 4)
문환제文桓帝	요흥姚興	황초(皇初: 394. 5~399. 9)
		홍시(弘始: 399. 9~416. 1)
후주後主	요홍姚泓	영화(永和: 416. 2~417. 8)

(12) 북연北燕

혜의제惠懿帝	고운高雲	정시(正始: 407. 7~409. 10)
문성제文成帝	풍발馮跋	태평(太平: 409. 10~430)
소성제昭成帝	풍홍馮弘	태흥(太興: 431~436. 5)

(13) 서진西秦

선열왕宣烈王	걸복국인乞伏國仁	건의(建義: 385. 9~388. 6)
무원왕武元王	걸복건귀乞伏乾歸	태초(太初: 388. 6~400. 7)
		갱시(更始: 409. 7~412. 0)
문소왕文昭王	걸복치반乞伏熾磐	영강(永康: 412~419)
		건홍(建弘: 420~428. 5)
후주後主	걸복모말乞伏暮末	영홍(永弘: 428. 5~431. 1)

(14) 후량後涼

의무제懿武帝	여광呂光	태안(太安: 386. 10~389. 1)
		인가(麟嘉: 389. 2~396. 6)
		용비(龍飛: 396. 6~399)
		승강(承康: 399~?)
영제靈帝	여찬呂纂	함녕(咸寧: 399. 12~401. 1)

시호	이름	연호
후주後主	여륭呂隆	신정(神鼎: 401. 2~403. 8)

(15) 남량南涼

시호	이름	연호
무왕武王	독발오손禿髮烏孤	태초(太初: 397~399)
강왕康王	독발리록고禿髮利鹿孤	건화(建和: 400~402. 3)
경왕景王	독발욕단禿髮傉檀	홍창(弘昌: 402. 3~404. 2)
		가평(嘉平: 408. 11~414. 7)

(16) 북량北涼

시호	이름	연호
문왕文王	단업段業	신새(神璽: 397. 5~399. 1)
		천새(天璽: 399. 2~401. 5)
무선왕武宣王	저거몽손沮渠蒙遜	영안(永安: 401. 6~412. 10)
		현시(玄始: 412. 11~428)
		승현(承玄: 428. 6~431)
		의화(義和: 431. 6~433. 4)
애왕哀王	저거목건沮渠牧犍	영화(永和: 433. 4~439. 9)
주천왕酒泉王	저거무휘沮渠無諱	승평(承平: 443~460)

(17) 서량西涼

시호	이름	연호
무소왕武昭王	이고李暠	경자(庚子: 400. 10~404)
		건초(建初: 405~417. 2)
후주後主	이흠李歆	가흥(嘉興: 417. 2~420. 7)
관군후冠軍侯	이순李恂	영건(永建: 420. 10~421. 3)

(18) 하夏

시호	이름	연호
무열제武烈帝	혁련발발赫連勃勃	용승(龍昇: 407. 6~413. 2)
		봉상(鳳翔: 413. 3~418. 10)
		무창(昌武: 418. 11~419. 1)
		진흥(眞興: 419. 2~425. 7)
폐주廢主	혁련창赫連昌	승광(承光: 425. 8~428. 2)
후주後主	혁련정赫連定	승광(勝光: 428. 2~431. 6)

(19) 북위北魏

시호	이름	연호
소성제昭成帝	탁발십익건拓跋什翼健	건국(建國: 338. 11~376)
도무제道武帝	탁발규拓跋珪	등국(登國: 386~396. 6)
		황시(皇始: 396. 7~398)
		천흥(天興: 398. 12~04. 10)
		천사(天賜: 404. 10~409. 10)
명원제明元帝	탁발사拓跋嗣	영흥(永興: 409. 윤10~413)
		신서(神瑞: 414~416. 4)
		태상(泰常: 416. 10~423)
태무제太武帝	탁발도拓跋燾	시광(始光: 424~428. 1)
		신가(神䴥: 428. 2~431)
		연화(延和: 432~435. 1)
		태연(太延: 435~440. 6)
		태평진군(太平眞君; 440. 6~451. 6)
		정평(正平: 451. 6~452. 2)
남안왕南安王	탁발여拓跋余	승평(承平: 452. 2~10)
문성제文成帝	탁발준拓跋濬	흥안(興安: 452. 10~454. 7)
		흥광(興光: 454. 7~455. 6)
		태안(太安: 455. 6~459)
		화평(和平: 460~465)
헌문제獻文帝	탁발홍拓跋弘	천안(天安: 466~467. 8)
		황흥(皇興: 467. 8~471. 8)
효문제孝文帝	원굉元宏	연흥(延興: 471. 8~476. 6)
		승명(承明: 476. 6~12)
		태화(太和: 477~499)
선무제宣武帝	원각元恪	경명(景明: 500~504. 1)
		정시(正始: 504. 1~508. 8)
		영평(永平: 508. 8~512. 4)
		연창(延昌: 512. 4~515)
효명제孝明帝	원후元詡	희평(熙平: 516~518. 2)
		신구(神龜: 518. 2~520. 7)
		정광(正光: 520. 7~525. 6)
		효창(孝昌: 525. 6~528. 1)
		무태(武泰: 528. 1~4)

시호	이름	연호
효장제孝莊帝	원자유元子攸	건의(建義: 528. 4~9)
		영안(永安: 528. 9~530. 10)
장광왕長廣王	원엽元曄	건명(建明: 530. 10~531. 2)
절민제節閔帝	원공元恭	보태(普泰: 531. 2~10)
안정왕安定王	원랑元朗	중흥(中興: 531. 10~532. 4)
효무제孝武帝	원수元修	태창(太昌: 532. 4~12)
		영흥(永興: 532. 12),
		영희(永熙: 532. 12~534)

(20) 동위東魏

효정제孝靜帝	원선견元善見	천평(天平: 534. 10~37)
		원상(元象: 538~39. 11)
		흥화(興和: 539. 11~42)
		무정(武定: 543~50. 5)

(21) 서위西魏

문제文帝	원보거元寶炬	대통(大統: 535~551)
폐제廢帝	원흠元欽	건명(乾明: 551~554)

(22) 북제北齊

문선제文宣帝	고양高洋	천보(天保: 550. 5~559)
폐제廢帝	고은高殷	건명(乾明: 560. 1~560. 8)
효소제孝昭帝	고연高演	황건(皇建: 560. 8~561. 11)
무성제武成帝	고담高湛	태녕(太寧: 561. 11~562. 4)
		하청(河淸: 562. 4~565. 4)
후주後主	고위高緯	천통(天統: 565. 4~569)
		무평(武平: 570~576. 12)
		융화(隆化: 576. 12)
안덕왕安德王	고연종高延宗	덕창(德昌: 576. 12)
유주幼主	고항高恒	승광(承光: 577. 1~3)

(23) 북주北周

시호	이름	연호
명제明帝	우문육宇文毓	무성(武成: 559. 8~560)
무제武帝	우문옹宇文邕	보정(保定: 561~565)
		천화(天和: 566~572. 3)
		건덕(建德: 572. 3~578. 3)
		선정(宣政: 578. 3~12)
선제宣帝	우문빈宇文贇	대성(大成: 579. 1~2)
정제靜帝	우문연宇文衍	대상(大象: 579. 2~580)
		대정(大定: 581. 1~2)

2) 남조

(1) 동진東晉

원제元帝	사마예司馬睿	건무(建武: 317. 3~318. 3)
		대흥(太興: 318. 3~321)
		영창(永昌: 322~323. 2)
명제明帝	사마소司馬紹	태녕(太寧: 323. 3~326. 1)
성제成帝	사마연司馬衍	함화(咸和: 326. 2~334)
		함강(咸康: 335~342)
강제康帝	사마악司馬岳	건원(建元: 343~344)
목제穆帝	사마염司馬聃	영화(永和: 345~356)
		승평(昇平: 357~361)
애제哀帝	사마비司馬丕	융화(隆和: 362~363. 2)
		흥녕(興寧: 363. 2~365)
폐제廢帝	사마혁司馬奕	태화(太和: 366~371. 11)
간문제簡文帝	사마욱司馬昱	함안(咸安: 371. 11~372)
효무제孝武帝	사마요司馬曜	영강(寧康: 373~375)
		태원(太元: 376~396)
안제安帝	사마덕종司馬德宗	융안(隆安: 397~401)
		원흥(元興: 402~404)
		의희(義熙: 405~418)
공제恭帝	사마덕문司馬德文	원희(元熙: 419~420. 6)

(2) 송宋

시호	이름	연호
무제武帝	유유劉裕	영초(永初: 420. 6~422)
소제少帝	유의부劉義符	경평(景平: 423~424. 8)
문제文帝	유의륭劉義隆	원가(元嘉: 424. 8~453)
효무제孝武帝	유준劉駿	효건(孝建: 454~456)
		대명(大明: 457~464)
전폐제前廢帝	유자업劉子業	영광(永光: 465. 1~8)
		경화(景和: 465. 8~11)
명제明帝	유욱劉彧	태시(泰始: 465. 12~471)
		태예(泰豫: 472)
후폐제後廢帝	유욱劉昱	원휘(元徽: 473~477. 7)
순제順帝	유준劉準	승명(昇明: 477. 7~479. 4)

(3) 제齊

고제高帝	소도성蕭道成	건원(建元: 479. 4~482)
무제武帝	소색蕭賾	영명(永明: 483~493)
울림왕鬱林王	소소업蕭昭業	융창(隆昌: 494. 1~7)
해릉왕海陵王	소소문蕭昭文	연흥(延興: 494. 7~10)
명제明帝	소란蕭鸞	건무(建武: 494. 10~498. 4)
		영태(永泰: 498. 4~12)
동혼후東昏侯	소보권蕭寶卷	영원(永元: 499~501. 3)
화제和帝	소보융蕭寶融	중흥(中興: 501. 3~502. 3)

(4) 양梁

무제武帝	소연蕭衍	천감(天監: 502. 4~519)
		보통(普通: 520~527. 3)
		대통(大通: 527. 3~529. 9)
		중대통(中大通: 529. 10~534)
		대동(大同: 535~546. 4)
		중대동(中大同: 546. 4~547. 4)
		태청(太清: 547. 4~549)
간문제簡文帝	소강蕭綱	대보(大寶: 550~551)

시호	이름	연호
예장왕豫章王	소동蕭棟	천정(天正: 551. 8~11)
하남왕河南王	후경侯景	태시(太始: 551. 11~552. 3)
무릉왕武陵王	소기蕭紀	천정(天正: 552. 4~553. 7)
원제元帝	소역蕭繹	승성(承聖: 552. 11~555. 4)
정양후貞陽侯	소연명蕭淵明	천성(天成: 555. 5~10)
경제敬帝	소방지蕭方智	소태(紹泰: 555. 10~556. 8)
		태평(太平: 556. 9~557. 10)

(5) 진陳

무제武帝	진패선陳霸先	영정(永定: 557. 10~559)
문제文帝	진천陳蒨	천가(天嘉: 560~566. 2)
		천강(天康: 566. 2~12)
폐제廢帝	진백종陳伯宗	광대(光大: 567~568)
선제宣帝	진욱陳頊	태건(太建: 569~582)
후주後主	진숙보陳叔寶	지덕(至德: 583~586)
		정명(禎明: 587~589. 1)

찾아보기

하란산賀蘭山 ▲

은천銀川 ○

104° 108°

청해 무위武威

영무靈武

황

하

영하

코코노르 南海

서녕西寧

36° 황 하

난주蘭州

고원固原

연안延安

부현富縣

섬서

임조臨洮

공동산崆峒山 ▲

감숙

하진

만영

농산隴山 ▲

포성蒲城

영제永

농현隴縣

경

하

관작루

천수天水

보계寶鷄

봉상鳳翔

위

남

수

위남渭南

동관 함

성현成縣

대산관大散關

봉현鳳縣

마외馬嵬

서안西安
(장안)

곡강曲江

화산華山

라

태백산
太白山

수양산
首陽山

종남산
終南山

임전藍田

상주商州

포성褒城

면현勉縣

한중漢中

32°

대 大

검각관劍閣關

파巴

강유汪油

검각

창계蒼溪

산山

면양沔陽

랑중閬中

파중巴中

무

산

형

삼대三台

가嘉

백제성白帝城

봉절奉節

무산巫山

자귀秭歸

○ 성도成都

남충南充

릉陵

만현萬縣

구당협
瞿塘峽

무협
巫峽

파동巴東

청 의 강

공래邛崍

미산眉山

충현忠縣

의

강江

아미산峨眉山 ▲

강江

중경重慶 ◎

부릉涪陵

의빈宜賓

노주瀘州

팽수彭水

장가계張家界

상

도원桃源

28°

금 金

야랑夜郎

원강沅江

사

귀주

려

사

강江

강

『삼국지 다음 이야기』 무대(중심부)

0 100 200 300 400 500km

○곤명

104° 108°

도현

계림桂林

116°   120°
황하

태太   정형井陘   봉래蓬萊   연대烟臺 위해威海
태원太原   석가장   하북
현祁縣   石家莊   내양萊陽

항   청도青島
行   한단邯鄲   안구安丘
임장(업) 대명大名   덕평德平 역성歷城 임구臨朐
산西   안양安陽   임청臨清 제남濟南▲태산泰山 산동   36°
산山   (활대)   ▲태산泰山   저성諸城
         활현滑縣   견성鄄城 곡부曲阜
         위휘尉輝   제녕濟寧   황   해
현맹孟縣 신향新鄉 봉구封丘
북망산   정주鄭州 □개봉開封
陽 숭산崇山 신정新鄭   동해東海
     허창許昌   상구商丘 서주徐州
女州   태강太康   회안淮安
魯山   박주亳州   회안淮安   강소
엽현葉縣   해하垓下   홍택호洪澤湖 고우高郵
南陽   방부蚌埠   평산당
     하남   회남淮南 봉양鳳陽 양주揚州
野新野   대大   회   팔공산   진강鎮江
襄樊   별別 산山 합비合肥 안휘 남경南京 단양丹陽 장강
宜城 수주隨州   오강 (건강) 강음江陰
     漢   강 烏江 봉황대   태호 소주蘇州 상해上海
                 무호撫湖   太湖 풍교 송강松江
     한구漢口 황주黃州 잠산潛山 안경安慶   선주宣州   호주湖州 항주杭州 항주만杭州灣
황학루 무한武漢   귀지貴池   보타산
     적벽赤壁 구강九江 회녕懷寧 장   서호 등로桐廬 소흥紹興 녕파寧波
악양岳陽 여산廬山▲ 팽택彭澤   흡현歙縣   전당강錢塘江 승현嵊縣 ▲천태산
악양루   파양호 제남濟南   건덕建德   금화金華
湖   수수修水 鄱陽湖   경덕진景德鎮   부춘강富春江 절강
멱라汨羅 남창南昌 익양弋陽 광풍廣豐   임해臨海
상湘 장사長沙 등왕각 강서   온주溫州   28°
江   의춘宜春 성강清江 임천臨川
강江 가령   남성南城 무이산武夷山
     길안吉安 감嶺 남풍南豐 무武 건구建甌 하포霞浦
     만안萬安   이이夷   녕덕寧德
     강 江   산山   복주福州
뢰양耒陽 침주郴州   동중국해
대유령大庚嶺 116°   120°   태북